轨道交通系列教材

Railway Operation Control & Management

轨道交通运行控制与管理

曾小清　沈　拓　单晓芳　韩　印　编著
董德存　唐　涛　主审

人民交通出版社股份有限公司
China Communications Press Co.,Ltd.

内 容 提 要

轨道交通运行控制与管理是轨道交通的重要组成，本书围绕轨道交通信号系统，介绍轨道交通的运行组织管理、轨道交通运行控制的理论与技术、铁路交通运行控制系统、城市轨道交通运行控制系统、自律分散的调度集中管理和轨道交通运行安全管理内容。

本书可作为高等院校交通工程、交通设备与控制工程、交通信息工程、轨道交通与控制等专业本科生教材，也可作为相关专业研究生的参考教材，并可供有关工程技术人员、运营管理人员参考。

图书在版编目(CIP)数据

轨道交通运行控制与管理 / 曾小清等编著. --北京：人民交通出版社股份有限公司，2015.5

ISBN 978-7-114-12055-8

Ⅰ. ①轨… Ⅱ. ①曾… Ⅲ. ①轨道交通—交通运输管理—高等学校—教材 Ⅳ. ①U29

中国版本图书馆 CIP 数据核字(2015)第 061152 号

轨道交通系列教材

书 名：轨道交通运行控制与管理

著 作 者：曾小清 沈 拓 单晓芳 韩 印

责任编辑：刘永超 张一梅 潘艳霞

出版发行：人民交通出版社股份有限公司

地 址：(100011)北京市朝阳区安定门外外馆斜街 3 号

网 址：http://www.ccpress.com.cn

销售电话：(010)59757973

总 经 销：人民交通出版社股份有限公司发行部

经 销：各地新华书店

印 刷：北京鑫正大印刷有限公司

开 本：787 × 1092 1/16

印 张：20

字 数：490 千

版 次：2015 年 5 月 第 1 版

印 次：2015 年 5 月 第 1 次印刷

书 号：ISBN 978-7-114-12055-8

定 价：42.00 元

前　言

目前，我国铁路和城市轨道交通正处于快速发展时期，行车密度大、技术复杂成为现代轨道交通的特点，这就对行车安全提出更高更新的要求，轨道交通的运营安全和列车运行控制与管理系统密切相关。列车自动运行控制系统是确保列车运行安全的关键设施，列车运行组织和调度集中管理是协调列车有序安全运行的重要保障。

为了适应轨道交通的快速发展，使我国相关专业人才培养工作跟上轨道交通发展步伐，作者从 2002 年开始筹划编写轨道交通运行控制系统系列教材。我国传统的轨道交通信号系统经过长期的发展，具备了丰富的技术储备，并积累了一定的教学资源，作者于 2005 年年底完成了《轨道交通信号控制基础》教材的编写；由于现代通信技术的发展，尤其是无线通信技术的广泛应用，以信号控制为核心的传统轨道交通信号系统演变成基于通信技术的轨道交通运行控制系统，作者于 2007 年出版了《基于通信的轨道交通运行控制》教材；在上述两本教材基础上，作者又编写了这本《轨道交通运行控制与管理》，本书立足于更大的范围，基于通信技术，并以信号系统为核心（包含管理在内的轨道交通运行控制），以适应现代化的高速复杂的轨道交通系统对人才培养的要求。

本教材的编写直接源于 2003 年同济大学精品课程"轨道交通运行控制与管理"建设，2003 年 10 月，吴汶麒教授编著的《轨道交通运行控制与管理》正式出版，在教学团队历时 10 年的教学中发挥了中流砥柱的作用；本教材在 2003 年版本的基础上，增加了 10 年来的教学和科研积累，在分析凝练原教材精华的基础上，主要加强了自律分散系统控制理论和安全管理两大部分，完善了"轨道交通运行控制与管理"课程的建设内容。

本书由浅入深，围绕轨道交通运行控制和组织管理两个方面进行展开。第 1、第 5、第 6 章针对轨道交通运行管理，包括轨道交通的运行组织管理、自律分散的调度集中管理、轨道交通运行安全管理三个方面。第 2、第 3、第 4 章针对轨道交通运行控制，包括轨道交通运行控制理论基础、铁路信号系统和城市轨道交通运行控制系统。本书具体内容如下：

绪论，介绍轨道交通发展大背景，说明编写本教材的初衷和意义；第 1 章轨道交通的运行组织管理，讨论有关轨道交通的运行组织基本知识，包括全日行车计划、列车运行时刻表等内容；第2章轨道交通运行控制的理论与技术，介绍城市轨道交通运行控制设备制造的准则——故障导向安全的原理，讨论有关轨道交通运行控制系统的关键技术；第3章铁路交通运行控制系统，讨论铁路信号设备、信号控制、行车控制以及调度指挥等；第4章城市轨道交通运行控制系统，针对城市轨道交通展开分析；第5章自律分散的调度集中管理，介绍铁路行车调度指挥管理系统、分散自律调度指挥管理系统、调度集中和行车指挥自动化；第6章轨道交通运行安全管理，针对轨道交通的安全性进行分析和举例，包括轨道交通安全性的概念、故障分析与识别以及安全管理体系；第7章总结与展望。

本教材的编写历时数年，凝聚的是众人的心血。

首先感谢北京交通大学唐涛教授在教材框架、内容层次顺序等方面给出高屋建瓴的方向性建议，并担任绪论、第1～第5章的教材内容审核工作；感谢董德存教授的中肯建议和对全文的审核工作；感谢西南交通大学王长林教授自始至终的全面指导和帮助，以及彭其渊教授和郭进教授在管理和信号控制方面的建议；感谢韩斌、莫凡、严作人、严骊、黄承明、时东兵、单晓芳、沈拓、张轮、江勇、杨晓芳等领导老师同行同事对教材的多方面关照和支持；单晓芳博士参与了第1、第5、第6章的编写；博士研究生方云根编撰了教材第6章内容，博士研究生王刚、林俊亭、沈拓参与了第2、第3、第4章的编写工作；邱磊、张灿程、付丰、林超、姜仙童、朱静、曹恺祥、袁志鹏、石红云、陈宇佳、韦姗姗、周源、张亮、项伟、丁燕、韦乐香、刘强、王艳青、施奕骋、朱敏、郑春晖、许俊、妥思佳、吴明敏等同济大学2002～2012级交通信息专业本科生及研究生在素材收集、资料整理、内容分析与挖掘、文档输入和内容编辑等方面做出了大量工作。

本书引用了国内外从事轨道交通研究的专家学者的研究成果，特别感谢日本东京工业大学森欣司教授、JR东日本旅客铁道株式会社松本雅行博士、日立制作所解良和郎博士和西南交通大学的谭永东博士在教材的编写过程中给予的热情指导与帮助，在此致以敬意。

由于轨道交通运行控制与管理技术的不断发展，作者收集资料有限，书中若有不足之处，期待与读者进一步商榷、探讨，使之不断完善。

作者联系地址：zengxq@tongji.edu.cn，felixyun@163.com。

作　者

2014年10月于上海

目　录

绪论…………………………………………………………………………………… 1
第 1 章　轨道交通的运行组织管理…………………………………………………… 8
1.1　轨道交通组织管理需求 ……………………………………………………… 8
1.2　运输组织概要…………………………………………………………………… 14
1.3　列车运行图……………………………………………………………………… 21
1.4　运输组织与列车控制系统的相互关系………………………………………… 31
第 2 章　轨道交通运行控制的理论与技术 ………………………………………… 34
2.1　故障导向安全准则……………………………………………………………… 34
2.2　车地信息传输技术……………………………………………………………… 56
2.3　闭塞技术………………………………………………………………………… 67
2.4　列车定位技术…………………………………………………………………… 79
2.5　系统接口技术 …………………………………………………………………… 104
第 3 章　铁路交通运行控制系统……………………………………………………… 111
3.1　铁路运行控制系统概况 ………………………………………………………… 111
3.2　铁路运行控制基础设备 ………………………………………………………… 112
3.3　车站信号控制 …………………………………………………………………… 131
3.4　区间行车控制 …………………………………………………………………… 162
3.5　行车调度指挥管理 ……………………………………………………………… 184
3.6　典型的铁路信号控制系统 ……………………………………………………… 194
第 4 章　城市轨道交通运行控制系统………………………………………………… 203
4.1　城市轨道交通运行控制系统发展 ……………………………………………… 203
4.2　城市轨道交通列车运行控制系统组成与分类 ………………………………… 205
4.3　基于通信的轨道交通运行控制 ………………………………………………… 213
第 5 章　自律分散的调度集中管理…………………………………………………… 235
5.1　自律分散系统理论基础 ………………………………………………………… 235
5.2　自律分散的列车控制系统 ……………………………………………………… 246
5.3　分散自律的调度集中系统 ……………………………………………………… 252
第 6 章　轨道交通运行安全管理……………………………………………………… 265
6.1　安全的定义和概念 ……………………………………………………………… 265
6.2　运行安全的分析技术 …………………………………………………………… 270
6.3　安全风险的接受原则 …………………………………………………………… 286
6.4　运行安全的管理体系 …………………………………………………………… 289

6.5　安全评估 …… 296
第7章　总结与展望 …… 305
7.1　总结 …… 305
7.2　展望 …… 306
参考文献 …… 311

绪 论

随着经济的发展，城市化进程的加快，城市人口及范围不断扩大，我国公共交通客运量大幅度增加，公共交通作为重要的基础设施，无论在数量上、质量上，还是在交通结构上都越来越不能适应城市和社会发展的需要，交通堵塞、行车速度下降、交通事故增加、乘车难已成为十分突出的问题。许多城市的主要客运交通线路上高峰小时客流已超过 1 万人次，单纯依靠公共汽车已无法承受这样大的交通压力。尤其是我国的一些大城市因产业和人口过分集中，城市交通问题日趋严峻，已严重制约了城市的可持续发展。除城市交通之外，目前的交通系统在短途运输过度依赖于道路交通，在长途运输上过度依赖于航空交通的状况导致交通成本高、交通效率低等问题，现有的综合交通系统已不能满足人们的运输需求。目前交通系统存在的主要问题主要体现在以下方面：

(1)公共交通在数量上和质量上都不能满足城市发展要求。近年来，由于城市扩大化、城市人口多、密度大，城市公交客运量增长速度越来越快，全国公交车辆数和线路长度都有了大幅度增长，但同时公交车的运营速度也有了较大幅度的下降，新增的运力被运输效率下降所抵消。

(2)空间资源的低效配置。公共交通发展不充分，导致交通结构不合理，道路、停车场等土地和空间资源低效配置。道路与交通管理设施建设滞后于车辆和交通流量的增加，近年来，由于私人小汽车的迅猛发展，停车场等静态交通设施更显得严重不足。

(3)城市公共交通结构单一，缺少大容量的快速轨道交通系统。除少量城市建有轨道交通外，其余全部依靠公共汽车，不论城市规模大小、客流量多少、距离远近、是市区还是郊区，都全部依靠公共汽车。公共汽车运量小、车速低、环境污染严重，适合于小时客流量在 8 000 人次、运送距离在 10km 以下线路。由于运量增长大于运力增长，公共汽车超负荷运行，造成车内拥挤，乘车困难。

(4)摩托车、电动自行车过度发展造成不良后果。摩托车、电动自行车占用面积大，会降低道口通过能力，使道路阻塞加重。数以万计的自行车摩托车使得城市交通混乱，公共交通进一步恶化，运营效率降低，服务质量下降，这又进一步促使电动自行车及摩托车数量的增加，形成一种恶性循环。

(5)道路设施与交通量增长不相适应。现有公共汽车主要依赖城市道路，但我国道路增长落后于交通量增长。城市交通量年增长率超过 20%，道路增长率仅为 10%。加之路况差、通行能力小、多为平交道口、道路上快慢混行、机动车与非机动车混行、人车混行，致使车辆易于阻塞。

(6)时间资源浪费严重。交通拥挤已使城市机动车行驶速度急剧下降，并直接导致公共交通服务水平降低，由于乘车时间长、运行速度低、换乘次数多、直达率低、候车时间长等原因造成客流减少。不合理的交通结构产生巨大的时间成本。许多城市上下班用时超过 2h 的人群数量占相当大的比例。

(7)大城市交通事故增加、交通污染严重。据统计,近几年城市交通事故直线上升,由交通事故造成的直接经济损失每年达5亿元之多。交通噪声和汽车排放的有害气体已成为城市主要公害之一,影响人们的身体健康。目前,在所有交通方式中,道路交通还是主要的交通方式,特别是城市交通,截至2010年年底,我国仅有12个城市建有轨道交通。2008年,全国共发生道路交通事故约265 204起,造成73 484人死亡、304 919人受伤,直接财产损失10.1亿元。2009年,全国共发生道路交通事故约23.8万起,造成67 759人死亡、275 125人受伤,直接财产损失9.1亿元。

(8)资源消耗量巨大。城市交通,特别是个人机动化交通消耗了大量的能源和其他不可再生资源。主要表现为运输发展所需的土地、原材料以及运输的能源消耗。在土地占用方面,尤以小汽车为最,例如美国53个中心城市用地的30%被汽车占领。而更为引人注意的是交通运输所消耗的能源,可以说,现代强大的交通运输系统是由巨大的能源消耗驱动的。在发达国家,由于私人小汽车的普及,使其交通运输能耗在整个国家的总能耗中占有较高的比重。在欧盟国家中,交通运输是能耗增长速度最为迅速的行业,1985~1997年,该行业能耗涨幅为42%(年均3%),道路交通的能耗占交通运输能耗的73%。

轨道交通作为交通运输方式之一,是指采用专用轨道导向运行的公共客运和货运交通系统,包括传统铁路、高速铁路、地铁、轻轨、单轨、有轨电车、磁悬浮、旅客自动捷运、市域快速轨道等多种形式。轨道交通系统是一个复杂而庞大的系统,它由机车车辆、线路、桥隧、站场、通信、信号、供电、信息、安全、给水等技术设备和运行管理、维护、信息服务等子系统组成,如图0-1所示。

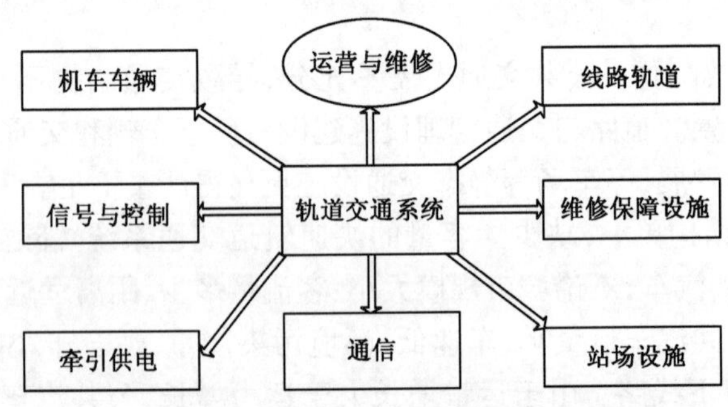

图0-1 轨道交通系统组成

通过表0-1中各类交通方式的比较分析,可以看出轨道交通与其他交通运输方式比较,具有以下特点:

各类交通运输方式特点比较

表0-1

比较项目	自行车	小汽车	公共汽车	轨道交通
人均占地面积(m^2)	6~10	10~20	1~2	0~0.5
单位能源消耗(kCal/人·km)	0	721~831	180~216	70~100
人均二氧化碳排放(g/人·km)	0	44.6	19.4	0
死亡率(1亿g·km)	—	1.17	0.082	0.005
运量(人/h)	2 000	3 000	6 000~9 000	10 000~30 000
运输速度(km/h)	10~15	20~50	20~40	40~500
适用范围	短途	较广	中距离	长距离

注:1Cal=4.1868J。

(1)运输量大,运量调整灵活:和其他运输方式相比,轨道交通运输量大,一个16节编组的列车可以运输2 000人以上。轨道交通有利于大宗货物和旅客的长距离运输,并且轨道交通的运输量可以根据需求变化,通过改变车辆编组数目和行车间隔进行调整。

(2)速度快:与其他地面交通方式相比,具有明显的速度优势,如磁悬浮列车可以达到500km/h,高速铁路列车速度可以达到350km/h以上,城市轨道交通可以达到100km/h。

(3)可以显著缓解交通拥挤:轨道交通是一种大运量的交通工具,国外许多大城市轨道交通承担的客运量占全部客运量的一半甚至80%以上。地铁每小时单向运送能力为3万~6万人次,轻轨为2万~2.5万人次,而公共电汽车为2 000~5 000人次。

(4)舒适性好:由于轨道交通在固定的轨道上运行,列车运行平稳性好,舒适度高。

(5)土地占用面积小:轨道交通可以修建在地下或高架上,与道路交通相比,占用土地面积小,可以节约土地资源。

(6)行车密度高:高速铁路运行可以达到3min的列车运行间隔,城市轨道交通可以达到90s的运行间隔。

(7)能耗低,环境污染小:和其他交通方式相比,轨道交通的每千米旅客能耗数和每顿货物能耗数都相对低很多。由于轨道交通大都采用电力作为动力来源,电力可以来自水利和核能,属于环保能源和可再生能源,因此轨道交通是一种环境友好型交通运输方式。

(8)改善环境:用轨道交通替代公共汽车成为大众通勤工具的首选,可以减少在市中心运行的小汽车和公共汽车的数量,将在很大程度上减少城区汽车尾气的排放,改善空气质量。国外研究表明,轨道交通单位运输量的二氧化碳排放量仅为小汽车的10%和公共汽车的25%。

(9)安全性高:由于轨道交通采用了具有故障导向安全的自动列车运行控制系统,轨道交通的事故发生率很低,其安全性要比小汽车、公共汽车和摩托车的安全性高出若干倍,可减少道路交通事故发生率,轨道交通是最为安全的交通运输方式。

(10)受外界影响小,列车运行准点率高:由于轨道交通大都运行在专有的轨道上,轨道交通受外界干扰少,特别是受气候条件的影响小,因此可以提供快速和高效的交通运输服务。

(11)促进社会发展,经济效益好:在紧急情况下,轨道交通便于使货物从一个地区快速运送到另一个地区,增强对突发事件的应急响应能力;轨道交通可促进劳动力的流动并且扩大人们的就业范围;通过对原材料和矿产资源的廉价运输,轨道交通可以促进国家的工业化进程,另外,城市轨道交通可以明显加快城市化的发展,同时轨道交通也有利于缩小地区差距促进社会可持续发展。

通过对轨道交通与其他几种常见的运输方式的比较分析可知,轨道交通相对于公共汽车、私人汽车、摩托车、自行车等大众交通工具而言,具有占地少、低能耗、低碳排放、高安全、大运量、高速度和大范围等得天独厚的优势,是其他交通方式无法替代的。在大城市特别是特大城市,我们应当构筑以轨道交通为骨干的一体化综合城市运输体系,以交通结构的改变来促进城市结构的变化,使城市总体交通需求均衡,以解决城市的交通拥挤问题。同时,大力发展轨道交通,对于提升城市结构,解决城市发展中面临的经济与社会矛盾,具有特别重要的意义,是特大城市及其交通可持续发展的必然选择。

轨道交通有多种分类方法,按照轨道交通涉及的地理位置分布,轨道交通分为传统铁路(即城际轨道交通)和城市轨道交通两种形式。按照轨道交通的牵引动力方式,轨道交通可以分为蒸汽机车轨道交通、内燃机车轨道交通和电力机车轨道交通。按照运行时采用的导向方法,分为轮式轨道交通和非轮式轨道交通,轮式轨道交通又分为轮轨式、橡胶轮胎式、齿条齿轮式,非轮式轨道交通分为磁悬浮式和气垫悬浮式两种。按照运行划分,目前铁路速度时速100~120km的称为常速;时速120~160km称为中速或准高速;时速160~200km称为快速;时速200~400km称为高速;时速400km以上称为特高速。图0-2为轨道交通系统差别。

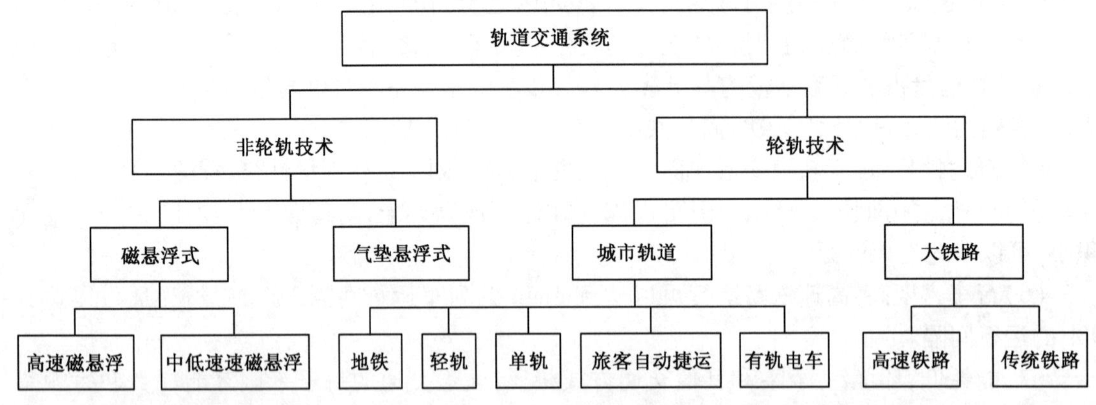

图0-2　轨道交通系统类别

磁悬浮式轨道交通是一种靠磁悬浮力(即磁的吸力和排斥力)来推动列车运行的轨道交通系统。由于轨道的磁力使列车悬浮在空中,行走时不需接触地面,因此,其阻力只有空气的阻力。磁悬浮列车的最高速度可以达每小时500km以上。按照悬浮方式划分可分电磁型和电动型,电磁型是利用磁体的吸力实现悬浮,电动型则是利用磁体的排斥力实现悬浮。根据运行速度,时速在200km以上的为高速磁浮列车,主要用于城市之间远距离的交通。中低速磁浮列车时速一般在100km左右,主要用于城市内部交通。

气垫悬浮式轨道交通系统是利用压缩空气使车辆底面和导轨之间形成空气层,即气垫,依靠气垫的作用使行进的车辆在悬浮状态运行。车辆是由感应线性电动机或燃气轮机驱动。

地铁是一种大运量的轨道运输系统,采用钢轮钢轨体系,标准轨距1 435mm,主要在大城市地下空间修筑的隧道中运行,当条件允许时,也可穿出地面,在地上或高架上运行。地铁车辆的基本车型为A型车、B型车和L_B型车(直线电机)三种。地铁系统的列车编组通常由4~8辆组成,列车长度为70~190m。列车最高行驶速度每小时不小于80km。

轻轨是一种中运量轨道运输系统,采用钢轮钢轨体系,标准采用地面专用轨道或高架轨道,遇繁华街区,也可进入地下或与地铁接轨。轻轨车辆包括C型车,L_C型车(直线电机)。轻轨的列车编组一般可以由1~6节组成。列车最高行驶速度每小时不小于60km。

单轨铁路简称单轨,是铁路的一种,特点是使用的轨道只有一条,而非传统铁路的两条平衡路轨。轨道梁不仅是车辆的承重结构,同时也是车辆运行的导向轨道。单轨系统的类型主要有两种,一种是车辆跨骑在单片梁上运行的方式,称为跨座式单轨系统,另一种是车辆悬挂在单根梁上运行的方式,称为悬挂式单轨系统。和城市轨道交通系统相似,单轨主要应用在城市人口密集的地方,用来运载乘客,与普通铁路相比有较强的爬坡能力,单轨转弯半径小,适合起伏较多的地形。单轨系统的列车,通常为4~6辆编组,相应列车长度在60~85m之间,线路半径不小于50m,线路坡度不大于60‰,最高运行速度不小于每小时80km。

自动旅客输送系统(APM)又称旅客自动捷运系统,最早出现在美国的坦帕国际机场,目前在多个国际机场已经投入使用,如我国的北京首都国际机场第三航站楼,广州白云国际机场。2010年,建于地下的广州珠江新城旅客自动输送系统投入运行。自动旅客输送系统在轨道上全自动运行,无须驾驶人员,属于轨道交通方式之一。

有轨电车是一种低运量的城市轨道交通,电车轨道主要铺设在城市道路路面上,车辆与其他地面交通混合运行,车辆以单车运行为主,车辆基本长度12.5m,也可联挂运行,但不宜超过两辆车。

高速铁路是指通过改造原有线路(直线化、轨距标准化),使营运速率达到每小时200km以上,或者专门修建新的“高速新线”,使营运速率达到每小时250km以上的铁路系统,高速铁路一般用于旅客运输。除了高速铁路之外,用于旅客运输或货物运输的铁路称为传统铁路。

轨道交通是随着社会经济的发展而发展起来的。自从1825年英国修建了世界上第一条蒸汽机车牵引的铁路(斯托克顿—达灵顿)以来,轨道交通已有了将近200年的历史,1863年,英国伦敦建成世界上最早的地铁系统,其干线长度为6km,采用蒸汽机车作为牵引动力,它是世界上最早的城市轨道交通。轨道交通在它自身取得飞速发展的同时,也对世界工业化进程和城市的发展起着举足轻重的作用,成为现代人们日常生活中非常重要的交通方式之一。

欧洲目前正在传统铁路的基础上,建造和完善跨越欧洲的互连互通铁路,其中包括针对旅客运输的高速铁路和针对客货运输的传统铁路。这些铁路线路穿越欧洲多个国家,采用同样的技术标准,实现不同国家、不同铁路运营公司之间的互连互通。在铁路运行控制和管理领域中,欧洲实现了基于ETCS和GSM-R的欧洲铁路运输管理系统(ERTMS)。

日本是世界上第一个建成实用高速铁路的国家。1964年10月1日东海道新干线正式开通营业,高速列车运行速度达210km/h,2011年3月6日,日本最新子弹列车“隼鸟号”(Hayabusa)首度通车上路,这项最新高科技特快新干线时速达300km。日本的新干线列车控制系统采用的是列车自动控制系统(ATC)。

美国作为世界上修建铁路最早的国家之一,现在拥有着世界上长度最长的铁路网络。目前,铁路运输是美国主要的货运交通方式,1997年,铁路完成的货运周转量占总运输量的41.9%。

城市轨道交通最初是为了解决城市交通问题而发展起来的。目前世界上各大城市都在积极的建设轨道交通,表0-2是各大洲建成的地铁与轻轨(截止到2005年,不含中国)。自从第一条无人驾驶的地铁系统——哥本哈根地铁投入运行以来,国外已有多条地铁线路实现了真正意义上的无人驾驶,如巴塞罗那地铁9号线、巴黎地铁14号线等。

各大洲建成的地铁与轻轨一览表(截至2005年,不含中国)　　表0-2

<table>
<tr><td rowspan="7">地铁</td><td>洲名</td><td>城市数</td><td>运营里程(km)</td><td rowspan="7">轻轨</td><td>洲名</td><td>城市数</td><td>运营里程(km)</td></tr>
<tr><td>欧洲</td><td>49</td><td>3 198</td><td>欧洲</td><td>21</td><td>1 266</td></tr>
<tr><td>亚洲</td><td>33</td><td>1 586</td><td>亚洲</td><td>33</td><td>1 586</td></tr>
<tr><td>北美洲</td><td>16</td><td>1 765</td><td>北美洲</td><td rowspan="2">20</td><td rowspan="2">600</td></tr>
<tr><td>南美洲</td><td>9</td><td>375</td><td>南美洲</td></tr>
<tr><td>大洋洲及非洲</td><td>1(开罗)</td><td>65</td><td>大洋洲及非洲</td><td>1(墨尔本)</td><td>21</td></tr>
<tr><td colspan="2">合计</td><td>6 989</td><td colspan="2">合计</td><td>3 473</td></tr>
</table>

对于我国来说,轨道交通的发展可以追溯到1876年建立的第一条营业铁路——上海吴淞铁路,而我国的铁路也已经有了将近140年的历史。目前正处于一个高速发展的时期。

2010年,中国高速铁路营业里程达6 920km,全国铁路营业里程达到9.1万km。其中,新建时速 250km 及以上的高速铁路有 4 044km 的运营里程，包括时速 350km 的京沪高速铁路、京津城际铁路、武广高速铁路、郑西高速铁路、沪宁城际高速铁路，时速 250km 的合宁、合武、石太、济青、甬台温、温福、福厦客运专线及成都至都江堰铁路；既有线第六次大面积提速达到时速 200～250km 的线路有 2 876km。正在建设的高速铁路大于 1 万 km。中国已成为世界上高速铁路发展最快、系统技术最全、集成能力最强、运营里程最长、运营速度最高、在建规模最大的国家。预计到 2015 年，全国铁路营业里程达到 12 万 km 以上，其中，高速铁路 1.6 万 km 以上，西部铁路 5 万 km 以上，复线率和电气化率分别达到 50%、60%。以高速铁路为骨架、总规模 5 万 km 的快速铁路网基本建成，总规模 7 万 km 的区际大能力通道布局成网，繁忙干线实现客货分线运输。

在列车运行控制与管理方面，我国自主研发了 CTCS-2 系统，满足既有线提速和 250km 客运专线列车控制，研发的 CTCS-3 系统满足时速 350km 客运专线列车控制需要，最小行车间隔达 3min。新建客运专线采用 CTC 调度指挥系统，实现了运输指挥的高度集中。

从 1969 年 10 月第一条地铁在北京建成通车之后开始，我国各地的轨道交通发展十分迅猛，尤其在改革开放三十年以来，我国各大城市都先后发展轨道交通网络体系，轨道交通系统在城市发展中的作用越来越重要。

如表 0-3 所示，截至 2012 年年底，全国共有 17 座城市开通运营线路 70 条，总计运营线路长度达 2 064km。在城市轨道交通运行控制系统中，我国新建线路开始采用了先进的基于通信的列车控制系统，实现了移动闭塞，并在广州珠江新城旅客自动运输系统实现了无人驾驶。

截至 2012 年我国已开通城市轨道交通现状　　表 0-3

序　号	城　市	线路条数	车站总数	线路长度(km)
1	北京	16	275	442.0
2	上海	13	295	464.3
3	广州	8	137	220.9
4	深圳	5	131	178.6
5	天津	5	96	137.0
6	大连	4	57	86.8
7	长春	2	49	47.5
8	南京	3	57	81.6
9	重庆	4	91	131.1
10	武汉	2	47	56.5
11	沈阳	2	41	49.9
12	成都	2	36	41.0
13	西安	1	17	20.5
14	苏州	1	24	25.7
15	昆明	1	4	18.0
16	杭州	1	31	48.0
17	佛山	1	11	14.8
合计		70	1 399	2 064.0

注：本表来源于中国城市轨道交通协会。

到2009年年底,我国有118个城市的人口超过百万,这些城市都具有发展轨道交通的潜力,预计到2020年,我国城市轨道交通累计运营里程将达到7 395km。

作为交通运输方式之一,轨道交通的基本任务就是合理运用其技术设备及科学组织管理方法,安全、准确、迅速、经济、便利地运送旅客和货物,高质量地满足旅客和货物的运输的需求。为了实现这一目标,除了依赖于轨道和车辆等基础设施之外,还依赖于轨道交通的运行控制和管理技术,轨道交通的运行控制和管理系统及技术相当于轨道交通系统的神经网络和大脑。本书主要从轨道交通运行控制和运行管理这两方面进行介绍。

轨道交通运输过程每一个环节的工作都需要进行组织和管理,客流计划、行车计划、车辆配备计划、列车交路计划、列车运行图等这些都是列车运行管理的基础,运输组织知识和理论也是设计轨道交通控制系统设计和实现的需求依据,本书第1章主要介绍了轨道交通的运行组织管理。

轨道交通运行控制系统的设计和实现应用了故障—安全原理、车地信息传输技术、区间闭塞技术、列车定位技术、接口技术这些基本原理和技术,它们是现代轨道交通的基础。作为轨道交通的运行控制和组织人员,有必要理解和掌握这些基本技术,本书第2章将介绍轨道交通运行控制的基础理论与技术。

高速列车在我国、日本和欧洲已经成为主要的交通工具之一,列车时速已经达到或超过300km/h。在这样的列车时速条件下,已不可能采用传统的信号技术来保证列车运行安全。列车自动运行控制技术已成为保证安全、实行集中监控调度指挥的基本设施,如在欧洲正在大力发展的欧洲列车控制系统(ETCS)和我国的中国列车控制系统(CTCS)。另一方面城市轨道交通迅速发展,大容量和高密度的城市轨道交通已成为百万人口以上大城市首选的交通方式。城市轨道交通的运行速度虽然不高(通常不超过100km/h),但其运行间隔很短(可以达到90s),只有采用自动化程度很高的列车运行控制和管理系统,才能保证列车运行安全和提高行车效率,基于通信的列车控制系统(CBTC)以实现移动闭塞和列车自动运行甚至无人驾驶成为城市轨道交通运行控制系统的发展方向,本书的第3章和第4章分别对铁路和城市轨道交通中使用的列车运行控制系统进行介绍。

第5章的主要内容为自律分散系统ADS(Autonomous Decentralized System)理论,自律分散系统是近几年发展起来的一种系统技术,它在降低系统复杂程度、实现系统的可扩展方面取得了很大的进步。它打破了原有传统的集中式或分布式系统C/S(Client/Server)体系模型,提出了一种新型的系统框架。自律分散系统有两大特性:自律可控性和自律可协调性。自律分散调度集中系统具备了调车进路远程控制和智能化控制的功能,可以有效地解决车站与调度中心频繁交换控制权进行调车控制的问题,非常适合我国铁路客货列车混跑、调车作业量大的运输特点,在我国具有广阔的发展前景。

第6章的内容为轨道交通运行安全管理。安全管理是轨道交通运行控制和管理中重要的一部分,现代轨道交通有向高速化、小行车间隔、自动化方向的发展趋势,使安全管理面临着许多挑战。实现轨道交通的安全需要关注轨道交通的整个生命周期,从系统的概念阶段开始,一直到整个轨道交通系统不再使用为止,做好安全隐患的识别、安全风险分析、风险控制、通过设计、制造、运行、维护过程中的各个环节将安全风险降低到可以接受的水平,从而保证在轨道交通整个生命周期过程中的人们的人身安全、财产安全和环境不受损坏。

第7章的内容总结与展望。本书对轨道交通的关键技术及发展趋势进行了总结,并就轨道交通运行控制的前景进行了分析和展望。

第1章 轨道交通的运行组织管理

1.1 轨道交通组织管理需求

自从1825年英国修建了世界上第一条蒸汽机车牵引的铁路(斯托克顿—达灵顿)以来，铁路已有了将近180年的历史，它对世界工业化的进程起着举足轻重的作用。目前世界铁路的总长度已达130万km。

随着世界工业的发展，城市化的进程导致了城市人口的高度集中，于是城市轨道交通应运而生。从1863年英国伦敦市第一条地铁正式运营至今，世界上已有80多个城市间建成了城市轨道交通。

在人类文明发展的历史上，远程铁路与城市铁路是一对"孪生子"，在管理上、技术装备上十分相似，但又有其各自的独特"个性"。本书中所述的"轨道交通"作为泛指术语，将城市与城市之间的轨道交通称为铁路，而将城市内的轨道交通称为城市轨道交通。

随着科学的不断发展，轨道交通的安全程度与列车运行速度有了很大的提高，从20世纪初期的每小时几十千米发展到今天的350km以上的高速列车，其中，最具代表性的有日本新干线、法国的TGV、德国的ICE。与远程铁路不断提速相并行，城市轨道交通的运行间隔时间越来越短，从20世纪初期的10min间隔发展到今天的90s间隔。诚然，不论是列车运行速度的提高，还是列车运行间隔的缩短，都是以各类相关技术共同发展为基础的，与轨道交通相关的技术领域有"车"(指运输组织)、"机"(指机车车辆)、"工"(指路基、路轨、桥梁等)、"电"(指通信信号与供电)、"辆"(指列车车辆)。这五大技术领域必须共同发展，密切协调，从而才能形成轨道交通大系统发展的基础。

轨道交通包含了远程铁路、市郊铁路、城市地铁、轻轨、独轨等多种类型，而随着科学技术的不断发展，还将有越来越多不同形式的轨道交通运用到城市中去。纵观整个世界，轨道交通已不仅局限在轮轨系统这一类型，随着上海浦东高速磁悬浮交通的建设和运营，轨道交通领域又增添了新的成员，未来的轨道交通将会更新型化、多样化。

1.1.1 轨道交通的类型

轨道交通主要可以分为城际客货运铁路和城市轨道交通。当今世界上，城际铁路速度的分挡一般定为：时速100~120km的称为常速铁路；时速120~160km的称为中速或准高速铁路；时速160~200km的称为快速铁路；时速200~400km的称为高速铁路。目前发展得十分迅速的是城际高速铁路和城市轨道交通。

城市中使用车辆在固定导轨上运行并主要用于城市客运的交通系统称为城市轨道交通。

当前，世界上已有40多个国家的140多个城市拥有或正在规划建设城市轨道交通，在构筑物形态、运营方式、车辆类型及运输能力等方面发展了许多种类。

按构筑物的形态或轨道相对于地面的位置划分,城市轨道交通可分为三类:

(1)地下铁路:位于地下隧道内的那部分铁路称为地下铁路。

(2)地面铁路:位于地面的铁路称为地面铁路。

(3)高架铁路:位于地面之上的高架桥的铁路称为高架铁路。

按列车运营组织方式划分.城市轨道交通可分为三类:

(1)传统的城市轨道交通:服务范围以中心城区为主的城市轨道交通,通常站间距在 lkm 以内。

(2)区域快速铁路(Regional Express Railway,Regional Metro):服务范围包括城市郊区的轨道交通系统,通常站距较大,含有地面线路或高架线路。例如德国的 S-Bahn、巴黎的 RER,旧金山的 BART。

(3)市郊铁路(Suburban Railway):是指位于城市范围内、部分或全部服务于城市客运的那些城市间铁路。通常其所有权不属于所在的城市政府,而由铁路部门经营,主要运送城市郊区与闹市区间的乘客,故也称通勤铁路。这种铁路通常在郊区采用平交道口形式,在市区为高架或地下铁路。其站距长,运营组织方式与城市间铁路相近,可开行不停靠全部或部分中间站的直达列车;为减少环境污染,多采用电气化牵引方式。纽约、东京等国际大都市的市郊铁路都很发达,运营里程达到 2000km 以上。

按运能范围及车辆类型划分,城市轨道交通可分为地下铁道(Metro,the Underground,在德国称为 U-Bahn)、轻轨交通(Light Metro,Light Rail Transit)、独轨交通(Monorail)、有轨电车(Tram,Tramway)、客运自动轨行车(Peoplemover)、自动导向交通系统(Automated Guided Transit)、微型地铁(Mini-Metro)、胶轮地铁(Rubber Tyred Metro)、索道(Aerial Tramway)等类型,常用的是前面 4 种类型,这 4 种轨道交通方式的主要技术指标见表 1-1。

4 种轨道交通方式的主要技术指标

表 1-1

指标		单位	地下铁道	轻轨交通	独轨交通	自动导向交通
平均站间距	市区	m	500 ~ 800	800 ~ 1 000	700 ~ 1 500	
	市郊	m	1 000 以上	1 000 以上	2 000 以上	
最高行车速度		km/h	90	90	80	60
旅行速度		km/h	30 ~ 45	25 ~ 35	18 ~ 43	30 ~ 40
行车最小间距		s	50 ~ 90	90	90	20 ~ 120
每辆车容量		人	150 ~ 310	190 ~ 336	80 ~ 180	80
列车编组		辆	4 ~ 10	2 ~ 6	2 ~ 6	2
单向运输能力		万人次/h	3 ~ 8	2 ~ 4	1 ~ 2	1 ~ 3

(1)地下铁道:简称地铁,国际隧道协会将地铁定义为轴重相对较重,单方向输送能力在 3 万人次/h 以上的城市轨道交通系统。一般线路全封闭,在市中心区全部或大部分位于地下隧道内,因而可实现信号控制的自动化,具有容量大、速度快、安全、准时、舒适、运输成本低、不占城市用地,但建设成本高等特点,适用于出行距离较长、客运量需求大的城市中心区域。一般认为,人口超过百万的大城市就应考虑修建地铁。

(2)轻轨交通:是在有轨电车的基础上发展起来的城市轨道交通系统,输送能力 1.5 万 ~ 3.0 万人次/h。它的车辆轴重较轻,施加在轨道上的荷载相对于城市铁路和地铁的荷载来说比较轻,因而称为轻轨。站台标准有高低之分,路权形式也有多种。伦敦把轻轨路权分为三种:LRT1,指与其他交通及行人共享路面;LRT2,线路固定于道路上,在紧急情况下其他车辆可驶入其路面,类似公共汽车专用道;LRT3,路权专用,线路与其他交通及行人全部隔离,或是立交化的地面铁路,或是地下或高架铁路。它具有运量较大、速度快,乘坐舒适、安全、运行经济、建设成本比地铁低等特点。

快速轻轨交通是指具有专用路权的轻轨系统。快速轻轨交通又可分旧车改进型、新线建设型及新交通系统型三种。

①旧车改进型:是将有轨电车分阶段加以改进,使其车辆逐步实现高性能,轨道线路路权专门化、地下化或高架化,并实现运转单人操纵。德国、比利时、瑞士、意大利等国修建的轻轨交通就属于这种类型。

②新线建设型:是英国、法国及北美等国自20世纪70年代开始利用城市废弃的既有铁路修建比较经济的城市轨道交通系统,如法国巴黎的RER系统即属于这种类型。

③新交通系统型:它比新线建设型更进一步,是作为一个独立系统开发的快速轻轨运输系统。加拿大开发的线性电机驱动的轻轨车辆和英国伦敦船坞地(Docklands)的轻轨车辆相当于这种类型,加拿大研制的线性电力机车已在多伦多、温哥华、底待律等城市付诸使用。地下铁道与快速轻轨交通又统称为快速轨道交通,是具有专用路权的大容量客运列车系统,具有高标准的站台并有不同程度的自动化设施。

(3)独轨交通:又称单轨交通,可分为跨座式和悬挂式两种,前者跨在一根走行轨道上行走,其重心位于走行轨道上方;后者车辆悬挂于可在轨道梁上行走的走行装置的下面,其重心处于轨道梁的下方。因其轨道梁比较窄,仅为85cm,故对城市的景观及日照影响较小。独轨交通有噪声低、振动小、对城市的景观及日照等影响小、通过小半径曲线能力和爬坡能力强等优点。但是,独轨车有运能小,速度低、能耗大、粉尘污染等缺点。由于橡胶轮与混凝土轨面的滚动摩擦阻力比钢轨大,所以其能耗要比普通钢轮钢轨的轨道交通约大40%;橡胶轮与轨道间的摩擦会形成橡胶粉尘,对环境有轻度污染;列车运行在区间发生事故时,面积狭小的轨道梁难以安设救援设施,疏散和救援工作都比较困难。该系统适宜于在市区较窄的街道上建造高架线路,目前一般多用于运动会、体育场、机场和大型展览会等场所与市区的短途联系。

(4)自动导向交通系统(AGT):是一种通过非驱动的专用轨道引导列车运行的轨道交通方式。电动车辆在专用的轨道线路上运行,而且车轮为橡胶轮胎,沿着特制的混凝土轨道运转,车站无人管理,由中央调度室的电子计算机集中控制。客运能力为5 000 ~ 15 000 人/h,高于公共汽车,而且建设成本与地铁、轻轨相比又低得多。与独轨系统相似,运行在专用的高架轨道上,与其他车辆不构成干扰,运输效率较高,技术上容易实现。既可以采用列车无人驾驶、车站无人管理的方式,也可以省去自动驾驶系统,由人工操纵,基本上没有噪声污染。但是其采用了独特的导向方式,车辆及轨道结构有别于其他轨道系统,因而兼容性不强,不能适应轨道交通一体化发展的需求。而且轮胎承重和高速耐热性都不如钢轨,故不适合太大运量与较高速的运行,运量和速度受限。并且自动导向系统的导引系统、道岔系统和折返比较复杂,耗时多。

1.1.2 轨道交通的技术经济特征

(1)高速铁路技术经济特征

高速铁路的“高速”是一个相对的概念,其标准随着技术进步也在不断调整。目前,普遍认为时速达到200km以上的铁路才为高速铁路,全球高铁运营里程已达上万km,主要集中在日、英、法、意、德、西、美、韩、中、俄等国。与公路、航空等其他运输方式相比,高速铁路在方便快捷、安全舒适和低碳环保等方面优势突出。在200～1 000km的空间范围内,高速铁路的总旅行时间较短,车内宽敞的空间也为旅客提供了更为舒适的旅行环境。以日本东京至大阪的高速铁路(总里程为510km)为例,在出行费用上,高速铁路分别比汽车、飞机节约了35%和42%;在出行总时间上,高速铁路分别比汽车、飞机节省约60%和40%;在节能环保方面的优势更为突出,高速铁路的二氧化碳排量仅为汽车和飞机的23%和28%。日本近年统计数据表明,乘小汽车和飞机出行,每人每千米的能耗分别是高速铁路的5.77倍和5.24倍。但高速铁路投资规模大、建设周期长、回报率相对较低。因各国基础地质条件、建设时期、技术发展等多种因素的不同,高速铁路的投资规模、建设成本、维护成本也存在显著的差异。高速铁路每千米的建设成本为600万～4 500万欧元,平均为1 750万欧元(按照2005年不变价测算),这一成本还不包括规划、土地占用等成本,如果将其纳入,高速铁路每千米的综合建设成本高达5 000万～7 000万欧元。除此之外,高速铁路的维护成本也相当高,每年的维护成本是每轨道千米2.8万～3.3万欧元,高铁的投资回报期一般在10～20年以上,回报受线路、票价、运营情况、经济发展等因素影响,差距也相当大。

(2)地下铁道技术经济特征

地下铁道通常都是专用线路,没有平面交叉。地铁线路除修建在地下隧道外,也有部分是修建在地面或高架桥上。地铁线路一般是双线,个别城市也有四线地铁情况。正线最大坡度一般为3%,最小曲线半径一般为300～400m。轨道较多采用焊接长钢轨,混凝土整体道床。

地铁车站按其运营功能划分为终点站、中间站和换乘站。车站由出入口、站厅、通道、楼梯、自动扶梯、站台、售票房、行车作业用房和机电设备用房等组成。车站设备的通过能力根据远期高峰客流数以及考虑留有余地进行确定。车站的站台设计为高站台,有侧式、岛式和混合式等形式。早期地铁多为侧式站台,现在较多选择的是岛式站台,但高架中间站的站台宜采用侧式站台。站台长度应满足远期列车编组长度的需要。

地铁车辆宽度为2.8～3m,车辆设计除具有大容量的特点外,在牵引控制、调速制动以及故障诊断等方面广泛采用了各种先进技术,具有自动化程度较高的特点。车辆座席有纵向和横向两种布置。车辆定员为200～320人。车辆的最高速度可达80～100km/h,运营速度为35～40km/h。

地铁列车在信号系统控制下运行。控制方式主要有采用色灯信号、自动闭塞设备、调度集中控制和采用列车自动控制系统、计算机集中控制两种类型。列车自动控制系统(ATC)由列车运行自动防护(ATP)、列车运行自动驾驶(ATO)和列车运行自动监督(ATS)3个子系统组成。地铁列车的编组辆数通常为4～8辆,但也有10辆编组的情况。列车运行的最小间隔时间可达到75s。

单向小时最大运输能力在30 000～80 000人之间。地铁的其他技术经济特点还包括安全准点、节约土地、节省能源、环境污染小、影响城市景观小以及综合造价高、修建周期长等。

(3)轻轨铁路技术经济特征

轻轨线路的设计方案较多,没有固定的模式。线路修建往往是因地制宜,既可修建在市区街道上,也可修建在地下隧道或高架桥上。地面轻轨线路可分为:无平面交叉的专用行车线路、有平面交叉的专用行车线路和与其他机动车辆共用行车线路3种类型。轻轨线路大多是双线，但支线、短程区间或道路用地较为紧张的地段也有设计为单线的情况。线路最大坡度可达8%，最小曲线半径可达30m。

轻轨铁路车站按其运营功能划分为终点站、中间站和换乘站。终点站和位于中心商业区的中间站应具备集散较大客流的能力。换乘站是指位于同一或不同交通系统线路交汇点的车站，它应具备满足各种客流性质和不同客流方向的旅客进行换乘的能力和便利性。车站的站台大多设计为低站台，有侧式、岛式和混合式等布置。侧式站台又有横列式、纵列式和单列式几种形式。

轻轨车辆是由老式有轨电车发展而来，旧式轻轨车辆宽度为2.2～2.4m，新式轻轨车辆为适应客运量增加的需求，有向长和宽发展的趋势，宽度为2.5～2.6m。车辆设计除采用大容量外，还有轻型化、铰接式、低地板和宽敞舒适等特点。车辆座席有纵向和横向两种布置。横向又分两边双人座、两边单人座和一边双人座一边单人座等布置形式。近年来各国制造的新型轻轨车辆有4轴车、6轴单铰接车和8轴双铰接车3种车型，车辆定员在130～270人之间，而旧型轻轨车辆定员一般在100人左右。轻轨车辆的最高速度可达60～80km/h，运营速度为20～35km/h。

轻轨列车的运行控制有人工/视觉控制、列车自动控制系统(ATC)控制两种类型。

轻轨列车的编组辆数为1～6辆，但通常小于4辆。列车运行的最小间隔时间通常为2min，最短为90s。单向小时最大运输能力在8 000～40 000人之间。

轻轨铁路的其他技术经济特点还包括修建周期短，工程投资少，运营成本低，运行噪声小，能适应陡坡急弯，旅客乘坐舒适等。

(4)独轨铁路技术经济特征

国外已建成城市交通独轨铁路长度通常为10km左右，单、双线均有，但以单线为主。最大坡度可达6%，最小曲线半径可达60m。

轨道由轨道梁、支柱与道岔3部分组成。轨道梁为预应力钢筋混凝土结构，起承载、运行、导向与稳定车辆的作用。跨骑式独轨的轨道梁顶面是列车的运行轨道，两侧面的上、下部分分别是导向轮与稳定轮轨道。支柱的主要形式有T形、倒L形和门形等。道岔的基本原理是轨道梁的一部分为可活动部分，通过活动部分的移动使一条线路与其他线路连接，达到车辆过岔的目的。

车站为高架设计，常见结构由下至上1层为道路面、2层为集散厅、3层为站台，乘客由自动扶梯和电梯上下。站台为岛式，长约100m，站台两侧安装栅栏或屏蔽门，站台顶棚与边墙连在一起。

跨骑式与悬挂式两种类型独轨的车辆形式是不同的，但两种形式的独轨车辆都是在走行轨道上采用胶轮行驶的电动客车。车体的宽度，跨骑式独轨车辆较宽，约为3m，悬挂式独轨车辆约2.6m。受橡胶轮胎载重的限制，车辆采取轻型化设计。车辆定员，跨骑式独轨车辆为140～190人，其中，座席为30～40人，悬挂式独轨车辆为100～160人，其中座席为40～50人，有驾驶室车辆的定员为下限值。车内座席可以根据客流量情况设计成纵向、横向和混合排列等不同布置。车辆的最高速度可达80km/h，运营速度约为30km/h。列车运行、供电、车站设施、防灾报警装置、站台监视及对乘客广播均由控制中心的计算机系统集中控制。

独轨列车通常为4辆编组，由于受站台长度限制，最多为6辆编组。独轨铁路的道岔转换时间较长，从而延长了列车的折返时间，因此列车运行最小间隔时间一般为3min。单向小时最大运输能力在5 000～20 000人之间。

独轨铁路其他的技术经济特点还包括线路工程造价低，运行噪声小，占地面积小，旅客乘坐舒适及可观赏市容景色，能适应陡坡急弯，以及能耗大、有粉尘污染和车辆段投资较大等。

(5)自动导向交通系统技术经济特征

线路长度通常在5～15km之间，以双线为主，但也有环形单线和网状线路。最大坡度可达7%～10%，最小曲线半径可达10～30m。

轨道多为混凝土高架结构，车辆在导轨上行驶，导向方式有中央凸形导向、中央内侧导向和两侧侧面导向三种。线路分岔是以混凝土轨道侧面分岔道岔的沉浮方式进行。

车站分终点站、中间站和管理站，站间距较短。有的中间站也铺设侧线。管理站有停留备用车、空车以及紧急待避等设施。

车辆为轻小型，车体宽度约为2m，长度多为4～8m。电力驱动，动力从侧面供给，交、直流均可。车轮采用橡胶轮胎。车辆定员为20～80人。最高速度约为60km/h，运营速度约为30～40km/h。

列车运行采用自动控制，ATC系统按列车运行图集中调度，自动控制列车上的限速装置和驾驶装置，同时兼管车站作业。

列车通常采用短编组，大多为2辆编组，但也可以单车运行或6辆编组运行，以适应运输需求。此外，列车在按列车运行图运行的同时，还可按乘客要求方式运行。列车最小运行间隔时间多为20～120s。单向小时最大运输能力在10 000～30 000人之间。

自动导向交通系统的其他技术经济特点还有工程造价低，运行噪声小，占地面积小，旅客乘坐舒适，能适应陡坡急弯等。

1.1.3 轨道交通系统的方案评估

在选择轨道交通系统方案时，首先应评估现有的交通系统，现有交通系统的服务供给不足，可以通过交通拥挤程度和乘车时间过长等指标来反映。在证明现有系统已确实无潜力可挖时，才需考虑选择需要巨额投资的新系统。

轨道交通系统方案评估的主要方面包括需求预测、系统成本、系统的现实性、外部效益和环境影响。

(1)需求预测。未来交通需求预测可在现有交通客流调查的基础上，通过考虑人口增长、收入水平、私人小汽车拥有量以及邻近地区发展等因素，采用一定的数学模型和算法来进行估算。需求预测应防止高估的情况，因为各种交通工具的竞争、票价过高和平行交通线路的修建都可能对预测的交通需求产生比想象要大得多的抑制。

(2)系统成本。一旦交通需求确定后，就可以考虑能满足这种需求的轨道交通系统。

在几种不同的轨道交通系统能力都能满足交通需求时，系统的成本对系统的选择确定无疑有重要的影响。系统的总成本包括线路设施、车辆等设备的投资成本和运营成本。投资成本按年计算，由年折旧费和利息构成。运营成本可以分为与距离有关的成本、与时间有关的成本和与线路有关的成本，前两项又称为可变成本。系统的总成本通常以每人每千米成本的形式来表示，使不同轨道交通系统的成本可以进行比较。

(3)系统的现实性。主要考虑工程项目的工期要求,施工的困难程度,资金来源,国外筹措资金的政治、经济环境等因素。此外,如果不能收回全部投资,则能否获得补贴及补贴来源、补贴数额等问题也应加以考虑。

(4)外部效益。外部效益是指轨道交通系统给整个社会带来的经济效益,如缩短乘客旅行时间、减轻交通疲劳、减少事故费用、缓和道路阻塞程度、提高沿线土地使用价值、增加投资和就业机会、降低能源消耗等带来的经济效益。外部效益中有相当部分是无形效益,即间接使社会增加财富或难以用市场价值尺度进行较为准确计量的经济效益。由于影响外部效益的变量和不确定因素较多,加上外部效益的产生往往是在系统建成后的若干年,外部效益的定量评价因此变得比较困难,一套完整可行的外部效益定量评价方法还有待于完善。

(5)环境影响。环境污染对人类生活质量、动植物生存的影响,环境污染引起的巨大社会代价,使得各个国家对环境保护越来越重视。由于城市轨道交通系统采用电力牵引,它对空气的污染比非轨道交通系统要低得多。不过城市轨道交通系统仍然有噪声、振动、电磁干扰等对环境的影响因素,因此在选择轨道交通系统时必须考虑各种系统对环境的不同影响。当然在选择城市轨道交通系统方案时,不能只根据环境影响一个因素就排除一个系统,但每一系统在有利环境保护方面的价值是不容忽视的。

1.2 运输组织概要

1.2.1 运输组织的基本目标

从社会效益出发,城市轨道交通系统应充分发挥运量大、规律性强的特点,保证安全、迅速、准点和舒适地运送旅客。从企业经济效益出发,城市轨道交通系统应能实现高效率和低成本。为了达到上述目标,城市轨道交通系统的运输组织必须以运输计划为基础,即根据客流的特点,合理编制运行计划,合理调度指挥列车运行。

1.2.2 客流计划

客流计划是对运输计划期间轨道交通线路客流的规划。它是全日行车计划、车辆配备计划和列车交路计划编制的基础。在新线投入运营的情况下,客流计划根据客流统计资料和客流调查资料进行编制。客流计划的主要内容包括站间到发客流量,各站两个方向的上下车人数,全日、高峰小时和低谷小时的断面客流量,全日分时最大断面客流量等。

客流计划以站间到发客流量资料作为编制基础,首先计算出各站上下车人数,然后计算断面客流量数据,最后得到最大断面客流量。表1-2是一条有8座车站轻轨线路的站间到发客流量斜表,根据站间到发客流量资料可以计算出各站上下车人数,见表1-3。本断面的客流量等于上一断面的客流量加车站的上车人数减车站的下车人数,见表1-4。根据表1-3资料可绘制区间断面客流图,见图1-1。

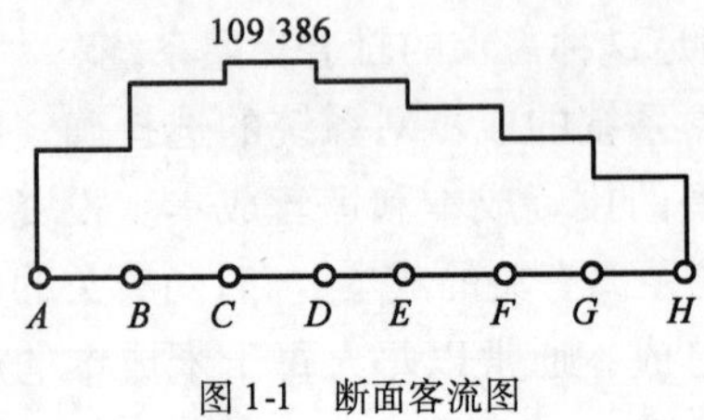

图1-1 断面客流图

站间到发客流量斜表(单位:人) 表 1-2

发/到	*A*	*B*	*C*	*D*	*E*	*F*	*G*	*H*	合计
A	—	7 019	6 098	7 554	4 878	9 313	12 736	23 798	71 396
B	6 942	—	1 725	4 620	3 962	6 848	7 811	16 538	48 446
C	5 661	1 572	—	560	842	2 285	2 879	4 762	18 561
D	7 725	4 128	597	—	458	1 987	2 282	4 914	22 631
E	4 668	3 759	966	473	—	429	1 279	3 121	14 695
F	9 302	7 012	1 988	2 074	487	—	840	5 685	27 382
G	12 573	9 327	2 450	2 868	1 345	1 148	—	2 133	31 844
H	22 680	14 753	4 707	5 184	2 902	5 258	2 015	—	57 499
合计	69 551	47 570	18 525	23 333	14 874	27 268	30 382	60 951	292 454

各站上下车人数 表 1-3

下行上客数	下行下客数	车　站	上行上客数	上行下客数
71 396	0	*A*	0	69 551
41 504	7 019	*B*	6 942	40 551
11 328	7 823	*C*	7 233	10 702
10 181	12 734	*D*	12 450	10 599
4 829	10 140	*E*	9 866	4 734
6 525	20 862	*F*	20 857	6 406
2 133	28 367	*G*	29 711	2 015
0	60 951	*H*	57 499	0

各区间断面客流量(单位:人) 表 1-4

下　行	区　间	上　行	下　行	区　间	上　行
71 396	*A—B*	69 551	101 552	*E—F*	99 646
105 881	*B—C*	103 160	87 185	*F—G*	85 195
109 386	*C—D*	106 629	60 951	*G—H*	57 499
106 833	*D—E*	104 778			

在客流计划编制过程中,高峰小时的断面客流量可以通过高峰小时站间到发客流量资料来计算,也可以通过全日站间到发客流量资料来估算。在用全日站间到发客流量资料时,在求出全日断面客流量数据后,高峰小时的断面客流量按占全日断面客流量的一定比例来估算,比例系数的取值可通过客流调查来确定。全日分时最大断面客流量,可在求出高峰小时断面客流量的基础上,根据全日客流分布模拟图来确定,即分时客流占全日客流的比例进行确定。

1.2.3 全日行车计划

全日行车计划是运营时间内各个小时开行的列车对数计划,它规定了轨道交通线路的日常作业任务,是科学地组织运送乘客的办法。同时,它又是编制列车运行图,计算运营工作量和确定车辆配备数的基础资料。全日行车计划是根据运营时间内各个小时的最大断面客流量,列车定员人数和车辆满载率,以及希望达到的服务水平综合考虑编制的。

1)编制资料

(1)运营时间

轨道交通系统运营时间的安排主要考虑了两个因素:一是方便乘客,满足城市生活的需要,即考虑城市居民出行活动特点;二是满足轨道交通系统各项设备检修养护的需要。根据资料,世界主要城市轨道交通系统运营时间如表 1-5 所示。

世界主要城市轨道交通系统运营时间 表 1-5

城　市	类　型	始运年份(年)	运营时间(h)
伦敦	地铁	1863	20
纽约	地铁	1868	24
芝加哥	地铁	1892	24
布达佩斯	地铁	1896	19
巴黎	地铁	1900	20
柏林	地铁	1902	21
东京	地铁	1927	19.5
莫斯科	地铁	1935	19
北京	地铁	1969	18
华盛顿	地铁	1976	18
香港	地铁	1979	19
上海	地铁	1993	18

(2)全日分时最大断面客流量

如上小节所述,全日分时最大断面客流量指的是全日各小时内通过轨道交通线路各个断面的客流量的峰值,其中,不同小时内最大断面客流量可能不在同一断面上。全日分时最大断面客流量是确定不同小时行车密度、列车编组、运用车配置等的基础依据。

(3)列车定员数

列车定员数是列车编组辆数和车辆定员数的乘积。列车编组辆数是以高峰小时最大断面的客流量作为基本依据。在一定的客流量情况下,采用缩短行车间隔时间,而不增加列车编组辆数的办法也能达到一定的运能,但在行车密度已经很大的情况下,为满足增长的客流需求,往往采用增加列车编组辆数的措施。这时,能否增加列车编组辆数,无疑和轨道交通系统保有的运用车辆数量有关。当然增加列车编组辆数也不是无限度的,它会受到车站站台长度、车辆段停车线长度和数量等因素的限制。

车辆定员的多少决于车辆的尺寸、车厢内座位布置方式和车门设置数。一般地说,在车辆限界范围内,车辆长度越大载客越多,车厢内座位纵向布置较横向布置载客要多,车厢内车门区较座位区载客要多。

(4)线路断面满载率

线路断面满载率是单位时间内,通常是早高峰小时,单向最大客流断面的车辆载客能力被利用的百分数。它的计算公式如下:

$$\beta = \frac{\rho_{\max}}{c_{\max}} \times 100\% \tag{1-1}$$

式中：β——线路断面满载率；

ρ_{max}——单向最大断面客流量（人）；

c_{max}——高峰小时线路输送能力（人）。

考虑线路断面满载率这个指标主要是为了在高峰小时，通过车辆在部分区间超载来提高列车利用率和运营的经济性。同时，满载率也是衡量乘客舒适度的一个指标。为了提高车辆利用率，降低运输成本，在编制全日行车计划时，高峰小时可以适当超载。

2）编制程序

（1）计算营业时间内各小时应开行列车数。

（2）计算行车间隔时间。

（3）最终确定全日行车计划。

下面举一个实际案例对整个全日行车计划的编制过程和方法加以说明。

1）编制资料

（1）地铁某号线预测2000年早高峰小时（6：30～7：30）最大断面客流量为39 000人。

（2）全日分时最大断面客流分布模拟图，见图1-2。

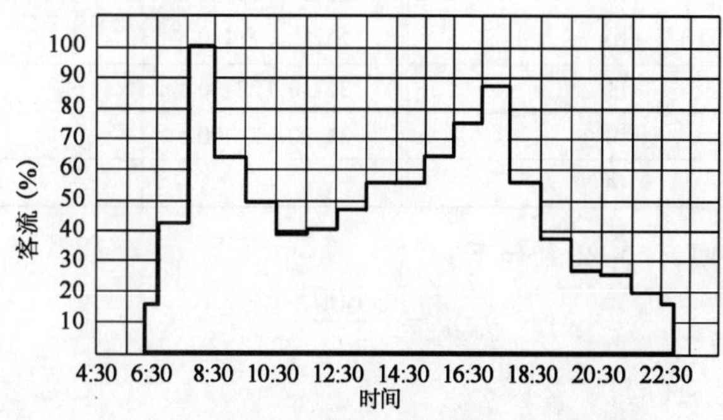

图1-2 全日分时最大断面客流分布模拟图

（3）列车编组为6辆，车辆定员为310人。线路断面满载率在高峰小时为120%，在其他运营时间为90%。

2）编制程序

（1）根据全日客流分布模拟图计算全日分时最大断面客流量数据，计算结果见表1-6。

全日分时最大断面客流量 表1-6

时　间	单向最大断面客流量（人）	时　间	单向最大断面客流量（人）
5：00～5：30	3 120	14：30～15：30	24 960
5：30～6：30	16 770	15：30～16：30	26 520
6：30～7：30	39 000	16：30～17：30	33 930
7：30～8：30	25 350	17：30～18：30	21 840
8：30～9：30	19 500	18：30～19：30	14 820
9：30～10：30	15 210	19：30～20：30	10 530
10：30～11：30	15 600	20：30～21：30	10 140
11：30～12：30	18 330	21：30～22：30	7 800
12：30～13：30	21 840	22：30～23：00	3 120
13：30～14：30	21 840		

(2)计算运营时间内各小时应开行的列车数,计算公式如下:

$$n_i = \frac{\rho_{max}^{i}}{\rho_{列}\beta} \tag{1-2}$$

式中:n_i——全日分时开行列车对数(列或对);

$\rho_{列}$——列车定员数(人);

ρ_{max}^{i}——分时最大断面客流量(人)。

全日分时开行列车对数计算结果见表1-7。

全日分时开行列车对数 表1-7

时间	全日分时开行列车对数(对或列)	时间	全日分时开行列车对数(对或列)
5:00~5:30	2	14:30~15:30	15
5:30~6:30	10	15:30~16:30	16
6:30~7:30	18	16:30~17:30	16
7:30~8:30	16	17:30~18:30	14
8:30~9:30	12	18:30~19:30	9
9:30~10:30	10	19:30~20:30	7
10:30~11:30	10	20:30~21:30	7
11:30~12:30	11	21:30~22:30	5
12:30~13:30	14	22:30~23:00	2
13:30~14:30	14		

(3)计算行车间隔时间,计算公式如下:

$$t_{间隔} = \frac{3\,600}{n_i} \tag{1-3}$$

式中:$t_{间隔}$——行车间隔时间(s)。

(4)最终确定全日行车计划。

计算所得的某段时间内的行车间隔时间可能会较长,行车间隔时间太长,将会增加乘客候车的时间,不利于吸引客流,因此,在编制轨道交通系统全日行车计划时,应把方便乘客、提高服务质量作为一项重要因素给予考虑。在9:00~21:00的非高峰小时运营时间内,为保持一定的服务水平,不能一味追求车辆满载而按计算的行车间隔时间作为开行列车数标准,最终确定的行车间隔标准一般不宜大于6min。在其他时间,行车间隔时间标准也不宜大于10min。另外,对全日行车计划中的高峰小时行车间隔时间应验证是否符合列车在折返站的出发间隔时间。根据以上原则,最终确定全日行车计划见表1-8。

全日行车计划 表1-8

运营时间	列车对数(对)	行车间隔	运营时间	列车对数(对)	行车间隔
5:00~5:30	3	10min00s	14:30~15:30	15	4min00s
5:30~6:30	10	6min00s	15:30~17:30	16	3min45s
6:30~7:30	18	3min20s	17:30~18:30	14	4min20s
7:30~8:30	16	3min45s	18:30~19:30	10	6min00s
8:30~9:30	12	5min00s	21:30~22:30	6	10min00s
9:30~11:30	10	6min00s	22:30~23:30	3	10min00s
11:30~12:30	11	5min25s	合计	218	
13:30~14:30	14	4min20s			

编制完毕的地铁某号线2000年全日行车计划(表1-8和表1-9)全天开行列车218对,其中早高峰小时开行列车18对,行车间隔时间为3min20s,晚高峰小时开行列车16对,行车间隔时间为3min45s,早高峰小时单向最大运输能力为40 170人。全日客运量按早高峰小时全线各站乘车人数总和占全日客运量的一定比例计算,比例系数的取值可通过客流调查来确定。

最高峰小时运输能力 表1-9

时间	2000年	时间	2000年
单向最大断面客流量	39 000人	行车间隔时间	3min20s
列车编组辆数	6辆	开行列车对数	18对
列车定员数	1 860人	单向最大运输能力	40 170人

1.2.4 车辆配备计划

车辆配备计划是为完成全日行车计划而制订的车辆保有数安排计划。

车辆配备计划包括推算运用车辆数、检修车辆数和备用车辆数,确定在一定类型的设备和行车组织方法条件下,为完成一定的运输任务而必须保有的车辆。

1)运用车辆数

运用车辆数是为完成日常运输任务而必须配备的技术状态良好的车辆数,运用车辆的需要量与高峰小时开行的列车对数、列车的旅行速度及在折返站的停留时间各项因素有关,可按下式计算:

$$N = \frac{n_{高峰}\theta_{列} m}{60} \tag{1-4}$$

式中:N——运用车辆数(辆);

$n_{高峰}$——高峰小时开行列车数(对);

$\theta_{列}$——列车周转时间(min);

m——列车编组辆数(辆)。

列车周转时间是指列车在线路上往返一次所消耗的全部时间,它包括列车在区间运行,列车在中间站停车供乘客上下车以及列车在折返站作业的全过程。

$$\theta_{列} = \sum t_{运} + \sum t_{站} + \sum t_{折停} \tag{1-5}$$

式中:$\sum t_{运}$——列车在线路上往返一次各区间运行时间的和(min);

$\sum t_{站}$——列车在线路上往返一次各中间停站时间的和(min);

$\sum t_{折停}$——列车在折返站停留时间的和(min)。

当列车在折返站的出发间隔时间大于高峰小时的行车间隔时间时,须在折返线上预置一列车进行周转,此时运用车辆数需相应增加。

2)检修车辆数

检修车辆是指处于定期检修状态的那部分车辆。车辆的定期检修是一项有计划的预防性维修制度。车辆检修概念包括车辆检修级别和车辆检修周期。车辆的检修级别和车辆检修周期是根据车辆设计的技术性能、各部件在正常情况下的使用寿命以及车辆运用的环境等因素进行确定的。通过对车辆的不同部件制定不同的技术标准、检修级别和检修周期,到期进行车辆的检修,使车辆在经过定期检修后,能在整个修检修周期内保持良好技术状态。

车辆的检修周期是关系检修车辆数计算和配属车辆计算及车辆段建设规模和车辆段作业组织的重要技术指标。轨道交通车辆的检修级别通常分为日检、双周检、双月检、定修、架修和大修6种。

在以时间间隔作为确定检修周期的情况下，根据每种检修级别的年检修工作量和每种检修级别的检修停时，就可以推算检修车辆数。

3)备用车辆数

轨道交通系统为了适应客流变化，确保完成临时紧急的运输任务，以及预防运用车辆发生故障，必须把若干技术状态良好的车辆储备起来，这部分车辆称为备用车辆。备用车辆的数量可控制在运用车辆数的10%左右。

1.2.5 列车交路计划

1)列车交路计划

在轨道交通线路和各个区段客流量不均衡的情况下，采用合理的列车交路安排是运输计划的一个重要组成部分。列车交路计划规定了列车的运行区段、折返车站和按不同列车交路运行的列车对数。

合理的列车交路既能提高列车和车辆运用效率，避免运能虚耗，降低运营成本；又能给乘客较大的方便。因此，采用不同列车交路相结合的列车运行方式，能使行车组织做到经济合理。

列车交路可分成长交路、短交路和长短交路3种。长交路是指列车在线路上全线运行，短交路是指列车在线路的某一区段内运行，在指定的车站上折返；长短交路是指列车在线路上按两种交路并存运行。图1-3是长交路列车运行示意图，从行车组织的角度看，较短交路列车运行组织简单，对中间站折返设备要求也不高，但在各区段客流量不均衡情况下，会产生部分区段运能的浪费。图1-4是短交路列车运行示意图，将长交路改为短交路，能适应不同客流区段的运输需求，运营也比较经济，但要求中间折返站具有两个方向的折返能力以及具有方便的换乘条件，从乘客的角度看，服务水平有所降低。图1-5是长短交路列车运行示意图，长短交路混跑的组织方案，既能满足运输需求，又能提高运营效益。因此，在线路各区段客流量不均衡情况下，可以采用以长交路为主、短交路为辅的列车交路计划，组织列车在线路上按不同的密度行车。同样，当高峰期间客流在空间分布上比较均匀，而低谷期间客流在空间上分布相差悬殊时，也可以在低谷时间采用长短交路列车运行方案，组织开行部分在中间站折返的短交路列车。

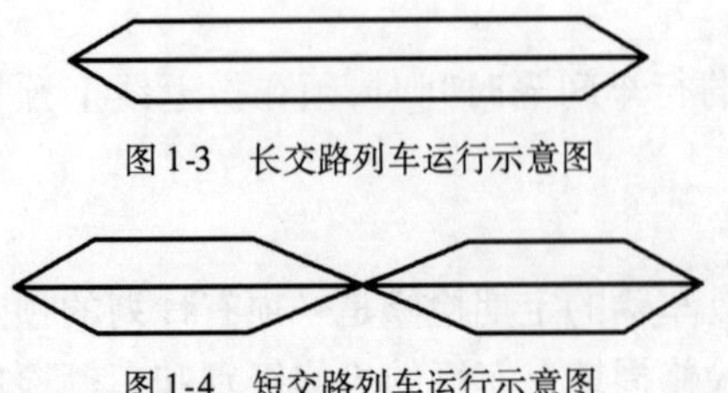

图1-3　长交路列车运行示意图

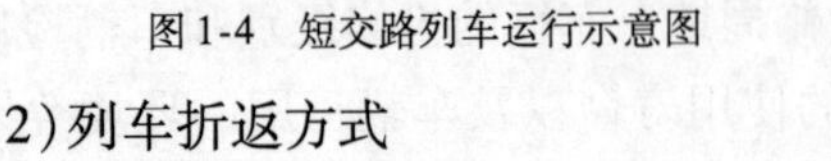

图1-4　短交路列车运行示意图

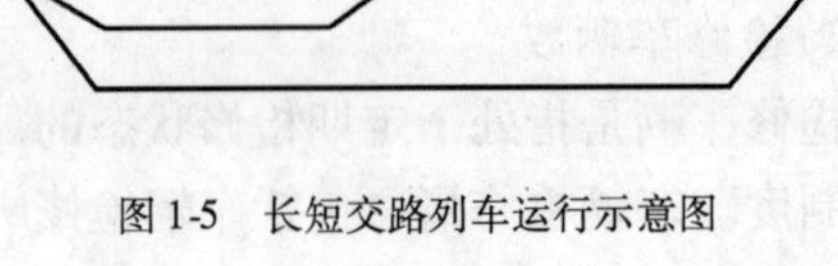

图1-5　长短交路列车运行示意图

2)列车折返方式

列车运行到终点站或在短交路和长短交路情况下运行到中间折返站需要进行折返作业。列车折返方式根据折返线的布置分站前折返和站后折返两种方式。

(1)站前折返方式(图1-6)

站前折返方式是列车经由站前渡线折返。图1-6a)是列车在终点站经由站前渡线折返,图1-6b)是短交路运行时列车在中间站经由站前渡线折返。在采用站前折返方式时,列车空车走行少,折返时间较短,上下车乘客能同时上下车,可以缩短停站时间;此外,站线和折返线相结合,能节省投资费用。站前折返的缺点是出发列车和到达列车存在着进路交叉,影响行车安全;上下车乘客同时上下车,在客流量大的情况下,站台秩序会受到影响。

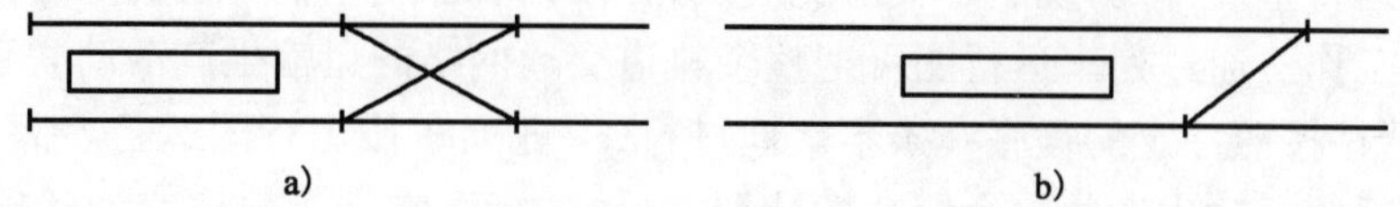

图1-6 站前折返方式时的折返线布置

列车到发作业产生交叉干扰的条件是进路有交叉,并且占用进路的时间相同,两个条件必须同时具备才构成真正的进路交叉。在行车密度很大的情况下,采用站前折返方式,要完全消除到发列车的交叉干扰难度较大。

(2)站后折返(图1-7)

图1-7a)是列车经由站后环形线折返,图1-7b)是列车经由站后尽端折返线折返,图1-7c)是列车经由站后渡线折返,常作为列车在中间站进行中途折返使用。

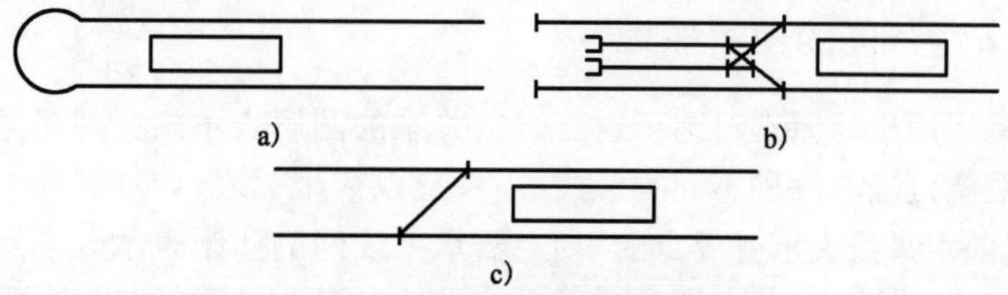

图1-7 站后折返方式时的折返线布置

采用站后折返方式能避免采用站前折返时存在的缺点;出发列车与到达列车不存在进路交叉,行车更加安全;列车进出站速度高,有利于提高旅行速度。因此,站后折返方式被广泛采用。其主要缺点是列车折返时间较长。

环形线折返设备能保证最大的通过能力,节约设备费用与运营成本。但它也存在一些缺点,如由于列车在小半径曲线上运行造成单侧钢轨磨耗,折返线不能停放检修列车和难以进一步延长,以及用明挖法施工增大了开挖范围等。所以在线路的终点站常采用尽端线折返设备。采用尽端线折返设备,列车既可以折返,也可以临时停留检修。

1.3 列车运行图

1.3.1 列车运行图的功能

在组织旅客和货物运输的生产过程中,列车运行是一个很复杂的环节,它要利用多种轨道交通技术设备,要求各个部门、各工种、各项作业之间互相协调配合,才能保证行车安全和提高运输效率。

列车运行图是用以表示列车在轨道交通线路的区间运行及在车站到发或通过时刻的技术文件,它规定了各次列车占用区间的次序,列车在每个车站的到达和出发(或通过)时刻、列车区间的运行时间、列车在车站的停站时间和在折返站的折返时间,以及列车交路和列车出入车辆段时刻等,是轨道交通系统组织列车运行的基础。

列车运行图是轨道交通运输企业实现列车安全、正点运行和经济有效地组织轨道交通运输工作的列车运行生产计划,规定了轨道交通线路、站场、机车、车辆等设备的运用以及与行车各有关部门的工作。通过列车运行图可把整个轨道交通网络的运输生产活动联系成一个统一的整体,使之严格按照一定的程序有条不紊地进行,保证列车按运行图运行。因此,列车运行图是轨道交通系统运输生产的一个综合性计划。另一方面,它又是轨道交通运输企业向社会提供运输供应能力的一种有效形式。从这个意义上讲,供社会使用的旅客列车时刻表实际上就是轨道交通运输服务能力目录。因此,列车运行图又是轨道交通部门组织运输生产的综合计划,是轨道交通运输生产连接社会生活的纽带。

轨道交通系统通过能力与列车正点运行及列车运行的流水性密切相关。列车运行图的实现有赖于轨道交通线路通过能力的保证,特别是当列车运行过程发生波动,即发生偏离于计划的情况时,只有在有充分通过能力保证的条件下,才能确保运输生产按计划准时进行,列车才有可能重新恢复正点运行。

1.3.2 列车运行图的图解原理

列车运行图是运用坐标原理对列车运行时空关系的图解表示。在列车运行图上,对列车运行时空过程的图解可以有两种不同的形式:一种是以横坐标表示时间,纵坐标表示距离;这时,列车运行图上的水平线表示分界点的中心线,水平线间的间距表示分界点间的距离,垂直线表示时间;另一种是以横坐标表示距离,纵坐标表示时间,这时,列车运行图上的水平线表示时间,垂直线表示分界点中心线,垂直线间的间距表示分界点间的距离。目前我国轨道交通系统列车运行图采用第一种图形表示形式。

为适用使用上的不同需要,列车运行图按时间划分方法的不同有如下四种格式:

1)一分格运行图

它的横轴以1min为单位用细竖线加以划分。一分格运行图主要用于城市轨道交通系统。

2)二分格运行图

它的横轴以2min为单位用细竖线加以划分,十分格和小时格用较粗的竖线表示。如图1-8所示,二分格图主要在铁路部门编制新运行图时使用。

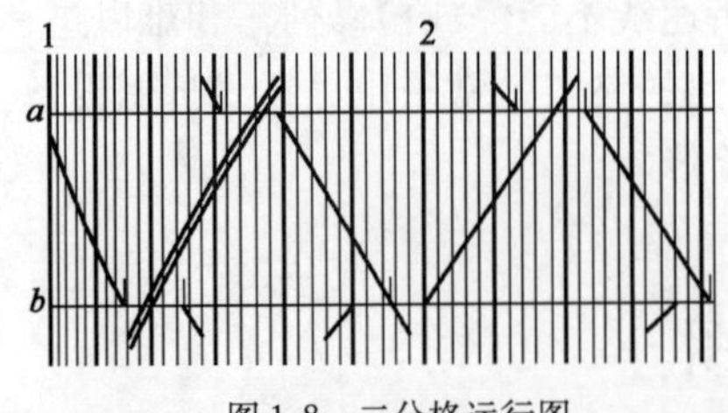

图1-8 二分格运行图

3)十分格运行图

它的横轴以10min为单位用细竖线加以划分,半小时格用虚线表示,小时格用较粗的竖线表示,如图1-9所示。十分格图主要供列车调度员在日常调度工作中编制调度调整计划和绘制实绩运行图时使用。

4)小时格运行图

它的横轴以1h为单位用竖线加以划分,如图1-10所示。

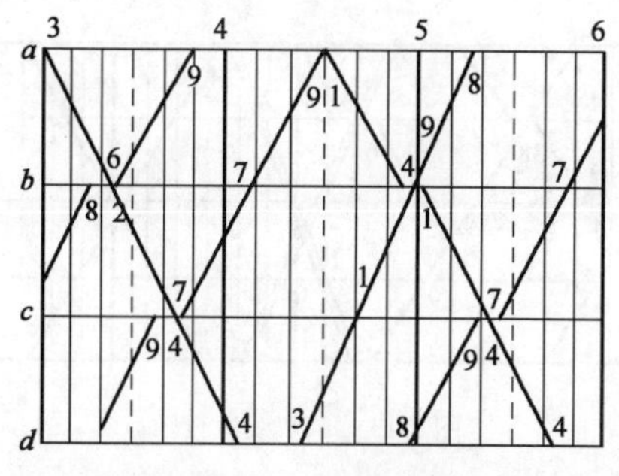

图 1-9　十分格运行图

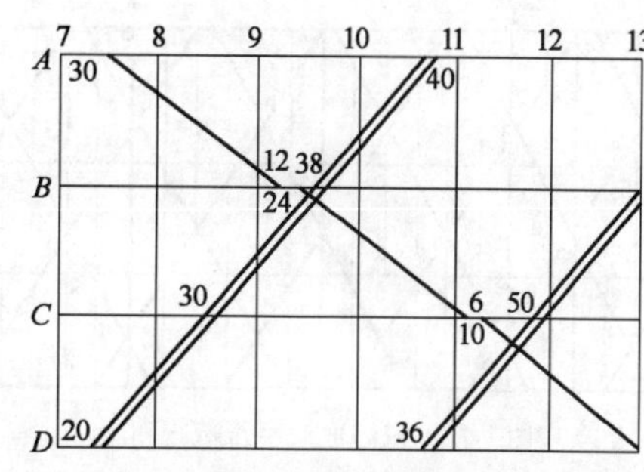

图 1-10　小时格运行图

小时格运行图主要在编制铁路旅客列车方案图和机车周转图时使用。

在运行图上,以横线表示车站中心线位置,它可有下列两种确定方法:

(1)按区间实际里程比率确定,即按整个区段内各车站间实际里程的比例来确定横线位置。采用这种方法时,运行图上的站间距离完全反映实际情况,能明显地表示出站间距离的大小。但由于各区间线路平面和纵断面互不相同,列车运行速度也有所不同,这样列车在整个区段的运行线往往是一条斜折线,即不整齐,也不易发现列车区间运行时分上的差错,所以一般不采用这种方法。

(2)按区间运行时分比率确定。即整个区段内各车站间列车运行时分的比例来确定横线的位置。采用这种方法时,可以使列车在整个区段的运行线基本是一条斜直线,即整齐美观,也易于发现列车区间运行时分上的差错,所以一般采用这种方法。

1.3.3　列车运行图的分类

根据区间正线数目和列车运行速度、上下行方向的列车数量、同方向列车的运行方式等条件,列车运行图可以分为多种类型。

1)按照区间正线数目

(1)单线运行图。在单线区段,上下行方向列车都在同一正线上运行,因此,两个方向列车必须在车站上进行交会,如图 1-11 所示。

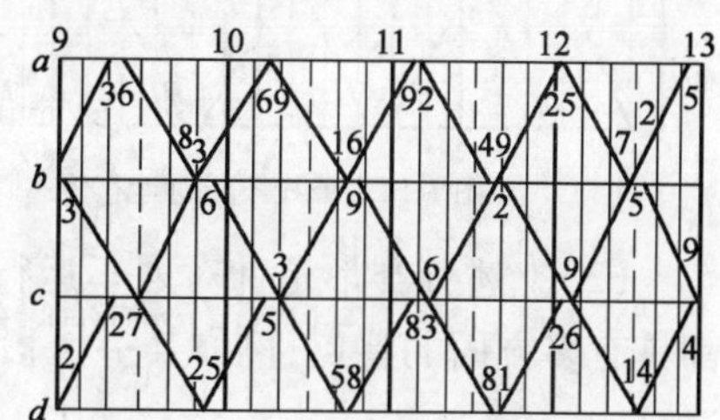

图 1-11　单线成对平行运行图

(2)双线运行图。在双线区段,上下行方向列车在各种的正线上运行,因此,上下行方向列车的运行互不干扰,可以在区间内或车站上交会,但列车的越行必须在车站上进行,如图 1-12 所示。

(3)单双线运行图。在有部分双线的区段,单线区间和双线区间各按单线运行图和双线运行图的特点铺画运行线,如图 1-13 所示。

2)按照列车运行速度

(1)平行运行图。在同一区间内,同一方向列车的运行速度相同,且列车在区间两端点站的到、发或通过的运行方式也相同,因而列车运行线相互平行,如图 1-11 和图1-12所示。

(2)非平行运行图。在运行图上铺有各种不同速度的列车,且列车在区间两端点的到、发或通过的运行方式不同,因而列车运行线不相平行,如图 1-13 所示。

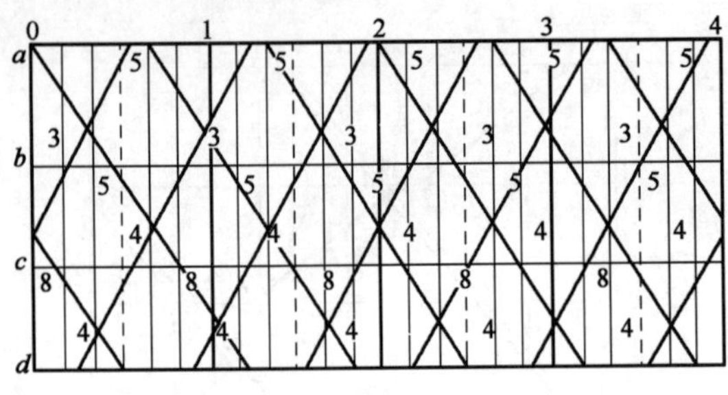

图 1-12　双线成对平行运行图

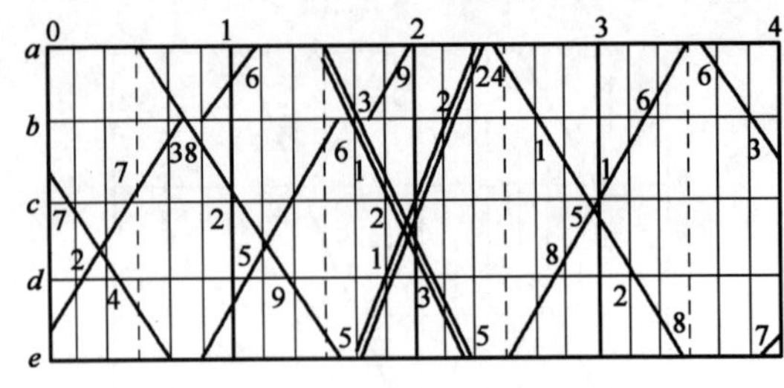

图 1-13　单双线运行图

3)按照上下行方向列车数

(1)成对运行图。成对运行图是上下行方向列车数相等的列车运行图,如图 1-11 和图 1-12所示。

(2)不成对运行图。不成对运行图是上下行方向列车数不相等的列车运行图,如图 1-14 所示。

4)按照同方向列车运行方式

(1)连发运行图。在这种运行图上,同方向列车的运行以站间区间为间隔。单线区段采用这种运行图时,在连发的一组列车之间不能铺画对向列车,如图 1-14 所示。

(2)追踪运行图。在这种运行图上,同方向列车的运行以闭塞分区为间隔,在装有自动闭塞的单线或双线区段上采用,如图 1-15 所示。

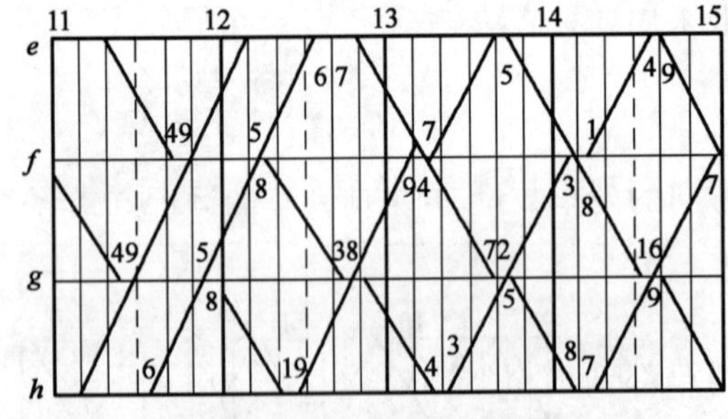

图 1-14　单线不成对运行图

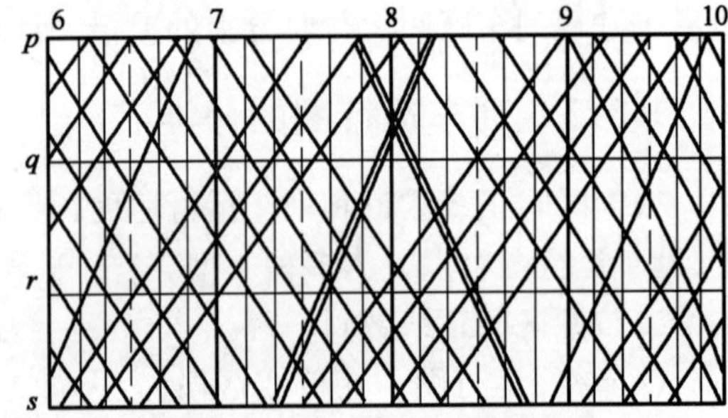

图 1-15　双线追踪非平行运行图

(3)上述分类都是针对列车运行图的某一特点而加以区别的。实际上,每张列车运行图都具有多方面的特点,例如某一区段的列车运行图(图 1-15),它既是双线的,非平行的,又是追踪的。

城市轨道交通列车运行图通常采用双线、平行、成对、追踪运行图。

1.3.4　城市轨道交通通过能力

城市轨道交通的通过能力是指在采用一定的车辆类型、信号设备和行车组织方法条件下,城市轨道交通固定设备在单位时间内(通常是高峰小时)所能通过的最大列车数。通过能力的正确计算和合理确定,在城市轨道交通的新线规划设计和既有线日常运能安排、扩能技术改造方面具有重要的意义。

1)影响通过能力的因素

城市轨道交通的通过能力应按下列固定设备计算:

(1)线路

线路是指由区间和车站构成的整体,其通过能力主要受正线数目,列车运行控制方式,车辆技术性能,进出站线路平、纵断面,列车停站时间和行车组织方法等因素影响。

(2)列车折返设备

其通过能力主要受车站折返线布置、信号和联锁设备种类、列车在折返站停站时间以及调车进路长度与调车速度等因素影响。

(3)车辆段设备

其通过能力主要受车辆的检修台位、停车线等设备的数量和容量等因素影响。

(4)牵引供电设备

其通过能力主要受牵引变电所的数量、容量等因素影响。

城市轨道交通各项固定设备的通过能力通常各不相同,其中,通过能力最小的固定设备限制了整个系统的通过能力,该项固定设备的通过能力即成为城市轨道交通的最终通过能力。因此,城市轨道交通通过能力是各项固定设备的综合能力,如果各项固定设备的通过能力相差悬殊,则会产生某些固定设备通过能力的闲置现象。在各项固定设备中,限制城市轨道交通通过能力的固定设备通常是线路和列车折返设备。

在影响城市轨道交通通过能力的诸多因素中,权重最大的是列车运行控制方式和列车停站时间。

列车运行控制方式是指列车运行间隔、速度的控制方式和行车调度指挥的方式,取决于采用的列车运行控制设备类型。表1-10是三种列车运行控制方式与线路通过能力比较。

三种列车运行控制方式与线路通过能力

表1-10

序号	闭塞设备	列车间隔控制	列车速度控制	行车调度指挥	通过能力
1	自动闭塞	追踪运行+列车自动防护	连续速度控制	行车指挥自动化	高
2	自动闭塞	追踪运行	点式速度控制	调度集中	中
3	双区间闭塞	非追踪运行	点式速度控制	调度监督	低

由于城市轨道交通一般不设置配线,列车只能在车站正线停车办理客运作业,致使列车追踪运行经过车站的间隔时间远大于列车在区间追踪运行时的间隔时间。因此,列车停站时间是限制城市轨道交通线路通过能力的又一主要因素。

2)通过能力计算

(1)线路通过能力计算

①自动闭塞行车

自动闭塞行车时的线路通过能力计算公式为:

$$n_{max} = \frac{3\,600}{h} \tag{1-6}$$

式中:n_{max}——1h内线路能够通过的最大列车数(列);

h——城市轨道交通追踪列车间隔时间(s)。

②双区间闭塞行车

双区间闭塞是指列车连发间隔按同一时间、两个区间内只准有一列车占用进行控制,双线双区间闭塞列车运行图周期如图1-16所示,线路通过能力计算公式为:

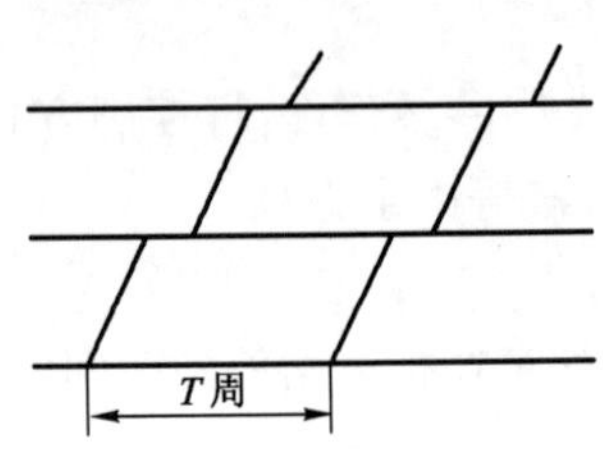

图 1-16　双区间闭塞列车运行图周期

$$n_{\max} = \frac{3\,600}{\sum t_{运}^{i} + t_{站} + \tau_{连}} \tag{1-7}$$

式中：$t_{运}^{i}$——i 区间运行时分(s)；

$\tau_{连}$——连发间隔时间(s)。

(2)列车折返设备通过能力

列车折返设备通过能力计算公式为：

$$n_{折返} = \frac{3\,600}{h_{发}} \tag{1-8}$$

式中：$n_{折返}$——1h 内列车折返设备能够折返的最大列车数(列)；

$h_{发}$——列车折返出发间隔时间(s)。

列车折返方式主要有站后折返和站前折返两种。站后折返通常是列车利用站后尽端折返线进行折返，站前折返则是列车经由站前渡线进行折返。折返方式不同，$h_{发}$的计算方法也不同。

①站后折返

站后折返时的列车折返出发间隔时间如图 1-17 所示，当折返列车(在折返线规定的停留时间结束后即能进入下行车站正线，此时，折返列车①与②之间有最小的折返出发间隔时间 $h_{发}$，即：

$$h_{发} = t_{离去} + t_{作业} + t_{确认} + t_{出线} + t_{站} \tag{1-9}$$

式中：$t_{离去}$——出发列车驶离车站闭塞分区的时间(s)；

$t_{作业}$——车站为折返线停留列车办理调车进路的时间(s)；包括道岔区段进路解锁延迟、排列进路和开发调车信号等各项时间；

$t_{确认}$——司机确认信号时间(s)；

$t_{出线}$——列车从折返线至车站出发正线的走行时间(s)；

$t_{站}$——列车停站时间(s)。

②站前折返

列车经由站前双渡线折返时，可以有侧向到达、直向出发和直向到达、侧向出发两种折返模式。从列车进站应减速、出站需加速以及乘客乘坐的舒适性考虑，侧向到达、直向出发是较为合理的列车进、出站运行组织方法。站前折返时的列车折返出发间隔如图 1-18 所示，当进站列车②位于进站渡线道岔外方确认信号距离处时即能进入车站正线，此时折返列车①与②之间有最小的折返出发间隔时间 $h_{发}$，即：

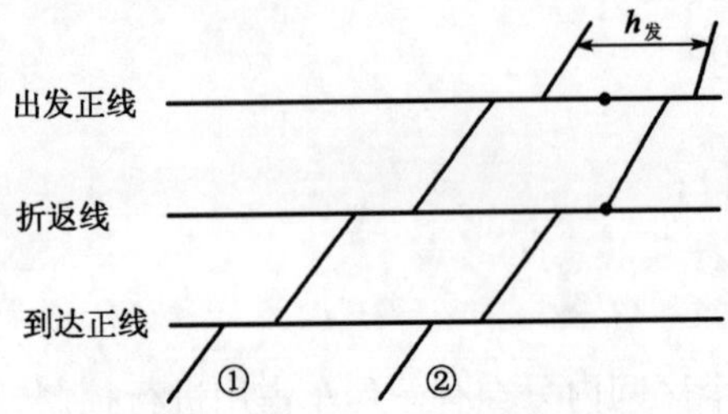

图 1-17　站后折返时列车出发间隔

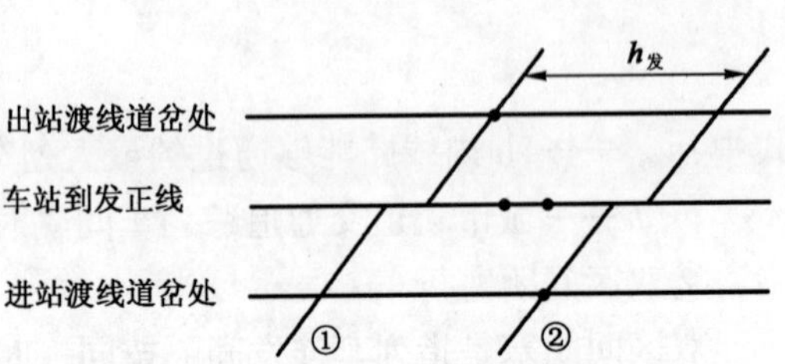

图 1-18　站前折返时的列车折返出发间隔

$$h_{发} = t_{离去} + t_{作业} + t_{确认} + t_{进站} + t_{站} \tag{1-10}$$

式中：$t_{作业}$——车站为进站列车办理接车进路的时间(s)，包括道岔区段进路解锁延迟和排列进路等各项时间；

$t_{进站}$——列车从进站渡线道岔处至车站正线的走行时间(s)；

其余符号含义同前。

(3)最终通过能力与使用通过能力

①最终通过能力

如果城市轨道交通的最终通过能力受限于线路或列车折返设备的通过能力，则最终通过能力可用下式计算：

$$n_{max}^{最终} = \frac{3\,600}{\max\{h, h_{发}\}} \tag{1-11}$$

式中：$n_{max}^{最终}$——城市轨道交通在1h内最终能够通过的最大列车数。

②使用通过能力

在日常行车组织中，因为列车运行时分偏离、设备故障、行车事故和外界影响等带来的通过能力损失是不可避免的。因此，实际可使用的通过能力达不到理想作业状态下的理论计算能力。为合理安排列车运能、保证列车运行秩序，有必要计算确定使用通过能力，下式提出了确定思路。

$$n_{使用} = \frac{3\,600}{h + t_{损失}} \tag{1-12}$$

式中：$n_{使用}$——扣除能力损失后，城市轨道交通在1h内能够通过的最大列车数(列)；

$t_{损失}$——平均每列车分摊到的损失时间(s)，可根据列车运行统计资料计算确定。

1.3.5 列车运行图的编制

1)编图步骤与编图资料

(1)编图步骤

列车运行图的编制，大体经历研究讨论、编制方案、铺画详图和计算指标四个阶段，具体工作步骤如下：

①按上级要求和编图目标确定编图要求与注意事项。

②收集编图资料，对有关问题组织调查研究和试验，计算确定列车运行图要素。

③总结分析现行列车运行图的完成情况和存在问题，提出改进意见。

④确定全日行车计划。

⑤确定运用客车车底数。

⑥编制列车运行方案。

⑦征求调度部门、车站行车和客运部门、车辆部门对列车运行方案的意见，并进行必要的调整。

⑧根据列车运行方案铺画详细的列车运行图。

⑨对列车运行图的编制质量进行全面的检查，并计算列车运行图指标。

⑩将编制完毕的列车运行图、列车运行图分析资料和编图工作总结等一并报上级部门审核批准。

(2)编图资料

在编制列车运行方案和铺画详细的列车运行图前,必须收集下列编图资料:

①全日分时最大断面客流量。

②列车运行方案。

③线路通过能力。

④终点站折返能力。

⑤换乘站设备能力。

⑥运用客车车底保有量。

⑦列车编组辆数。

⑧追踪列车间隔时间。

⑨车站间隔时间。

⑩列车区间运行时分。

⑪列车停站时间标准。

⑫列车在折返站停留时间标准。

⑬列车出入车辆段作业时间标准。

⑭现行列车运行图完成情况的分析。

2)编制列车运行图应考虑的问题

在编制列车运行图时,要满足以下几点要求:

(1)方便乘客

方便乘客是编制列车运行图的一项基本要求。衡量城市轨道交通服务水平的重要指标之一是乘客出行时间的节约,它包括乘客候车、乘车和换乘等几个环节的时间节约。因此,在编制列车运行图时,要合理排定始、末班车的发、到时刻;在清晨和夜间的间隔不宜太长,减少乘客在车站的候车时间;合理规定列车的停站站名和停站时间,提高运行速度和减少长途乘客在车厢内乘车时间;对连接几条线路的换乘站,列车的到发时刻应良好地衔接配合,以减少乘客在车站的换乘时间;列车的到发时刻与地面公共交通、铁路和航空等其他交通工具衔接配合,以方便需在不同交通运输方式间换乘的乘客。

(2)经济合理地使用车辆

经济合理地使用车辆是降低运输成本、提高经济效益的重要途径之一,在运用车辆不足或客流量增长较快的情况下,加速车辆周转,充分挖掘潜力,更具有较大的现实意义。减少运用客车车组数的措施主要有压缩列车在折返站的停留时间和优化列车运行方案等。

确定运用客车车组数的方法有图解法和分析法两种:

①图解法

根据列车运行方案图可以直接查出运用客车车底数。在运行图上垂直取线与列车运行线和折返站列车停留线的交点数,即为运用客车车组数。

②分析计算法

运用客车车组数可按下式计算:

$$N_{组} = \frac{\theta_{列}}{t_{间}} \tag{1-13}$$

式中:$N_{组}$——运用客车车组数(组);

$\theta_{列}$——列车周转时间(min);

$t_{间}$——列车发车间隔时间(min)。

(3)列车运行与车站客运作业过程的协调

在运营高峰时间,通常行车密度较大,采用岛式站台的车站,如两个方向的列车同时到达,由于客流集中,会造成站内拥挤。因此,为避免车站客运组织工作出现困难,宜安排不同方向的列车在车站交错到达。

(4)列车运行与车辆段有关作业的协调

为保证运用车辆技术状态良好,应保证留有足够的列车检修作业时间。在安排列车回段检修时,应考虑列检能力的匹配。在车辆段没有列车调试线时,应安排调试列车运行线,调试列车一般应在低谷时间开行。

(5)为适应客流波动和列车人工驾驶的需要,还应编制分号运行图

所谓分号运行图是指在基本运行图以外另行编制的运行图。分号运行图包括双休日运行图、节假日运行图、冬季运行图和人工驾驶运行图等。

3)铺画列车运行详图

在铺画列车运行详图时具体进行的工作:

(1)在一分格列车运行图上精确地铺画每一条列车运行线,即根据列车运行方案图和有关资料,详细规定列车在每个车站的到达、出发和通过时刻,在折返站的停留时间间等。在铺画详图的过程中,可按需要对方案图所拟定的列车运行线作适当的调整。

(2)铺画顺序按照列车等级依次为:专用列车、客运列车、调试列车和空驶列车。自列车出库起,从始发站一直铺画到折返站,经过一定作业后,由折返站返回。

(3)在铺画详图时,要注意确保行车安全和乘客的乘降安全。为此,必须做到:

①遵守列车区间运行时分和列车停站时间标准。

②遵守列车在折返站停留时间标准。

③遵守追踪列车间隔时间和车站间隔时间标准。

④遵守乘务员连续工作时间标准。

⑤列车在车站折返时,同时停在折返站上的列车数应与该车站的线路数相适应。

⑥列车在车站会车和越行时,同时停在车站的列车数应与该车站的到发线数相适应。

4)列车运行图指标计算

列车运行图编制完毕后,必须对列车运行图的编制质量进行全面检查。检查的主要内容有:

(1)列车运行图上铺画的列车数是否符合要求。

(2)列车运行图上铺画的折返列车数是否符合要求。

(3)列车运行线的铺画是否符合规定的各项时间标准。

(4)乘务员的连续工作时间是否符合规定的时间标准。

(5)同时停在折返站上的列车数是否超过该车站现有的线路数。

(6)同时停在到发线上的列车数是否超过该车站现有的到发线数。

(7)换乘站的列车到发是否均衡。

通过检查,确认列车运行图符合要求,就可计算列车运行图的各项指标。列车运行图的主要指标有:

(1)开行列车数

①客运列车数。凡编组列车在运营线路上行驶一个单程,不论线路长短,是全程或是小交路折返,均按一列计算。客运列车分别按全日、上行和下行开行列车数。

②空驶列车数。

③专运列车和调试列车数。

(2)折返列车数

按各个折返站分别计算。

(3)行车间隔时间

①高峰时段行车间隔时间。

②非高峰时段行车间隔时间。

(4)其他相关指标

①始发站首、末班列车发车时刻。

②客运列车技术速度。

③客运列车旅行速度(运送速度)。

④输送能力。

$$\text{输送能力}=\text{客运列车数}\times\text{列车定员}$$

⑤高峰小时运用客车车底数。按早高峰小时和晚高峰小时分别计算。

⑥列车周转时间。为运送乘客,列车在运营线路上平均完成一次周转所消耗的时间。计算公式为:

$$\text{列车周转时间}=\frac{\text{全日运营时间}\times\text{运用客车车底数}-\sum\text{回库时间}}{\text{全日开行列车对数}} \tag{1-14}$$

式中:运用客车车底数——可近似地取早高峰小时运用客车车底数。

⑦全日车辆总走行公里。

全日车辆总走行公里是指车辆为运送乘客在运营线路上所走行的里程;它包括图定的车辆空驶里程和由于某种原因列车在中途清客或列车在少数车站通过后仍继续载客的车辆空驶里程。计算公式为:

$$\text{全日车辆总走行公里}=\sum(\text{客运列车数}\times\text{列车编成辆数}\times\text{列车运行距离})$$

⑧车辆日均走行公里(日车公里)。

日车公里指每一运用车辆每日平均走行公里数。计算公式为:

$$\text{车辆日均走行公里}=\frac{\text{全日运营车辆总走行公里}}{\text{全日运用车辆数}} \tag{1-15}$$

式中:全日运用车辆数——可近似地取早高峰小时运用车辆数。

⑨平均满载率。

平均满载率指运用车辆的平均满载程度,反映一定时间内车辆运能的利用水平。计算公式为:

$$\text{平均满载率}=\frac{\text{日客运量}\times\text{平均运距}}{\text{输送能力}\times\text{线路长度}} \tag{1-16}$$

平均运距是乘客平均每人次的乘车距离,该数据可通过全面客流调查或抽样客流调查获得。

为了评价新列车运行图的质量,除计算新列车运行图的各项指标外,还应与现行列车运行图进行比较,分析各项指标提高或降低的主要原因。

1.4 运输组织与列车控制系统的相互关系

1.4.1 列车追踪间隔时间

在自动闭塞区段或线路的同一区间内,同方向运行两列车以闭塞分区为间隔时间运行,称为追踪运行。追踪运行的两列车在运行过程中相互不受干扰的最小间隔时间称为追踪间隔时间 I,如图 1-19 所示。影响追踪列车间隔时间的因素主要有:列车追踪运行的间隔距离,列车运行速度,信号、联锁、闭塞设备类型,接近车站线路的平、纵断面情况等。对城市轨道交通而言,除上述影响追踪间隔时间的因素外,还有列车运行控制方式、车站是否设置配线和列车停站时间等因素。

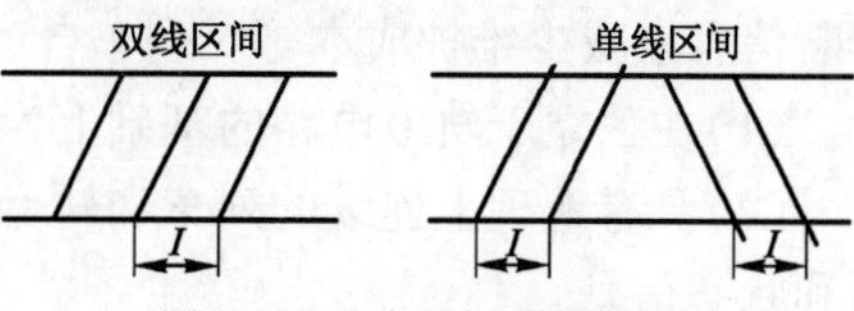

图 1-19 追踪列车间隔时间图

追踪列车间隔时间除应根据追踪运行的两列车在区间内追踪运行条件进行计算外,还应根据追踪运行的两列车同方向到达、同方向发车及同方向通过三种条件进行计算,然后取其中最大者作为最终确定的追踪列车间隔时间 I,即:

$$I = \max\{I_{追}, I_{到}, I_{发}, I_{通}\} \tag{1-17}$$

式中:$I_{追}$——按两列车在区间内追踪运行条件计算的追踪列车间隔时间(min);

$I_{到}$——按两列车到站停车条件计算的追踪列车间隔时间(min);

$I_{发}$——按两列车从车站出发条件计算的追踪列车间隔时间(min);

$I_{通}$——按两列车不停车通过车站条件计算的追踪列车间隔时间(min)。

1.4.2 列车控制系统实现对列车运行的控制

在城市轨道交通系统中,依赖传统的通过信号机实现闭塞的方式已不能适应当前的需要,列车自动运行控制系统将要得到广泛的使用;列车自动运行控制系统是传统信号系统的改进,下面阐述列车自动运行控制系统实现对列车运行的控制原理。

列车自动运行控制系统使用独立于轨道电路的、具有高分辨性的列车定位系统,使用连续高可靠性的列车—轨旁双向数据通信,使用车载和轨旁处理器实现列车自动防护(ATP)、列车自动运行(ATO)以及列车自动监控(ATS)功能。

传统的信号/列车控制系统几乎全部依靠轨道电路来检测列车是否存在。前方线路的状态信息不是通过轨道电路就是通过车载信号提供给列车操作员。对列车的运行控制是通过司机按照轨旁列车自动停车或者与列车制动系统相连的车载监控设备来实现的。这些传统的系统在提供列车防护上是有效的,但在设备的最大化使用上并不是最有效的,下面例举其最基本

的一些限制,如:

(1)列车的位置只能够根据轨道电路来确定;如果轨道回路的任何一部分被列车占用,整个轨道回路就必须被认为被列车占用。轨道回路可以设计的短一些,但是需要为每个增加的轨道回路配备轨旁设备,从经济和建设的角度,轨道回路并不能无限制的增加。

(2)可以提供给列车的信息仅限于少量的轨旁信号或者少量的存储在车载信号系统中的速度代码。

(3)对于具备列车自动停车功能但不具备连续列车信号功能的轨旁信号系统,执行过程也是不连续的。

列车自动运行控制系统克服了传统基于轨道电路系统的这些基本限制,允许更加有效地使用运输基础设施。例如,允许列车以更小的追踪间隔安全运行;在对列车的控制上更加灵活和更加精确;确保连续的列车安全间距和超速防护。列控系统技术的其他优点还包括经济有效的支持列车自动运行(同时在正线和维修区内),更高的可靠性,通过减少轨旁设备和实时诊断信息来减少维护成本等。列车自动运行控制系统的基本特征包括:

(1)在独立于轨道电路的基础上为列车提供精确定位。

(2)具有地理上连续的列车和轨旁双向数据通信网,能够比传统系统更加有效地传输控制和状态信息。

(3)轨旁和车载的关键处理器可以处理列车状态和控制数据,并提供连续的列车运行防护(ATP)功能。根据需求也可以提供列车自动运行(ATO)和列车自动监控(ATS)功能。

1.4.3 列车控制系统与列车追踪间隔时间的关系

通常情况下,列车的设计和运行追踪间隔时间由得到授权的部门进行设计确定。通常考虑不受干扰和受干扰的情况,但无论如何,设计追踪间隔时间必须考虑列车的安全运行间隔需求和安全制动需求。

在确定不受干扰的追踪间隔时间时,列车运行的速度曲线必须不受前行列车的干扰。所有的列车都必须在线路速度限界和列车本身的加减速特性的基础上根据最大允许速度运行。在给定的列车停站时间前提下,列车根据不受干扰的追踪间隔时间运行,易于实现端到端的旅行时间最短。

如果列车的速度曲线受到前行列车的影响,后行的列车就必须在靠近车站以及进入车站区域时减速,列车的追踪间隔时间就必须要增加,而列车的运行时间也需要增加。列车追踪间隔时间受干扰同样也包括多列车在车站停站的情况,此时需要考虑追踪运行的列车同方向到达、同方向发车及同方向通过时的间隔时间。

特殊线路或者特殊车组的追踪间隔时间需要考虑许多列控系统以外的因素(例如,线路横坡、纵坡,线路速度限界,列车加减速率,车站停站时间,线路终点配置,司机反应时间等),这些因素必须由授权部门考虑。而列车运行控制系统对列车追踪间隔时间的影响包括以下几个方面:

(1)位置(已测量的列车终端位置的精确度以及运行部门对给定列车的限制):包括对列车位置在何处进行汇报、汇报的频率以及运行授权的更新等。

(2)速度:包括速度测量的精确度和对给定列车在给定位置设定的限界方案。

(3)通信延迟:包括在正常情况下和最坏情况下,车地双向通信中命令信息和状态信息的传输时间。命令/状态信息包括运行授权更新的相关信息以及列车位置汇报更新等。

(4)列车运行控制系统设备反应时间:包括对车载和轨旁设备或者不同运行模式下的可适用的最大误差累计时间(根据更新位置信息建立新的运行授权限制所需的时间,通过联锁建立新的运行授权限制所需的时间,根据更新的移动授权信息确立新的 ATP 防护曲线所需的时间等)。

(5)列车运行控制系统速度自动调整运算法则。

第 2 章 轨道交通运行控制的理论与技术

2.1 故障导向安全准则

2.1.1 故障安全原理

1)安全性和可靠性概念

安全性:在规定的条件下,在规定的时间内,系统不陷入危险状态的性能。

可靠性:系统在给定的条件下,到给定的时刻 t,不发生故障的概率。

可靠性是反映产品质量的一个重要指标,是质量的重要组成部分。在与安全有关的系统中,安全性也是反映质量的重要指标,在信号系统中它比可靠性更重要。

故障:由于错误造成系统的部件或软件或系统丧失必要的功能。即由于各种原因所造成的系统的不正常状态。

按时间间隔可分为永久性故障和瞬时性故障。永久性故障是由部件或软件中的不可逆变化引起的,它永久地将原逻辑或原数据变为另一种逻辑或数据。瞬时性故障是持续时间不超过一定值的故障。故障只引起部件或软件运行结果当前值的变化,而不导致不可逆变化。

按值可分为确定值故障和非确定值故障。确定值故障的故障变量保持在一个恒定的值上,而非确定值故障的故障变量在一定的范围内不断变动。

按故障影响的范围可分为局部故障和分布式故障。局部故障通常指只影响局部逻辑线路或某一软件模块的故障。而分布式故障(相当于多故障)是指包含有两个或两个以上逻辑部件或软件模块的故障以及一个子系统或整个系统的故障。分布式故障可能引起灾害性后果。

图 2-1 给出了系统故障及原因。

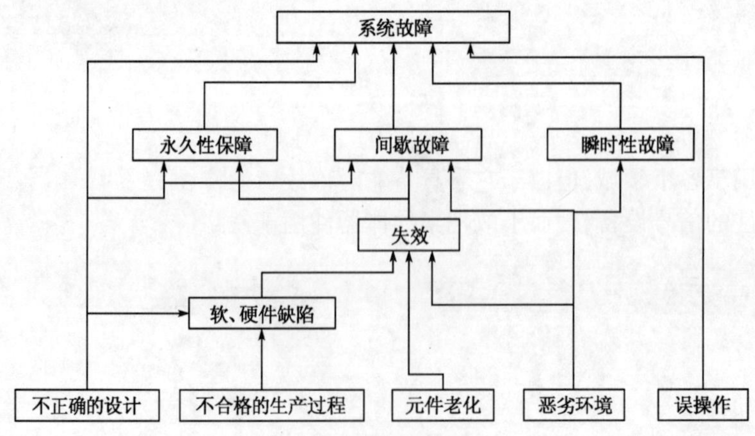

图 2-1 系统故障及原因

失误:人为的失败和错误。通常指人的错误操作。

危害:有可能给人类或财产带来不良影响的事件。

风险:用来表示危及安全的事件发生频度以及事件危害程度(或严重程度)的指标。

容错:指一个系统在其中的故障已经暴露之后仍能提供要求的功能的存活的属性。

安全性评估:采用解析或测试的方法,对系统的安全性能进行估算和分析,从而对系统的安全性能做出定量或定性的评价。用于安全性评估的指标主要是安全性完善度和安全性完善等级。

安全性完善度:在给定的条件下,到给定的时刻t,系统维持所要求的安全功能的概率。它是表示系统所能达到安全性要求程度高低的指标。

安全性完善等级:表示系统所能达到安全性水平等级。通常较小的等级表示安全性水平低,较大的等级表示安全性水平高(例如:1 级安全性完善等级为最低级)。

2)故障—安全原理

故障—安全:系统在发生故障的情况下,能够维持安全状态或向安全状态转移。这种与安全相关的系统特性就是故障—安全,在信号系统中常称为故障倒向安全原则,又称 F – S (Fail-Safe) 原则。

铁路信号故障—安全技术是随着铁路运输控制系统的不断进步而发展起来的。铁路信号控制设备率先完成了故障—安全的设备化。从臂板信号机、机械联锁到信号继电器、轨道电路、直到继电联锁,不仅实现了故障状态向安全状态转移的功能,而且为信号安全技术提供了许多可以借鉴的重要方法和手段,因而成为现代铁路信号控制系统设计中的重要参考内容。

铁路信号的重要作用之一是保证列车运行的安全,而这种安全的实现总是把“系统故障时让列车停止运行”作为首要方针。规定系统故障时把“信号显示变为让列车停止运行的红灯”作为安全侧,这是传统的铁路信号安全技术的一个重要特点。由于司机对信号显示的信任和服从,一旦列车停止运行信号故障而出现错误显示,将会造成人员的伤亡和财产的巨大损失。为了保证列车运行的安全,在信号设备发生故障时,绝对禁止向显示“进行信号”的危险侧动作,而必须导向显示“停止信号”的安全侧。也就是说,在信号设备发生故障时,显示绝对不能“升级”。

在继电信号设备中,故障—安全的实现是以具有非对称错误特性的信号继电器和闭路原理为基础,实现信号设备的整体性的故障—安全,这是铁路信号安全技术的第二个特点。由于信号安全型继电器的非对称错误特性主要是借助于永恒的重力实现的,因而人们认为,在任何故障情况下必定导向安全侧,具有百分之百的安全性,这就加深了故障—安全概念的绝对化。

这种绝对化的故障—安全概念对信号设备的发展起了极大的阻碍作用。虽然半导体器件早已成功地应用于各个领域,但由于它不具备非对称故障的特性,人们不相信用它能组成具有故障—安全特性的信号设备,因而不敢把半导体器件用于铁路信号设备中,从而使电子技术和控制论在铁路信号领域中的推广受到了极大的影响。

随着可靠性理论的发展,促使对故障的分析建立在概率论的基础上,进而揭示了故障—安全也应是一个具有概率特性的概念。

首先,客观上可靠度为百分之百的信号设备是不存在的,也就是说设备的故障是不可避免的。用全故障率 λ_t 表示,我们希望它足够小,但不可能为零。

对设备的故障根据它所带来的后果可以分为危险侧故障和安全侧故障,分别用危险侧故

障率 λ_d 和安全侧故障率 λ_s 表示，则有 $\lambda_t=\lambda_d+\lambda_s$。

信号继电器的危险侧故障率 λ_d 为 $10^{-10}h^{-1}$，安全侧故障率 λ_s 为 $10^{-7}h^{-1}$。危险侧的故障率虽低，但它并非是零，因此，传统的故障—安全概念不是绝对的。

当危险侧故障率 λ_d 相对全故障率 λ_t 小到可以忽略的程度时，该设备才是故障—安全的，即危险比 $\delta=\lambda_d/\lambda_t$ 应足够小。

将危险比 δ 写成另一种形式：

$$\delta=\frac{1}{1+\frac{1}{\lambda_d/\lambda_s}} \tag{2-1}$$

式中：$\lambda_d/\lambda_s=\nu$——非对称错误概率，它应该足够小。

事实上，信号设备发生故障时列车停止运行。安全侧故障率 λ_s 越大，故障恢复时间越长，越容易引起列车的阻塞。这不仅会降低运输效率，还可能诱发重大事故。因此，λ_s 也应尽可能的小。

总之，为了实现故障—安全，危险侧故障率和安全侧故障率都应该尽可能地小。在此前提下，危险比 δ 和非对称错误概率 ν 也要足够小。也就是说，信号设备的故障—安全特性是建立在设备的高可靠性基础上的。

为了对故障—安全特性进行进一步的研究，对设备故障引起的事故用下面的关系式来描述：

$$[\text{事故}]=[\text{故障}]\cup[\text{危险侧}]$$

若把[ ]中的真值取为1，伪值取为0，即[ ]中的变量为二值逻辑变量，则可将上式的否定形式认为具有安全的含义。根据摩根法则可得下式：

$$[\text{无事故}]=[\text{无故障}]\cap[\text{安全侧}]$$

还可以将安全性用下列逻辑式表示：

$$[\text{安全性}]=[\text{高可靠性}]\cap[\text{故障安全性}]$$

3）系统输入输出信号安全要求和对策

（1）故障—安全输入接口

目前，在微型计算机化的铁路信号设备中，监控对象的状态通常是用继电器接点的状态来表示的，把这种继电器接点状态输入到计算机的输入接口必须满足故障—安全原则。为此，故障—安全输入接口必须做到以下两点：

①采用光电隔离技术。通常，接点输入电路要经过光电耦合才能接至输入接口，以便有效地抑止接点输入电路的电磁干扰。

②采用编码输入或过程输入方式，以便有效地实现故障—安全原则。过程输入方式又有两类：一类是采用诊断技术检查输入值的时间冗余法；另一类是输入接口采用多重模块结构，并使用软件进行校验的空间冗余法。

下面是故障—安全输入接口的几个实例。

①编码方式的故障—安全输入接口

这种输入接口电路的结构如图2-2所示。图中将轨道继电器GJ的状态输入到计算机的输入接口。由于是由输入接口的若干位信息的编码反映轨道继电器的状态，因此，可避免因混线断线或干扰信号引起的错误采样，从而保证输入接口电路的故障—安全特性。

图中，将轨道电路的空闲状态（即危险侧）用GJ吸上来表示，对应的编码为1111，轨道电路的占用状态（即安全侧）用GJ落下来表示，对应的编码为0000。微机对读入的编码进行“与”运算，如果结果为1，则认为轨道电路在空闲状态；如果结果为0，则判定为轨道电路在占用状态或是输入接口电路有故障。从理论上讲，码位越多，则安全性越高，然而可靠性和经济性也越低，采用4位代码是一种折中的方案。编码输入计算机后，其长度扩充至8位，以保证运算和存储的安全。

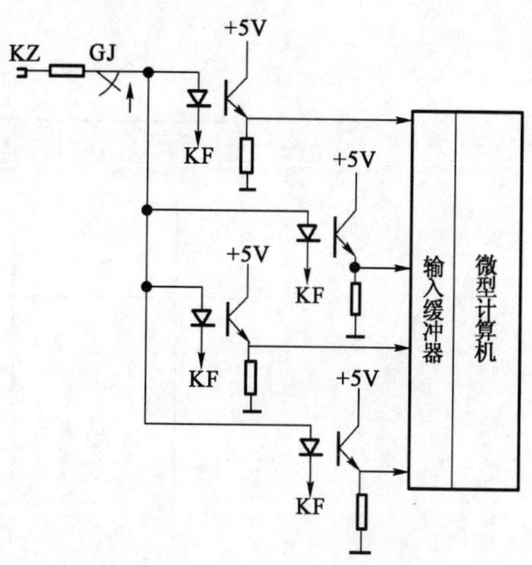

图2-2 编码方式输入电路

②采用诊断技术检查输入值

图2-3和图2-4给出了这种方法的两个电路。

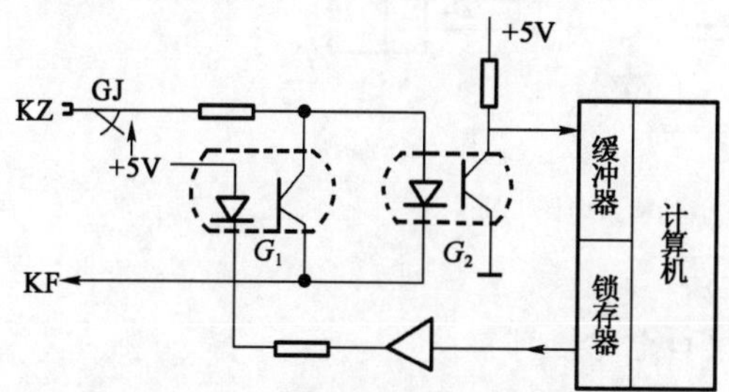

图2-3 采用诊断技术的输入电路1

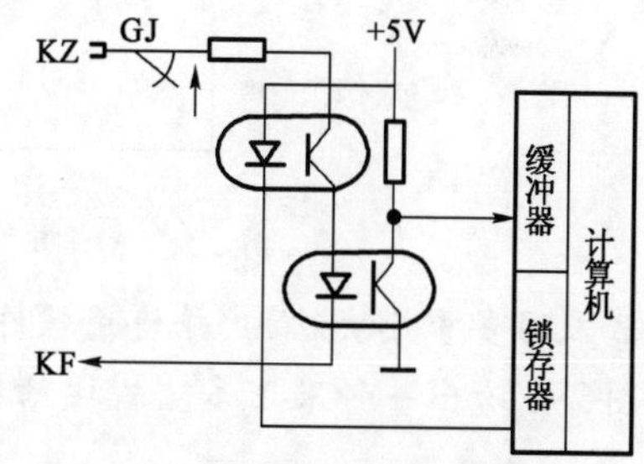

图2-4 采用诊断技术的输入电路2

图2-3用了两个光电耦合器G_1和G_2。G_1的输出级和G_2的输入级并连，并由输入信号GJ控制其电源的通断。G_1的输入级和G_2的输出级共用微型计算机电源（5V），且G_1的输入级由微型计算机的输出进行控制。若微型计算机按1010输出控制信号，当GJ接点闭合时，则计算机就会从输入接口电路接收一个与控制信号相反的信号0101，当GJ接点断开或G_1、G_2发生故障时，计算机的输入接口只能收到稳态信号，因此保证了输入信息的故障—安全。图2-4的工作原理与图2-3相同，只是G_1的输出级和G_2的输入级是串联的。

图2-5给出了这个方法的另外一种线路，即检查输入值的输入电路。

当计算机在t_0的输出为$Q_1(t_0)Q_0(t_0)=01$时，继电器处于吸起状态（如J_0），输入$D_0(t_0)=1$；继电器接点处于落下状态（如J_7），输入$D_7(t_0)=0$。

当计算机在$t_1(t_1>t_0)$的输出为$Q_1(t_1)Q_0(t_1)=10$时，继电器处于吸起状态（如J_0），输入$D_0(t_1)=0$；继电器接点处于落下状态（如J_7），输入$D_7(t_1)=1$。

对继电器接点的这种一次采样结果为：

继电器接点吸起状态 $\langle D_i(t_1),D_i(t_0)\rangle=\langle 0,1\rangle$

继电器接点落下状态 $\langle D_i(t_1),D_i(t_0)\rangle=\langle 1,0\rangle$

输入接口电路单故障时 $\langle D_i(t_1),D_i(t_0)\rangle=\langle 0,0\rangle$

$\langle D_i(t_1),D_i(t_0)\rangle=\langle 1,1\rangle$

所以该电路是故障—安全的。

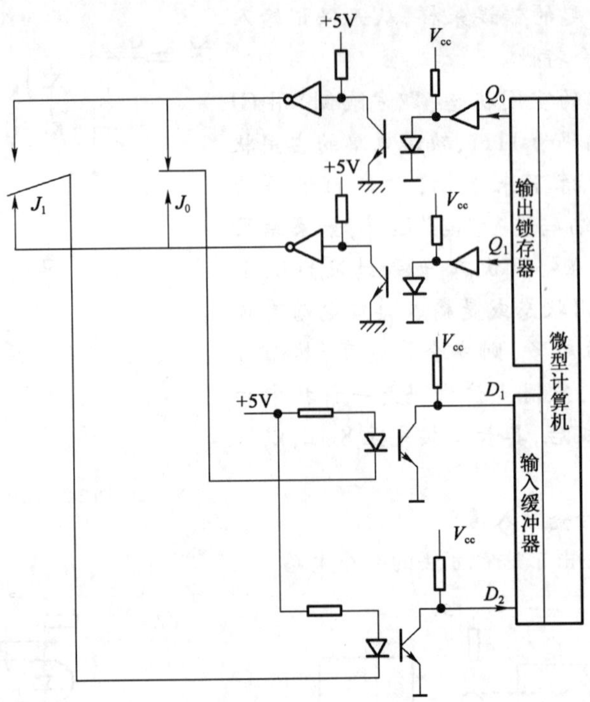

图 2-5 检查输入值的输入电路

③采用多重模块结构,并使用软件校验的方法

图 2-6 给出一种采用多重模块结构的输入接口电路。

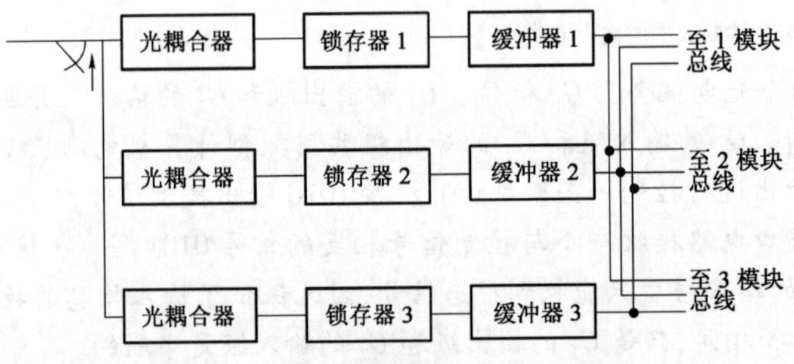

图 2-6 采用多重模块结构的输入接口电路

每个继电器接点输入接口是由三个模块组成的,每个模块包括光耦合器、锁存器、缓冲器等部件,每一模块的输出分配到三个计算机的总线上,每个计算机分三次读取数据,并用软件检查三个数据的一致性。

(2)故障—安全输出接口

目前,在微型计算机化的铁路信号设备中,计算机输出的控制命令最终是用信号继电器来执行的。从计算机到信号继电器之间需要采用代码→动/静态以及动/静态→电平输出两级变换电路,使其输出足够的驱动功率,并满足故障—安全的要求。

由代码→动/静态变换电路是计算机输出控制信号所必须经历的过程。这种变换有软件变换和硬件变换两种实现方式。软件变换是根据逻辑运算结果(代码形式),在需要输出危险侧控制信号时,借助软件的执行使计算机不断地输出脉冲串。这种方式节省了硬件,但占用了计算机的处理时间。硬件变换可以采用振荡式的故障—安全逻辑元件来实现,还可以采用移位寄存器来实现。后者的基本原理是将危险侧代码并行输送到移位寄存器中,然后再由控制时钟推动移位寄存器,使其输出串行脉冲序列。其原理如图 2-7 所示。

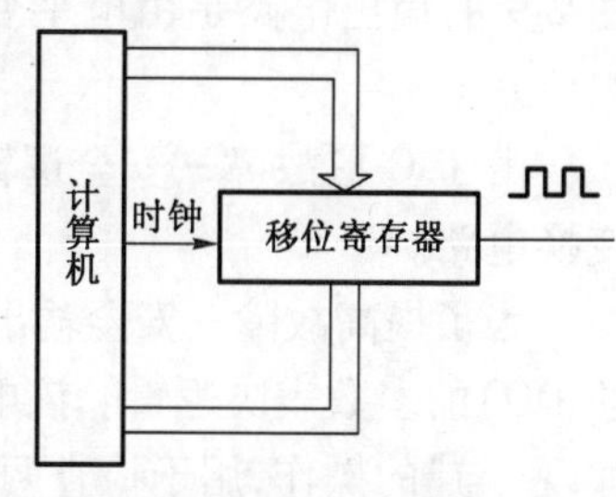

图 2-7 代码动态变换电路

只有当输入为脉冲序列时,动/静态→电平变换电路的输出才为高电平。而在输入为稳态电平或电路发生故障时,均为低电平的输出电路,所以称这类电路是动态鉴别电路,又称为故障—安全驱动电路。图 2-8 给出了两种动/静态→电平输出变换电路,其中,图 2-8a)是输出脉冲经由放大器、脉冲变压器和整流器,在整流器的输出端形成直流电平。根据需要可连接一个安全型继电器作为控制输出的执行部件。在此电路中,放大器本身必须设计成不会因元器件性能改变和失效而产生自激振荡,脉冲变压器的主次线圈之间绝缘良好,这些是比较容易实现的。

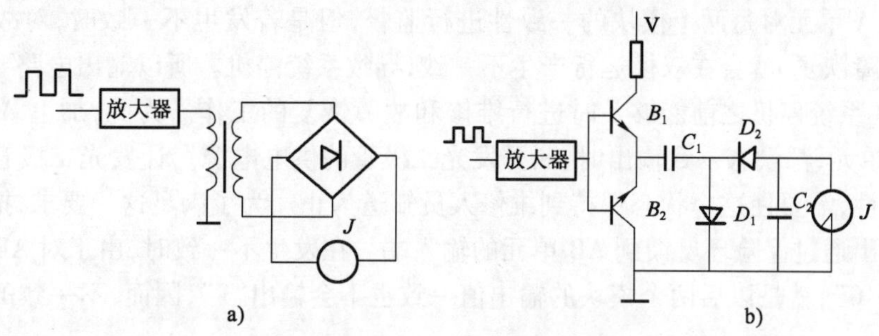

图 2-8 动/静态→电平输出变换电路

图 2-8b)是一个不用变压器而必须采用安全型继电器的鉴别电路。其工作原理是输出脉冲驱动晶体管 B_1 和 B_2 交替地导通和截止。当 B_1 导通和 B_2 截止时,电容 C_1 经 B_1 和 D_1 充电,当 B_1 截止和 B_2 导通时,电容 C_1 经由 B_2,偏极继电 J 和 D_2 放电。根据输入脉冲的频率和占空比,适当选择 R 和 C_1,继电器 J 就能由 C_1 的放电电流励磁吸起,C_2 是使 J 缓放而设置的。

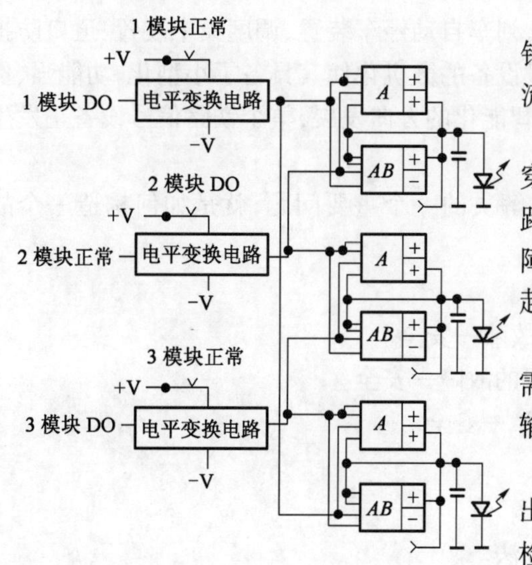

图 2-9 三模系统故障—安全输出电路

为了防止 B_1、C_1 和 D_2 被击穿而使继电器 H 错误励磁,所以 J 必须采用偏极继电器的鉴别电流方向。

当 B_1 断路或 B_2 短路,或 D_1 断路,或 C_1 击穿,C_1 都不能构成充电回路;当 B_1 短路或 B_2 断路,或 D_1 短路,C_1 都不能向 J 放电。所有这些故障的结果都不能使继电器 J 保持吸起或不能吸起,因而它是故障—安全的。

最后还必须指出,输出电路和计算机之间也需要经过光电耦合器进行隔离,以便有效地抑制输出电路所受的电磁干扰。

图 2-9 给出了一种三模系统故障—安全输出电路。由于该系统的故障—安全比较器不能检出输出电路的故障,所以对直接控制信号设备的输出电路必须采用故障—安全输出电路。

图 2-9 的输出电路是由电平变换电路、C 形故障—安全逻辑单元故障、安全继电器驱动电路组成。

由于 C 形故障—安全逻辑单元的输入逻辑电平是 ±15V,所以它和输出口之间插入电平变换电路。

为了提高故障—安全输出电路的可靠性,采用三个模块输出(1 模块 DO、2 模块 DO、3 模块 DO)的多数表决逻辑。该电路有三个 C 形故障—安全逻辑单元 A,分别对两个模块的输出实现“与”的操作,用于检查两个模块的输出是否同时为“1”。然而把三个 A 单元的输出构成“线或”操作,实现多数表决逻辑操作。结果,在三个模块的输出中,只有在两个模块的输出或三个模块的输出同时为“1”时,才产生“1”的外部输出信号。除此以外的情况,外部输出均为“0”。系统是按外部输出信号为“0”作为安全侧设计的。

在比较器判定为哪一个模块发生故障时,或监督定时器发生溢出时,用继电器接点切断该模块的电平变换电路,使该模块的输出转变为“0”,将系统自动地转换到双模运行。

虽然用 A 单元对每两个模块的一致性进行监督,但是若发生不一致时,对故障模块不进行处理和故障恢复,就会在双模运行产生不一致,导致系统停机。所以输出电路要有检出不一致的,以便在系统停机之前能够及时进行维修和故障恢复的工作。为此,加上 AB 单元,当 A 单元和 AB 单元,都没有一致输出时,断开发光二极管的供电电源。让发光二极管熄灭。为了提高可维修性,需要使这个状态保持到维修人员知道为止。为了满足这一要求,把使发光二极管亮灯的输出通过保险环反馈到 AB 单元的输入端。在发生不一致时,由于对 AB 单元的反馈输入条件为“0”,就是以后两个模块的输出值一致也不会输出“1”,因而,不一致的状态被记忆下来。

2.1.2 信号安全技术

1)故障—安全计算机

(1)概述

随着微电子技术和计算机技术的飞速发展,铁路信号设备进入了计算机化的发展时期。采用微型计算机的电子联锁装置、电子闭塞装置、列车自动停车装置、调度集中装置、道口防护装置等设备相继诞生并正式投入运用。铁路信号设备的微机化使其具备了小型化、功能强、价格便宜、节省能耗、便于维修等特点,并逐步朝着智能化的方向发展,整个铁路信号设备正发生着意义深远的变化。

在铁路信号设备计算机化的进程中,首先要解决的一个重要问题,就是如何构造一个故障—安全计算机系统。

①故障—安全计算机系统包括以下三大部分。

a. 故障—安全计算机:实现数据处理过程的故障—安全。

b. 输入/输出接口:实现数据采集和控制过程的故障—安全。

c. 信息传输:实现远距离数据传输过程的故障—安全。

②故障—安全计算机的构成方法如下:

a. 采用非对称性错误特性的元件构成方法。

b. 采用通用的对称性错误特性的元件构成方法。

c. 采用通用计算机或处理器的构成方法。

上述方案中的前两种由于结构的复杂性、可靠性,以及经济性上的原因未能推广应用。根据国际铁路联盟研究试验所用通用计算机构成故障—安全计算机进行了反复研究,提出了采用硬件和软件冗余技术和故障诊断技术,将通用计算机的处理结果进行相互比较,提出发生故障时使输出导向安全侧的方法,在信号设备计算机化的过程中得到推广。各国铁路信号工作者研制了多种实施方案,大致可分为硬件和软件相异性两大类。

硬件的相异性就是把相同的软件配置在两台微型计算机上,高频度地对数据(广义的)进行校验,在检出异常时,把输出保持在安全状态的一种方式。这类方式又包括以下三种实现形式:

· 紧密耦合的总线同步方式。

· 时差同步式。

· 程序同步式。

软件的相异性就是在一台微型计算机上配置两套相异的软件,以此进行故障诊断和错误检测,从而实现故障—安全的一种方式。这类方式也包括以下三种实现形式:

· 双版本软件方式。

· 软件自校验方式。

· 数据的相异性方式。

图 2-10 给出各种方式的故障—安全计算机结构。

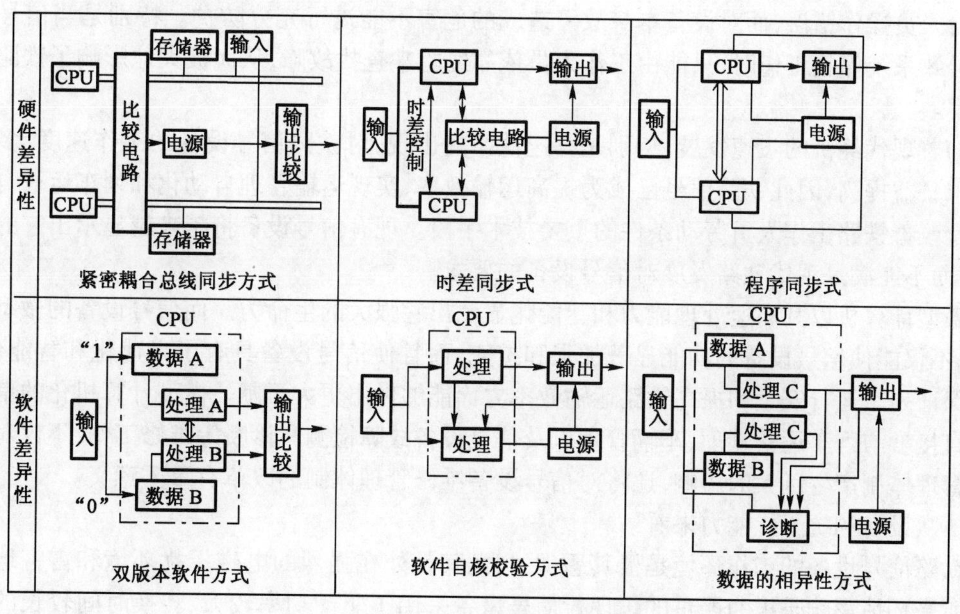

图 2-10 各种方式的故障—安全计算机结构

(2)信号设备微型计算机化的主要特点

为了有效地解决信号设备微型计算机化的故障—安全问题,详细分析微型计算机化的信号设备与现行信号设备之间的差异,从而充分认识微型计算机化信号设备的主要特点。现归纳如下:

①从使用的器件来看

现有的信号设备是由具有非对称性错误特性且故障模式可知的器件作为基本故障—安全

组成的，以此保证信号设备整体具有故障—安全性。这种基本故障—安全逻辑单元至今仍以信号安全型继电器为主。虽然也曾研究过磁芯晶体管、磁放大器、变参数元件等多种故障—安全逻辑单元，采用硬布线逻辑组成信号设备，但大都因为复杂性和经济性不佳而未能推广使用。

微型计算机化信号设备主要由通用的大规模和超大规模集成电路组成，是在芯片的对称性错误特性的基础上实现信号设备整体的故障—安全性。由于集成电路芯片的高可靠性、微型化、结构简单、价格低廉等特点，使信号设备微型计算机化的普及和推广具备重要的前提。

②从使用的技术来看

现有信号设备是依据长期经验积累起来的以故障—安全技术为中心的铁路信号安全技术，通过对信号继电器的结构设计和继电器电路的合理设计，确保故障—安全性能的实现。

微型计算机化的信号设备是依据可靠性理论和容错技术，通过对软件和硬件的避错和容错设计，可以非常有效地提高信号设备的可靠性，进而提高信号设备的安全性；通过对软件和硬件进行故障监督的设计，并充分发挥计算机高速、智能处理能力，可以实现对信号设备运行的高频度、不间断检测，对设备的故障可以及时检出并进行各种有效的处理，从而不仅提高了信号设备的故障—安全性，而且还能有效地防止人为差错对系统安全造成的不良影响。

③从设备的功能来看

现有信号设备功能较少，基本任务在于保证行车安全，大多数信号设备所防护的不安全因素来自人员操作错误，而对设备本身故障造成的危害不能进行充分防护。特别是当信号设备故障导致系统停止工作时，只能由工作人员依靠经验来查找故障，从而极大地影响了铁路运输的效率。

随着现代经济的飞速发展，特别是高速铁路的出现，对铁路信号设备的工作速度、多功能等要求日益提高，因此铁路信号已成为提高运输效率、实现运输管理自动化和列车运行自动控制以及改善铁路工作人员劳动条件的重要技术手段。现有信号设备将越来越显示出它的局限性，因而不能满足现代铁路发展对信号设备的要求。

微型计算机以其高速处理能力和智能化显示出它强大的生命力。而信号设备的微型计算机化，不仅能使信号设备的功能显著加强和扩充，而且使信号设备具有了高速化和智能化，从而对保证列车运行安全和提高铁路运输效率方面能够做出更大贡献。微型计算机化的信号设备还直接参与列车运营管理、车辆管理以及信号设备故障检测和诊断等维修工作，不仅对列车运营管理体制产生巨大的影响，还将对信号设备维修管理体制的改革有重要意义。

④从设备的抗干扰能力来看

铁路信号设备的工作环境是极其恶劣的，尤其是处在强烈的电磁干扰环境和雷害地区的设备所受环境影响是极为严重的。现行信号设备采用了驱动功率较大、转换时间较长的信号用继电器，因而具有较强的抗干扰能力，整个设备在环境干扰较强时仍能稳定可靠地工作。

微机化的信号设备，主要由大规模和超大规模集成电路芯片构成，由于它们是微功耗高速器件，所以其抗干扰能力比现有信号设备低得多，因此微型计算机化的信号设备又一个重要问题是提高它的电磁兼容性，提高它的抗干扰能力。微机化的信号设备目前在这方面已经取得了较好的进展，从而促成了微型计算机化信号设备的广泛使用。

总之，微型计算机化的信号设备由于采用了集成电路芯片和利用软件实现逻辑运算及故障检测、诊断，从而使设备具有高速率、高智能处理能力，并且具有更高的可靠性、容错性和安全性。但是,由于设备自身的对称性错误特性和低抗干扰能力,在抗干扰方面必须采用特殊的处理对策和加固技术,从而使信号设备不仅能充分发挥高速化高智能处理能力,而且能够保证设备的故障—安全。

2)硬件安全性技术分类

在微型计算机化的信号设备中,通过硬件实现故障—安全性能的技术主要有以下几类。

(1)多重化技术

在处理器级采用的多重化技术大致可分为:

①用比较电路进行故障诊断。

②对间歇故障进行屏蔽。

③对状态漂移进行补偿。

④在一组电源断路处理发生混乱时的对策。

⑤三重化系统到二重化系统的转移。

⑥对危险侧输入输出数据的运算。

⑦用 LSI 构成双绞线电路实现数据采集。

在总线同步方式下的多重化技术可分为:

①总线比较的故障—安全化。

②总线比较的启动定时。

③中断信号的输入采集。

在输入输出级采用的多重化技术大致分为:

①采用低级优先的二重化输入电路。

②用双 CPU 的逻辑"与"控制输出。

③用双绞线电路实现输入数据采集。

④确保二重化输入数据的同步。

在装置之间接口采用的多重化技术大致有:

①用双 CPU 的逻辑"与"作为传送信息的启动信号。

②对多重冗余系统进行总线同步方式下的时钟同步。

③用多重时钟进行时钟监督。

在系统级采用的多重化技术大致可分为:

①在二重冗余系统:对独立的处理结果进行比较,对故障系统进行切换。

②在三重冗余系统:实现多数表决逻辑。

③在多重冗余系统中,采用智能监督器。

④在检出故障时进行系统切换。

(2)高可靠技术

在处理器级:

①将未使用的芯片引脚进行状态固定。

②对多传感器采样的危险侧数据进行特别处理。

在输入输出级:

①对输入数据的合理性进行检查。

②对输出的控制信息进行反馈、重复检查。

在装置之间接口：

①对公共信号进行处理。

②对总线随机延时进行处理。

③对系统总线所连接模块的电源 ON/OFF 的共同处理。

在系统级：

①对共享存储器存取方式的控制。

②多处理器的容错组合。

③在共同信号混乱时避免总线冲突。

④对模块电源断电时的处理对策。

⑤对电源电压波动时的处理对策。

⑥采用可以限定故障模式的设备。

⑦对所有电路模块实行 FMEA。

(3)故障检测技术

在处理器级：

①用互补数据进行比较。

②对 ROM/RAM 实行故障检测。

③用交流信号实现故障检测。

④对附加检验信息的数据进行处理。

在输入输出级：

①用专用的测试信号进行故障检测。

②用照查脉冲作为执行部件的输入条件。

③用交流输出检测故障。

④对输入信息的译码进行故障检测。

⑤对输出信息的译码进行故障检测。

⑥对表示设备的故障进行故障检测。

在系统级：

①用伪信号附加功能检测机构。

②采用动作监督器。

(4)电路构成技术

在处理器级：

①进行故障—安全的频率变换、交直流变换。

②对看门狗定时器进行故障—安全化。

在输入输出级：

①在发生故障时输出安全侧信号。

②构成故障—安全输入电路。

③对二重化系统输出电路实现故障—安全化。

(4) 对固定信息进行设置和生成。

3)软件安全性技术分类

在微型计算机化的信号设备中，通过软件实现故障安全性能的技术主要有以下几类。

(1)高可靠技术

在系统级:

①设计与检查相互独立。

②分布式系统共同功能的检查和故障预防。

③安全处理功能与其他功能分离。

④多计算机系统的失效弱化。

⑤相位差同步方式下的共同处理。

⑥现行系统设计思想的沿袭。

⑦禁止中断。

⑧为禁止中断,对软、硬件初值进行设定。

⑨简化程序结构。

⑩禁止使用 GO TO 语句。

⑪统一进行安全侧/危险侧状态信息的分配。

在输入输出级:

①对控制输出进行反馈检查。

②串行数据传送时的安全对策。

③将输入条件组合后使用。

④为避免过渡过程的不稳定性而采取多次采样比较。

⑤对输入效据(变化、平均值、范围等)进行检查。

⑥对 CPU 之间传送的信息进行检查。

在诊断程序级:

①在共享存储器方式下启动多数表决处理。

②对程序崩溃的检测。

③采用非对称性结构的程序。

④对数据进行双重连接。

⑤对存储器的存取进行保护。

(2)故障检测技术

在系统级:

对系统故障进行诊断。

在输入输出级:

①对输入电路故障进行检测诊断。

②对输出电路的故障进行检测诊断。

在诊断程序级:

①对系统总线结合方式下的故障诊断。

②对传送线断线进行检测。

③对传送装置进行故障检测。

④对系统时钟进行故障检测。

⑤用交流输出进行故障检测。

⑥对 LAN 网中数据传送的顺序进行管理。

⑦对使用频率低的存储器进行故障诊断。

⑧对共享存储器进行故障诊断。

⑨对计数电路进行故障诊断。

⑩对 LAN 网中其他节点的状态进行监督。

(3)故障屏蔽和恢复技术

在系统级:

①在 LAN 网中发生接受错误时的处理。

②指针不能转换时的重新控制。

③现场机器失去控制时取消控制。

④在信息传送中断时进行安全处理。

⑤对丢失信息的再生。

⑥在二重冗余系统切换时确保处理的连续性。

⑦检出异常时的处理和恢复。

在输入输出级:

对难于订正的危险侧输出进行控制。

(4)人机技术

①拒绝错误操作。

②人机装置中防止误操作功能。

③控制室输入条件的合理性检查。

④为防止误操作进行操作导向。

⑤保证 CRT 所显示的表示信息的正确性。

4)容错技术

(1)概述

微型计算机在铁路信号领域中的应用,使提高微型计算机系统的可靠性和安全性成为极为重要的课题。可以有效提高铁路信号设备应用的微型计算机系统的可靠性和安全性的有力手段是避错和容错技术。尤其是容错技术,它是构造高可靠性、高安全性系统的重要技术,也是当今最活跃的一个研究领域,它已在国防、航空、航天、交通控制等领域以及危险或恶劣环境等场合得到了广泛应用,并越来越显示出其重要性和优越性。

避错技术是采用正确的设计和质量控制方法尽量避免把故障引进系统,试图构造一个不包含故障和错误的"完善"系统的技术手法。但是要绝对构成一个不包含错误的系统是不可能的,只可能使系统中包含的错误少到一定程度,一旦系统出了故障,则必须通过故障检测和诊断确定故障部位,进而排除故障、修复系统,使系统恢复正常。而容错技术则指采用外加资源的冗余技术使系统在出现某些硬件故障或软件错误时,仍能正确执行规定的程序或实现规定的功能。也可以说,容错技术可使过程不因系统中的故障而被中止或修改,并且执行的结果也不包含系统中故障引起的差错。容错的基本思想是在系统体系结构上精心设计,利用冗余的硬件资源或软件资源来达到掩蔽故障的影响,从而自动恢复系统或达到安全停机的目的,因而在铁路信号应用微型计算机的领域中得到广泛的应用。

①计算机系统中发生的故障分类

a. 硬件故障,存在于计算机系统的硬件之中,是对于逻辑变量设计值的各种偏离。通常的硬件故障是由于计算机系统中元部件的物理损坏、缺陷、老化而引起的功能丧失。通常的硬件故障是不可能自动恢复的,必须通过更换元部件而消除。

b. 软件故障,是指由于不当使用计算机软件而引起的故障,以及因系统或系统参数的设置不当而出现的故障。软件故障的原因可以是软件失效、软件错误及病毒影响,其中,软件失效指程序在运行过程中偏离预期的平常状态而不能给出正确的输出,例如,程序陷入死循环、程序的处理时间超过预期的时间等,都属于程序的一种非正常状态。软件错误是指程序中存在缺陷,这些缺陷是使运行中的软件出现错误的原因。程序中的错误表现为缺少、误用或多用了某些语句。软件错误和软件失效具有一定的因果关系,通常以失效形式反映出的错误仅为软件全部错误的一部分,另一部分隐含的错误也具有造成失效的能力,但是还未被运行所触发。

c. 对计算机系统的外界干扰,例如,电磁辐射功率超出一定限度、振动或雷击、电源电压的波动范围超过允许值等,将会使计算机系统的运行偏离正常状态。

采用容错技术的目的是使系统在发生上述故障的情况下,仍能正确地执行给定的算法或正确执行预期的操作。

②判断是否正确执行程序的四个标准

a. 程序或数据不因故障而改变或中止。

b. 运算的结果不包含由故障所带来的差错。

c. 每个程序的执行时间不超过某一规定的限界。

d. 每个程序可利用的存储容量保持在某一规定的范围之内。

③避错技术和局限性

避错技术的目标是减小系统发生故障的概率,也就是从尽量减小系统的失效率入手达到提高系统可靠性的目的,它是提高计算机系统可靠性的必不可少的常规方法。避错技术主要包括质量控制技术和环境防护技术两大部分内容。质量控制技术是在计算机系统的研制过程中认真实施元器件工程,加强对元器件的选择、管理和使用,并在此基础上对组装工艺实行严格的质量管理规范,此外还必须认真实施软件工程,以保证软件的内在质量。这些措施可以说对系统的可靠性有着决定性的影响。随着计算机的普及,计算机已从具有良好环境的机房迁移到各种应用现场,各种环境因素,诸如温度、湿度、雾气、机械冲击和振动、电磁干扰等施加于计算机上,使计算机容易出现故障,因此,必须采取适当的环境保护技术,如防热设计技术、机械应力防护技术、化学防护技术、电磁兼容性设计等,使计算机系统具有抗恶劣环境的能力,这也是提高计算机系统可靠性的重要途径。

但是,仅仅采用避错技术并不能完全解决计算机系统的可靠性问题,原因如下:

a. 避错技术的目标是尽量减小系统发生故障的概率。实践证明,这种减小是有一定限度的,超过这个限度再进一步降低就要投入巨大的成本,有时甚至很困难。这是由于降低元器件的故障率除了受到元器件材料的限制外,还受到当时的生产技术条件、生产工艺水平的限制,并受到运行环境的制约。

b. 避错技术只能使故障率减小,但永远不可能使硬件和软件的故障率减为0,因而计算机系统的故障是不可避免要发生的,系统的失效是必然会发生的。

c. 避错技术对故障的处理均由系统外部提供,在计算机硬件成本日益降低的情况下,使计算机的维护成本相对提高,不仅如此,一旦计算机系统发生故障,对某些实时系统(如航天飞机、交通控制等)而言,可能造成严重的经济损失,有时甚至发生灾难性的后果。

由此看来，避错技术在提高计算机系统可靠性方面是存在一定局限性的。为此，要提高计算机系统的可靠性，特别是安全性，就必须采取容错技术。

④容错技术的作用

容错技术是以承认故障的不可避免为前提的，也就是在容忍故障存在的条件下采用以下两种方法提高系统的可靠性。

静态的方法：它的基本思想是当系统发生故障时，掩蔽故障的影响，使系统不产生错误的输出，因而也不导致系统失效。这种方法的典型实例是使用多数表决逻辑。

动态的方法：它的基本思想是让故障的影响表现出来，检测故障所引起的错误，从而诊断出故障根源，进而切除故障部件或修复软件故障，最后使系统恢复正常。这种方法的典型实例是使用双机比较运行结果。

以上两种方法的实现是以计算机资源的冗余和精心组织为基础，可以有效地克服避错技术的局限性，使计算机系统的可靠性得到显著的提高。同时，由于容错技术的综合运用，还可使计算机系统即使在存在故障的情况下仍能正常工作，因此可避免出现不安全的运行结果，对系统的安全性提高也是非常有效的。

(2)实现容错技术的主要方法

容错技术是依靠外加资源的方法来换取可靠性的。外加资源的方法很多，主要有外加硬件、外加信息、外加时间和外加软件等方法，这些方法往往要合理使用才能达到提高可靠性的目的。

①硬件冗余

广泛应用的硬件冗余技术之一是硬件重复冗余，在物理域，可通过元器件的重复而获得(如相同的元器件串、并联，四倍元器件等)。物理域的恢复作用是自动的，即不需单独的检测，但每一次失效将削弱防卫。在逻辑域，可采用多数表决方案，如三模冗余、N模冗余、分段冗余、修复机构等。

另一种硬件冗余方法叫作待机储备冗余，该系统中共有 $m+1$ 个模块，其中，只有一个模块处于工作状态，其余 m 个模块都处于待命接替状态。一旦工作模块出了故障。立刻切换到另外一个待机储备模块。当换上的模块发生故障时，再切换到下一个待机储备模块，直到 $m+1$ 个模块全部发生故障，系统才出现故障状态。显然，这种系统的可靠度比单一模块工作要提高很多，但必须具有故障检测和切换装置。

将重复冗余和待机储备冗余结合运用，构成所谓混合冗余系统。当重复冗余中有一个模块发生故障时，立刻将其切除，并代之以无故障的待命模块。这种冗余方式既可达到较高的可靠性又可达到较高的安全性。

上述三种容错基本结构统称为 N 中取 K 结构。该结构中有 N 个相同的模块。其中，若有 K 个或以上模块是正常的，系统就能正常运行。这种结构能容忍分别出现 $N-K$ 个模块中的 $N-K$ 个独立故障，可称其容忍故障的能力为 $t = N-K$。

对有人维修的系统，一旦发现故障就能排除，这时两个模块就能起到多模块的作用，因此可构成双模冗余系统。在部件级和整机级可实现双模结构，在整机级可采用双机交替工作、双机协同工作和修理厂不停机工作方式。

②时间冗余

时间冗余是通过稍耗时间资源来达到容错目的。时间冗余的一个应用是程序卷回。这种技术用来检验一段程序完成时的计算数据，如有错，则卷回重算那个部分。如果一次卷回不解决问题，还可以多次卷回，直到故障消除或判定不能消除故障为止。

指令重复执行是时间冗余的又一应用。所谓指令重复执行就是重复执行已发现错误的指令。如果故障是瞬时的，在指令重复执行期间，有可能不再出现错误，程序就可继续向前运行。如果在指令重复执行期间不能排除故障，则需通过人工干预或调用诊断程序来消除故障。

利用诊断程序对系统进行的初始检查、联机检查、周期性检查都可看作是时间冗余的应用。

人们对故障的检测和诊断方面的研究，历史很长、成果显著，例如，D 算法、布尔差分法、星算法、多值算法、因果分析法、图论法等都是产生故障检测和诊断测试集的有效方法。

③信息冗余

信息冗余是依靠增加信息的多余度来提高可靠性的。这些附加的信息位具有如下功能：

当代码中某些信息位发生错误（包括附加位本身的错误）时能及时发现错误，即检错信息位，或者能将发生错误的信息位恢复成原来的信息，即纠错信息位。一般而言，附加的信息位越多，其检错或纠错能力越强. 在数字系统中的信息传送，算术逻辑运算中广泛使用的奇偶码、海明码、乘积码、循环码及各种算术误差码都有很强的检错或纠错能力。

信息冗余的优点是增加的冗余度比别的方法低，而且许多码的信息位和校验位在运算中可统一处理，此外，它还能纠正瞬时错误，提供错误的自检测、自定位、自纠错能力。其缺点是产生延时，难于纠正编码器和译码器本身的错误。

④软件冗余

提高软件可靠性有两种方法。一种是研究无错误软件，另一种是研究容错软件。

无错误软件曾经是过去有关容错研究的重要课题。通常假定，一个可靠的软件一经产生，它在以后的运行中一直是可靠的。当然，这个假定取决于使用软件的正确性、支撑软件系统的正确性以及软件维护的正确性等。因此在上述条件下，无错误软件就是在软件的使用过程中不产生错误的软件。

无错误软件的研究主要包括三方面的内容：

a. 寻求导致高可靠软件产品的程序设计方法。目前已为人们广泛接受的结构化程序设计方法就是一例。

b. 软件测试技术。该方法是在软件设计完成后，交付用户使用之前施行的，如验收测试技术等。

c. 程序正确性证明。其主要内容是：应用一种严格的语言，阐明程序要达到的目标，然后以数学论证法证明程序执行的输出与所要达到的目的是否相符。程序的证明可以通过另一个程序（证明程序）来实施，然而证明程序自身的正确性又如何来证明是一个严重的问题。

软件容错技术指开发容错软件的适宜环境和系统方法，其主要目的是提供足够的冗余信息与算法程序，使系统在实际运行中能够及时发现错误程序，采取补救措施，保证整个算法的正确运行。

软件容错的主要任务是研究如何将具有设计差异、对应同一任务采用的不同软件程序组成一个有机整体，完成错误检出测定、程序系统重组及系统恢复等多项功能，达到利用设计差异实现容错的目的。

从系统结构而言，有两种软件冗余方式。静态冗余方式构成的容错软件系统，需要冗余硬件的支持，如 N 个独立程序在独立的硬件内核中运行，其典型代表是"N 份程序"结构。

用动态冗余方式构成的容错软件是通过备份软件来实现的。这种结构由单机支持，其代表是"恢复块"结构。

⑤各种冗余技术的综合应用

要实现一个容错信息处理系统，必须根据系统的特性、所确定的可靠性指标、成本等因素选择适当的冗余方式，将这些冗余方式应用于适当的级别。一般而言，信息冗余的冗余度低，效率高，在逻辑域中获得了广泛的应用。各种硬件冗余适合于各种级别。所用级别越低，可靠性越高，但冗余量增加，附加成本又降低了系统的可靠度，增加了成本。在有人维修的系统中，可采用双模冗余。软件冗余成本较高，只有当优点超过硬件冗余时才使用。在有些场合，可同时使用软件冗余和硬件冗余以获得最佳效果，对程序比较固定的地方可采用时间冗余。有些可靠性要求极高的系统，往往要综合应用各种冗余技术。目前，在计算机网络和各种分布式系统中也广泛应用冗余技术来提高可靠性。总之，冗余要消耗资源，因此在满足所需可靠性的前提下，应尽量减少资源的消耗，在可靠性与资源消耗之间权衡利弊，决定取舍。

(3)容错技术的分类

为了克服系统故障的影响，一个冗余系统的设置可能多达 10 个阶段。

故障限制：限制故障的传播范围，防止故障对其他区域的影响。

故障检测：尽快发现故障，减少故障潜伏期，可以采用联机检测或脱机检测的方法。

故障屏蔽：掩盖故障对输出的影响。

重试：重新运行一次或若干次，消除对不引起物理破坏的瞬时故障的影响。

诊断：确定故障部位办法。

重组：切除故障部件，换上备份部件。

恢复：检测和重组后，使系统操作回到故障检测前的处理点。

重启：当恢复不能消除的故障影响时，采用"热"启动（从故障检测点恢复所有的操作）或"冷"启动（重新引导装入系统）。

修复：对故障部件进行修复使之复原，修复也可联机进行或脱机进行。

重构：把修复出了的部件加入系统，若修复是联机进行的，则重构不能中断系统的运行。

对于非容错系统而言，所有故障处理由系统外部提供，而根据上述的 10 个阶段可知，容错系统自身包含部分或全部故障处理机构。

根据对故障处理的方式不同，可把容错技术分为故障检测、屏蔽冗余、动态冗余和软件可靠性技术几大类。故障检测不提供对故障的容忍，只提供已发生故障的警告。屏蔽冗余也称为静态冗余技术，能够容忍故障，但不给出故障警告。动态冗余技术是最复杂的一类容错技术，它可包含故障处理的 10 个阶段。软件可靠性技术是通过对软件设计的冗余来实现的，以此来克服来自说明、设计及编码阶段产生的错误，达到容错的目的。

①故障检测技术

故障检测技术包括故障测试和故障定位技术。衡量检测技术的主要指标是检测覆盖率，即任意故障被检测到的概率。检测技术也包括故障诊断，衡量诊断技术的指标是诊断分辨率，即故障定位的精确程度。

最常见的检测技术是检错码，这种技术已广泛应用于通信设备和存储器的设计中，二重冗余也是一种常见的检测技术,其基本思想是用两个模块同时操作,对结果进行比较,不一致则检测出错误。

其他一些检错技术包括:自校验、故障保险、安全失效逻辑以及超时监督定时器等。

②屏蔽冗余

故障检测技术给出出错警告,也可提供诊断能力,分辨到有限的故障位置。但仅采用故障检测技术不能提供有效的故障容忍,而屏蔽冗余技术提供了容忍故障的冗余,在故障效应到达输出之前,通过隔离或校正来消除它们的影响。屏蔽冗余不改变系统的结构,因此也称静态冗余。

值得注意的是,纯粹的屏蔽技术不给出故障警告,当冗余耗尽时,再发生故障将使系统产生错误输出。为了避免这种情况,可把屏蔽冗余和故障检测技术结合运用。在许多情况下,只要增加极少的冗余就能达到这一目的。

由于故障屏蔽提供故障容忍,因此可靠度函数成了度量屏蔽冗余技术有效性的重要尺度。

屏蔽冗余技术有 N 模表决冗余、纠错码、屏蔽逻辑等。

③动态冗余技术

故障检测技术提供了警告和定位故障的一种手段,但不能改进系统的可靠度(至少不能改进可靠度函数)。屏蔽冗余技术允许系统在故障情况下能够正确提供规定功能,从而提高了系统的可靠性,但故障屏蔽受到本身静态配置的限制,当故障积累到使故障屏蔽能力饱和时,整个系统就失效。

增加系统可靠性的另一种方法是按动态方式利用冗余。当发生故障时,通过系统内部的一次重组来切除和替换故障部件。如果系统具有屏蔽能力,重建可推迟到耗尽屏蔽冗余资源时再进行。重组实际上起着补充冗余、延长系统寿命的作用。

重组由故障检测所激活,因此故障检测是动态冗余的基础,检测覆盖率和诊断分辨率决定了动态冗余系统的故障处理能力。

动态冗余是一门综合的容错技术,已广泛应用于各种容错数字系统的设计之中。

④软件可靠性技术

随着科学技术的发展,软件系统的规模和复杂程度持续增长,软件故障已成为数字系统的主要不可靠因素,因此,近年来对软件容错的研究受到了普遍的重视。尽管软件的生产及故障特性与硬件截然不同,使软件容错不能承袭比较成熟的硬件容错技术,但是硬件容错技术中已成熟的容错理论,以及硬件容错的实现方法和设计思想,对于软件容错的研究和实现具有指导意义。软件可靠性技术也分为避错和容错两类,软件避错技术包括软件管理技术、设计方法、验证工具等,软件容错技术包括恢复块技术和 N 份程序技术等。

(4)容错系统的类型

容错系统的最终目标直接影响到设计原理和设计方案的选择,因而必须根据容错系统的应用环境的差别设计出不同要求的容错系统。

从容错技术的实际应用出发可以将容错系统分成五种不同的类型。

①高可用度系统

可用度是指系统在某时刻可运行的概率。高可用度系统一般面向通用计算机,执行各种各样要求无法预测的用户程序。因为这类系统主要面向费用敏感的商用市场,因此它们对现有设计都尽量少做修改。汉明编码存储器、总线奇偶校验、超时计数器、诊断、软件合法性检查等是主要的冗余方法。由此可见,这种系统的故障覆盖率较低,但在多处理器系统中,故障一旦被发现就能将其隔离,使系统继续运行或降级运行。

②长寿命系统

长寿命系统在其生命周期中(通常在 5 年以上)不能进行人工维修,常用于无人宇宙飞船、卫星等控制系统中。长寿命系统必须高度冗余,有足够多的备件,以便经受住多次出现故障的冲击。冗余管理可以自动(在飞船上)或遥控(在地面站)进行。

③延迟维修系统

与长寿命系统密切相关的另一类系统是延迟维修系统,这种系统能在进行周期性维修前暂时容忍已发生的故障,从而保持系统生存。在某些应用中,系统的现场维修非常困难或昂贵,增加冗余比准备随时维修付出的代价要少。例如,在汽车、飞机、轮船或坦克的运行中难以维修,通常都要在返回基地后才能进行维修。许多车载、机载和舰载计算机都应用了延迟维修容错计算机。

④高性能计算系统

高性能计算系统(如信号处理机)对瞬时故障(由于过紧的定时容限而引起)和永久故障(由于复杂性引起)均很敏感,要提高系统性能,增加平均无故障时间对瞬时故障的自动恢复能力,必须进行容错设计。

⑤关键任务计算机系统

对容错计算要求最严的是在实时应用环境下,其中,错误的计算可能危及人的生命,或造成重大的经济损失。在这种系统中,不仅要求计算正确,而且要求从故障中恢复的时间最短,不致影响应用任务的执行。

5)铁路信号安全技术

(1)铁路信号安全技术分类

①故障—安全技术

狭义的故障—安全技术是指设备或系统发生故障时,不致错误地给出危险输出,能使设备或系统导向安全侧的手段,它是铁路信号安全技术的核心。实现故障—安全技术的方法有:

安全侧分配法。凡涉及行车安全的信号器材和设备,都可以用两个相对状态来描述,如信号机有开放和关闭两个状态。在两个相对状态中,其中一个状态与停车相对应,也就是说,当该状态出现时,应导致停车的后果。我们称与停车相对应的状态为安全状态或安全侧,与之相反的状态为危险状态或危险侧。安全侧分配法就是要给信号设备分配安全侧,在此前提下才能采取其他技术使设备故障时导向安全侧。设备失效时使能量减少到最小,从而实现安全侧分配的技术,如安全型继电器和道口自动栏木等。设备故障时以维持原状为安全侧,如道岔控制电路。

联锁法。用联锁的方法可以使误操作或误判断不致造成危及行车安全的后果。

②危险侧故障率最小化技术

在某些情况下,采取的措施达不到故障—安全的要求,但可以使发生危险侧故障的概率降低。这种只减少危险侧故障率的技术,称为危险侧故障率最小化技术。如电源双断法、电源隔离法、时间联锁法(接近锁闭、延时锁闭)等。

③防错办技术

在有人介入的系统中,减少或防止操作失误,即使错误操作也能使系统仍旧处于安全状态的技术称为防错办技术。

人是难免要出错的，一旦出错，就可能引起人身伤亡和巨大财产损失的设备或系统，均应采取防错办技术，以确保安全。在铁路信号设备中防错办技术可由防止误操作、减少误操作、误操作不生效等方法实现。

④故障弱化技术

当设备或系统的局部发生故障时，设备或系统的某些功能有所减弱，但在整体上仍能使设备或系统持续执行一定功能的技术称为故障弱化技术。在铁路信号设备中采用的故障弱化技术有：维持最低功能法、灯光显示转移法、迂回进路法、引导信号法和故障解锁法。

⑤储备

如果几套设备同时工作，只要其中一套正常工作就能保证完成任务，这叫热储备或工作储备。如果平时只有一套设备工作，仅当它发生故障时，备份的另一套设备才投入工作，这叫冷储备。储备方法是提高设备或系统可靠性的重要手段。

⑥故障检测与诊断

故障检测的作用是发现系统中出现的故障。及时发现故障，避免输出错误信号是保证安全的有效方法。而故障诊断则是在检测系统故障后对故障部位进行定位的技术。采用故障诊断技术可大大缩短故障查找时间，有利于及时排除故障，恢复系统运行，从而可提高信号设备和铁路运输的效率。

故障检测和诊断可以联机进行，也可以脱机进行。联机检测和联机诊断（也称为自检测和自诊断）是实现容错和提高系统可靠性及安全性的重要环节和手段。

⑦故障恢复

在检测出系统故障情况，并对故障部位进行定位后，使系统迅速恢复工作是故障恢复技术的基本职能，及时排除故障，缩短系统停用时间不仅能提高设备工作可靠性，还能避免在系统停用期间由人员指挥行车而造成的非安全因素。

⑧多重化技术

利用多套软件和硬件实现数据比较，正确性检查以及危险侧输出信息的运算，是保证 故障—安全的重要手段。

⑨安全余裕

实现安全余裕采用的方法大致有以下两种：

a. 参数余裕：根据元部件逐步失效的性能，采用不满负荷的设计方法。通过选用较高参数的元部件和降额使用，可使系统具有较大的安全系数。

b. 时间余裕：通过延时信息处理来防止短时间错误信息和错误控制造成不良后果。在系统的某些功能单元或软件模块中利用时间余裕，可使系统的安全性得到提高，例如，延时解锁进路等。

（2）继电器电路的基本防护原则

铁路信号是保证铁路运输安全的重要设备，必须满足故障—安全原则，但这一原则在我们具体设计电路时如何实现呢？例如，信号灯电路，我们必须用信号继电器 XJ 的前接点构成绿灯电路，用后接点构成红灯电路，一旦发生故障（线路断线或短路），如图 2-11 所示，继电器 XJ 失磁落下，信号灯光自动转换为红灯，这就满足了故障—安全的原则。

下面我们来讨论一些构成继电器电路的满足故障—安全的措施。

①用继电器的励磁状态作为开放信号的条件

继电器有励磁前接点闭合与失磁后接点闭合两种状态。根据故障—安全原则的要求，必须选用继电器的励磁状态（前接点闭合）作为信号开放的条件，如图2-11所示，信号继电器XJ平时处于失磁状态，其后接点构成红灯电灯电路。当手柄旋转接通信号电路时，XJ↑，其前接点接通绿灯电路。一旦线路断线或短路时，XJ↓，信号灯光自动转换为红灯，使设备满足故障—安全的原则。如果用继电器的失磁状态作为开放信号的条件，那么信号继电器平时一直处于励磁状态，其前接点接通红灯电路，当要开放信号时，将手柄旋转使电路切断，XJ↓，接通绿灯电路，如图2-12所示，这样虽然也能达到开放信号的目的。但一旦发生如上所述故障时，原来显示关闭的红灯信号反而变为开放的绿灯信号（称为信号升级），这是很危险的。

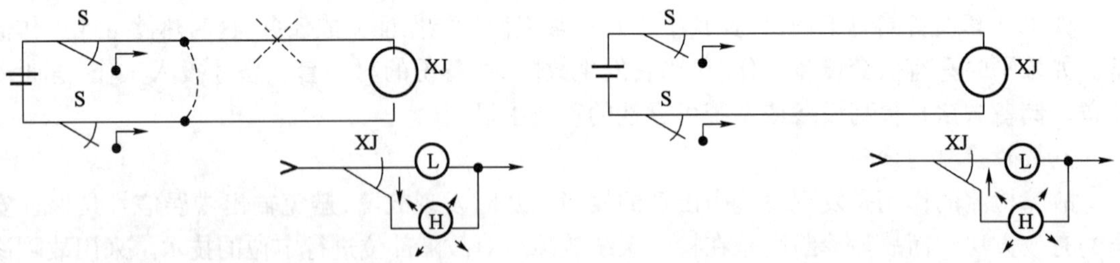

图2-11　前接点控制绿灯电路　　　　图2-12　后接点控制绿灯电路

用继电器的励磁状态作为开放信号条件，如轨道继电器GJ励磁表示轨道空闲（无车）；道岔表示继电器（DBJ或FBJ）励磁表示道岔所处位置，当道岔表示电路发生故障，或道岔在四开位置时，道岔表示继电器失磁，像这些继电器都是在励磁状态时才能开放信号，也只有这样才能满足故障—安全的原则。

对于控制较远距离的继电器等元件，一般控制线路用电缆或架空线，这就要考虑到控制线路发生断线、短路、接地等故障的可能。以下讨论的电路就是在这种情况下，如何满足故障—安全原则的措施。

②电源与继电器设在不同端

如图2-13就是将电源与继电器XJ设于电路的不同端，当线路发生短路故障时，不至于造成XJ错误励磁。图中，原来XJ处于励磁状态，当线路发生短路时，XJ即自动地由吸起状态转变为落下状态。假设电源与继电器设在同一端，当发生线路短路故障时，尽管手柄接点断开，XJ也会错误励磁，如图2-14所示。

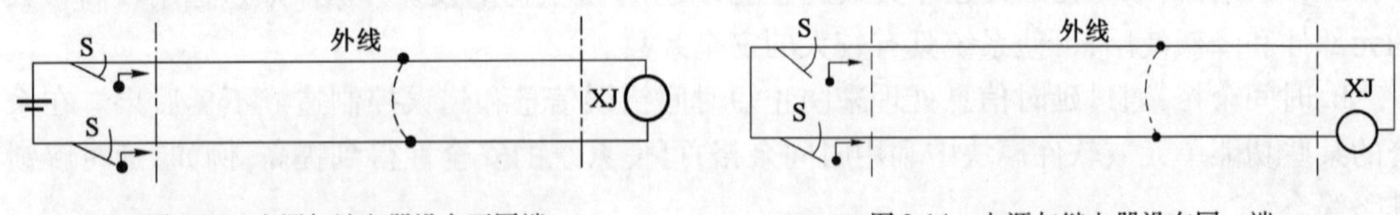

图2-13　电源与继电器设在不同端　　　　图2-14　电源与继电器设在同一端

③采用双极接通电路

就是控制去线和回线都串入控制的条件接点，如图2-15a）所示，在去线和回线中都串入了某继电器J的前接点，用来控制继电器XJ。若只用单极接通电路，如图2-15b）所示，当a、b两点同时发生接地或控制的条件接点J引出端子间发生短路等故障时，尽管接点J没有闭合，也能使XJ错误励磁。但采用双极接通电路时，这种错误励磁的可能性就大大减小。

④继电器不工作时分路继电器线圈

在重要的电路中,为了防止由其他电路混线或迷流影响造成继电器 XJ 的错误励磁,在不工作时,将继电器线圈短路,如图 2-16 所示。

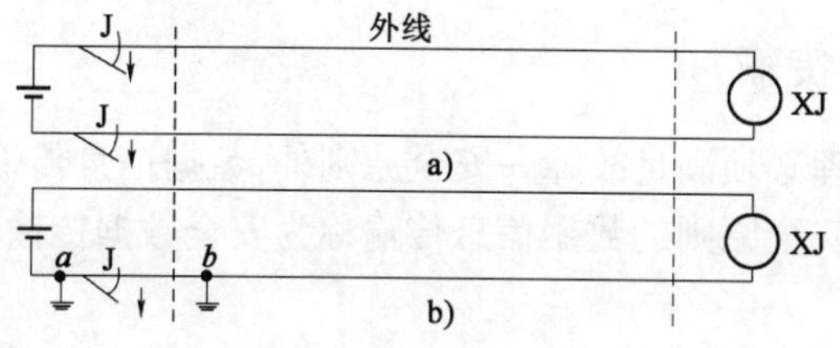

图 2-15 双极接通与单极接通比较

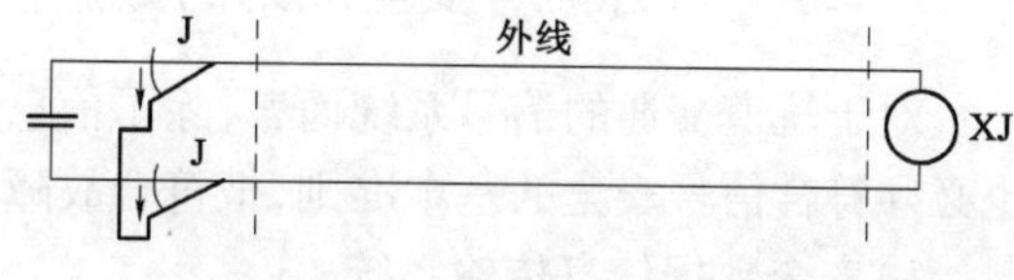

图 2-16 不工作时分路继电器线圈

⑤避免几个继电器电路采用共用回线

重要的继电器电路,不要与其他继电器电路共用回线。因为共用回线,一旦发生混线等故障时,会引起继电器错误励磁。如图 2-17 所示,本来 AJ 励磁前接点闭合控制 1XJ,使其励磁吸起,由于外线 1、2 间发生混线,同时也使 2XJ 错误励磁,造成事故。

对于不很重要的继电器电路,为了节省电线,可以合用公共回线,但也要尽量避免这种错误动作的可能性。譬如控制线采用架空明线,那么,应该考虑把共同的回线布置在两条线 1、2 的中间,这样 1、2 线之间混线(碰线)的可能性就小了,至于 1、2 线和共用回线间的混线是不会引起继电器错误动作的。另外采用如图 2-18 所示的分路继电器线圈的方法,当发生上面两线混线时,假设 AJ 吸起,也不会引起 2XJ 的错误励磁,而且能使 1XJ 故障倒向安全。

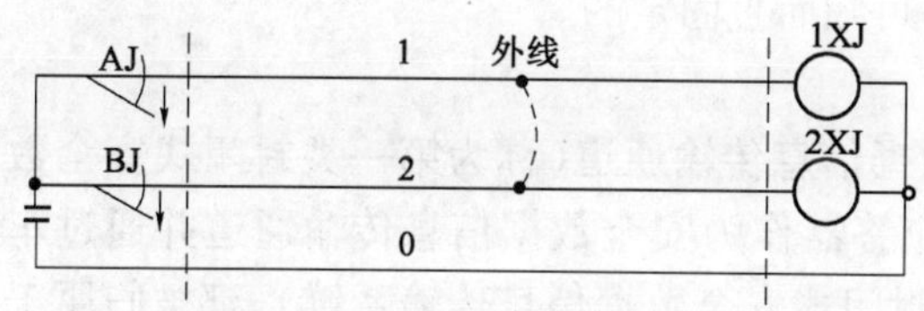

图 2-17 共用回线的继电器电路

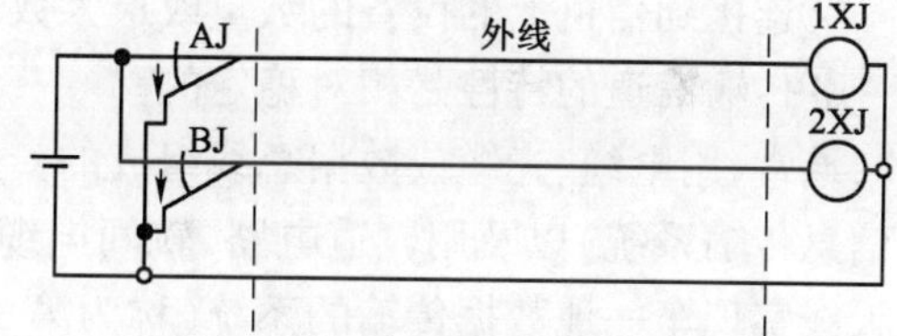

图 2-18 分路继电器线圈的共用回线电路

⑥独立电源法

独立电源法也称为电源隔离法。在混线故障情况下,导致继电器错误吸起的原因是继电器未采用独立电源或多个继电器共用一个电源。如果每个继电器有各自的电源且没有公共回线,那么任何两条线路混线都不会构成错误的闭合电路使继电器吸起。但为每个继电器设直流电源很不经济,故在直流电路中未采用,然而在交流电源中,可以很方便地利用变压器实现电源隔离,例如轨道电路、信号点灯电路和道岔表示电路都采用变压器隔离。图 2-19 为独立电源法,其中,BB 就是专用的隔离变压器。

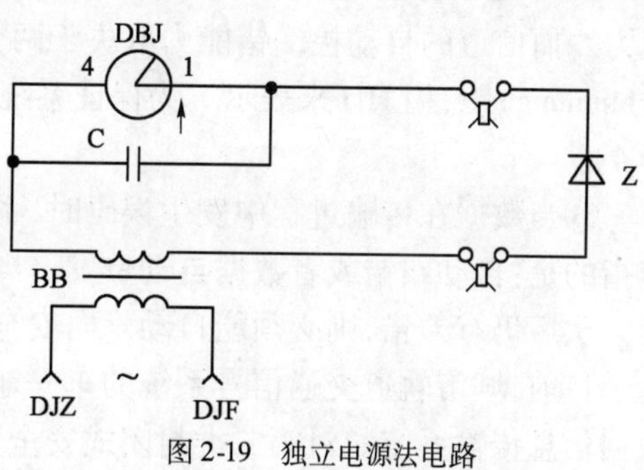

图 2-19 独立电源法电路

以上几种措施也可能同时采用。

2.2 车地信息传输技术

2.2.1 符合信号安全准则的数据信息传输

对于轨道交通的信号系统而言，除了信息处理必须满足故障—安全原则外，数据信息传输也必须符合信号安全的基本准则，把符合故障—安全原则的数据信息传输称为安全数据传输。

1）安全数据信息传输系统

随着干线铁路不断提速，基于通信的信号系统（Communication Basic Train Control，CBTC）已经得到了一定程度应用。通信技术用于信号领域必须严格遵循信号技术的安全准则：故障导向安全。对于通信技术而言，又将涉及两个方面：信息处理的故障导向安全以及信息传输的故障导向安全，后者简称安全数据信息传输。在国外，尤其是在欧盟，对安全数据信息传输极为重视，他们将满足故障导向安全条件的信息传输系统称为"按照安全要求构造的通信系统"，并由欧洲电工技术标准化委员会（CENELEC）制定了相应的技术标准。

根据访问系统的用户是否获得授权以及系统的其他特性，在 CENELEC 技术标准中，将安全数据信息传输系统分为封闭式和开放式两大类。

（1）封闭式安全数据信息传输系统

定义：同时满足以下三个条件的安全数据信息传输系统称为封闭式安全数据信息传输系统：

①传输信道是封闭的，或者说，用户必须是经过授权的。

②连接到信道上的设备的数量或最大数量是可知而且固定的。

③传输信道的特性是相对稳定的。

通常，用电缆、光缆或数据总线组成的安全数据信息传输通道（称为第一类封闭式安全数据信息传输系统）以及用轨道电路、轨间电缆或应答器作为安全数据信息传输通道并通过车载天线实现车—地数据传输的系统（称为第二类封闭式安全数据信息传输系统），都被归属于封闭式安全数据信息传输系统。

对第一类封闭式安全数据信息传输系统的具体要求如下：

①必须构成信息通道冗余，即安全数据信息传输不应因通道内个别信息点的故障而造成传输中断。

②必须通过适当的信道编码方式，使系统对数据传输过程中的偶然性差错有自动检纠错能力。而信道的自动检纠错能力取决于两个不同码字之间的最小码距，此最小码距称为海明（Hamming）距，用 HD 来表示。为保证系统具备足够的检纠错能力，海明距应足够大（通常大于4）。

③当数据在传输过程中发生误码时，系统必须在自动检错的同时引发安全反应。安全反应指的是：自动纠错或者数据自动重发。当数据误码的位数超出系统的纠错能力或者数据重发一次后仍有差错，则必须能自动导向安全的结果。

目前，城市轨道交通信号系统的车—地之间的数据信息传递大多采用第二类封闭式安全数据信息传输系统。对第二类封闭式安全数据信息传输系统的具体要求如下：

①必须通过编码技术来保证发送数码与接收数码的同步。

②必须通过冗余编码技术来保证数据信息传输系统具有检纠错能力。为此,对于连续式数据信息传输系统,其海明距应足够大,对于点式数据信息传输系统,其海明距必须更大。对于点式数据信息传输系统而言,还必须具有信息冗余功能,即在进行车—地之间数据信息传递时,同一组数据至少传输三次。

(2)开放式安全数据信息传输系统

定义:凡不能同时满足上述对封闭式数据信息传输系统三项要求的安全数据信息传输系统都属于开放式安全数据信息传输系统,无线通道是最典型的代表。

对开放式安全数据信息传输系统,存在下列七种对安全传输的威胁:

①重复—错误源:拷贝了即时信息(如最大允许速度)并在不恰当的时间重发。

②删除—错误源:删除了一些重要的命令,如紧急停车。

③插入—错误源:插入危及安全的信息。

④乱序—错误源:破坏了原来的数据协议,使数据失去了原来的意义。

⑤破坏—错误源:改变了数据内涵。

⑥延迟—错误源:使数据延迟了不允许的时间,如目标距离不能及时传输。

⑦窃取—错误源:窃取到本不属于它的数据。

针对上述对安全的七种威胁,提出了对开放式安全数据信息传输系统的下列要求:

①信道编码中必须附有安全冗余码,海明距应尽可能大。

②必须使用带密钥的密码技术。

③使用密码技术时,推荐使用国际标准 ISO/IEC10116 所规定的操作模式。

2)差错控制编码原理

(1)基本概念

数字信号序列在信道中传输不可避免地会产生差错。当通信系统不能满足对差错率的要求时就要采用信道编码,信道编码的功能是将规定结构的冗余码人为地注入到信源信号序列中去。从信息论的观点出发,注入的冗余码使原来不相关的数字序列变为相关的序列。于是,在接收端就有可能根据某种规律通过信道译码来识别以及纠正因信道传输所造成的差错。这种性质的信道编码称为差错控制编码或抗干扰编码。

下面通过一个具体例子来说明差错控制的基本概念。为了区分天气晴或雨这个二元消息,发端可分别用1(晴)、0(雨)来表示。经过信道传输后,如果发生误码,则晴或雨的情况正好相反。但如果在表示晴或雨的信息码元后面加上一位起监督(检验)作用的码元,构成两个码元组成的码字,即11(晴)或00(雨)。此时若产生一位误码,接收到01或10,则在半段晴或雨时由于增加了一位码元,就可以进行“检错”,指出信息传输出了差错。如果11(晴)两个码元全部传错变成00(雨),那么,接收端就误以为是“雨”,而无法检出错误,这称为“错误译码”。在“1”与“0”等概率出现,且在二元对称信道的误码率 $P_e < 1/2$ 的条件下,传错两个码元的概率是 P_e^2,它要比传错一个码元的概率 $2P_e(1-P_e)$ 小得多,即:

$$P_e^2 < 2P_e(1-P_e) \tag{2-2}$$

因此,增加多余码元后构成的码字要比单个码元传输具有较低的误码率,此时付出的代价是增加了传输的码元数,从而降低了传输有效性。

依次类推,如果再增加一个多余的码元,构成三个码元的码字:111(晴)、000(雨)。为了提高传输的可靠性,可把111、000作为“许用码组(码字)”。而其他001、010、…、110等,都作为“禁用码组”。当发送111(晴),而产生一位误码,011、101、110,虽然它们也可能是发送000(雨),而产生两个码元差错所致,但其出现概率更低,把上述三种码组都纠正为111(晴)。这样在增加两个码元后,会使得差错控制编码具有了纠正一位错误的能力。只有在连续三个码元都发生错误的情况下才会构成“错误译码”,但这种概率要比单个码元的信息传输的误码率P_e低很多。

由此可知,一个码字可由信息码元和监督码元两部分组成,如果信息码元有k位,而增加r位为监督码元,则构成码字长度(简称码长)为$n(n=k+r)$的码组(也称码字),这类信道编码就称为“分组码”,并写成(n, k)分组码。N位二进制码元可构成2^n个码组,而(n, k)分组码是从中筛选出2^k个许用码组组成的“码集”,使分组码具有检、纠错能力。

设C_i和C_j是码集中任意两个许用码组(码字)。衡量这两个码字的差别通常用它们之间的海明(Hamming)距离,简称码距,并以d_{ij}来表示。很明显,对于所有$i \neq j$,应满足$0<d_{ij} \leqslant n$。在码集中,把集合$\{d_{ij}\}$中的最小值称为编码的最小码距,可用d_0来表示。最小码距d_0直接关系着这种编码的检错和纠错能力。检验和纠正差错码字的情况有以下三种。

①为了检验e个错码,要求最小码距为:

$$d_0 \geqslant e+1 \tag{2-3}$$

这个公式可以用图2-20a)来简单地加以证明。设一码字A位于0点,若码字A中发生一位错码,则可以认为A的位置移到以0为圆心,以1为半径的圆上某点,但其位置不会超出此圆。若码字A发生两位错码,则其位置不会超出以0为圆心,以2为半径的圆。因此,只要最小距离不小于3[图2-20b)],在半径为2的圆上就不会有其他的码字。这就是说,码字A发生两位以下的错误时,不可能变成码集内另一任何码字,因此,能检出错码的位数等于2。反过来说,若一种编码的最小距离为d_0,则将能检测(d_0-1)个错码。

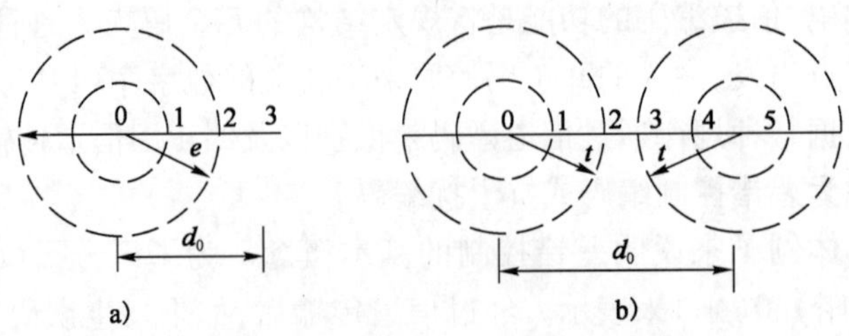

图2-20　码距与检纠错能力的关系

②为了纠正t个错码,要求最小码距为:

$$d_0 \geqslant 2t+1 \tag{2-4}$$

如图2-20b)所示,假设码字A与B的距离为5,码字A与B若发生不多于两位的错误,则其位置都不会超过以2为半径、分别以A与B为圆心的圆,而且这两个圆是不会重叠的。因此,若接收码字落在以A为圆心的圆上,就判决收到的码字是A;若落在以B为圆心的圆上,就判决码字为B,这样就能纠正两位错码。若在这种码集中,除A和B外,还有许多不同的码字,但任何两个码字间的距离都不小于5,则以各码字的位置为中心,以2为半径画出的圆都不互相重叠。因此,如每个码字发生不超过两位错码,则都能得到纠正。即当最小码距$d_0=5$

时,能够纠正两位错码,且最多也只能纠正两个错码。若错码数多于3个,就将落到另一圆上,从而发生错判。一般来说,为纠正 t 个错码,则最小码距不小于 $2t+1$。

③为了纠正 t 个错码,同时检测 e 个错码($e>t$),则要求最小码距为:

$$d_0 \geqslant e+t+1 \qquad (e>t) \tag{2-5}$$

在分组码中,当信息码元位数 k 一定时,加大码字长度 n,即增加监督码元位数 r,便可以增强抗干扰能力。通常采用编码效率 η,它的定义为:

$$\eta = \frac{k}{n} = 1 - \frac{r}{n} \tag{2-6}$$

在信道中传送 n 个码元的时间内,传输信息码元 k 位所占的比率即编码效率 η,也就是说,η 可以看成信道传输信息码元的利用率,η 越大,编码效率越高。编码效率是衡量抗干扰编码的一个重要参数,希望在满足一定编码效率的条件下,使抗干扰能力尽可能强。

(2)差错控制方式及差错控制编码分类

①差错控制方式

实现差错控制的方式有自动要求重发(ARQ)、前向纠错(FEC)和反馈校验等,不同的控制方式对编码的要求也不同,系统结构及设备的复杂程度也有很大差别。

a. 自动要求重发(ARQ)方式

自动要求重发方式也称检错重发方式,发送的码字是具有一定检错能力的冗余码,接收端通过检错译码发现有错码时,有指令产生器阻止输出,同时经反向信道启动发端的重发控制,将存储的原码字重新发送。如此接收端重复检测,直到正确为止。采用该方式的通信结构如图2-21所示。ARQ方式由于需要大量重发,大大降低了实际的信息传输速率。同时,ARQ方式必须要有反向信道。再者,它只适用于单个用户之间通信,而不能同时对多个用户进行差错控制。ARQ系统呢中冗余码本身只有检错能力,而无纠错能力。ARQ方式的优点是译码设备简单。

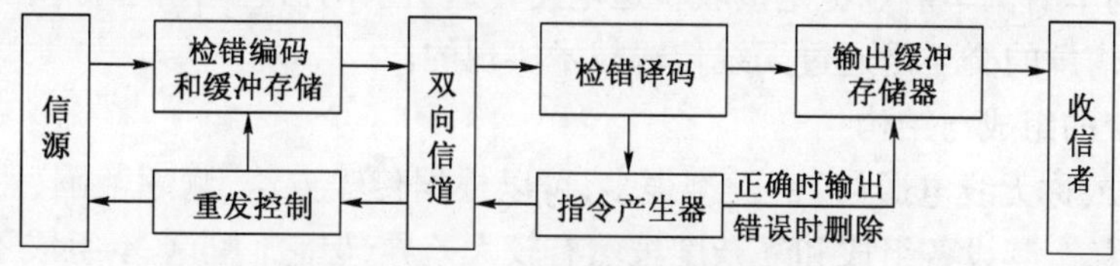

图2-21 ARQ方式通信系统结构框图

b. 前向纠错(FEC)方式

FEC方式不需要反馈重发,因此,不必设置反向信道和发送存储器。在接收端不仅能发现错误,而且还能纠正错误。它不存在因反复重发而延误时间的缺点,而且适合一个用户对多个用户的通信(称为“同播”)。其缺点是译码设备比较复杂。

c. 反馈校验法

反馈校验法也称狭义的信息反馈系统,其方法是接收端将收到的信息(信码)原封不动地转发回发送端,并与原发送的信码进行比较。如果发现错误,则发送端再进行重发。这种方式从系统上看具有纠错能力,但原理上发送端可不进行纠检错编码,接收端也不要进行纠检错译码,因而原理和设备都比较简单,但需要有双向信道,而且每一信码至少都要传送两次,因而传输效率较低。

上述三种差错控制方式可以结合起来使用,例如,把ARQ方式与FEC方式结合起来就能构成一种混合纠错(HEC)方式。此时,发送端发送的码字不仅具有检错,还具有一定的纠错能力。接收端接收以后,首先检验错误情况,若错误在其纠错能力范围内,则自动进行纠错;若错误较多,而超出纠错能力,但能检测出来,则收端通过反馈信道,要求发送端重发有错的码字。HEC 方式在一定程度上避免了 FEC 系统要求复杂的译码设备和 ARQ 系统信息连续性差的缺点,但它也存在着要求双向信道和不能用于同播的问题。除此以外,也有把一组信息码元重发多次(一般是奇数次,但多为三次),在接收端把收到的多组信息码元进行比较。若全都相同,则认为无错;若不同,则按多数表决准则,认为多数相同的那一组是正确的,译码器就输出这一组信息码元。这种方式虽有相当的纠错能力,但因效率很低,较少使用。

②差错编码分类

差错控制编码按其功能可以分为检错码和纠错码两大类。一般地说,能在译码器中发现错误的,称为检错码,它没有自动纠正错误的能力。如在译码器中不仅能发现错误,还能自动纠正错误的,则称为纠错码,它是一种最重要的抗干扰码。

按照码字中监督码元与信息码之间的关系,可分为线性码与非线性码两类。监督码元与信息码元之间呈线性关系,可称线性码。几乎所有得到实际运用的都是线性码,非线性码正在研究开发,它实现起来很困难。

按照信息码元与监督码元的约束关系,又可分为分组码和卷积码两类。在$(n,\ k)$分组码由 n 个码元构成的码字中,$r(=n-k)$个监督码元仅与本码字中的 k 个信息码元有关;卷积码中本码字的监督码元除了与本码字的信息码元有关外,还与前面$(N-1)$个码字的信息码元有关。

2.2.2 车地信息传输基础技术

轨道交通信号系统支持不同的通信级。点式通信级是通过应答器建立车地通信,实现点式列车控制;连续通信级则通过感应环线或无线通道,建立车地之间的双向连续通信,实现连续列车控制。列车的机车信号也是接收轨道电路传送上来的信息码后进行显示。由于列车是在移动的,所以信息的交互是通过无线传输技术实现的。

1)无线系统的组成与结构

无线通信(或称无线电通信)的类型很多,可以根据传输方法、频率范围、用途等分类。不同的无线通信系统,其设备组成和复杂度虽然有较大差异,但它们的基本组成不变,图 2-22 是无线通信系统基本组成。

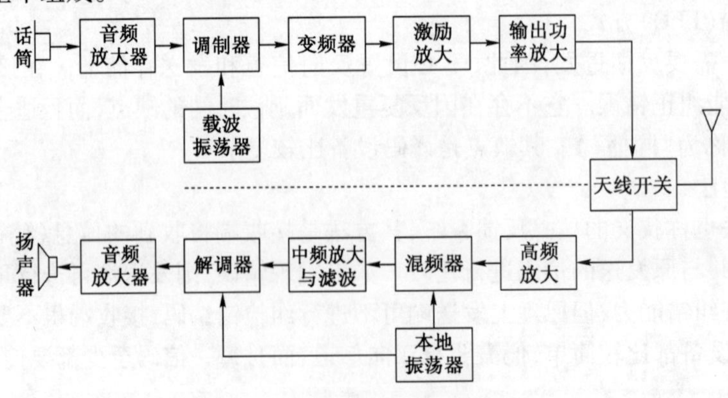

图 2-22 无线通信系统基本组成

图中虚线以上部分为发送设备(发信机),虚线以下部分为接收设备(收信机),天线及天线开关为收发共用设备。信道为自由空间。话筒和扬声器属于通信的终端设备,分别为信源和信宿。

2)OFDM 技术

OFDM 的英文全称为 Orthogonal Frequency Division Multiplexing,中文含义为正交频分复用技术。这种技术是 HPA 联盟(Home-Plug Powerline Alliance)工业规范的基础,它采用一种不连续的多音调技术,将被称为载波的不同频率中的大量信号合并成单一的信号,从而完成信号传送。由于这种技术具有在杂波干扰下传送信号的能力,因此常常会被利用在容易受外界干扰或者抵抗外界干扰能力较差的传输介质中。

目前,OFDM 技术已经被广泛应用于广播式的音频、视频领域和民用通信系统中,主要的应用包括:非对称的数字用户环路(ADSL)、ETSI 标准的数字音频广播(DAB)、数字视频广播(DVB)、高清晰度电视(HDTV)、无线局域网(WLAN)等。

OFDM 是一种无线环境下的高速传输技术。无线信道的频率响应曲线大多是非平坦的,而 OFDM 技术的主要思想就是在频域内将给定信道分成许多正交子信道,在每个子信道上使用一个子载波进行调制,并且各子载波并行传输。这样,尽管总的信道是非平坦的,具有频率选择性,但是每个子信道是相对平坦的,在每个子信道上进行的是窄带传输,信号带宽小于信道的相应带宽,因此,就可以大大消除信号波形间的干扰。由于在 OFDM 系统中各个子信道的载波相互正交,于是它们的频谱是相互重叠的,这样不但减小了子载波间的相互干扰,同时又提高了频谱利用率。

OFDM 技术的推出其实是为了提高载波的频谱利用率,或者是为了改进对多载波的调制用的,它的特点是各子载波相互正交,使扩频调制后的频谱可以相互重叠,从而减少子载波间的相互干扰。在对每个载波完成调制以后,为了增加数据的吞吐量,提高数据传输的速度,它又采用了一种叫作 Home-Plug 的处理技术,对所有将要被发送数据信号位的载波进行合并处理,把众多的单个信号合并成一个独立的传输信号进行发送。另外,OFDM 之所以备受关注,一个重要的原因是它可以利用离散傅里叶反变换/离散傅里叶变换(IDFT/DFT)代替多载波调制和解调。

(1)OFDM 基本原理

一般的,数字信号的传输都是串行传输,每个数据符号的频谱占用整个有效带宽。并行数据在任意时刻都传输多路数据,每个数据符号只占用有效带宽的一小部分,这样,并行数据受到多径干扰的影响就大大减少了。而且,并行传输可以把脉冲干扰等突发干扰分散在多个数据上,以多个数据较小的干扰代替少数几个相邻数据的严重干扰。这样,接收端的误码率将大大降低。OFDM 就是一种并行数据调制技术,它把 N 个串行数据分别调制在等间隔的 N 个子载波上,这 N 个子载波可以采用相同的调制方式,也可以不同。

(2)OFDM 调制和解调

在 OFDM 调制中,频带内均匀安排以 $N=2r$ 个子载波,r 可取 11 或 13,即 N 为 2 048 或 8 129,可简称为 2K 模式或 8K 模式。理论上,相邻载波间隔 Δf 分别为 3 906Hz 或 976.5Hz。

一般地,各个载波频率可表示为 $f_0, f_1, f_2, \cdots, f_j, \cdots, f_{N-1}$,其中,$f_j = f_0 + j\Delta f$,$\Delta f$ 为相邻载波的频率间隔值。用角频率表示时则为 $\omega_0, \omega_1, \cdots, \omega_j, \cdots, \omega_{N-1}$,其中,$\omega_j = \omega_0 + j\Delta\omega$。

图 2-23 为 OFDM 调制原理方框图，图中，输入数据流经串/并和 D/A 转换后，每个 ω_j 给出的 $\sin\omega_j t$ 和 $\cos\omega_j t$ 两个正交载波可供一对 I_j 和 Q_j 信号进行调制，调制正交载波并经相加后复用成最终的 OFDM 信号输出。

OFDM 解调是调制的逆过程，如图 2-24 示。由接收端产生出的各个 $\sin\omega_j t$ 和 $\cos\omega_j t$ 与接收到的 OFDM 信号相乘，只有相同频率和相位的 OFDM 信号分量才会给出其相应的 I_j 和 Q_j 信号，再经阈值判决、A/D 变换和串/并变换后，便可恢复出原来的基带信号数据流。

由于载波之间的间隔为 $\Delta\omega$ 或 $j\Delta\omega$，因此，只当两个同频率、同相位的正弦或余弦信号相乘并在 $\Delta\omega$ 的一个周期 T 内积分时，积分值才不等于 0，其他各路信号相乘后的积分值均等于 0。这就是正弦和余弦信号的正交性。因此，图 2-23 中所示的 N 路调制波信号之间是相互正交的，即任两路信号相乘并在时间长度 T 内积分值都为 0。据此特性，图 2-24 就可以通过同步检波分别地解调出各路基带信号 I_j 和 Q_j。所以，将这种调制称为正交频分复用。

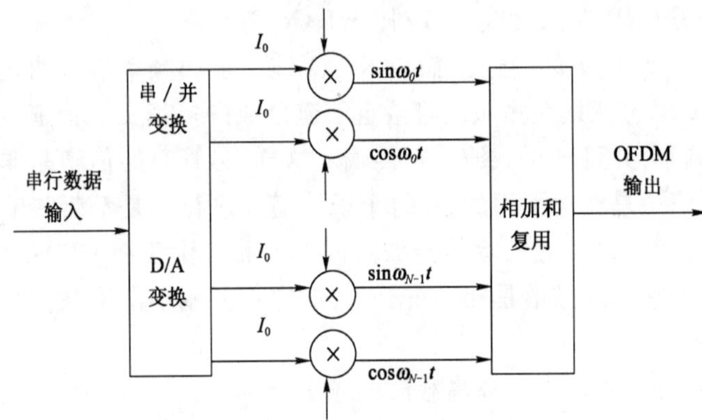

图 2-23　OFDM 调制原理方框图

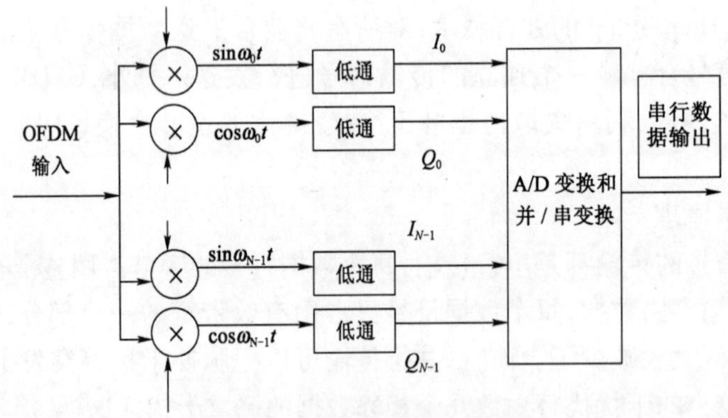

图 2-24　OFDM 解调原理方框图

(3) OFDM 的实现

OFDM 调制常要几百或上千个载频，这给实际应用带来极大困难，Weinstein 提出了一种利用离散傅里叶变换(DFT)和离散傅里叶反变换(IDFT)来实现 OFDM 的方法，框图如图 2-25 和图 2-26 所示。其核心思想是将在通频带内实现的频分复用信号 $x(t)$ 转化为在基带实现，先得到 $x(t)$ 的等效基带信号 $s(t)$，再乘以一个载波 f_c 将 $s(t)$ 搬移到所需的频带上。将多载波概念变成单载波概念来处理，大大简化了处理电路。

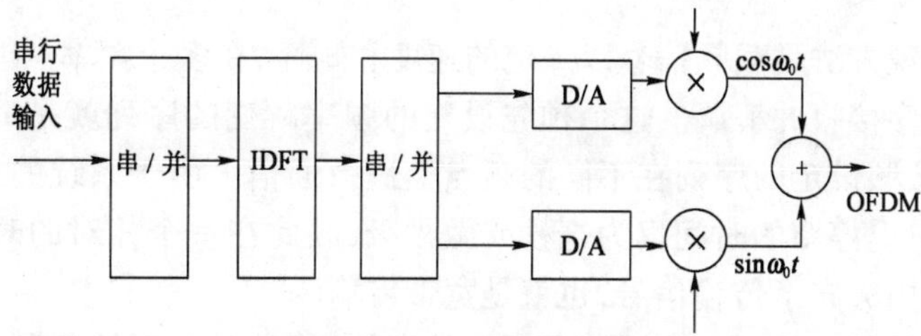

图 2-25 OFDM 调制实现框图

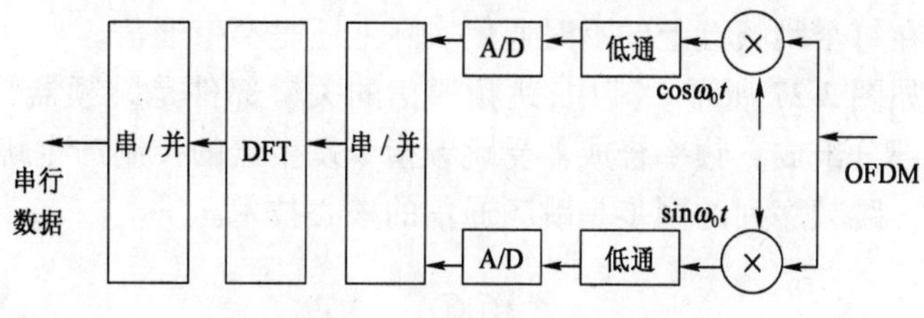

图 2-26 OFDM 解调实现框图

3）扩频技术

扩展频谱通信（Spread Spectrum Communication）简称扩频通信。扩频通信的基本特征是使用比发送的信息数据速率高许多倍的伪随机码把载有信息数据的基带信号的频谱进行扩展，形成宽带的低功率谱密度的信号来发射。香农（Shannon）在信息论的研究中得出了信道容量的公式：

$$C = W\log_2\left(1 + \frac{P}{N}\right) \tag{2-7}$$

式(2-7)说明：如果信息传输速率 C 不变，则带宽 W 和信噪比 P/N 是可以互换的，就是说增加带宽就可以在较低信噪比的情况下以相同的信息率来可靠的传输信息，甚至在信号被噪声淹没的情况下，只要相应的增加信号带宽，仍然保持可靠的通信，也就是可以用扩频方法以宽带传输信息来换取信噪比上的好处。这就是扩频通信的基本思想和理论依据。

扩频通信系统由于在发送端扩展了信号频谱，在接收端解扩还原了信息，这样的系统带来的好处是大大提高了抗干扰容限。理论分析表明，各种扩频系统的抗干扰性能与信息频谱扩展后的扩频信号带宽比例有关。一般把扩频信号带宽 W 与信息带宽 ΔF 之比称为处理增益 GP，即：

$$GP = \frac{W}{\Delta F} \tag{2-8}$$

处理增益表明了扩频系统信噪比改善的程度。除此之外，扩频系统的其他一些性能也大都与 GP 有关。因此，处理增益是扩频系统的一个重要性能指标，此数愈大，性能愈好。

信息数据 D 经过常规的数据调制，变成了带宽为 B_1 的基带（窄带）信号，再用扩频编码发生器产生的伪随机编码（PN 码：Pseudo Noise Code），对基带信号作扩频调制，形成带宽 B_2（B_2 远大于 B_1）、功率谱密度极低的扩频信号，这相当于把窄带 B_1 的信号以 PN 码所规定的规律分散到宽带 B_2 上，再发射出去。接收端用与发射时相同的伪随机编码做扩频解调，把宽带信号恢复成常规的基带信号，即依 PN 码的规律从宽带中提取与发射对应的成分积分起来，形成普通的基带信号，然后，可再用常规的通信处理解调出发送来的信息数据。

4)跳频技术

跳频技术的实现方法是载频信号以一定的速度和顺序,在多个频率点上跳变传递,接收端以相应的速度和顺序接收并解调。这个预先设定的频率跳变的序列就是 PN 码。在 PN 码的控制下,收发双方按照设定的序列在不同的频点上进行通信。由于系统的工作频率在不停的跳变,在每个频率点上停留的时间仅为毫秒或微秒级,因此在一个相对的时间段内,就可以看作在一个宽的频段内分布了传输信号,也就是宽带传输。

跳频通信系统的频率跳频速度反映了系统的性能,好的跳频系统每秒的跳频次数可以达到上万跳。

跳频通信系统在每个跳频点上的瞬时通信实际上还是窄带通信。

跳频通信原理如图 2-27 所示。其中,跳频通信的关键部件是跳频器,它由频率合成器和跳频指令发生器两部分组成。频率合成器受跳频指令发生器的控制产生跳变的载频信号去调制信号或解调信号。跳频序列的同步是跳频通信的核心技术。

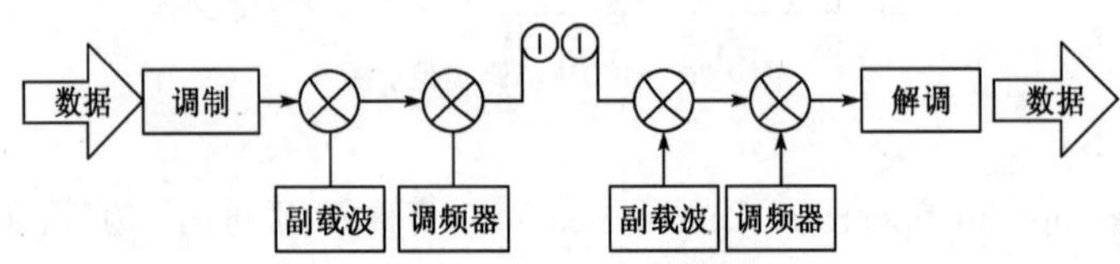

图 2-27　跳频通信原理图

跳频扩频技术的优点在于:

(1)抗干扰能力强

由于在实际通信中,通信频率一直是变化不定的,控制跳频的 PN 码序列的周期可以长达数年,跳变的频率可以达到成千上万个,因此对于干扰信号来说,基本上不可能捕捉到传输信号,对于固定频率干扰也可以跳变一个频点避开。相对于直序扩频,跳频技术具有更好的保密性和抗干扰性能。

由于跳频通信本身也是属于宽带传输,按照香农定理,它也可以实现低信噪比传输,即信号可以淹没在噪声里传输。

(2)系统兼容性强

兼容性是指,跳频通信系统可以与一个不跳频的定频窄带通信系统在某个固定频点上进行通信。也可以在定频通信电台上增加跳频模块,使其具有跳频通信能力而与跳频电台进行通信。

(3)便于实现多址通信

应用跳频通信可以很容易地组建一个多址网络,网络内的各个用户都被分配了一个互不相同的地址码,就像电话号码一样。每个用户只能接收其他用户针对其地址码发送来的信息,对发送给其他用户的信息,则不会解调出来。

目前,跳频系统跳速基本水平是:短波电台 100 跳/s,超短波电台 500 跳/s。每秒数千跳的扩频电台也已经问世,预计未来 10 年,跳频电台的发展可以达到每秒几万甚至几十万,上百万跳。目前,跳频系统的同步时间基本在几百毫秒的水平,今后也必将越来越短。同步时间越短,信息被地方发现、截获和测向的概率越低通信的保密性、隐蔽性越好。

5)无线局域网(WLAN)技术

(1)无线局域网的组成

无线局域网络(Wireless Local Area Networks, WLAN)是相当便利的数据传输系统,它利用射频(Radio Frequency, RF)技术,取代双绞铜线所构成的局域网络,使得无线局域网络能利用简单的存取架构让用户透过它,达到"信息随身化、便利走天下"的理想境界。

无线局域网由无线网卡、无线接入点(AP)、计算机和有关设备组成,采用单元结构,将整个系统分成许多单元,每个单元称为一个基本服务组(BSS),BSS 的组成有以下三种方式:一是集中控制方式,每个单元由一个中心站控制,网中的终端在该中心站的控制下与其他终端通信。尽管 BSS 区域较大,但其所建中心站的费用较昂贵;二是分布对等式,BSS 中任意两个终端可直接通信,无须中心站转接。尽管 BSS 区域较小,但这种方式的结构简单,使用方便;三是集中控制式与分布对等式相结合的方式。

一个无线局域网可由一个基本服务区(BSA)组成,一个 BSA 通常包含若干个单元,这些单元通过 AP 与某骨干网相连。骨干网可以是有线网,也可以是无线网,一个 AP 最多可支持 100 多个用户的接入,最大传输范围可达到几十千米。无线局域网系统架构如图 2-28 所示。

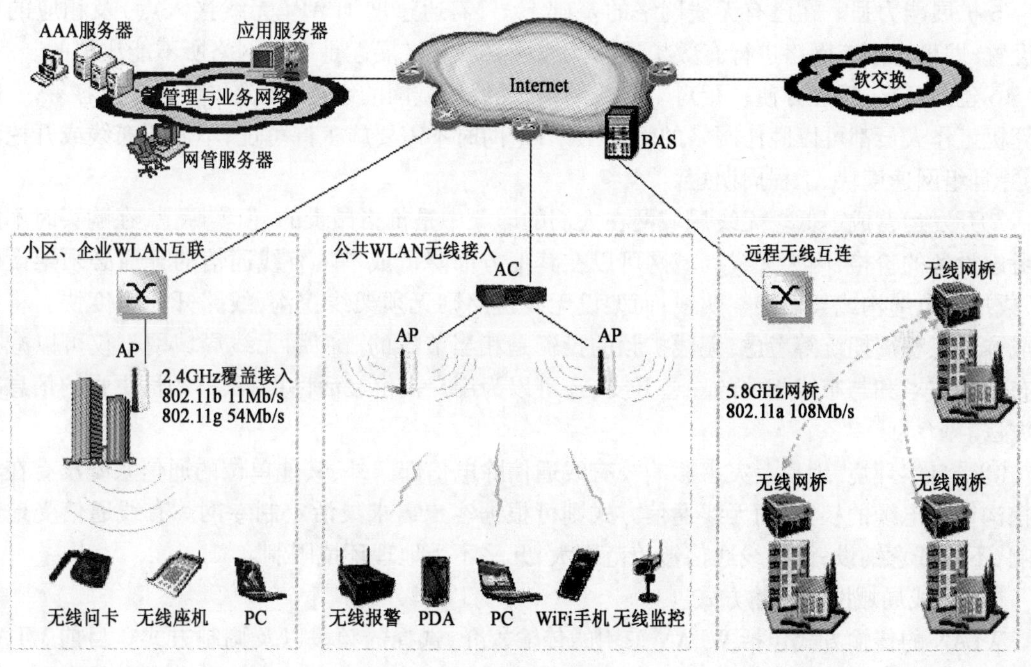

图 2-28 无线局域网系统架构图

(2)无线局域网的特点

无线局域网是相当方便的数据传输系统,它取代双绞铜线作为局域网新的物理连接方式,具有以下几大特点:

①具有高移动性。由于没有线缆的限制,用户可以随心所欲的增加工作站或重新配置工作站,WLAN 设置还允许用户在任何时间、任何地点访问网络数据,不需要指定明确的访问地点。并且 WLAN 的通信范围不受环境条件的限制,拓宽了网络的传输范围。在有线局域网中,两个站点的距离在使用铜缆(粗缆)时被限制在 500m,即使采用单模光纤也只能达到

3 000m，而无线局域网中两个站点间的距离目前可达到50km。

②抗干扰性强。我们知道微波信号传输质量低，往往是因为在发送信号的中心频点附近有能量较强的同频噪声干扰，导致信号失真。无线局域网使用的无线扩频设备直扩技术产生的11位随机码元，能将源信号在中心频点向上下各展宽11MHz，使源信号独占22MHz的带宽，且信号平均能量降低。在实际传输中，接收端接收到的是混合信号，即混合了（高能量低频宽的）噪声。混合信号经过同步随机码元解调，在中心频点处重新解析出高能的源信号，依据同样算法，混合的噪声反而被解调为平均能量很低可忽略不计的背景噪声。

③安全性能强。WLAN使用无线扩频通信，无线扩频技术起源于军事上的防窃听（Anti-Jamming）技术，它能使盗听者难以捕捉到有用的数据。无线局域网采取网络隔离及网络认证措施，并设置有严密的用户口令及认证措施，防止非法用户入侵。无线局域网设置附加的第三方数据加密方案，即使信号被盗听也难以理解其中的内容。对于有线局域网中的诸多安全问题，在无线局域网中基本上可以避免。

④高吞吐量。WLAN可以实现54Mb/s的数据传输速率，这个数字高于T1和E1线路的速率。

⑤扩展能力强。在已有无线网络的基础上，只需通过增加AP（无线接入点）及相应的软件设置，即可对现有网络进行有效扩展。无线网络的易扩展性是有线网络所不能比拟的。

⑥建网容易，管理方便。相对于有线网络，无线局域网的组建、配置和维护较为容易，一般计算机工作人员都可以胜任网络的管理工作，组网时不需要施工许可证，不需要布线或开挖沟槽，并且组网速度快、工程周期短。

⑦开发运营成本低。无线局域网在人们的印象中是价格昂贵的，但实际上，在购买时不能只考虑设备的价格，因为无线局域网可以在其他方面降低成本。有线通信的开通必须架设电缆，或挖掘电缆沟或架设架空明线；而架设无线链路则无须架线挖沟，线路开通速度快。将所有成本和工程周期统筹考虑，无线扩频的投资是相当节省的。使用无线局域网不仅可以减少对布线的需求和与布线相关的一些开支，还可以为用户提供灵活性更高、移动性更强的信息获取方法。

⑧受自然环境、地形及灾害影响校有线通信除电信部门外，其他单位的通信系统没有在城区挖沟铺设电缆的权力；而无线通信方式则可根据客户需求灵活定制专网。有线通信受地势影响，不能任意铺设；而无线通信覆盖范围大，几乎不受地理环境限制。

（3）无线局域网的传输方式

WLAN的传输方式包括WLAN采用的传输媒介、选择的频段以及调制方式。目前WLAN采用的传输媒介主要有两种，即微波与红外线。采用微波作为传输媒介的WLAN技术根据调制方式不同，又可分为扩频方式与窄带调制方式。采用扩频方式的WLAN一般选择ISM（Industrial，Scientific，Medical）频段，即许多工业、科研和医疗设备所使用的频段，欧洲、美国和日本的无线管理机构都分别设置了各自的ISM频段，如美国的ISM频段由902M～928MHz、2.4G～2.484GHz和5.725G～5.850GHz三个频段组成。窄带调制方式占用频带更少，频带利用率更高。采用窄带调制方式的WLAN一般选用专用频段，需要经过国家无线电管理部门的许可方可使用。

作为WLAN的另外一种传输方式，红外线方式的最大优点是这种传输方式不受无线电干扰，并且红外线的使用不受国家无线管理机构的限制。但是红外线对非透明物体的穿透性能极差,这导致传输距离受到限制。

(4)无线局域网中的关键技术

无线局域网技术基于IEEE802.11标准,该标准主要对网络的物理层和访问层(MAC)进行规定,其中MAC层是重点。在MAC层以下,IEEE802.11规定了三种发送及接收技术:扩频(Spread Spectrum)技术、红外(Infared)技术、窄带(Narrow Band)技术。而扩频又分为直序(Direct Sequence,DS)扩频和跳频(Frequeny Hopping,FH)扩频两种。

实现无线局域网的关键技术主要有三种:红外线、跳频扩频(FHSS)和直接序列扩频(DSSS)。

红外线局域网采用小于1μm波长的红外线作为传输媒体,有较强的方向性,受太阳光的干扰大。红外线支持1M~2Mb/s数据速率,适于近距离通信。

我们知道,扩频技术利用的是开放的2.4GHz频段,由于该频段公用频段,因此十分拥挤,微波噪声最大,采取何种发送和接收方法,会直接影响到微波传输的质量和速率。直序扩频技术同时使用整个频段,信号被扩展多次而无损耗;而跳频扩频技术是连续间断跳跃使用多个频点。当跳到某个频点时,判断是否有干扰,若无,则传输信号;若有,则依据算法跳至下一频段继续判断。正是由于利用了跳频技术,使得跳频的范围很宽,但是信息在每个频率上停留的时间很短(仅为1/1 000s左右),不仅使得数据的抗干扰能力大大提高,而且传输更加稳定,提高了数据的安全性,这就是无线网络传输的关键。DSSS局域网可在很宽的频率范围内进行通信,支持1M~2Mb/s数据速率,在发送和接收端都以窄带方式进行,而传输过程中则以宽带方式通信。FHSS局域网支持1Mb/s数据速率,共22组跳频图案,包括79个信道,输出的同步载波经调解后,可获得发送端送来的信息。DSSS和FHSS无线局域网都使用无线电波作为媒体,覆盖范围大,发射功率较自然背景的噪声低,基本避免了信号的偷听和窃取,使通信非常安全。同时,无线局域网中的电波不会对人体健康造成伤害,具有抗干扰性、抗噪声、抗衰减和保密性能好等优点。

(5)无线局域网的抗干扰性能

无线局域网采用的扩频通信系统扩展的频谱越宽,处理增益越高,抗干扰能力就越强。简单地说,如果信号频谱展宽10倍,那么干扰方面需要在更宽的频带上去进行干扰,分散了干扰功率,从而在总功率不变的条件下,其干扰强度只有原来的1/10。另外,由于接收端采用扩频码序列进行相关检测,空中即使有同类信号进行干扰,如果不能检测出有用信号的码序列,干扰也起不了太大作用,因此抗干扰性能强是扩频通信的最突出的优点。

另一方面,扩频产品的抗干扰能力不仅仅是局限在抗多径干扰、抗自身干扰以及抗外界的相邻频段干扰等,而且更能抵抗各种恶劣天气(狂风暴雨、梅雨季节、大雪、浓雾等)对通信链路所造成的影响,并能跨江传输,在海面长距离优质传输,这是传统微波所无法比拟的。

2.3 闭塞技术

2.3.1 闭塞与防护概念

列车在区间内运行的特点是:列车速度快、质量大、制动距离长,且不可避让。如何保证列车的安全运行呢？考查图2-29所示的一段运营线路,设法用一种技术手段来保障列车在这段线路中的运行安全。

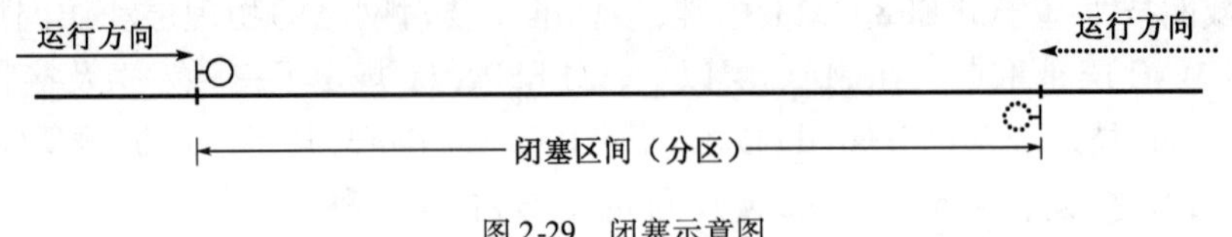

图2-29　闭塞示意图

在图2-29中,为了保障列车在运营线路上的运行安全,采用技术手段和管理措施,将线路构建成一段(或多段)可“闭塞”(封闭、堵塞,BLOCK)的线路。该闭塞线路可以是两站间的整个区间线路,称为闭塞区间,也可以是区间中的一段线路,称为闭塞分区。按照列车的运行方向在闭塞分区(或区间)的始端设置防护安全的信号机,在区间为通过信号机,车站为出站信号机。

为了保证列车运行安全,行车组织中,必须控制列车运行间隔。列车由车站(通过或发车)向区间发车前,必须确认区间(分区)内没有列车,并遵循一定的规律组织行车,以免发生列车正面冲突或追尾事故,以保障行车安全。这种保障列车在区间行车安全的技术,称为闭塞技术。按照闭塞规律组织列车在区间内行车的方法,叫作行车闭塞法,用以完成闭塞作用的设备叫作闭塞设备。

当列车在进入闭塞区间(分区)前,须通过履行“闭塞”手续,取得占用该闭塞区间(分区)的“行车许可凭证”(或称“移动”)授权,才能占用该闭塞区间(分区)。一旦列车进入某闭塞区间(分区),该闭塞区间(分区)的防护信号机关闭,防止其他列车进入(造成迎面或尾追)该闭塞区间(分区),从而达到了控制列车运行间隔的目的,保障了列车在闭塞区间(分区)中的行车安全。

针对列车运行而言,闭塞表现出特定的技术特征:

(1)方向特征:单向、双向。

(2)轨道特征:占用、空闲。

(3)防护特征:允许、禁止。

(4)入口特征:入口里程坐标、入口允许运行速度。

(5)出口特征:出口里程坐标、出口目标控制速度。

(6)线路特征:单元长度、线路参数。

(7)运行特征:运行速度、运行时间。

(8)位置特征:固定、移动。

(9)凭证特征:授权、禁止授权。

利用闭塞的部分(或全部)技术特征,可设计出不同技术水平的闭塞设备与闭塞系统,高端水平列控系统的构建需利用闭塞的全部技术特征。

实现闭塞的基本方法有两种,时间间隔法和空间间隔法。

(1)时间间隔法:列车按照事先规定好的时间由车站发车,使前行列车和追踪列车之间必须保持一定时间间隔的行车方法。这种行车方法因追踪列车不能确切地获知前行列车的运行状况,所以不能确保列车在区间内的运行安全,我国已不再使用此行车方法。

(2)空间间隔法:把铁路线路划分为若干个区段(区间或闭塞分区),在每个区段内同时只准许一列列车运行,使前行列车和追踪列车之间必须保持一定距离间隔的行车方法。这种行车方法能严格地把列车分隔在两个空间,可以有效地防止列车追尾和正面冲突事故的发生,确保列车运行安全。这种行车方法是我国目前所采用的闭塞方法,我们所说的闭塞就是指空间间隔法。

按照空间间隔闭塞方法的要求,若某列车取得一个闭塞线路的"行车许可凭证"时,必须满足以下条件:

(1)该闭塞区间(分区)空闲。

(2)该闭塞区间(分区)未向其他列车授予"行车许可凭证"。

(3)该闭塞区间(分区)的其他防护条件(如果有的话,如断轨、落石等)均满足。

只有在同时满足这以上条件的情况下,此时列车能够通过履行相应的闭塞手续,取得占用该闭塞线路的"行车许可凭证"。

当列车取得了某闭塞线路的行车凭证,该闭塞线路的表现特征为:

(1)防护该闭塞区间(分区)的信号机处于(可)开放状态。闭塞的防护逻辑特征为"允许"。

(2)该闭塞区间(分区)禁止向其他列车授予"行车许可凭证"。

当列车进入该闭塞区间(分区),闭塞区间(分区)表现出的特征为:

(1)防护该闭塞区间(分区)的防护信号机处于关闭状态,闭塞的防护逻辑特征为"禁止"。

(2)该闭塞区间(分区)保持禁止向其他列车授予其"行车许可凭证"。

闭塞技术保障了列车在区间的安全、高效运行,以闭塞技术设备为基础构建的信号系统,称为闭塞系统,是"区间信号控制"的主体内容。

闭塞系统配合车地通信技术,将行车信息车地贯通,配以车载控制设备,即形成了列车运行控制系统的雏形。

因此,区间信号控制技术是列车运行控制系统的重要组成部分,而闭塞技术就是构建列车运行控制系统的技术基础,以后章节讲述的列车速度防护与速度控制的车载设备原理,就是基于闭塞技术来实现的。

在实际应用中,闭塞技术分为站间闭塞和自动闭塞两大类。

2.3.2 站间闭塞

站间闭塞就是以一个站间作为列车追踪运行空间间隔,两站间的区间设置一个闭塞单位,称为闭塞区间,闭塞区间内只能运行一列列车,其列车的空间间隔为一个站间。按闭塞技术的实现方法又可分为:电话闭塞、路签闭塞、路牌闭塞、半自动闭塞、自动站间闭塞。较早使用的路签和路牌闭塞在我国已经淘汰,电话闭塞作为一种备用闭塞手段,目前仍在应用。

办理站间闭塞手续时,须有设备以"闭塞"通信协议为基础来实现。若采用人工办理"闭塞"手续,称为半自动站间闭塞方式;若采用自动办理方式,称为自动站间闭塞方式。

1)半自动站间闭塞

半自动站间闭塞是人工办理闭塞手续,列车凭信号显示发车后,出站信号机自动关闭的闭塞方法。我国铁路目前广泛采用半自动闭塞方式实现站间闭塞。

半自动站间闭塞的通信协议如图 2-30 所示,半自动站间闭塞的特征为:

(1)站间或所间只准走行一列列车。

(2)人工办理闭塞手续。

(3)人工确认列车完整到达和人工恢复闭塞。

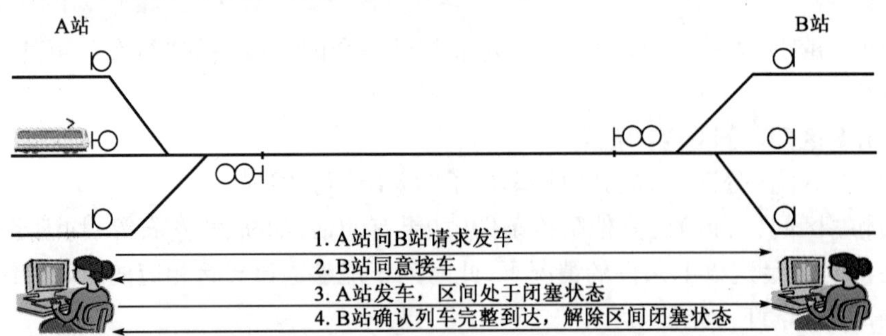

图 2-30　半自动站间闭塞示意图

2)自动站间闭塞

自动站间闭塞是在有区间占用检查设备的条件下,自动办理闭塞手续,列车凭信号显示发车后,出站信号机自动关闭的闭塞方法。其特征为:

(1)有区间占用检查设备。

(2)站间或所间区间只准走行一列列车。

(3)办理发车进路时自动办理闭塞手续。

(4)自动确认列车到达和自动恢复闭塞。

站间闭塞条件下,除采用地面信号机进行运行安全防护外,还可采用车载接近机车信号设备的红灯自动停车功能进行行车安全防护。

2.3.3　自动闭塞

自动闭塞是将站间区间划分成若干闭塞分区,以闭塞分区作为列车追踪运行空间间隔,根据列车运行及有关闭塞分区状态,自动变换信号显示和发送列车移动授权信息,列车凭地面信号或车载信号行车的闭塞方法。

很明显,两站间一条线路内可以有多个列车同方向追踪运行,大大提高了列车运行密度,提高了区段通过能力。自动闭塞主要应用于轨道交通复线,自动闭塞作为列控系统的技术基础,是列控系统的重要组成部分。

自动闭塞的特征为:

(1)把站间划分为若干闭塞分区,有分区占用检查设备,列车可以凭通过信号机的显示行车,也可凭机车信号或列车运行控制的车载信号行车。

(2)站间能实现列车追踪。

(3)办理发车进路时自动办理闭塞手续,自动变换信号显示和自动恢复闭塞。

从保证列车安全运行而采取的技术手段的角度来看,自动闭塞可分为四类:固定闭塞、准移动闭塞、虚拟闭塞和移动闭塞。

1)固定闭塞

固定闭塞是根据列车运行及有关闭塞分区状态自动变换信号显示,而司机凭信号行车的闭塞方法。

固定闭塞将一个站间划分为若干个闭塞分区，运行列车间的空间间隔为几个闭塞分区，其数量依划分的速度级别而定。一般情况下，闭塞分区是用轨道电路或计轴装置来划分的，它具有列车定位和轨道占用检查的功能。图2-31为四显示固定闭塞示意图。

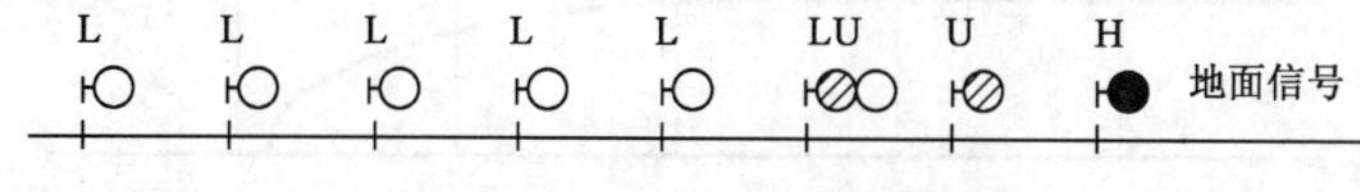

图2-31　四显示固定闭塞示意图

固定闭塞条件下，每个闭塞分区自动检测轨道情况，根据列车运行前方闭塞分区状态，自动发送与接收具有速差意义的信息码，信号机自动的变换信号显示，给出“行车凭证”，信号机的显示具有速差意义，司机凭地面信号显示行车。

固定闭塞条件下，可装备车载设备进行防护：通过车载设备接收轨道电路信息码，机车信号设备复示列车运行前方信号机的显示，防护设备的追踪目标点为前行列车所占用闭塞分区的始端，后行列车从最高速开始制动的起模点为要求开始减速的闭塞分区的始端，这两个点都是固定的，空间间隔的长度也是固定的，所以称为固定闭塞。图2-32为了轨道电路构建的固定闭塞系统示意图。

固定闭塞条件下的列车运行控制系统采取分级速度控制模式，把速度分级，每两个速度等级间存在一个速差，其对应的信号显示就表达了这个速差意义，所以可以称为速差式信号显示。

当列车运行控制系统采用出口速度检查阶梯式控制模式时，需要增加一个闭塞分区作保护区段，所以运行列车间的空间间隔就大一点；采用其他分级速度控制模式时，则不必增加这样一个闭塞分区，如图2-32所示。

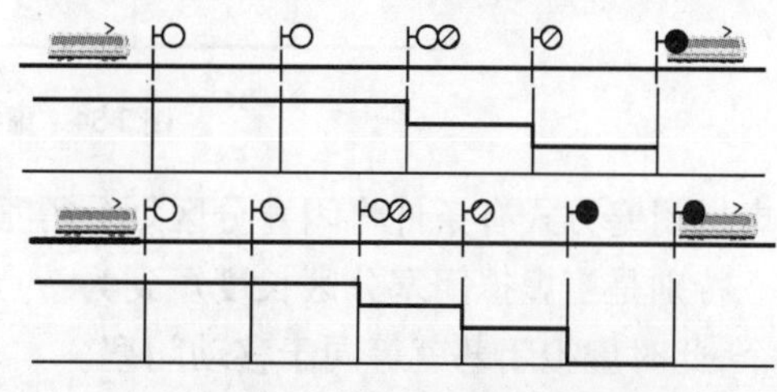

图2-32　固定闭塞系统示意图

2）准移动闭塞

准移动闭塞是在装备车载防护设备的前提下采用的一种闭塞方法。准移动闭塞仍采用闭塞分区，闭塞分区可采用轨道电路或计轴装置来划分，它具有列车定位和轨道占用检查的功能。准移动闭塞条件下，后续列车的追踪目标点是前行列车所占用闭塞分区的始端，须留有一定的安全距离，目标点也是相对固定的。

准移动闭塞的列控系统采取目标—距离控制模式（又称连续式一次速度控制）。目标—距离控制模式根据目标距离、目标速度及列车本身的性能确定列车制动曲线，采用一次制动方式。准移动闭塞不必设定每个闭塞分区的速度等级，采用一次制动方式。后行列车从最高速度开始制动的起模点是根据目标距离、目标速度及列车本身的性能由列车牵引计算决定的，而制动的起始点是随线路参数和列车本身性能不同而变化的。

准移动闭塞追踪运行间隔显然要比固定闭塞短一些。空间间隔的长度是不固定的，由于要与移动闭塞相区别，所以称为准移动闭塞。目标点相对固定，在同一闭塞分区内不因前行列车的走行而变化，但当前行列车出清闭塞分区时，目标点突然前移，目标距离突然改变，此时连续式一次速度控制曲线会发生跳变。

如图 2-33 所示,准移动闭塞条件下的列控系统采取目标距离控制模式,速度是不分级的,给出的是连续式一次速度控制曲线,其对应的信号显示制式可以称为速度式信号显示。

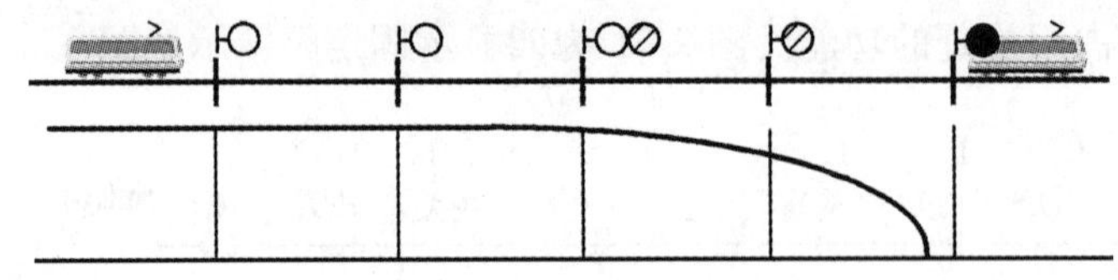

图 2-33　准移动闭塞示意图

3)虚拟闭塞

虚拟闭塞是准移动闭塞的一种特殊方式,它不设轨道占用检查设备和轨旁信号机,采取无线通信方式来实现列车定位和轨道占用检查的功能,闭塞分区和轨旁信号机是以计算机技术虚拟设定的,仅在系统逻辑上存在有闭塞分区和信号机的概念。虚拟闭塞除闭塞分区和轨旁信号机是虚拟的以外,从操作到运输管理等,都等效于准移动闭塞方式,如图 2-34所示。

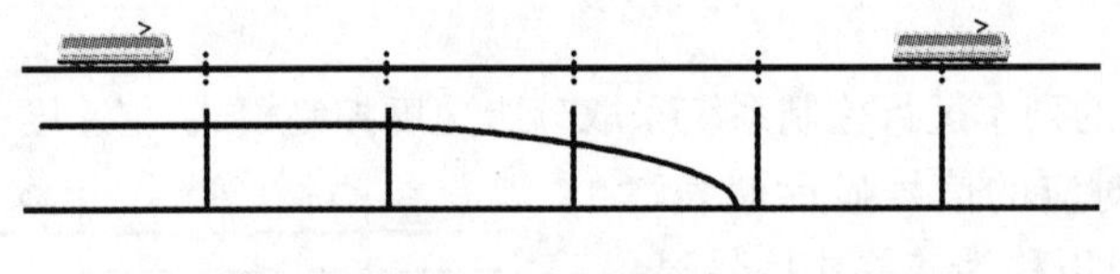

图 2-34　虚拟闭塞示意图

虚拟闭塞方式有条件将闭塞分区划分得很短,当短到一定程度时,其效率就很接近于移动闭塞。特别是当虚拟闭塞分区长度短到为一点时,后续列车距前行列车之间的闭塞分区有无穷多个,此时虚拟闭塞就等同于移动闭塞。

4)移动闭塞

移动闭塞也是在配备列车控制系统的前提下采用的一种闭塞技术。移动闭塞的追踪目标点是前行列车的尾部,当然会留有一定的安全距离,目标点与前行列车的走行和速度有关,是随时变化的。

移动闭塞条件下的列车控制系统也采取目标—距离控制模式。后行列车从最高速开始制动的起模点是根据目标距离、目标速度及列车本身的性能计算决定的。而制动的起始点是随线路参数和列车本身性能不同而变化的。

移动闭塞的追踪运行间隔要比准移动闭塞更小一些。空间间隔的长度是不固定的,所以称为移动闭塞。移动闭塞一般采用无线通信和无线定位技术来实现。高端的移动闭塞系统还要考虑前行列车的速度,如图 2-35 所示。

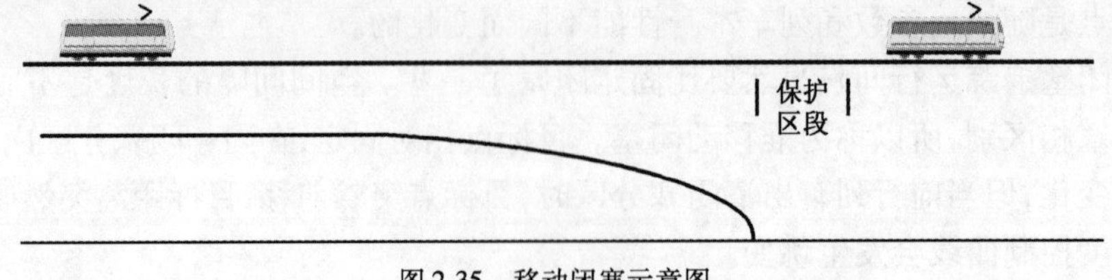

图 2-35　移动闭塞示意图

2.3.4 移动闭塞技术

移动闭塞是一种新型的闭塞制式,是实现 CBTC(Communication Based Train Control System,基于通信的列车自动控制系统)的关键技术之一,CBTC 是这种闭塞制式的应用系统。移动闭塞是基于区间闭塞原理发展起来的一种新型闭塞技术。它与固定闭塞相比,具有诸多技术优点,最显著的特点是取消了以信号机分隔的固定闭塞区间。列车间的最小运行间隔距离由列车在线路上的实际运行位置和运行状态确定,所以闭塞区间随着列车的行驶,不断地向前移动和调整,故称为移动闭塞。CBTC 是未来轨道交通自动化控制发展的方向,而移动闭塞技术代表了未来闭塞制式的发展方向。

在上一节中已经介绍了移动闭塞技术的工作原理,本节重点介绍移动闭塞的三个关键技术:列车定位、列车间隔及目标点,最后总结移动闭塞的技术特点与优势,说明移动闭塞是未来闭塞制式的发展和应用方向。

1)移动闭塞的列车定位

列车定位是移动闭塞技术的基础。要实现闭塞区间的动态移动,首先必须实时、准确地掌握列车的位置信息,确定列车间的相对距离。系统不断地将该距离与所要求的运行间隔距离相比较,确定列车的安全运行速度。所以说,没有准确的列车定位,就没有移动闭塞。

列车定位由地面设备和车载设备共同完成。通常在列车的轮轴上安装有车轮转速计,确定列车的走行方向和距离。一旦列车运行的起始点确定以后,根据车轮转速计所检测到的列车运行方向和走行距离,就可以精确地确定列车在线路上的实际位置。

但是,由于车载定位设备存在着测量误差,特别是列车经过长距离运行后,这个误差会不断地积累,直接影响列车定位的精度,所以,在线路上每隔一段固定距离,就需要安装 1 个地面定位设备。当列车经过这些地面定位设备时,由车载传感设备检测到该定位点,获知列车的确切位置,从而消除车载定位设备所产生的累积定位误差。在基于环线通信的移动闭塞系统中,感应环线每 25m 交叉一次。当列车通过环线交叉点时,可以检测到交叉点前后环线的信号相位发生了变化,从而判定列车经过该交叉点。由于感应环线交叉点间的跨度是固定的,所以列车每经过一个环线交叉点,就可以修正一次车轮转速计的测量误差,达到准确定位列车的目的。

关于列车定位技术,后面的章节会有更详细的介绍。

2)移动闭塞的列车间隔

合理的列车间隔是移动闭塞系统安全运行的重要保证。移动闭塞的列车间隔比固定闭塞的列车间隔小,因为它取消了以信号机分隔的固定闭塞区间,列车间的最小运行间隔距离由列车在线路上的实际运行位置和运行状态确定。如图 2-36 所示,列车间隔包括安全制动距离和安全距离,下面分别讨论两方面。

(1)影响安全制动距离的因素

列车自动控制系统(ATC 系统)对影响列车运行安全的制动距离设置一般都是这样处理的:建立 ATC 系统列车运行安全制动距离模型(以下简称 SBD 模型),在轨旁 ATC 系统编程实施车载曲线控制算法。按照城市轨道交通系统闭塞设计和其他相关条件,安全运行间隔和轨旁超速控制程序的运行,是以在每条轨道电路生成适合的车载信号数据为根本目的。

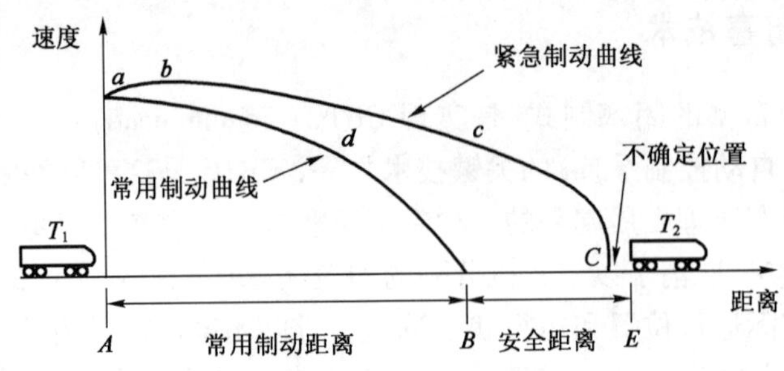

图 2-36　列车间最小运行间隔距离

SBD 模型的建立需要以下 5 个基本要素：车载设备反应时间、全加速时间、切断电源/惰行时间、制动建立和全减速。影响列车运行安全制动距离的 5 个因素是信号与车辆进行接口联络时的主要依据，下面将介绍每个因素的定义和要求。

①基本因素

a. 车载设备反应时间。列车在超速状态下，延迟是由于车载信号设备进行译码和确认产生的。最不利的情形是通过轨道电路后再重新建立车载信号。此时还需考虑在特殊情况下，如紧急停车、列车自动防护系统（ATP）故障、在 ATP 能采取限制动作之前，车载信号译码间隔中丢失的车载信号。

b. 全加速时间。列车全速前进由 ATP 超速检测时间和车载切断电源保证时间组成。

c. 切断电源/惰行时间。列车完全依靠坡度和曲线的影响来进行加速和减速。如果切断电源保证时间没有包括这一影响，它可能被切断电源时间覆盖，而且制动至少还没有建立到最小量。

d. 紧急制动建立。列车转换到全减速，假设产生一半的紧急制动率，由坡度和曲线来调节。

e. 全减速。列车由确定的制动率通过坡度和曲线参数的调节来完成减速。

②分析计算

建立 SBD 模型除以上 5 个因素，还需计算两种值：一个是最大列车长度，另一个是最小列车长度。闭塞设计按这两种距离计算最长行走。安全制动距离关系如图 2-37 所示。

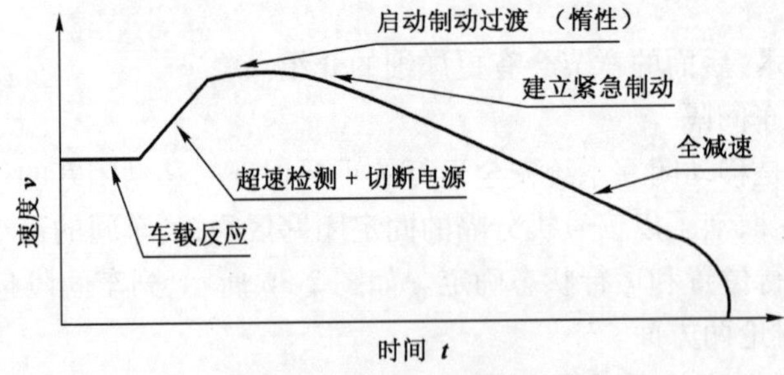

图 2-37　安全制动距离关系图

在计算 SBD 时，还要考虑一些时间和变化率（由车辆制造商来确定）。

a. 超强加速度。列车牵引系统能达到的最大加速度。这个数据是假设无载客车辆时的加速度。一般的范围是 4.10 ~ 4.18km/（h · s）。

b. 全常用减速率。列车所能生成的最大全常用制动率。

c. 冲击率。牵引系统或制动系统造成的最不利的冲击率。次数通过计算加速度除以从全速到惰行的冲击率,以及最大全常用制动率除以从惰行到全速的冲击率。这个值一般为2.19~4.10km/(h·s)。

d. 转换时间。牵引/制动系统从惰行到制动的转换时间最不利情形。一般在0.125~1.10s之间。

e. 切断电源时间。当紧急制动列车线断开时,从全加速到零加速转换的最不利情况。一般为0.125~1.10s。

f. 紧急制动建立的时间。紧急制动从零到90%全紧急制动率所需时间的最不利情形。如果使用车轮打滑/ 空转检测手段,这个最大检测时间也将包括在这部分的模型中。一般的值为0.15 ~1.15s。

g. 紧急制动率。车辆制造商所能保证的最小紧急制动率。这个数值永远小于全正常紧急制动率。一般在全正常紧急制动率为4.18km/(h·s)时,其数值为2.14km/(h·s)。这个数值必须考虑当紧急制动命令发出后,最不利情形为单一紧急制动。系统故障时,列车为满载时而且钢轨接触不良时的情况,一般的值为1.18~3.12km/(h·s)。

h. 车载信号速度命令逻辑。

·每个闭塞分区应建立车载信号速度命令逻辑,以保证符合安全要求和时隔标准。

·所有速度命令都需要SBD,包括正线存车线内的速度命令。

·速度逻辑应允许列车接近一架显示停车和停留的联锁信号机。

·速度逻辑不允许列车的尾部超出限速区段的线路限速。

·每个闭塞分区当被占用时应在其出口端发送一个速度命令,它应是1个从出口端起计算SBD的最大限速。但下列情形除外:对该闭塞分区实施临时限速;对该闭塞分区实施紧急停车;设计应保证,除非对一个轨道区段来说是正确的速度命令外,列车决不能在该区段接收更高的速度命令。这包括故障状态,诸如当超出限速区域和错误占用可能引发的向前发送更高速度命令和进入较低速度轨道区段。道岔和曲线线路限速必须强制实施直到列车后端出清限速区域。6节和8节编组列车都应正确地防护,一旦列车出清限速区域后,能立即加速。

i. 自动运行模式和自动调度逻辑。

·对线路一端的终端站而言,提供3种自动终端运行模式并通过设计来减小延迟。应用两条车站轨道,先进先出,仅使用北面车站轨道和只使用南面车站轨道(假设车站为南、北两道)。

·闭塞分区边界应位于接近联锁信号机和轨道终端缓冲器的地点,以保证4~6节的列车在越过信号机和冲撞车挡之前都能安全停车。

·根据中国地铁的标准,折返尾轨的长度为24m,以此为依据设计ATP系统,使列车能安全和快速地进行折返。

(2)移动闭塞安全距离的计算

安全距离的定义:安全距离是附加在列车常用制动距离上的一段安全富余量。列车行驶过程中,追踪列车和前行车始终保持1个常用制动距离再加上1个安全距离的移动闭塞间隔,确保在最不利条件下,追踪列车和前行列车不发生碰撞。安全距离与线路状况、列车性能等因素有关。在系统设计阶段,通常规定了系统能使用的最小安全距离,同时在满足运营时间间隔的前提下,采用比理论计算值大的安全距离,提高系统运行的安全性。

安全距离的作用:安全距离是基于列车安全制动模型计算得到的1个附加距离。它保证追踪列车在最不利条件下能够安全地停止在前行列车的后方，不发生冲撞。所以，安全距离是移动闭塞系统中的关键，是整个系统设计的理论基础和安全依据。

安全距离的计算：假定追踪列车 T_1 在 A 点以线路允许的最高速度运行，此时前方列车 T_2 处于 E 点。正常情况下，追踪列车开始进行常用制动，沿制动曲线 d，停止在 B 点。但是如果此时追踪列车 T_1 发生故障，没有开始制动，反而以最大加速度加速，直至车载控制器检测到列车速度超出了容许范围，如曲线段 a。此后，车载控制器启动列车紧急制动系统，在紧急制动力生效前，列车又沿曲线 b 运行了一段距离，然后制动力生效，列车沿曲线 c 紧急制动停止在 C 点。考虑到列车的定位误差、速度测量误差等不确定因素，列车停止的实际位置也有可能是 E 点。因此，将 BE 这段距离称作安全距离。

3）移动闭塞的目标点

目标点定义：目标点是列车移动的终点，如同固定闭塞系统中的允许信号，列车只有获得了目标点，才能够向前移动。目标点通常是设在列车前方一定距离的某个位置，一旦设定，即表明列车可以安全运行至该点，但不能超过该点。

移动闭塞的目标点：通过不断前移列车的目标点，引导列车在线路上安全运行。如图2-38a）所示，假如列车 T_1、T_2 运行在线路无岔区段上，那么追踪列车 T_1 的最远目标点可以设定在距离前行列车 T_2 尾部一个安全距离的地方。若前方列车停车，那么追踪列车的目标点TPa将停止在该点上。当列车 T_1 运行至距目标点一个常用制动距离时，若开始制动，可保证列车停止在目标点后方。如果前行列车 T_2 继续向前行驶，则追踪列车 T_1 的目标点TPa也向前不断移动，从而在列车 T_1、T_2 之间形成一个移动的闭塞区间。

对于道岔区段，目标点的确定如图2-38b）所示。当列车 T_1 需要通过道岔SW前，若该道岔没有锁闭在规定位置，列车的目标点将停止在道岔前方一个安全距离的位置，见图2-38b）中的TPb 。等到道岔转换并锁闭到规定位置后，目标点就可以越过道岔区域，移至道岔后方TPc点。列车得到该目标点后，才可以行驶通过道岔SW ，实现列车运行与道岔间的联锁，保证列车在道岔区域内的安全行驶。

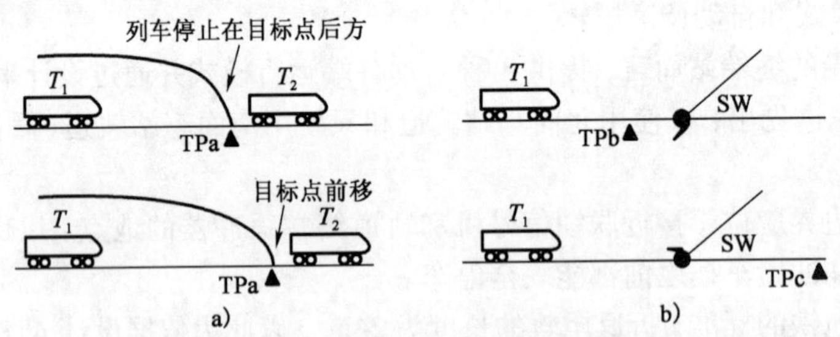

图2-38　目标确定示意图

a）无岔区段目标点确定示意图；b）道岔区目标点确定示意图

4）移动闭塞的技术特点与优势

（1）CBTC移动闭塞的技术特点

CBTC列车运行控制系统通过车地之间双向、连续、高效的信息通信，使车载信号设备的信息能够和地面轨旁信号设备的信息进行交换，从而有效地确定列车位置，并计算出前后列车间的相对距离。列车间隔是按后续列车在当前速度下所需的制动距离，加上设定的安全距离计算和控制的，最终确保前后列车的安全追踪间隔。

移动闭塞系统不需要预先设置固定的闭塞分区，而是根据实际运行速度、制动曲线以及列车的相对位置等信息，实时动态地计算出相邻列车之间的安全间隔距离，如前面小节所述，包括常用制动距离和安全距离的计算。因此，移动闭塞与固定闭塞相比，列车运行间隔能够大大减少；与准移动闭塞相比，则具有更大的运用灵活性和更小的行车间隔，具备了更大的运行调整能力，并能最大程度地提高区间通过能力。基于通信的移动闭塞 ATC 系统的列车速度控制曲线如图 2-39 所示。

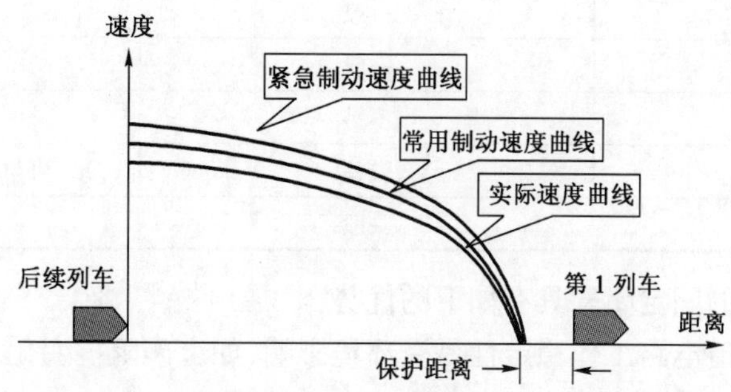

图 2-39 移动闭塞 ATC 系统的列车速度控制曲线示意图

图 2-39 中移动闭塞系统的速度曲线是连续的，不是阶梯形的。因为系统信息传递不依靠轨道电路，线路不用被固定划分成闭塞分区，列车间的间隔是动态的，并随着前一列车的移动而移动，制动的起始点和终点是动态的，列车间隔确保不追尾。

移动闭塞 ATC 系统一般采用交叉感应电缆环线，或者漏缆、裂缝波导管以及无线的方式实现车地双向数据传输，检测列车位置，使地面信号设备可以实时地得到每一列车地连续位置信息和其他有关信息，并据此计算出每一列车的运行权限，动态更新，并发送给列车。列车根据接收到的运行权限和自身运行状态计算出列车运行的速度曲线，车载设备保证列车在该速度曲线下运行，列车自动运行(ATO)子系统在 ATP 保护下，控制列车的牵引、巡航及惰行、制动。追踪列车之间实时保持着一个安全的追踪距离。列车安全间隔距离信息是根据最大允许车速、当前停车点位置、线路等信息计算出来的。信息被循环更新，以保证列车不间断的收到即是信息。

(2)CBTC 移动闭塞的优势

移动闭塞较固定闭塞系统具有表 2-1 概括的具体差异。

移动闭塞与固定闭塞的差异 表 2-1

类　型		固 定 闭 塞	移 动 闭 塞
控制概念		中心经过连锁再对列车	中心直接对列车
设计运行间隔		较大	较小
实际运行间隔		较大	较小
与后续列车速度		有关	无关
规旁设备		轨道电路 + 变压器	环线 + 变压器
列车检测		轨道电路	环线 + 通信
车站定点停车		外加环线或标志器	无需外加设备
车地通信	地面对列车	有	有
	列车对地面	仅在站内股道	全线都有
	信息量	受限	较大

续上表

类　型	固定闭塞	移动闭塞
运行方式	一般	灵活
方向运行	困难,性能受限	可以
一次投资	相当	相当
维护成本	一般	较低
节能	一般	较好
扩容及延伸投资	一般	较低
技术更新	不易	较易
灵活性	较差	可与既有系统接口或叠加
国产化	一般	较易

移动闭塞比传统的固定闭塞具有如下的优势:

①固定闭塞的轨道电路工作稳定性易受环境影响,如道砟阻抗变化、牵引回流干扰等。移动闭塞不受此影响。

②固定闭塞的轨道电路传输信息量小,要想增加信息量,只能通过提高信息传输的频率。但是传输频率过高,钢轨的集肤效应会导致信号的衰耗增大,从而导致传输距离缩短。而且,利用轨道电路难以实现车对地面的信息传输。基于通信的移动闭塞在信息传输上采用现代通信技术,实现列车与轨旁设备实时双向通信且信息量大。

③固定闭塞的闭塞分区长度是按最长列车、满负载、最高速度、最不利制动率等不利条件设计的,分区较长,且一个分区只能被易列车占用,不利于缩短列车运行间隔。移动闭塞根据列车实际速度和相对距离等调整闭塞分区长度,尽可能缩小列车运行间隔,从而提高了行车密度,使得地铁运营公司有条件实现“小编组、高密度”的新型行车组织模式。

④从投资的角度看,初期投资移动闭塞核心技术是采用软件来实现,使得其在硬件设备数量方面大大低于传统的固定闭塞系统,选用移动闭塞能在建设初期以最大的性价比得到当今最先进的技术,综合造价低。维护资金上,由于移动闭塞可以做到在室外除了感应环线电缆外没有任何室外硬件设备,日常维护费用及工作量都显著地减少。此外,由于系统多由软件构成,易于扩容,还能为以后的扩容、改造及设备升级节省大量地资金。

⑤移动闭塞的节能主要是通过其缩短列车间隔的性能实现的。移动闭塞是轨道交通系统的实际通过能力大大提高(通常可比固定闭塞高出40%),无论在高峰期还是在非高峰期,系统可通过对列车速度曲线的调整和控制来达到最大限度减小不必要的制动、平衡全线加速(或减速、停战时间等)实现节能。通常在运行高峰期,系统可通过利用增加的列车间隔余量避免不必要的制动来节能;非高峰期则通过降低站间列车平均速度节能(在这种情况下,可根据需要减少停站时间以保证列车全线运行时间)。

⑥系统的可靠性高于其他制式的闭塞方式。尤其是CBTC闭塞系统,其可靠性和安全性的要求更高,可以实现从车站或控制中心对列车的直接监控,从而极大地提高了系统的可靠性和优化运营管理。

⑦移动闭塞ATC系统,尤其是CBTC移动闭塞将使轨道交通不同线路实现互联互通成为可能,其功能的先进性和实用性具有广阔的应用前景。

2.4 列车定位技术

2.4.1 列车定位技术

1)列车定位技术的分类和技术要求

列车定位技术在现代轨道交通行车安全和指挥系统中的作用主要体现在以下几个方面:

(1)为保证安全列车间隔提供依据。

(2)在某些自动控制系统中,提供区段占用/出清信息,作为转换轨道检测信息和速度控制信息发送的依据。

(3)为列车自动防护(ATP)子系统提供准确位置信息,作为列车在车站停车后打开车门以及站内屏蔽门的依据。

(4)为列车自动运行(ATO)子系统提供列车精确位置信息,作为列车计算速度曲线,实施速度自动控制的主要参数。

(5)为列车自动监控(ATS)子系统提供列车位置信息,作为显示列车运行状态的基础信息。

(6)在某些CBTC系统中,作为无线基站接续的依据。

(7)在高速磁浮交通中提供位置信息,作为道岔控制、定子绕组供电接续的依据等。

列车定位技术首先必须能提供正确的列车位置信息。其次,随着轨道交通朝着高速、便捷、舒适的方向发展,对列车定位技术的精密度也提出了更高的要求。再次,由于经过采集、传输、计算等环节,不可避免会造成列车位置信息的时延,因此,提高信息及时性、减少信息误差就非常重要,在高速运行的轨道区段这一点尤为突出。此外,在高速轮轨交通和高速磁悬浮交通中,由于速度高、信息量大以及特殊的边界条件,已有的定位技术难以胜任行车安全和指挥系统对它的要求,必须要有适应这一发展趋势的新的列车定位技术。

目前,在世界各国轨道交通列车自动控制系统中使用的列车定位方式主要有轨道电路、计轴、测速定位、查询—应答器定位、交叉感应回线定位、卫星定位(包括GPS定位和GNSS定位)、扩频无线电定位、惯性定位、信标—极距定位等种类。按照不同的分类性质可以把它们分为不同的种类。

(1)按定位信息的产生分类,可以将这些定位方式分为:

①离散信息方式:信息在预先排列的一些点上产生,如查询—应答器、信标—极距定位等。

②分段信息方式:信息在某一个分段内产生,如轨道电路定位、计轴定位、交叉感应回线定位等。

③连续信息方式:信息在任何点上都能够连续产生,如卫星定位、扩频无线定位、测速定位和惯性定位等。

(2)按照产生位置信息的部位分类,可分为:

①完全主动式定位:不通过外界信息,由列车自主测量自身位置,如惯性定位、测速定位、极距定位等。

②半主动式定位:由外界发送信息,列车接收该信息判断自身位置,如卫星定位、扩频无线

电定位、交叉感应回线定位、查询—应答器定位等。

③完全被动式定位:由地面发送信息并接收信息,由接收到的信息判断列车位置,如轨道电路定位、计轴定位等。

(3)按照位置信息的参照来分可以分为:

①绝对位置方式:如轨道电路定位、计轴定位、查询—应答器定位,这些定位方式可以向系统提供列车的可靠位置或位置范围而不依靠其他定位方式。

②准绝对定位方式:卫星定位、无线扩频定位等,之所以称这些定位方式为准绝对定位方式是因为这些定位方式可以向系统提供列车的绝对位置,但是这种位置信息是不具有故障—安全特性的,在信号系统中这些信息不能作为唯一的位置依据,必须配合以其他定位信息或对系统进行改进方可。

③相对位置方式:如测速定位、惯性定位等,这些定位方式向系统提供列车相对位移,需要知道列车的初始位置方能确定列车即时位置。

当然,以上列举的仅仅是较常用的分类方式,此外还可以按照其他分类方式对列车定位方式进行分类,这里不一一赘述。

作为列车自动控制系统中的关键技术之一,理想的列车定位系统应该满足下列技术要求:

(1)精确性。列车定位系统的精确性需满足两种不同的要求,一个是列车在同一轨道上纵向的定位精确性,另一个是列车在不同轨道之间的横向的定位精确性。

(2)连续性。定位系统必须具有执行列车定位而不发生任何间断的能力,即在时间上有很好的可用性。

(3)覆盖性。不管列车运行在任何地理区域,定位信息必须不间断地提供给列车运行控制系统,即在空间上有良好的可用性。

(4)可靠性和安全性。定位系统与列车自动控制系统的其他子系统相互独立,其具有连续正常工作的能力,并能够检测和报告本身发生的失效和故障。

(5)可维护性。定位系统的设计和使用必须综合考虑预防性维护和校正性维护等因素,从而使定位系统的生命周期成本最小。

(6)故障—安全性。当定位系统出现故障时,系统不能验出“无车”的通报信息,而必须有保证列车安全的相应措施。

2)列车定位技术原理

目前,在国内外轨道交通中已经应用的列车定位技术有很多种,它们的工作原理和技术特点如下。

(1)轨道电路定位

轨道电路是最简单的列车定位设备,其优点是无须对当前设备做大的改动即可实现列车定位。它的定位精度取决于轨道电路的长度。目前,我国大部分城市轨道交通列车的定位技术采用的是轨道电路法。轨道电路分为机械绝缘和电气绝缘两种类型,目前,城市轨道交通系统中普遍采用“S 棒”进行电气隔离的数字音频轨道电路。利用数字轨道电路对列车进行定位是目前城市轨道交通系统中应用最为普遍的技术手段。

在数字轨道电路中,全部有源器件都集中在控制室内,室外设备仅包括由电容、线圈等组成的调谐盒及轨间的 S 形连接导线,调谐盒中有发射与接收线圈。数字轨道电路的发射单元以差分模式向另一端通过铁轨传输一个调制信号,在轨道电路的另一端提取这个信号。接收的信息和传送的信息经逐位比较确认相同时，完成对接收信息的验证，判断钢轨和轨道电路的工作状态。当轨道电路内有车占用时，由于列车车轴的分路作用，接收端检测出信号电平的变化，从而判断出是否有列车到达该轨道电路。

在线路设计时，根据用户对列车运行密度的要求，将整个线路用S棒分割成若干个轨道区段，并对所有轨道区段进行统一编号。对线路地形及线路设备进行数字化描述后形成线路地图，储存在轨旁和/或车载计算机中。在每个区段的始端和终端加上发送/接收器件，构成一个信息传输回路。当区段空闲时，信息由发送端通过回路传输到接收端，接收端继电器励磁吸起；当列车进入区段时，车轮对将两根钢轨短路，信息不能到达接收端，接收端继电器失磁落下，达到列车检测定位的目的。当列车在线路中运行时，其所在区段的轨道电路会给出占用指示，对轨道电路占用状态的连续跟踪，就实现了对列车在线路中所处位置的连续跟踪。

为了保证安全并遵循故障导向安全的原则，轨道电路任何形式的故障都表示为“有车占用”。为了避免错误的跟踪，系统对轨道电路的“连续占用”与“顺序出错”进行逻辑判断，保证列车跟踪的可靠性和安全性。列车定位轨道电路法既可以实现列车检测定位，又可以检测轨道的完好情况，满足故障—安全原则，是一种高安全可靠的列车检测定位方法，所以目前依然得到广泛使用。

轨道电路定位的优点是：

①轨道电路原理简单，安全性较高，同时可以对断轨故障进行检测。

②轨道电路采用列车的运行轨道——钢轨作为列车定位的信息传输通道，这个通道同时又可以作为列车 ATC 信息传输的通道，节省了大量设备，具有较高的性价比。

③技术成熟。轨道电路是目前使用最多、使用时间最长的列车定位方法，经过几十年的发展，积累了丰富的施工、维护经验。

④地理环境适应性强，在隧道、地下都可以使用该方法。

⑤适用速度范围宽，无论高速还是低速均可使用该方法。

轨道电路定位的缺点是：

①定位误差大。由它所实现的定位是以轨道电路长度作为最小定位单元，车在区间的始端还是终端是无法判断的，列车定位的最大误差为一个区段的长度，列车占用一个区间后，不管其在区间的始端还是终端，都只能给出一个位置信息。在需要对列车实施精确控制的场合，必须辅之以其他的列车定位方式，如测速定位、设置信标等。

②传输距离有限。轨道电路的电气特性是与传输的信息频率相关的，频率越高，传输衰耗越大，信息传输距离越短，而为了提高 TD 信息之间的差别增强抗干扰性能，提高信息的频率是必然的，通过设置补偿电容可以加大传输距离，但其设备造价及施工维护量会提高。

③设备维护量大。继电器使用寿命有限（平均为一万次左右），而且还要在列车轨道旁一定区段内设立一个监测站，因此维护费用较大。为了保证轨道电路的良好电气特性，就需要经常进行测试与调整。在矿山、工厂等轨道条件较差的线路上，由于轨道电气特性极其恶劣，只能使用特殊的轨道电路方式，如高压脉冲轨道电路等，其传输的信息种类会相应减少。

（2）计轴定位

用轨道电路定位最基本的一个条件是两根钢轨能够构成 TD 信息传输的通路，由于轨道电路的电气特性对道床条件的依赖性很强，同时随着电力机车变流控制技术的发展，牵引电流高次谐波对轨道电路的干扰影响越来越大，用轨道电路对列车实施定位面临着各种复杂的不利条件的挑战。而在某些区段,其道床漏泄又非常之大,如在德国铁路中曾经使用过的钢枕木道床,在这些条件下用轨道电路定位是根本不可能的,用计轴器对列车定位较好地克服了这一问题。在电子技术高速发展的今天,电子计轴器已完全替代了传统的机械计轴装置。

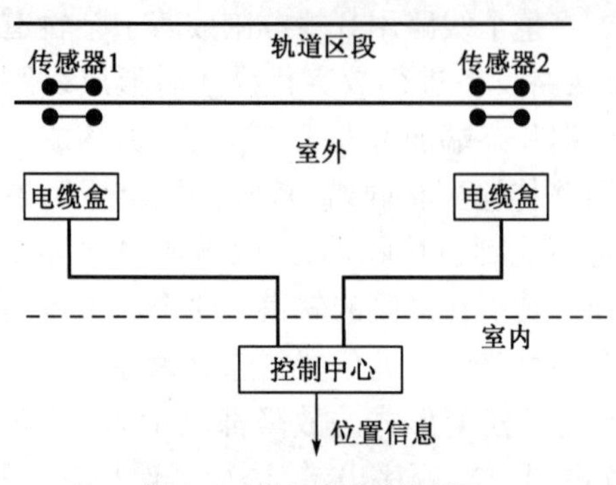

图 2-40　计轴器定位原理图

电子计轴器列车定位系统主要包括室内和室外部分,如图 2-40 所示。室内部分包括信号处理电路和计数器处理电路;室外部分主要包括地面传感器、电缆盒、传输电缆等。

在上述结构示意图中,在轨道区段的分界点安装计轴点,计轴点是一个车轮识别装置。当车轮驶过计轴点时,在计轴点中形成脉冲或其他信号,通过电缆传输到控制中心,由控制中心联锁设备中计数装置根据这些信号对车轮计数。当列车进入传感器 1 和传感器 2 防护的区段时(假定运行方向由左向右),列车轮对首先经过传感器 1,列车每一对轮对经过传感器时,都会改变一次传感器周围的电磁分布,传感器检测到这一改变后就说明列车已进入区间,传感器对这种改变的次数计数并将计数值传递给控制中心;当列车轮对开始出清该区段时,轮对同样会改变传感器 2 周围的电磁分布,传感器 2 也将检测到的变化次数传递给控制中心,当进入(传感器 1)的次数等于出清(传感器 2)的次数时,说明列车已完全出清。通过列车对区间的占用情况可以判断出列车的位置。显然,就其功能而言,电子计轴器是与轨道电路相同。电子计轴器本身不具备向列车传输信息的通道,机车上要获取位置信息除了依靠司机瞭望信号机外,必须要另外增加信道。

计轴定位技术的关键在于车轮识别点(计轴点)的可靠工作,要求车轮识别点能够适应列车高速运行的机械应力、牵引电流、磁轨制动造成的电磁干扰等。由德国 SIEMENS 公司开发的 ZP43 型电子计轴器经过实验室和现场试验的充分验证,被证明是一种安全可靠的车轮识别设备。ZP43 轨旁设备主要包括发送器和接收器两个部分,用两个固定的螺栓与一块屏蔽金属板一起固定在轨腰上。发送器内部产生一个大小恒定、频率为 43kHz 的电压,并由此电压产生了围绕钢轨的磁场,当计轴点无列车通过时,发送器产生的磁场只有一部分由接收器感应产生静态电压;当轮对经过计轴点时,磁场受场的集肤效应作用几乎全部被接收器接收产生静态电压,前者的电压要低于后者,根据这一电压差别可以识别轮对。选择 43kHz 频率是基于计轴点在 40 ~ 60kHz 之间的工作频率抗信号干扰性能最佳的试验结果而定的。

为了能够判别列车不同的运行方向,一般在一个计轴点设置紧密相依的两个车轮识别装置,通过车轮通过两个计轴点的先后次序来判断列车的运行方向。

即便现代科技为实现高可靠的计轴设备提供了物质基础,但设备的故障是不可避免的,因此,计轴定位系统必须能够检测错误并采取一定的措施防止计轴点出错。一般来说,计轴点的故障主要有两类:设备故障导致不能计数或计数故障导致计数出错。针对前者解决的方案是取消该计轴点,而将与该计轴点相邻的两个区间合并为一个区间;针对后者解决的方案是连续比较出错计数点前后相邻多个计数点的计数结果。

若实际的车轴数与设备给出的轴数不符,则认为出现计数差错。这种情况的出现将导致出现“不真实的区段占用”。可能会发生撞车事故,不符合故障—安全性准则。通常计数差错情况有以下两种:一种是当列车在进入某个区间时,传感器 1 少计数了若干轮对,而列车在出清该区间时,传感器 2 正常计数,那么就有可能列车在区间运行时,恰好有若干节车厢与列车脱节,而此时脱节的车厢轮对数恰好与传感器 1 少计数的轮对数相等。这样就会导致传感器 1 和传感器 2 的计数相等,从而给出区间"空闲"的信号。另外一种情况是,列车在进入区间时,传感器 1 的计数正确,而列车出清该区间时,传感器 2 多计数了若干轮对,那么就有可能列车在区间运行时,恰好有若干节车厢与列车脱节,而此时脱节的车厢轮对数恰好与传感器 2 多计数的轮对数相等。这样就会导致传感器 1 和传感器 2 的计数也相等,从而给出区间"空闲"的信号。

计轴定位继承了轨道电路定位的很多特点,和前述的轨道电路法一样,这种方法的定位安全性较高,精度较差,通常也需与测速装置结合起来使用。由于不依赖于轨道电路,对环境的适应性更强,维护量相对较小;但不能作为车—地通信的通道,也无法检测断轨故障。

(3)应答器/查询器列车定位

基于应答器/查询器的定位方法也是广泛采用的列车定位方式,它可以点式地给出列车定位信息。作为列车定位系统,应答器/查询器具有很高的定位精度,它在应答器安装点的定位精度为 1 ~ 2m,取决于查询天线的作用范围。它同时还具有很高的可靠度,可以在任何气候下,任何地点(包括 GPS 作用不到的地区)可靠地工作,并且还具有维修简便、运行费用低等一系列优点。

查询/应答器一般由车载查询器、地面应答器和轨旁电子单元 LEU(可选择)组成。地面应答器一般装在两根轨道中央或一根钢轨的外侧。车载查询器装在机车上与应答器相对应的位置。应答器一般都是无源的,其内部寄存器按协议数据形式存放,实现列车速度监控和其他行车功能所必需的数据。如 2-41 所示,当列车驶过地面应答器且车载查询器与应答器对准时,查询器首先以一定的频率通过电磁感应方法将能量传递给应答器;应答器内部电路在接收到能量后即开始工作,将所储存的数据某种调制方式通过电磁感应传送到车上。

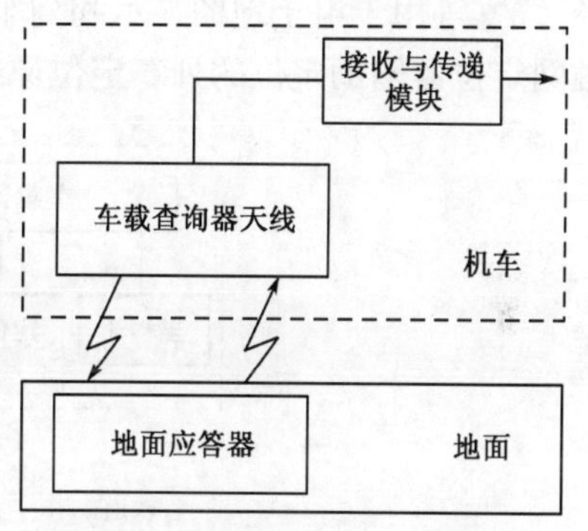

图 2-41 查询/应答器基本工作原理

查询/应答器可用作连续式列车速度自动控制系统的列车精确定位设备,这时,应答器内部储存的数据是固定的,也可以用作点式列车速度自动控制系统的列车检测、定位辅助设备,作为电子计轴器等系统向机车传输数据的通道,置于信号机旁的应答器用于向列车传递信号显示信息,因此要通过 LEU 提供接口与信号机相连。

在地面应答器内存储地理位置信息、机车上的查询器经过它耦合以后,就可以得到列车的精确位置。显然,为了准确定位,就必须大量设置地面应答器。在欧洲有的铁路线上,甚至每 3 ~ 5m 设置一个地面应答器。为了减少投资,也可用地面应答器来校准因测速设备产生的里程数,消除累计误差,从而减少应答器的设置数量。例如,在纽约城市快捷运输系统中,每隔 91 ~ 305m 设置一个地面应答器。

采用应答器定位技术的信息传递是间断的,即当列车从一个信息点获得地面信息后,要到下一个信息点才能更新信息,若期间地面情况发生变化,就无法立即将变化的信息实时传递给列车。因此,应答器定位技术往往作为其他定位技术的补充手段。

应答器/查询器定位的特点是：

①可以提供准确的初始位置信息。

②精度是可以调节的，根据不同的精度需要安装应答器，但是精度的提高是以牺牲成本为代价的。

③维护量大，沿线分布大量的应答器，需要大量的人工。且不便于设备的维护保养和线路的养护。

④应答器/查询器既可以实现列车定位，也可以作为点式信息传输的通道，提供车—地通信。

目前一种利用接触网定位器辅助列车定位的方法，与基于应答器和里程计的列车定位方式相比，在不需增加线路上其他固定设备的情况下可以大大地减少地面应答器的数量，同时还较大幅度地提高了列车定位的精度，这不仅降低了成本，减少地面设备维护的维护量，还有利于线路的养护。

在电气化铁路线上，线路两旁矗立有若干间隔较小的接触网支柱，线路的上方架有接触网馈电导线(接触线)，接触线在支柱或隧道壁上通过定位器进行定位。由于线路上各个定位器的位置是固定的，相邻定位器间的距离大多数为 20～45m，最长也不超过 60m，因此，在相邻两个应答器之间，可以利用定位器检测信号和线路参数对里程计误差进行校正。一般地，用于列车定位的线路参数应包括支柱杆号、杆距、定位器所在侧(处于线路运行方向的左侧或右侧)等数据。此外，线路参数还可以包括每个跨距内线路的性质(如桥梁、隧道等)、坡度、曲线半径、线岔等用于电子地图显示和列车自动运行控制所需的线路数据。基于应答器、里程计和接触网定位器辅助定位的列车定位原理如图 2-42 所示。

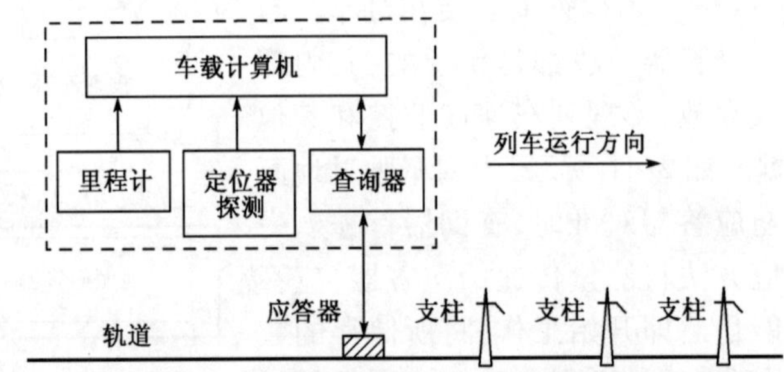

图 2-42　基于应答器、里程计和接触网定位器辅助定位的列车定位原理

(4)测速定位

前面介绍的轨道电路、计轴器和查询—应答器定位技术的定位精度都比较低，在对列车运行速度、位移实施精确控制时是远远不够的。为了提高列车定位的精度，目前在现场上较广泛地应用了测速定位作为辅助定位方式。测速定位就是通过不断测量列车的即时运行速度，对列车的即时速度进行积分(或求和)的方法得到列车的运行距离。

由于测速定位获取列车位置的方法是对列车运行速度进行积分或求和，故其误差是累积的，而且测得的速度值误差对最终距离值的误差影响也是非常直接的。因此，利用该种定位方法的关键在于两点：速度测量的准确性和求位移算法的合理性。另外，测速定位法总体来说属于相对定位，它无法获取列车的初始位置，要获得列车的绝对位置仅仅依靠这种方法本身几乎是不可能的。

测速定位主要包括轮速(里程表)法和多普勒雷达法等测量方法。轮速法的原理是在列车车轮外侧安装旋转式光栅,当列车运行时由轮轴的旋转带动光栅旋转;在光栅的两侧安装发光装置和光电传感器,随着光栅的旋转,光电传感器可以接收到发光装置的“光脉冲”信号,并将其转化为电脉冲信号送至车载计数器,由车载计数器对该脉冲信号进行计数;通过检测该信号次数可以判断车轮即时转角,由车轮的转角又可以求得列车的位移。例如,假定所采用光栅刻度为60线,车载计数器的计数结果为 n,则列车的位移 $S=n/60\pi d$,d 为车轮直径。用轮速法测量列车距离的方法主要缺点在于:当列车轮对出现磨损、空转、滑行等情况时,其误差会较大。而且,这种方法无论列车是在前进还是在后退,计数器均按照列车前进计数。同时对光测量设备的抗冲击性要求也比较高。但是,这种方法非常简便,易于实现。

多普勒雷达法利用多普勒效应测量列车运行速度。在车头位置安装多普勒雷达,雷达向地面发送一定频率的信号,并检测反射回来的信号。由于列车的运动会产生多普勒效应,所以检测到的信号其频率与发送的信号频率是不完全相同的。如果列车在前进状态,反射的信号频率高于发射信号频率;反之,则低于发射信号频率。而且,列车运行速度越快,两个信号之间的频率差越大。通过测量两个信号之间的频率差就可以获取列车的运行方向和即时运行速度,对列车的速度进行积分就可得到列车的运行距离。这种方法对列车测速的精度和频率要求都比较高。多普勒雷达法的设备相对于测速法较为复杂,如果地面不平整导致电波的散射较厉害时,测量难度会加大。但它的优点是克服了车轮磨损、空转或滑行等造成的误差,可以连续测速、测向和定位。

(5)交叉感应回线定位

由于轨道电路在实现车—地通信时受钢轨、道床条件的限制较大,成为制约列车提速、提高密度的“瓶颈”,于是人们开始在轨间敷设电缆作为车—地通信的信道。由于轨间电缆是实现车—地的唯一信息通道,必须考虑抗牵引电流干扰的问题,以提高其信息传输可靠性,通常采用的方法是在两根钢轨之间敷设交叉感应回线:一条线固定在轨道中央的道床上,另一条线固定在钢轨的颈部下方,它们每隔一定距离作交叉,中央回线就像一个天线。当列车驶过一个交叉点时,通过车载设备检测环线内信号的相位变化(图2-43和图2-44),并对相位变化的次数进行计数,利用信号极性的变化引发地址码加1,由列车控制中央控制单元根据地址码计算出列车的地理位置,并对从列车转速转化的里程记录进行误差修正。由于感应回线是列车与地面之间的信息通道,利用极性交叉这种方法一方面可实现列车的定位,另一方面也起到了抗牵引电流干扰的作用。感应回线车载传感器法在德国、西班牙的高速铁路以及美国旧金山Munl’s ATCS系统等很多地方广泛应用。

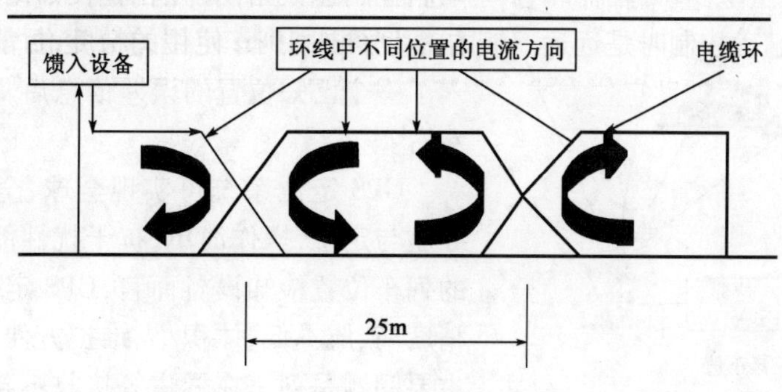

图2-43 交叉感应回线定位原理图

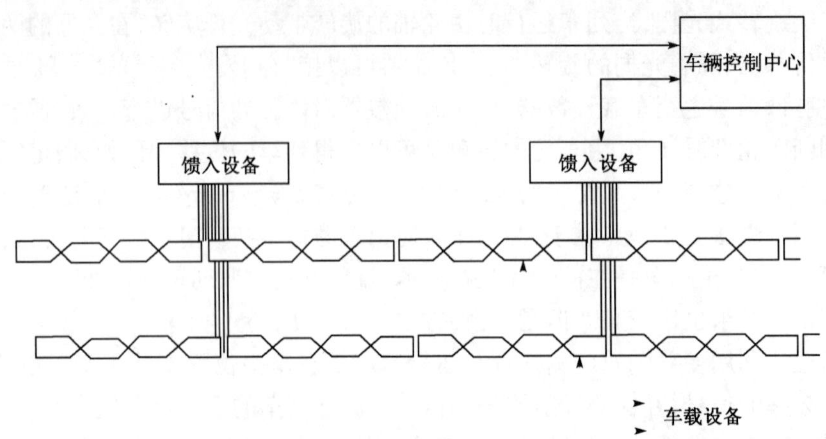

图 2-44　交叉感应回线定位结构图

(6)GPS 列车定位

GPS 是基于卫星发射信号的定位系统,它向全球开放,大多属于美国军方。系统由导航卫星、地面检测站和用户接收机组成。利用低轨道 24 颗卫星进行全球导航定位(其中,3 颗备用),卫星处在距地面高度约 20 000km、相互间隔 120°的三条轨道上。每个轨道上有 6 ~ 8 颗卫星,即总共有 18 ~ 24 颗卫星围绕地球运转,每 12h 绕地球一周。其目的是保证地球上任何一个用户终端能同时看到 4 颗卫星,以进行 4 颗卫星的无源定位,获得三维空间的位置参数。卫星发射出无线电信号,该信号包括载波信号、测距码(P 码和 C/A 码)。待定位的物体(如列车)上的接收器可以同时接收 4 颗以上卫星的信号,根据这些信号测定信号传播的单程时间延迟或相位延迟,进而确定从观测点至 GPS 卫星间的距离,计算出观测点的位置。

利用 GPS 实现列车定位已是一种比较成熟的技术。只要在列车两端安装 GPS 接收机和差分误差信息接收器,接受多颗导航定位卫星发送来的定位信息,就可以计算出自己确切的位置(图 2-45),从而通过导航卫星实现列车的精确定位。电磁波的传播速度是固定不变的光速,如果能够精确测量电磁波在两个物体之间传播的时间,也就等于测量出两个物体之间的距离。测量的精度取决于扩频通信中码片的宽度。码片越窄,扩展的频谱越宽,精度就越高。民用 GPS 的位置精度为 100m;利用 C/A 码(民用码、粗码),定位精度约 45m;通过一些措施可将定位误差限制在高速铁路允许范围内,如差分 GPS(DGPS)定位精度可达 10m;使用差分定位方法(DGPS),并引入了一个已知位置的误差信息后,精度可以达到 3m 左右。

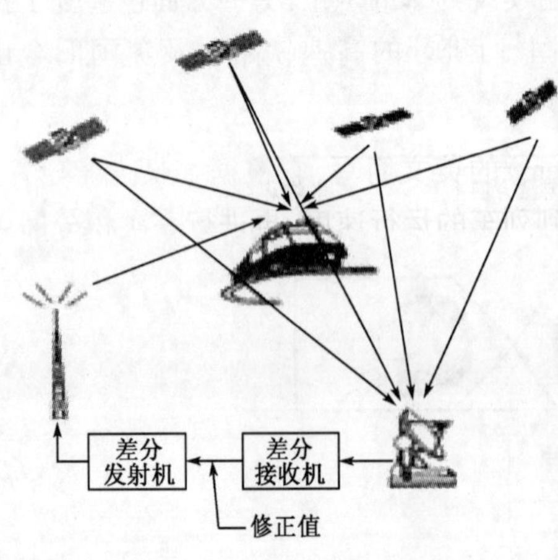

图 2-45　GPS 列车定位示意图

GPS 定位系统可实现全球、全天候连续地实时导航与定位,操作简单,抗干扰性能好。相对于传统的列车位置检知设备而言,GPS 定位方法设备简单、精度高、成本低、体积小、维护方便。目前,该系统的主要问题是列车在隧道等接收不到卫星信号的地区无法采用 GPS 定位。另外,美国军方认为在必要的

时候可以关闭 C/A 码,也使该系统的可靠性产生了疑问。它存在以下缺点:

①在周围阻挡物多的地方,例如,城市、树林、山区、隧道等,列车的定位精度受到影响,甚至无法定位(列车在隧道中无法接收卫星信号),因此,在这些地方要加地面设备辅助定位,如回线、BALISE 等。

②装有接收机的列车与差分台的距离不宜太远,否则会影响定位精度,所以要有差分台接续措施。

③GPS 对卫星的故障十分敏感,一旦一颗卫星失效,就会出现 GPS 性能恶化,所以不能单一地将 GPS 定位信息作为列控安全防护系统的位置参数。

与 GPS 相比,商业卫星定位系统更适合于列车定位。目前正在发展的卫星导航与定位系统包括俄罗斯的全球导航卫星系统(GLONASS)、欧洲空间局的 NAVSAT 以及中国与欧盟合作开发的伽利略卫星导航项目等。

(7)无线扩频列车定位

GPS 定位方法的显著优点是定位精度高,实现连续定位,对于用户来说,没有地面设备,节约了大量的安装和维护工作。但是 GPS 定位的缺点也是十分明显的,与轨道电路、计轴等方法相比,GPS 的定位精度是较高的,但是前者的优势在于具有明确的临界值,而且沿线路分布,误差不会扩展到另一线路,GPS 定位则不然,它没有明确的临界值,且误差可以扩展到相邻线路上,解决的方案只有更大程度提高定位精度和可靠性。GPS 定位受环境影响也大,在城市、地下铁路、山区等处几乎无法正常工作;GPS 定位的另一个缺陷是信息的安全性,简单说,就是该系统是由美国国防部操纵的,过于依赖该系统其实就是受制于人。因而到目前位置,尽管 GPS 定位有着诱人的优势,但是在使用它的时候大家还是疑虑重重,增加了较多的防护措施,这样一来,其定位的优势大大削弱。

随着移动通信技术的发展,扩频多址成为新的列车通信技术。它的特点是抗干扰性强、隐蔽性强、易于实现码分多址和抗多径干扰。扩频多址主要有两种方法:跳频扩频(frequency hopping)和直接序列扩频(direct sequency)。

扩频无线电定位的基本原理是:在地面沿线路设置无线基站,无线基站不断发射带有其位置信息的扩频信号。列车接收到由无线基站发送的扩频信息后,求解列车与信息之间的时钟差,并根据该时钟差求出与无线基站之间的距离,同时接收 3 个以上无线基站的信息就可以求出列车的即时位置。可以看出,扩频无线电定位与 GPS 定位原理几乎完全一样,只是将卫星“挪”到了地面,由无线基站实现了 GPS 卫星的功能。

(8)IPS 列车定位

IPS 是惯性列车定位系统(Inertial Positioning System)的英文简写,它根据牛顿力学定律,通过测量列车的加速度,将加速度进行一次积分后得到列车的运行速度,再进行一次积分即可得到列车的位置(包括经度、纬度和高度),从而实现了对列车的定位。

IPS 定位的显著优点是环境适应性强,它不受天气、电磁场等影响,属于一种高安全性的定位方式。它随时可以采集列车的位置信息(连续采集、连续积分),在小范围内其测量精度也较高,而且用该种方法获取的信息种类较多,如列车的方向、位置、速度等。但是这种方法是一种相对定位方式,必须获得列车的初始位置信息后方可得到列车的即时位置;同时,与其他相对定位方式一样,它也存在误差积累的缺陷。所以,这种定位方式一般都是与其他定位方式,如查询—应答器定位、GPS 定位等结合起来使用,作为提高定位精度的手段或解决某些定位方法固有的缺陷。

(9)航位推算系统定位(Dead Reckoning,DR)

航位推算系统定位基于相对位置修正,由于列车的运动可以看作是在二维平面上的运动,因此,如果已知车辆的起始点(x_0、y_0)(x 为局部平面坐标系中的东向位置坐标,y 为局部平面坐标系中的北向位置坐标)和初始航行角 θ_0,通过实时测量和递增地积累列车的行驶距离和航向角的变化,就可以实时推算列车的位置。航位推算系统定位原理如图 2-46 所示。

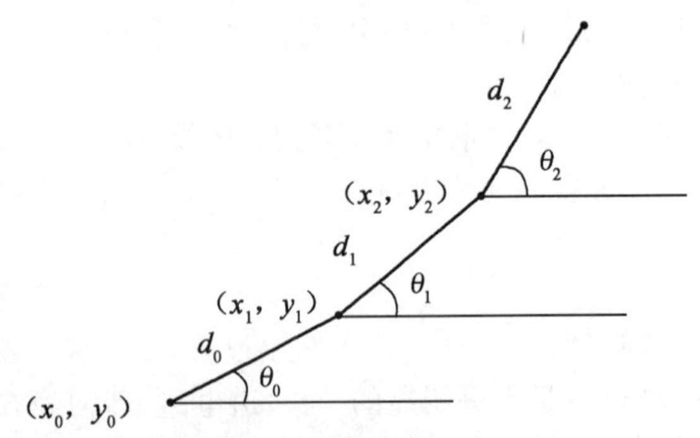

图 2-46 航位推算系统定位原理图

航位推算系统由测量航向角的传感器和测量距离的传感器构成。典型的航位推测系统包括位移传感器和航向传感器。虽然,传感器有很多种,但一般采用惯性传感器作为航向传感器和位移传感器。由于惯性传感器完全依靠机载设备完成导航任务,与外界不发生任何光电联系,不受气候条件的限制,因此,在航天、航空和航海等交通领域得到了广泛的使用。

惯性传感器包括两类:陀螺(Gyroscopes)和加速度计(Aceelerometers)。陀螺的输出信号是沿输入轴方向与角速度成正比的电压信号。加速度计的输出信号是沿输入轴方向与惯性加速度和重力加速度分量成正比的合成信号。原则上说,三维坐标系中需 3 个陀螺和 3 个加速度计来确定位置和速度,但对车辆的导航定位应用来说,只需求水平坐标,故仅需一个测定航向的陀螺来确定其水平偏转及两个加速度计,它们的工作原理如下。

①陀螺。振动陀螺的内部都有一固定于两点的金属三棱柱,在压电陶瓷的作用下以 7kHz 的频率振荡。无转动时,两个压电陶瓷感应到的信号平衡相等;而转动时,感应的信号不平衡。这样,由内部的模拟电路检测出信号差,并产生与角速度成正比的输出电压。

②加速度计。加速度计采用的是惠斯顿电桥原理,在加速时,作用力使得电桥不平衡,从而产生与加速度成正比的电压。每个坐标轴的加速度计,产生正比于所有加速度在该轴分量之和的电压。由于陀螺测得的是角速度,需积分得出角度。加速度计的情况也类似,需 2 次积分才得到位移。传感器产生的少量误差会导致大的误差积累,降低定位精度,因此,需建立惯性传感器的误差模型,以减少位移和航向误差的影响,有效的陀螺和加速度计的误差补偿方法对系统的精度至关重要。

从成本、应用环境和现实条件等方面考虑,一般采用角速度陀螺和里程仪组成了航位推算系统。里程仪输出的是脉冲信号,车轮每转一圈,里程仪便输出一个脉冲信号(也可以根据具体设备输出多个脉冲)。通过累加一定时间内的里程仪的脉冲数目,可以计算出车辆在这一段时间内所驶过的距离,也可以计算出车辆行驶的速度。里程仪输出脉冲与车辆速率之间的关系为:$v = kx$,其中,k 为里程仪的刻度系数,其数值是事先测定的。用刻度系数 k 进行校正,或者使用其他的测量手段对里程仪的测量实时进行误差补偿。

总之,航位推算系统传感设备能够测量出正在行驶的车辆的运行距离、速度和方位,在短时间内这些传感器的精度较高,但如果时间长需采取措施,以避免累积误差。

(10)地图匹配定位

地图匹配是一种基于软件技术的定位修正方法,其基本思想是将列车定位轨迹与数字地

图中的道路网信息联系起来,并由此确定列车相对于地图的位置。地图匹配技术的应用以下面两项假定为基础:

①用于匹配的数字化地图包含高精度的道路位置坐标。

②被定位列车正在道路上行驶。

实现地图匹配的方法很多,但大体上可以归结为下列三类:

点到点的匹配;

点到线的匹配;

线到线的匹配。

要得到精确的地图匹配结果,下列三个基本要素必须加以考虑:

a. 距离要素,即当前估计位置到所匹配路段的距离应为最短。

b. 方向要素,即相邻两匹配位置的连线具有与对应估计位置连线最接近的方向。

c. 连通性要素,即如果前一时刻的匹配结果在某一路段,则当前时刻的匹配结果应在同一路段。

当上述条件满足时,就可以把定位数据和列车运行轨迹同数字地图中的道路位置信息相比较,通过适当的模式识别和匹配过程,确定出列车最可能的行驶路段以及列车在该路段中的最大可能位置。如果上述假设不成立,则地图匹配将产生错误的位置输出,并可能导致系统性能的严重下降。一般认为,用于匹配的数字地图误差不应超过 15m。由于陆地车辆在除进入停车场等地之外的绝大多数时间内都处于路网中,因此,应用地图匹配技术的条件是满足的。采用地图匹配技术不仅可以满足导航功能的需要,还可以利用较高精度的道路信息来修正定位系统的误差,从而使得系统性能得到改善,其精度取决于地图的精度和地形的变化情况。

2.4.2 列车追踪运行

在复线区段双线单向运行条件下,为提高行车效率,列车实行追踪运行,追踪运行的技术指标将影响铁路通过能力、行车密度,直接反映了铁路运输生产的效率,通常用列车最小追踪间隔时间来表述列车在追踪运行时的性能。列车最小追踪间隔时间与闭塞制式密切相关,本节将针对不同的闭塞制式,分析其列车最小追踪间隔时间进行详细的讨论。

1)列车最小追踪间隔时间

列车的追踪间隔时间大致有区间列车追踪间隔时间、车站列车追踪间隔时间。在城市轨道交通系统中,还有折返站列车追踪间隔时间。考虑连续追踪运行时,其中的最大值取为列车最小追踪间隔时间。

(1)区间列车追踪间隔时间

区间列车追踪间隔时间是指在运行困难的上坡道,追踪列车以绿灯下的允许速度运行,距离前行列车的间隔时间。该间隔时间要求保证追踪列车能经常在正常速度下运行。

(2)车站列车追踪间隔时间

①列车接车间隔时间

车站列车接车间隔时间是指自前一列车到达车站时起,至同方向的后一列车到达该站时止的最小间隔时间。

②列车通过间隔时间

车站列车通过间隔时间是指前行列车和追踪列车相继通过车站的间隔时间。其计算方法与区间列车追踪间隔时间计算方法类似。

③列车发车间隔时间

车站列车发车间隔时间是指自前一列车由车站发出或者通过时起，至由该站再发出另一同方向列车时止的最小间隔时间。

(3)折返站列车折返时间

折返站列车追踪间隔时间是指在一定的时间内除以通过折返站折返的列车数量即是折返站列车追踪间隔时间。在城市轨道交通中，采用环线运行，循环运行的列车在尽头站必须进行折返作业，列车折返时间称为列车追踪间隔时间的瓶颈，在讨论列车追踪间隔时间时，必须考查列车折返时间。

(4)影响列车追踪间隔时间的相关因素

①车站、折返站的追踪间隔时间取决于：

a. 区间的行车闭塞方式。

b. 信号和道岔的操纵方式。

c. 接近车站的线路平纵断面情况。

d. 办理作业的内容。

e. 车站、折返站类型。

f. 车站、折返站配线情况。

②区间的追踪间隔时间取决于：

a. 区间正线数目。

b. 区间长度。

c. 线路纵断面。

d. 机车车辆。

e. 信号、联锁、闭塞设备。

由于车站通过间隔时间与区间追踪间隔时间类似，本章只讨论区间追踪间隔时间，分别就几种追踪间隔时间按照不同的闭塞制式分别进行介绍。

2)基于固定闭塞的列车追踪运行

固定闭塞分为三显示、四显示、多信息显示自动闭塞，下面主要对四显示自动闭塞制式条件下的列车追踪运行进行讨论。

(1)四显示固定闭塞

四显示固定闭塞就是通过信号机具有四种显示，能预告列车前方三个闭塞分区状态的固定闭塞。在四显示固定闭塞中，绿黄灯是警惕信号，表示运行前方有两个闭塞分区空闲，两个闭塞分区的长度满足从规定速度到零的制动距离，可以越过绿黄灯后再开始减速；黄灯是限速信号，列车越过黄灯时必须减速至规定的限速值，不然就难以保证在下一个红灯前可靠停车。

四显示固定闭塞分三个速度等级(例 160km/h、115km/h、0km/h)，信号显示对应的速度意义为：

L——160km/h/120km/h；L_U——160km/h/115km/h；U——115km/h/0；H——0km/h。

四显示固定闭塞的设计原则为：

①两个闭塞分区的长度满足从规定速度到零的制动距离。

②每一个闭塞分区的长度要满足每一速度级差的制动距离，即：

既要满足从 115km/h 到 0km/h 的制动距离,还要满足从 160km/h 到 115km/h 减速的制动距离。

③按列车制动性能最差的来计算。

a. 区间追踪间隔时间

为了保证列车能在正常速度下运行,列车最小追踪间隔应该是 4 个闭塞分区,如图 2-47 所示。

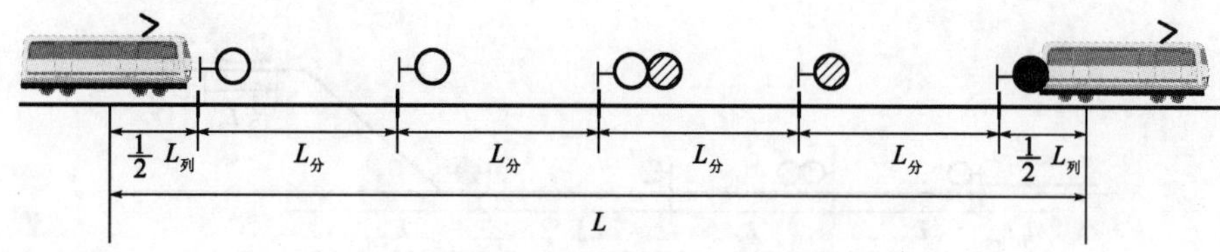

图 2-47　四显示固定闭塞的区间列车追踪示意图

四显示固定闭塞列车最小追踪间隔为:

$$L = 4L_{分} + L_{列} \tag{2-9}$$

四显示固定闭塞列车最小追踪时间间隔为:

$$T_{区} = 3.6 \times \frac{L}{v} \tag{2-10}$$

式中:$L_{分}$——闭塞分区长度(m);

$L_{列}$——列车长度(m);

3.6——换算为秒(s)的系数;

v——列车平均速度(km/h)。

若要比较三、四显示自动闭塞的通过能力,必须在运行速度相同的情况下进行。在运行速度相同的情况下,四显示自动闭塞的列车追踪时间间隔要比三显示自动闭塞的小,其区间通过能力要大。

四显示自动闭塞的列车追踪时间间隔显然与确定中间速度等级值有关。一般说,要努力使每一速度等级差的制动距离尽量相等。

理论上,四显示自动闭塞较三显示自动闭塞的列车追踪时间间隔缩短 1/5 ~ 1/3,即能力提高 17% ~ 30%。

铁路某干线区段采用了法国 TVM300 列控系统,采用台阶式速度控制方式,增加了一个闭塞分区作为防护区段,列车追踪间隔为 5 个闭塞分区。因为有一个闭塞分区作为防护区段,所以每一闭塞分区内无须再考虑安全距离,闭塞分区平均长度为 850m,能力提高约 17%。

b. 车站接车间隔时间

基于四显示固定闭塞的车站列车接车间隔距离,应保证前行列车进站停车的整个过程不会对追踪列车的正常运行造成影响,即前行列车停车时,追踪列车应该在绿灯下行驶,如图 2-48所示。

四显示固定闭塞的车站列车接车间隔时间为:

$$T_{接车} = 3.6 \times \frac{3L_{分} + L_{道岔} + L_{列}}{v} + T_{附} \tag{2-11}$$

式中：$L_{分}$——闭塞分区长度，按规定 $L_{分} \geqslant 1\,200\text{m}$；

$L_{道岔}$——道岔区段长度(m)；

$L_{列}$——列车长度(m)；

3.6——换算为秒(s)的系数；

v——列车开始进站到制动停车期间的平均速度(km/h)；

$T_{附}$——包括进路办理时间、道岔转动时间以及信号机开放时间(s)。

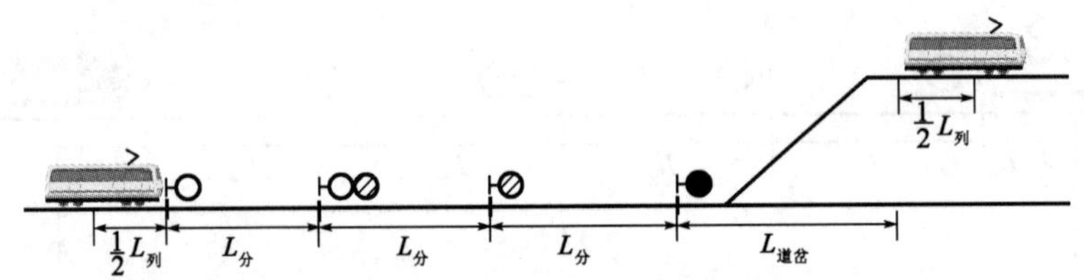

图 2-48　四显示固定闭塞的车站列车接车追踪示意图

c. 车站发车间隔时间

车站列车发车间隔时间除了前行列车走行发车间隔距离的时间外，还要加上进路办理时间、道岔转动以及信号机开放时间 T 附。

对于四显示固定闭塞，一般认为前行列车驶出三个闭塞分区后即可再向区间发出列车，如图 2-49 所示。

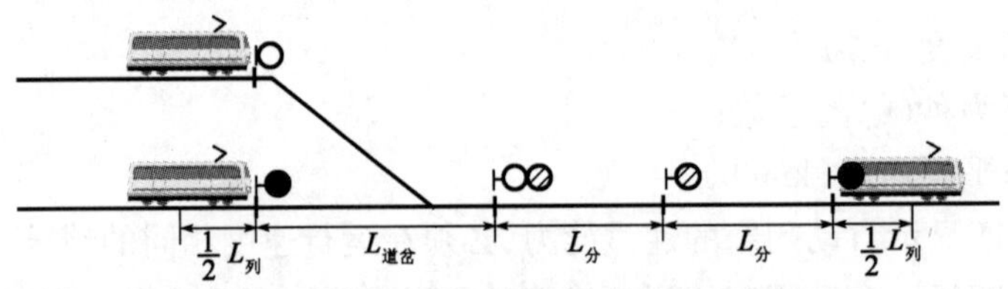

图 2-49　四显示固定闭塞的车站列车发车追踪示意图

故基于四显示固定闭塞的车站列车发车间隔时间为：

$$T_{发车} = 0.06 \times \frac{2L_{分} + L_{道岔} + L_{列}}{v} + T_{附} \tag{2-12}$$

式中：$L_{分}$——闭塞分区长度，按规定 $L_{分} \geqslant 1\,200\text{m}$；

$L_{道岔}$——道岔区段长度；

$L_{列}$——列车长度

0.06——换算为分钟(min)的系数；

v——列车开始加速出站到走行完追踪间隔距离的平均速度(km/h)；

$T_{附}$——车站值班员显示发车指示信号、车长指示发车信号、后行列车司机确认信号显示状态、开动列车的时间(s)。

由上述可知，如果当追踪列车发出后，由于速度低于前行列车，故两列车之间的间隔距离越来越大。当两列车的速度相同时，若两列车的间隔距离大于区间列车追踪的间隔，则可以适当地减小发车区段的闭塞分区长度，以减小发车间隔时间，提高铁路运输效率。

(2)多信息显示自动闭塞

凡采用分级速度控制模式的列控系统，均采用固定闭塞方式，当速度分级多于3级时，地面信号机绿、黄、红三色已不足以表达显示意义，而以车载信号为主，为对应三、四显示自动闭塞，所以统称为多信息自动闭塞。高速铁路设计时，速度等级分为7级以上。

多信息自动闭塞设计的基本原则为：

①根据需要进行速度等级的划分。

②若干个闭塞分区的长度满足从规定速度到零的制动距离。

③每一个闭塞分区（可能由几个轨道电路组成）的长度要满足每一速度级差的制动距离。

④按列车制动性能最差的来计算。

在多信息自动闭塞的设计中因为是以车载信号为主的，速度分级多，其实还有一些技术措施可采取。例如：

①在车站接近区间，为确保最小运行间隔，可缩短闭塞分区的长度。例如，在两车站之间的其他闭塞分区均为1 200m，而接近区间采用小闭塞分区，可细分到600m左右。一方面可以满足U至UU（双黄显示）的减速距离的要求，又可满足确保较小的运行间隔要求。

②速度等级的划分要与轨道电路的长度通盘考虑，每一速度级差的制动距离最好是大致相同；但在速度较高时，为避免较高速度级差分的过细，较高速度级差的制动距离，可以是低速度级差制动距离的倍数。例如，200 ~ 160km/h所需的减速距离要两个闭塞分区，260 ~ 200km/h所需的减速距离要三个闭塞分区。

③轨道电路的长度可基本相等，可以考虑按轨道电路最大长度固定，这样对于应用是非常方便的。

3）基于准移动闭塞的列车追踪运行

（1）划分闭塞分区的原则

列车追踪间隔时间主要受线路、站场、列车特性和信号系统的影响。在CTCS-2级列控系统中，划分闭塞分区的主要原则如下：

①闭塞分区应按照用户对列车追踪间隔时间的要求进行划分。

②必须满足列车按规定的速度运行时，列车追踪序列上的各闭塞分区长度之和大于列车安全制动距离的要求。

③闭塞分区长度原则上按照等长设计。考虑到尽可能提高车站接发车能力，在车站附近的一些闭塞分区可以缩短，在车站附近闭塞分区的长度完全取决于运行间隔；在区间中间由于列车速度较高，闭塞分区也可以长些，由数个轨道电路组成。

④闭塞分区长度应根据轨道电路特性合理配置。

（2）确定列车安全防护距离的原则

①确定计算参数的标准。计算参数的标准包括：线路采用限制坡度、车载设备的测速和测距误差、车载设备切断牵引力的延迟时间、启动常用制动和紧急制动的延时时间、列车纯空气紧急和常用（复合）制动空走时间、常用全制动减速度、纯空气紧急制动参数、安全防护距离余量。

②目标距离控车制动模式曲线采用两条。一条为常用全制动模式曲线，另一条为纯空气紧急制动模式曲线。

③确定触发制动的超速值。当200km/h及以下时：超过限制速度5km/h时，触发最大常用制动；超过限制速度10km/h时，触发紧急制动。在一般情况下，ATP设备正常启动常用全

制动时,不应触发紧急制动。

(3)区间追踪间隔时间

基于准移动闭塞的区间列车追踪间隔模型如图 2-50 所示。当前行列车处于 A 点时,列车追踪运行曲线如图中虚线所示;而当列车跨过轨道绝缘节之后处于 B 点位置后,列车追踪运行曲线如图中实线所示。由此可以看出,若要满足追踪列车在常速下运行,前行列车的位置变化不影响追踪列车的正常运行,两列车之间的追踪间隔距离应该在 $L_{防}+L_{制}+L_{空}+L_{列}+L_{附}+L_{分}$ 的基础上再加上一个闭塞分区的长度,故在准移动闭塞条件下的列车追踪运行间隔至少为:

$$L_{追踪} \geqslant L_{防}+L_{制}+L_{空}+L_{列}+L_{附}+L_{分} \tag{2-13}$$

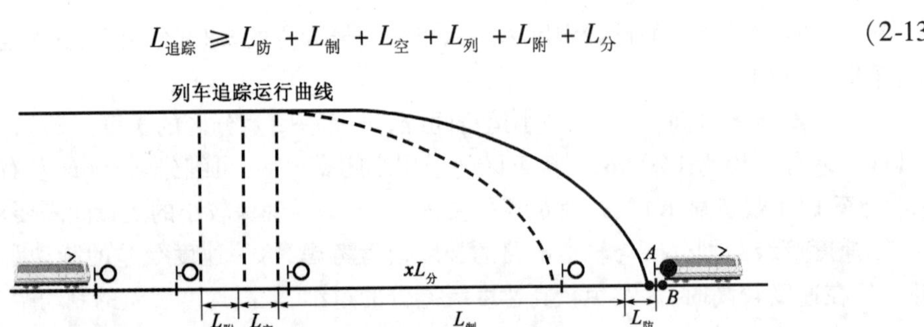

图 2-50 基于准移动闭塞的区间列车追踪间隔示意图

由于在准移动闭塞条件下,列车的运行都是以闭塞分区为基础来实现,故区间列车最小追踪间隔距离应该是闭塞分区长度的整数倍,即:

$$L_{追踪}=nL_{分} \geqslant (L_{防}+L_{制}+L_{空}+L_{列}+L_{附}+L_{分}) \tag{2-14}$$

其中,列车制动距离 $L_{制}$ 取决于列车制动性能,不同的列车,该距离不同。附加距离 $L_{附}$ 包括牵引切断时间和制动响应时间列车走行的距离,若是人控优先的情况,还应包括司机反应时间列车所走行的距离。故其追踪间隔时间为:

$$T_{区}=3.6\times\frac{L_{追踪}}{v} \tag{2-15}$$

式中:3.6——换算为秒(s)的系数;

$L_{列}$——列车长度(m);

$L_{分}$——闭塞分区长度(m);

$L_{防}$——安全防护距离(m);

$L_{制}$——列车制动距离(m);

$L_{空}$——列车空走距离(m);

$L_{附}$——包括司机反应、牵引切断、制动响应等时间内列车走过的距离(m);

v——列车平均运行速度(km/h)。

从以上描述可以看出,有几点应该强调:

①闭塞分区的长度对列车追踪间隔的影响不是那么大,仅限于前行列车占用的那个闭塞分区的长度对列车追踪间隔有影响。区间中部的通过能力一般是有富余的,紧张的是接车能力,所以车站附近的闭塞分区缩短一些是有好处的。

②闭塞分区真正可以等长,自动闭塞设计变得简单。

③塞分区的划分与列车性能无关。

④列车追踪运行曲线的目标点与列车防护曲线的目标点不同，如图 2-51 所示。列车速度防护 SBI 曲线（虚线）的目标点在图中 A 点处，而列车追踪运行曲线（实线）的目标点在图中 B 点处。由此可见，这两个目标点不在同一点上，而两个目标点之间的间隔距离的取值则要看列车的制动性能、线路条件以及列车区间最大运行速度。

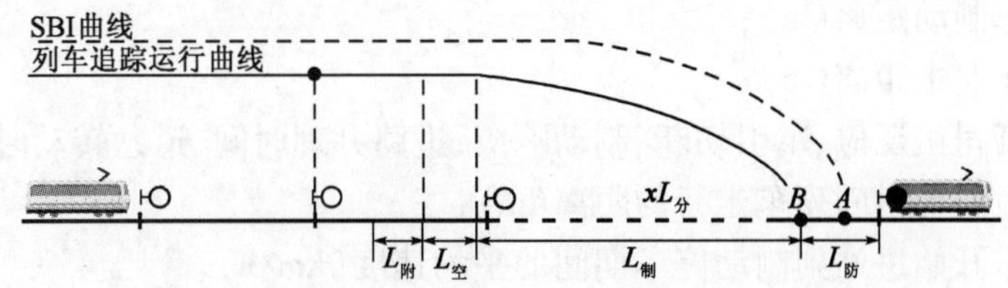

图 2-51 列车追踪运行的目标点与列车速度防护的目标点示意图

（4）车站接车间隔时间

图 2-52 为基于准移动闭塞的车站列车接车间隔时间，该图把整个过程分为三个阶段，下面我们来了解这三个阶段。

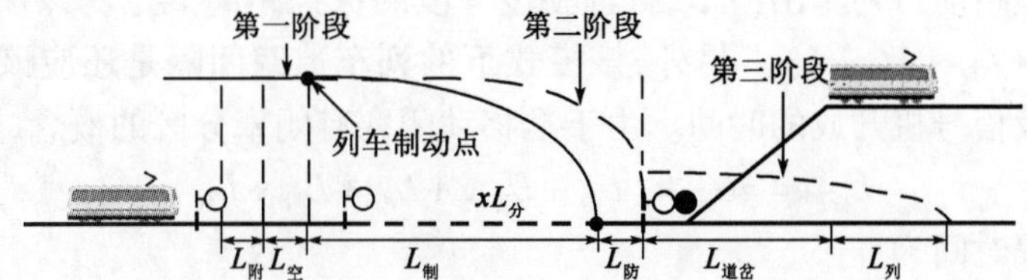

图 2-52 基于准移动闭塞的车站列车接车间隔示意图

①第一阶段

列车在司机确认信号反应时间以及制动空走与准备进站作业时间等附加时间内以最高运行速度运行所走行的距离。

②第二阶段

列车由最高运行速度制动减速到道岔侧向允许速度所走行距离与花费时间，并由制动有效距离减去该段距离得到剩下的由列车最高运行速度所走行距离，并由此得到所需时间。

③第三阶段

当列车进入咽喉区，列车以不超过道岔侧向允许速度惰性运行到惰性控制点或以道岔侧向允许速度匀速运行至匀速控制点，然后制动运行至指定位置停车，进入咽喉区后到底采用惰性还是匀速运动视动车组减速性能与进站制动率的大小而定。

由图 2-52 可知，在准移动闭塞条件下，列车的接车间隔时间包括前行列车走行完大于等于 $L_{空}+L_{制}+L_{防}+L_{列}+L_{道岔}+L_{附}$ 的距离的时间，加上进路办理时间。由于基于准移动闭塞的列车制动起模点为闭塞分区的起点处，则该模式下的列车追踪间隔距离 $L_{追踪}$ 为：

$$L_{追踪}=nL_{分}\geqslant(L_{防}+L_{制}+L_{空}+L_{列}+L_{道岔}+L_{附}) \tag{2-16}$$

所以其追踪间隔时间为：

$$T_{到达}=3.6\times\frac{L_{追踪}}{v} \tag{2-17}$$

式中：3.6——换算为秒（s）的系数；

$L_{列}$——列车长度(m);
$L_{分}$——闭塞分区长度(m);
$L_{道岔}$——道岔区段长度(m);
$L_{防}$——安全防护距离(m);
$L_{制}$——列车制动距离(m);
$L_{空}$——列车空走距离(m);
$L_{附}$——包括司机反应、牵引切断、制动响应、进路办理时间、道岔转动时间以及信号机开放时间等时间列车走行的距离(m);
v——列车开始进站到制动停车期间的平均速度(km/h)。

由于 $L_{追踪}=nL_{分}\geqslant(L_{空}+L_{制}+L_{防}+L_{列}+L_{道岔}+L_{附})$,所以在接近车站的轨道区段适当的缩短闭塞分区长度,有利于提高基于准移动闭塞制式的车站接车能力。

(5)车站发车间隔时间

基于准移动闭塞的车站列车发车间隔见图 2-53。由图 2-53 可知,在准移动闭塞条件下,列车的发车间隔是指前行列车出清车站,且驶过一段的保护距离 $L_{保护}$。该保护距离 $L_{保护}$ 应大于等于 $L_{防}+L_{道岔}+L_{离}+L_{附}+L_{列}$。另外,该模式下的列车追踪间隔是还应该包括车站进路办理和道岔转动以及信号机开放的时间。由于准移动闭塞有闭塞分区的概念,则:

$$L_{保护}=nL_{分}\geqslant(L_{防}+L_{道岔}+L_{离}+L_{附}+L_{列})$$

故其追踪间隔时间为:

$$T_{发车}=3.6\times\frac{L_{保护}}{v} \tag{2-18}$$

式中:3.6——换算为秒(s)的系数;
$L_{列}$——列车长度(m);
$L_{分}$——闭塞分区长度(m);
$L_{防}$——安全防护距离(m);
$L_{道岔}$——道岔区段长度(m);
$L_{离}$——该距离保证追踪列车在速度达到最大之后与前行列车之间的距离达到区间列车追踪间隔的要求(m);
$L_{附}$——包括进路办理时间、道岔转动时间以及信号机开放时间列车走行的距离(m);
v——列车开始加速出站到走行完追踪间隔距离的平均速度(km/h)。

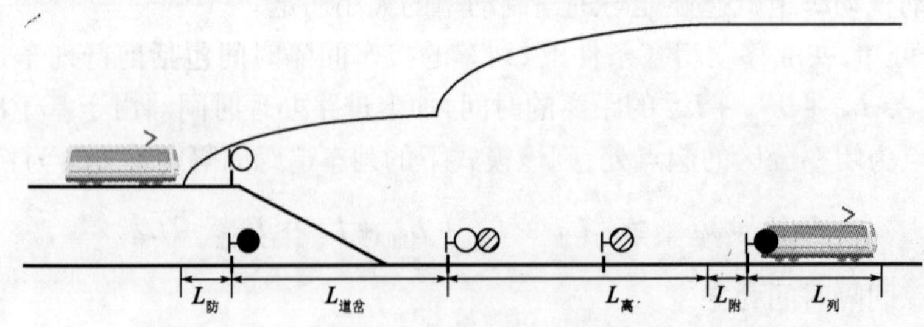

图 2-53 基于准移动闭塞的车站列车发车间隔示意图

其中,$L_{离}$ 由于需要保证追踪列车在速度达到最大之后与前行列车之间的距离达到区间列车追踪间隔的要求,则需要通过列车牵引计算得到。下面,我们就该距离进行讨论。

设列车出清道岔区段的速度为 v_1，列车最大运行速度为 v_{max}，列车平均加速度为 a，前行列车达到最大运行速度时的走行距离为 S_1，追踪列车速度达到最大时走行距离为 S_2，前行列车速度达到最大时所用的时间为 T_1，追踪列车速度达到最大时所用的时间为 T_2，前行列车与追踪列车速度均达到最大时，两者的间距为 ΔS。

则前行列车出清 L 保护时的速度为：

$$v_2 = \sqrt{v_1^2 + 2a(L_{离} + L_{附} + L_{列})} \tag{2-19}$$

则当前行列车速度达到 v_{max} 时，还需要的时间为：

$$t_1 = \frac{v_{max} - v_2}{a} = \frac{v_{max} - \sqrt{v_1^2 + 2a(L_{离} + L_{附} + L_{列})}}{a} \tag{2-20}$$

此时前行列车所走行的总距离为：

$$S_1 = L_{防} + L_{道岔} + L_{离} + L_{附} + L_{列} + \frac{v_{max}^2 - v_2^2}{2a}$$

即

$$S_1 = L_{防} + L_{道岔} + L_{离} + L_{附} + L_{列} + \frac{v_{max}^2 - v_1^2 - 2a(L_{离} + L_{附} + L_{列})}{2a} \tag{2-21}$$

前行列车速度达到 v_{max} 时，其所走行的总时间为：

$$T_1 = 3.6 \times \frac{L_{防} + L_{道岔} + L_{离} + L_{附} + L_{列}}{v} + t_1$$

即

$$T_1 = 3.6 \times \frac{L_{防} + L_{道岔} + L_{离} + L_{附} + L_{列}}{v} + \frac{v_{max} - \sqrt{v_1^2 + 2a(L_{离} + L_{附} + L_{列})}}{a} \tag{2-22}$$

对于追踪列车来说，其整个运行过程与前行列车完全相同，则追踪列车速度达到区间速度时，其走行距离 S_2 等于 S_1，所用时间 T_2 等于前行列车走行的时间 T_1，而在该时间内其走行的总距离为：

$$S'_1 = \frac{v_{max}^2 - v_1^2 - 2a(L_{离} + L_{附} + L_{列})}{2a} + (T_1 - t_1)v_{max}$$

即

$$S'_1 = \frac{v_{max}^2 - v_1^2 - 2a(L_{离} + L_{附} + L_{列})}{2a} + (3.6 \times \frac{L_{防} + L_{道岔} + L_{离} + L_{附} + L_{列}}{v})v_{max} \tag{2-23}$$

通过 S_1 与 $S_1{}'$ 可知，当追踪列车速度达到区间速度时，前行列车与追踪列车的间隔为 $S_1' - S_1$，即：

$$\Delta S = (3.6 \times \frac{L_{防} + L_{道岔} + L_{离} + L_{附} + L_{列}}{v})v_{max} - (L_{防} + L_{道岔} + L_{离} + L_{附} + L_{列})$$

即

$$\Delta S = (L_{防} + L_{道岔} + L_{离} + L_{附} + L_{列})(\frac{v_{max}}{v} - 1) \tag{2-24}$$

由于 ΔS 要满足列车区间最小追踪间隔距离，故可以带入列车区间最小追踪间隔距离求解出 $L_{离}$。

4）基于移动闭塞的列车追踪运行

移动闭塞系统里有以下三种模型：

（1）空间移动闭塞模式

空间移动闭塞模式即列车追踪间隔，是根据追踪列车最大速度和保护距离确定的，移动闭塞分区按照固定的大小不停移动。

(2)时间移动闭塞模式

时间移动闭塞模式即前行列车和追踪列车通过线路上任何点的时间间隔总是固定的，与行驶速度无关，也就是说列车按照固定一个间隔时间进行追踪。

(3)相对距离移动闭塞模式

相对距离移动闭塞模式即列车追踪间隔距离，是根据追踪列车的当前速度和保护距离确定的，移动闭塞分区大小不停地变化。

在实际运营中，需要尽量发挥列车的速度优势，也就是说，要尽量达到列车最高速度 v_{max} 运行。虽然第二和第三种模型在理论上能提供更小的列车追踪间隔时间，但是在铁路运输组织方面比较复杂，在实际应用中常用的是第一种模型。下面主要以空间移动闭塞模型展开讨论。

(1)区间追踪间隔时间

基于移动闭塞的区间列车追踪间隔时间(图2-54)与准移动闭塞有很多相似的地方，由于取消了闭塞分区，故列车追踪间隔距离为 $L_{追踪}=L_{防}+L_{制}+L_{空}+L_{列}$。由于缩短了列车追踪间隔距离，相应地减小了列车追踪间隔时间，从而提高了铁路运输效率。

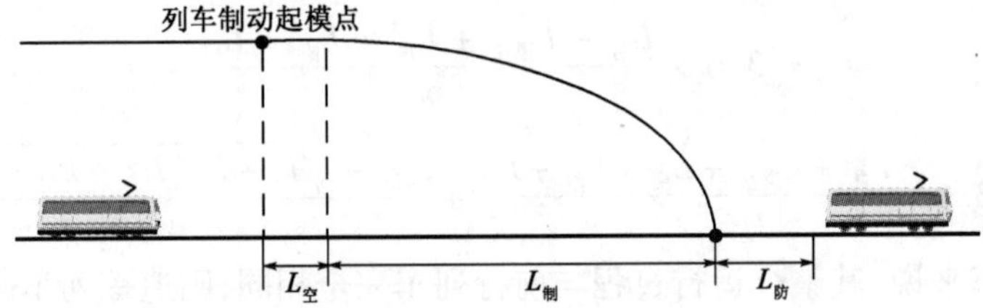

图2-54　基于移动闭塞的区间列车追踪间隔示意图

故列车追踪间隔距离 L 追踪为：

$$L_{追踪}=\frac{v_{max}^2}{2\times a_{减}}+L_{防}+L_{列} \tag{2-25}$$

由此可得列车追踪间隔时间为：

$$T_{区}=3.6\times\frac{L_{追踪}}{v} \tag{2-26}$$

式中：v_{max}——列车最大允许速度(m/s)；

$a_{减}$——制动加速度(m/s^2)；

$L_{防}$——安全保护距离(m)；

$L_{列}$——前行列车长度(m)；

v——追踪列车正常运行平均速度(km/h)。

(2)车站接车间隔时间

基于移动闭塞的车站列车接车间隔见图2-55。由图2-55可知，在移动闭塞条件下，列车的接车间隔与准移动闭塞类似，其时间包括前行列车至少运行 $L_{空}+L_{制}+L_{防}+L_{列}+L_{道岔}$ 的时间，加上进路办理时间。由于基于移动闭塞的列车制动起模点即列车制动的起点位置，该模式下的列车追踪间隔距离为：

$$L_{追踪} = L_{空} + L_{制} + L_{防} + L_{列} + L_{道岔}$$

所以其追踪间隔时间为：

$$T_{到达} = 3.6 \times \frac{L_{追踪}}{v} + T_{附} \tag{2-27}$$

式中：3.6——换算为秒(s)的系数；

$L_{列}$——列车长度(m)；

$L_{道岔}$——道岔区段长度(m)；

$L_{防}$——安全防护距离(m)；

$L_{制}$——列车制动距离(m)；

$L_{空}$——列车空走距离，包括司机反应、牵引切断、制动响应等时间列车走行的距离(m)；

v——列车开始进站到制动停车期间的平均速度(km/h)；

$T_{附}$——包括进路办理时间、道岔转动时间以及信号机开放时间(s)。

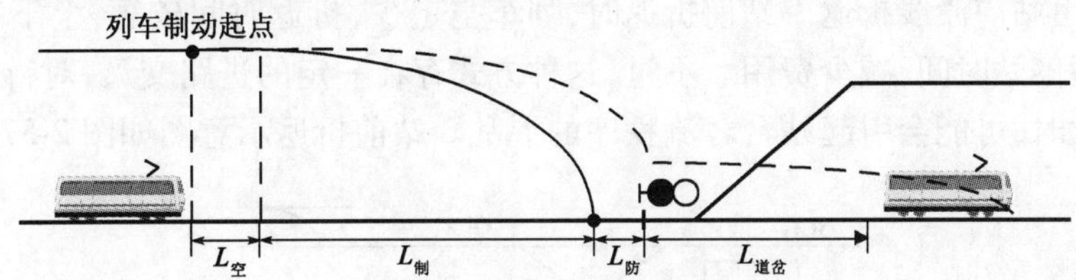

图 2-55　基于移动闭塞的车站列车接车间隔示意图

(3)车站发车间隔时间

基于移动闭塞的车站列车发车间隔见图 2-56。由图 2-56 可知，在移动闭塞条件下，列车的发车间隔是指前行列车出清车站，且驶过一段的保护距离 $L_{保护}$。该保护距离 $L_{保护}$ 应大于等于 $L_{防} + L_{道岔} + L_{离} + L_{附} + L_{列}$。另外，该模式下的列车追踪间隔是还应该包括车站进路办理和道岔转动以及信号机开放的时间。由此可得该模式下的列车追踪距离为：

$$L_{保护} = L_{防} + L_{道岔} + L_{离} + L_{附} + L_{列}$$

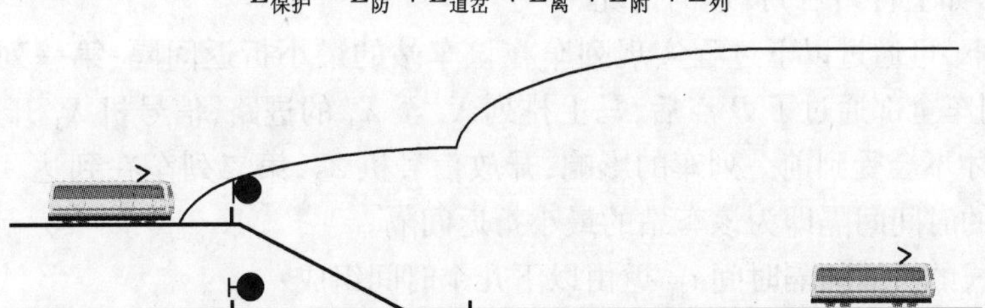

图 2-56　基于移动闭塞的车站列车发车间隔示意图

故其追踪间隔时间为：

$$T_{发车} = 3.6 \times \frac{L_{保护}}{v} \tag{2-28}$$

式中：3.6——换算为秒(s)的系数；

$L_{列}$——列车长度(m)；

$L_{防}$——安全防护距离(m)；

$L_{道岔}$——道岔区段长度(m);

$L_{离}$——该距离保证追踪列车在速度达到最大之后与前行列车之间的距离达到区间列车追踪间隔的要求(m),其计算方法与准移动闭塞相同;

$L_{附}$——包括进路办理时间、道岔转动时间以及信号机开放时间列车走行的距离(m);

v——列车开始加速出站到走行完追踪间隔距离的平均速度(km/h)。

5)折返站列车折返间隔时间(和列车追踪运营关系不大)

在城市轨道交通系统中,通常采用复线运营,列车到了终点折返站后需进行折返作业。折返时间是影响列车最小追踪间隔的主要因素。在应用设计中,要尽可能缩短列车在折返站的折返作业时间,以提高运营效率。

根据折返站线路配线情况,列车折返方式可分为站前折返、站后折返以及混合折返,下面主要对站前折返和站后折返进行讨论。

(1)站前折返

指列车经由站前渡线折返。站前折返时,列车空走少,折返时间较短,上下车乘客能同时上下车,可缩短停站时间,减少费用。不过,这种方式存在一定的进路交叉,对行车安全有一定威胁,客流量大时,可能会引起站台客流秩序的混乱。站前折返示意图如图 2-57 所示。

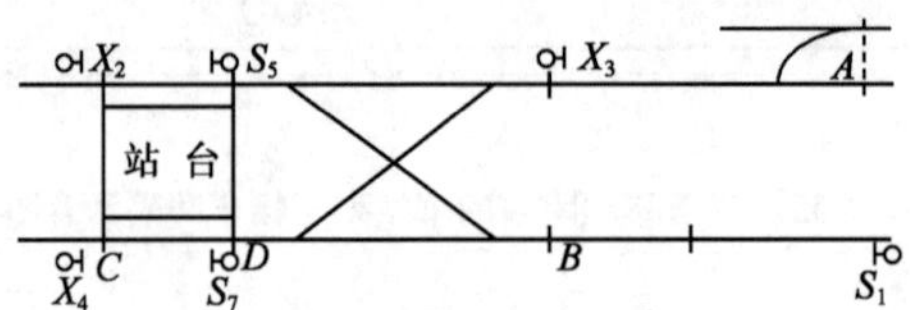

图 2-57　站前折返示意图

在图 2-57 中,A 点为 X_3 信号机没有开放时列车开始制动的位置;B 点为轨道区段的分界点,当上行列车全部通过了 B 点后,才能排列 X_3 至 X_4 的进路;C 点为列车在站台停车的位置;D 点为站台区段与道岔区段的分界点。

①单股道(如上行站台)折返的情况

这种情况下,可通过以下过程实现列车在该车站的最小折返间隔:第一列车在 A 点开始运行,当第一列车全部通过了 B 点后,马上排列 X_3 至 X_4 的进路,信号机 X_3 开放。之后,第二列车到达 A 点才不会受到前一列车的影响;开放信号机 X_3,第二列车在到达 A 时不用制动进站。这两列车的时间间隔即为该车站的最小折返间隔。

该折返形式的折返间隔时间 $t_{折}$ 返由以下几个时间组成:

a. 进路 $X_3 \to X_2$ 的排列时间 t_1。

b. 列车的进站时间 t_2。

c. 列车的停站时间 t_3(含开、关车门的时间)。

d. 列车转变运行方向即换头作业的时间 t_4。

e. 列车出发并出清 $X_2 \to B$ 进路中第一个道岔区段的时间 t_5。

折返间隔时间 $t_{折返}$ 为:

$$t_{折返} = t_2 + t_2 + t_3 + t_4 + t_5 \tag{2-29}$$

其中,列车的进站时间 t_2 与 ATP 安全保护距离 $L_{保护}$ 有关;列车出发并出清 $X_2 \to B$ 进路中第一个道岔区段的时间 t_5 与道岔的侧允许通过速度有关;列车的停站时间 t_3 与客流有关。

该折返形式的不足：

·折返间隔时间受列车停站时间和换头作业时间影响。

·在同站台上、下客。在客流比较大时，对运营安全不利。

从作业的角度看，一旦列车晚点，可要求列车在站外停车等待或人为改进另一股道，这种情况下，列车比较容易组织运营。

②双股道折返的情况

利用双股道进行折返可提高道岔区段的利用率：缩小折返间隔。假设第一列车在下行站台，第二列车在 A 点进站，当第二列车全部通过 D 点时，排列 $S_5 \sim S_1$ 的进路，第一列车出站；当第一列车全部通过 B 点时，排列 $X_3 \sim X_2$ 的进路，信号机开放；第三列车可以进站。则这种情况下列车最小的折返间隔等于第二列列车从 A 点运行至 C 点的时间扣除车尾从 D 点运行至停车的时间加上两倍排列进路时间、两倍 ATP 设备的响应时间、列车出站至全部通过 B 点的时间。双股道折返比单股道折返的情况一节省了停站时间和车尾从 D 点运行至停车的时间。

分析该折返形式的折返间隔时间 $t_{追踪}$，由以下几个时间组成：

a. 进路的排列时间 t_1。

b. 列车的进站时间 t_2。

c. 列车的停站时间 t_3。

d. 列车的转换运行方向时间 t_4。

折返间隔时间 $t_{折返}$ 为：

$$t_{折返} < t_1 + t_2 + t_3 + t_4 \tag{2-30}$$

与单股道折返形式相比较，本折返形式有以下特点：

·折返间隔时分明显减少。

·折返间隔时分受停站时间和换头作业时间的影响不大。

·仍存在同站台上、下客的问题。

但采用双股道折返同时也意味着列车的整个运行时间加长。从作业的角度看：列车比较难以组织运营，一旦列车晚点，只能要求列车在站外停车等待并且只能按原有次序占用股道，并且有可能造成发车进路抢先于接车进路排列，从而造成运行混乱现象。

(2)站后折返

为了避免上述交叉的威胁，另一种办法是站后折返，即由站后尽端折返线折返；此外，列车还可采用经站后环线折返的办法。站后折返示意图如图 2-58 所示。

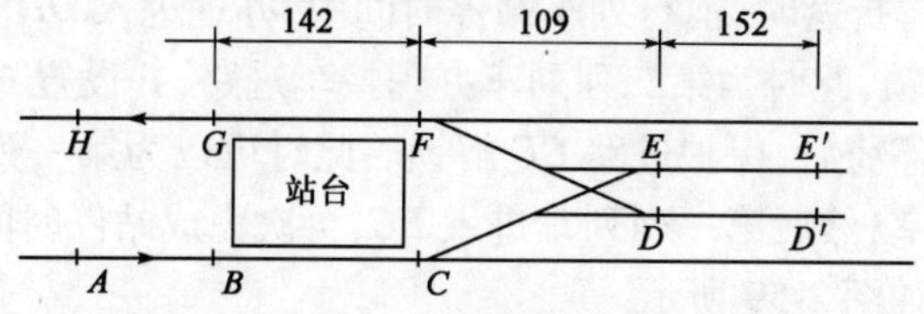

图 2-58 站后折返示意图(尺寸单位：m)

图 2-58 表示的是一个中间站折返站，对于该车站，如果 C、F 点右端没有铺设轨道，则可以看成终端站。因此，站后折返具有中间站和终端站的特点和能力。图 2-59 站后折返有三种模式，即利用 DD' 轨进行折返、利用 EE' 轨进行折返和利用 DD' 轨和 EE' 轨交替进行折返。下面分别说明这三种折返方案的折返过程，并通过使用折返示意图直观表现出来。在图 2-59 ~

图 2-61 中：t_{xp}为列车 x 的运行时间或站停时间，如 $B \to C$ 中，t_{11}为站停时间；t_{wn}为列车 x 的等待时间；t_z 为进路的解锁及办理时间，包括道岔的转换时间；t_{x3}为列车 x 的技术转换时间，包括进路的办理与建立时间 t_z、列车前后驾驶室的转换时间和车载设备的反应时间。

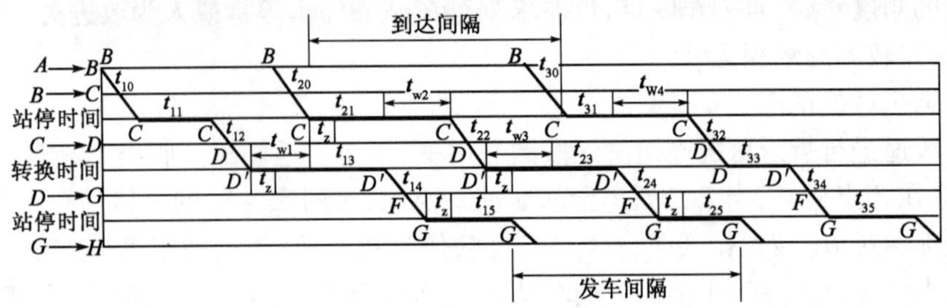

图 2-59　列车折返示意图（DD'）

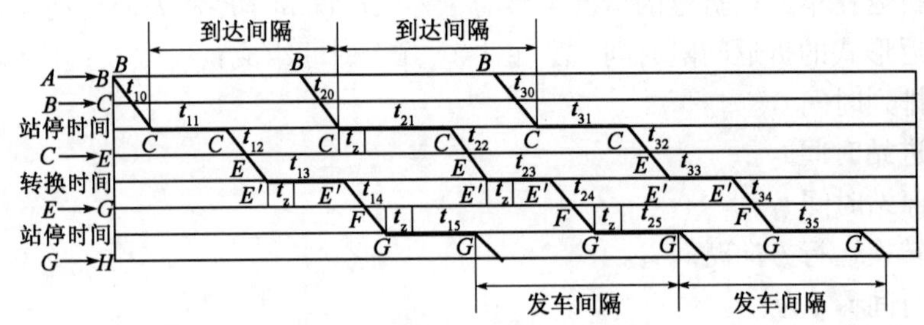

图 2-60　列车折返示意图（EE'）

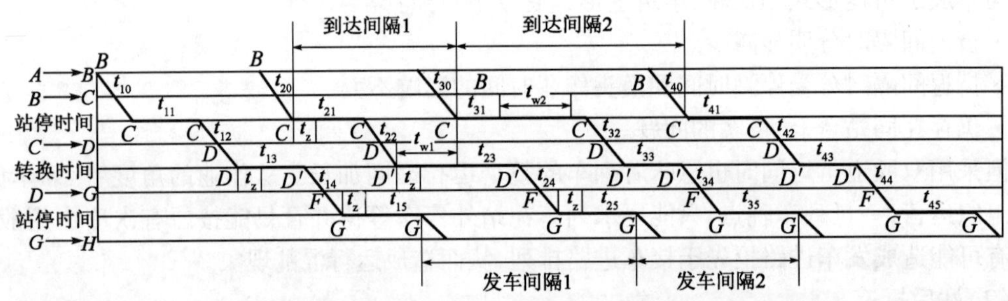

图 2-61　列车折返示意图（交替折返）

①利用 DD'轨进行折返

列车利用 DD'轨进行折返时，前行列车站停时间中，办理进入 DD'轨的折返进路。在列车出清 D 点后，CD 进路解锁，此时为第二列列车办理接车进路，并设置 CE 区段为保护进路。待第二列列车进入 BC，并停稳后，保护进路 CE 解锁。此时可以为第一列列车办理折返进路，列车开始转换首尾的驾驶室，然后第一列列车进入 FG，再次完成站停时间后出站。其列车占用、出清相应轨道电路时序如图 2-59 所示。

根据图 2-59 所示，采用本方案可得到列车到达间隔 $t_{到达}$为：

$$t_{到达} = t_{21} + t_{w2} + t_{22} + t + t_{30} \tag{2-31}$$

其中，$t_{w2} = t_z + t_{14} + t_{13} + t_{21}$，因此，列车的到达时间可替换为 $t_{20} + t_{22} + t_{23} + t_{24} + 2t_z$。

列车发车间隔时间 $t_{发车}$为：

$$t_{发车} = t_{25} + t_{24} + t_{23} + t_{w3} + t_{22} - t_{15} + t_z = t_{24} + t_{23} + t_{w3} + t_{22} + t_z \tag{2-32}$$

其中,$t_{w3} = t_z + t_{30}$,因此,列车的发车间隔可替换为 $t_{20} + t_{22} + t_{23} + t_{24} + 2t_z$。

列车折返间隔时间 $t_{折返}$ 为:

$$t_{折返} = t_{到达} + t_{发车} \tag{2-33}$$

由此可以看出,影响列车到达间隔和发车间隔的主要因素是列车在各区段的运行时间、列车技术转换时间和进路的解锁与办理时间 t_z,而与列车的站停时间 t_{21} 无关。

②利用 EE'轨进行折返

列车利用 EE'轨进行折返时的模式与模式 1 类似,其列车占用、出清相应轨道电路时序如图 2-60 所示。本模式一直以 EE'轨为折返轨,CD 为保护进路,在第一列列车停在 EE'进行转换以及转换完毕后进入 FG 的时间内,第二列列车可以进入 B 点。即:第一列列车的折返作业与第二列列车进站作用可以同时进行。

根据图 2-60 所示,采用本方案可以得到列车到达间隔 $t_{到达}$ 为:

$$t_{到达} = t_{10} + t_{11} + t_{12} + t_z \tag{2-34}$$

列车发车间隔 $t_{发车}$ 为:

$$t_{发车} = t_{25} + t_{24} + t_{23} + t_{22} + t_{21} + t_{20} - t_{13} + t_z - t_{14} - t_{15} = t_{20} + t_{21} + t_{22} + t_z \tag{2-35}$$

列车折返间隔时间 $t_{折返}$ 为:

$$t_{折返} = t_{到达} + t_{发车} \tag{2-36}$$

由此可以看出,影响列车到达间隔和发车间隔的主要因素是列车的运行时间、站停时间以及进路的解锁和办理时间 t_z,而与列车技术转换时间无关。

③利用 DD'和 EE'轨交替进行折返

列车利用 DD'和 EE'轨交替进行折返时,第一列列车进站并经过站停时间后进入 EE',在列车出清 E 点并停稳后,CE 进路解锁,此时,为第二列列车办理接车进路,并设置 CD 为保护进路。待第二列列车进入 BC,并且停稳后,保护进路 CD 解锁。此时,第一列列车可以进入折返转换时间,同时,第二列列车也可以经过站停时间后,进入 DD'进行折返。在第二列列车出清 D 点后,CD 进路解锁后,可以为第三列车办理接车进路,并设置 CE 为保护进路。待第三列列车停稳后,第二列列车可以进入折返转换时间。第三列列车必须等到(t_{w2})第二列列车出清 F 点后,才能进入 EE'进行折返。

根据图 2-61 所示,采用本方案可以得到如下结果。

列车到达间隔 $t_{到达1}$ 为:

$$t_{到达1} = t_{21} + t_{22} + t_z + t_{30} \tag{2-37}$$

列车到达间隔 $t_{到达2}$ 为:

$$t_{到达2} = t_{31} + t_{w2} + t_{32} + t_z + t_{40} = t_{30} + t_{32} + t_{33} + t_{34} + 2t_z \tag{2-38}$$

$$t_{w2} = t_z + t_{24} + t_{23} - t_{31} \tag{2-39}$$

列车发车间隔 $t_{发车1}$ 为:

$$\begin{aligned} t_{发车1} &= t_{25} + t_{24} + t_{23} + t_{w1} + t_{22} + t_{21} + t_{20} + t_z - t_{13} - t_{14} - t_{15} \\ &= t_{w1} + t_{22} + t_{21} + t_{20} + t_z \end{aligned} \tag{2-40}$$

其中,$t_{w1} = t_z + t_{30}$,所以,列车发车间隔 1 可以替换为 $2t_{20} + t_{21} + t_{22} + 2t_z$。

列车发车间隔 $t_{发车2}$ 为:

$$t_{发车2} = t_{35} + t_{34} + t_{33} + t_{32} - t_{25} + t_z = t_{34} + t_{33} + t_z + t_{32} \tag{2-41}$$

列车折返间隔时间 $t_{折返}$ 为：

$$t_{折返} = t_{到达} + t_{发车} \tag{2-42}$$

由以上可以看出：本方案所设计得到间隔是模式 1 和模式 2 的综合，并且出现了追踪间隔不均衡现象。无论列车的到达间隔还是发车间隔，都与列车各区段的运行时间、站停时间、技术转换时间以及进路解锁与办理时间 t_z 有关。

(3)折返能力比较

通过上述介绍，我们把这几种折返形式做了简单的比较，如表 2-2 所示。

折返能力比较表 表 2-2

能力 \ 方式	单股道站前折返	双股道站前折返	站 后 折 返
折返间隔	大	较小	小
运行时分	短	较短	长
线路长短	短	短	长
作业难度	易	难	易

2.5 系统接口技术

轨道交通车辆是复杂的交通工具，由众多子系统组成。如何把具有不同功能、特点的子系统集成为完整的安全可靠的车辆系统，是轨道车辆设计的重要问题。而接口技术又是系统集成技术的重要组成部分。

2.5.1 接口概述

接口技术是系统集成实现的关键技术之一。接口技术的范围之广，既包含现场设备集成接入的数据采集技术，也包含子系统互连或集成的信息交换技术；既体现计算机软、硬件技术，又反映着系统集成的综合管理能力。本节将轨道交通车辆中用到的接口技术按层次分为系统级接口与设备级接口。解决接口问题从系统级接口到设备级接口的顺序进行。

2.5.2 系统接口

系统级接口主要是指各子系统信息的接口功能。接口开发涉及众多不同子系统，必须有效地对它们接口的性质、功能、结构存在的差异进行信息整合与安排，从系统层面对子系统的信息进行处理，解决包括信息存储结构的分布、信息组织结构的规范化、有效的信息流通机制。此外，还涉及子系统的责任、权利和义务等问题。

系统级接口的表示主要采用接口框架图。平台化的接口框架具有如下特点：

(1)设备无关性。轨道车辆中包含的子系统众多，牵涉的设备种类多，可选性很大，各子系统接入方式也都不尽相同，接口形式不能完全统一。平台化接口框架在设计思想上注重开放性和模块化，抛开具体设备，规范接口功能和属性。

(2)标准化通信规约。提供丰富的标准接口规约也是接口框架开发工作的一部分，包括符合有关国际通用标准的现场总线支持、通信协议支持等。

2.5.3 设备接口

系统级接口的实现依赖设备级接口。随着计算机的飞速发展,计算机领域的接口趋于一致性、单一性。工业控制领域的机电系统的现场总体结构由于其本身使用场合的不同及本身的特殊性难于统一,目前使用最广泛的接口是 RS-232、RS-422、RS-485 及快速以太网接口等,下面分别讨论。

1)RS-232

RS-232 是美国电子工业联盟(EIA)制订的串行数据通信的接口标准,是 PC 机与通信工业中应用最广泛的一种串行接口。它被广泛用于计算机串行接口外设连接。RS-232 通常用于数据速率不超过 20kb/s、传输距离不超过 15m 的场合。被定义为一种在低速率串行通信中增加通信距离的单端标准,采取不平衡传输方式,即所谓单端通信。

表 2-3 中列出的是被使用较多的 RS-232 中的信号和管脚分配(常用有 25 引脚 DB-25 和 9 引脚 DB-9)。

RS-232 引脚定义 表 2-3

DB-25	DB-9	信 号 名 称	含 义
8	1	DCD(Data Carrier Detection)	数据载波检测
3	2	RXD(Received Data)	接收数据
2	3	TXD (Transmitted Data)	发送数据
20	4	DTR(Data Terminal Ready)	数据终端准备
7	5	GND(Signal Ground)	信号地
6	6	DSR(Data Set Ready)	数据设备准备好
4	7	RTS(Request to Send)	请求发送
5	8	CTS(Clear to Send)	清除发送
22	9	RI(Ringing Indicate)	振铃指示

2)RS-485

RS-485 是隶属于 OSI 体系物理层的电气特性,规定为 2 线,全双工,多点通信的标准。RS-485 是一种平衡传输方式的串行接口标准,它和 RS-422 兼容,并且扩展了 RS-422 的功能。RS-485 标准允许在电路中可有多个发送器,因此,它是一种多发送器/多接收器的标准。RS-485 允许一个发送器驱动多个负载设备,负载设备可以是驱动发送器、接收器、组合收发器,可挂在平衡传输线上的任何位置,实现在数据传输中多个驱动器和接收器共用同一传输线的多点应用,其配置如图 2-62 所示。

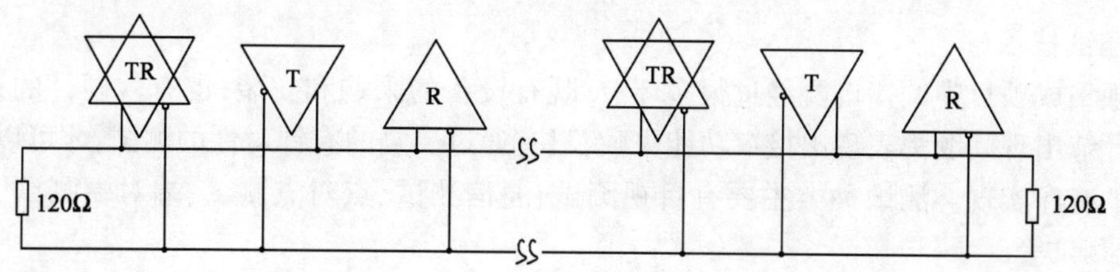

图 2-62 RS-485 接口标准的电气连接示意图

RS-485 仅仅规定了接受端和发送端的电气特性，并没有规定或推荐任何数据协议。RS-485 可以应用于配置便宜的广域网和采用单机发送，多机接受通信链接。它提供高速的数据通信速率（10m 时，35M/s ；1 200m 时，100k/s）。

RS-485 的特点有：

（1）由于采用平衡发送/差分接收，所以，共模抑制比高，抗干扰能力强。

（2）传输速率高，允许的最大传输速率可达 10M/s。传输信号的摆幅小（200MV）。

（3）传送距离远（指无 MODEM 的直接传输），采用双绞线，在不用 MODEM 的情况下，当传输速率为 100k/s 时，可传送的距离为 1.2km，若传输速率降低，还可传送更远的距离。

（4）能实现点对点、点对多点、多点对多点的通信。

3）快速以太网接口

快速以太网也称 10M/100M 自适应以太网，"快速"指数据速率可以达到 100Mb/s，是标准以太网的数据传输率的 10 倍。快速以太网总线类型 PCI，网络标准符合 IEEE802.3 10BASE-TX，IEEE802.3u 100BASE-TX，IEEE802.3x，其接口类型为 RJ-45。传输介质类型 10BASE-T（10m 模式），3 类、4 类或 5 类 100BASE-TX（100m 模式），5 类全双工/半双工自适应，采用 5 类 UTP 电缆传输距离最大 100m。以太网接入采用异步工作方式，很适于处理 IP 突发数据流，应用及其广泛，通信系统与其他机电系统的接口大部分采用这种接口。

2.5.4 接口通信技术

1）接口通信协议

所有设备/子系统与集成系统之间的接口的通信协议都具有三要素：语法、语义、时序规则。语法确定了通信双方通信时数据报文的格式；语义明确了通信双方通信的内容；时序规则指出通信双方信息交互的顺序，如建立连接、传输数据、数据重传、拆除连接等。

2）校验技术

数据通信最基本要求是数据通信实时、可靠，轨道交通对这点的要求更严格，所以在轨道车辆接口设计中必须重视接口校验。可靠性与实时性往往是一对矛盾，若要求快速，则必然使得每个数据码元所占的时间缩短、波形变窄、能量减少，从而在收到干扰与减损后产生错误的可能性增加，传送信息的可靠性下降。若要求通信可靠，则会使传送信息的速率变慢。必须合理地解决这一对矛盾。

目前可用的差错控制编码方法很多，但在数据通信和计算机通信的有关标准中，建议采用的主要几种编码有：水平奇偶校验码、垂直奇偶校验码、水平垂直奇偶校验码、循环冗余校验码等。

3）测试技术

实现集成项目中的接口要经过很多环节，既有设备的采购和安装，也有软硬件的开发，任何一个环节出现问题都表现出接口功能失败，只有通过反复的有针对性的测试，才可以保证接口功能的有序实现。测试种类主要有目视测试、通信测试、点对点测试、端对端测试、功能测试、性能测试等。

2.5.5 轨道车辆中的接口

根据现代轨道交通发展趋势,本文选取无线移动闭塞列车作为模型,讨论车辆接口。图2-63为车辆中的系统级接口框图。

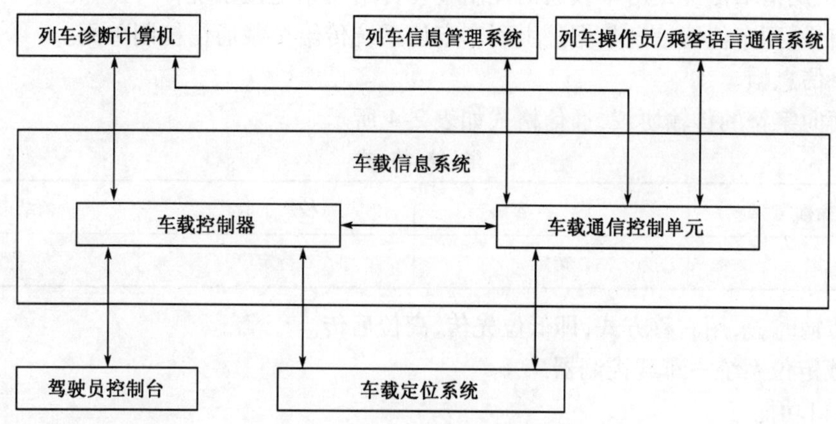

图2-63 典型的无线闭塞列车接口框图

1)车载控制器—车载通信控制单元

(1)接口功能

通过此接口,车载控制器实现:

①与区域控制系统之间的车地通信,传输与列车安全相关的控制信息和状态信息,信息传输途径为车载控制器—车载通信控制单元—地面通信控制单元—区域控制器,双向传输。

②与中央控制系统之间的车地通信,传输车载运行控制系统的诊断信息,信息传输途径为车载控制器→车载通信控制单元→地面通信控制单元→中央诊断计算机,单向传输。

(2)接口特性

①接口类型:RS-232 串行接口。

②传输速率:38 400b/s。

③传输方式:采用异步传输方式。

2)车载定位系统一车载通信控制单元

(1)接口功能

车载定位系统将列车位置信息通过车载通信控制单元、再经无线通信发送给地面牵引控制系统。

(2)接口特性

①接口方式:RS-485 同步串行接口方式。

②传输速率:512kb/s。

③主从关系:车载通信控制单元为主控方,车载定位系统方为受控方。

④信号流向。

每个同步 RS485 串行接口有 4 路信号。

a. 时钟。

b. 车载通信控制单元请求信号。

c. 车载定位系统门控信号。

d. 列车位置信息数据。

时钟信号、请求信号是由车载通信控制单元传给列车定位系统；

门控信号、列车位置信息数据是由列车定位系统传给车载通信控制单元。

⑤接口信息帧。

采用面向字符的传输协议，通信格式如表2-4所示。

通信格式 表2-4

帧开始标志	内　　容	校　　验	帧结束标志
待定	待定	待定	待定

数据传输时，采用右移方式，即低位先传，高位后传。

3）车载定位系统—车载控制器

（1）接口功能

车载定位系统发给车载控制器列车的位置信息作为车载控制器控制列车安全的重要数据。

（2）接口特性

①接口类型：RS-232串行接口。

②传输速率：38 400b/s。

③传输方式：采用异步传输方式。

4）司机控制台—车载控制器

（1）接口功能

司机显示提供司机与车载控制器及列车自动监控ATS的接口，显示的信息包括最大允许速度，当前测速度、到站距离、列车运行模式及系统出错信息等。

车载控制器输出信号主要包括：

①ATC运行模式选择：

a. 自动ATO位，安全信号。

b. 人工ATP位，安全信号。

c. 限制人工驾驶位安全信号。

d. 切除（旁路ATC功能），安全信号。

②方向控制：

a. 前进位，安全信号。

b. 惰行位，安全信号。

c. 后退位，安全信号。

③紧急制动，安全信号：

紧急制动按钮由司机操作。ATC在任何的工作模式下都接受紧急停车的请求。该电路是安全电路，任何相关的接口或者电路故障都被认为是请求紧急停车。

④车门操作模式选择开关（选择自动或人工车门操作），安全信号：

a. 自动开门/自动关门。

b. 自动开门/人工关门。

c. 人工开门/人工关门。

(2)接口特性

①接口类型:快速以太网。物理接口是 RJ-45。

②传输速率:10M/100M 自适应。

③信息帧格式。

采用面向字符的传输协议,通信格式如表 2-5 所示。

通信格式 表 2-5

帧开始标志	内容	校验	帧结束标志
待定	待定	待定	待定

5)列车诊断计算机—车载通信控制单元

(1)接口功能

用于列车诊断计算机与车载通信控制单元之间传递列车的诊断信息。车载通信单元再将此信息发送给地面 ATC 控制系统。

(2)接口特性

①接口方式:以太网接口。

②传输速率 :10M/100M 自适应。

③接插件:工业用 RJ-45。

④信息帧格式。

采用面向字符的传输协议,通信格式如表 2-6 所示。

通信格式 表 2-6

帧开始标志	内容	校验	帧结束标志
待定	待定	待定	待定

6)列车语音通信系统—运控车载无线电控制单元接口

(1)接口功能

接口用来操作员/乘客语音传输,对旅客提供候车、乘车帮助。

(2)接口特性

①接口方式:ISDN 接口(标准 2B 通道)。

ISDN 是综合业务数字网的简称,是数字交换和数字传输的结合,它以迅速、准确、经济、有效的方式提供各种通信网络中现有的业务,而且将通信和数据处理结合起来,不论原始信号是话音、文字、数据还是图像,只要可以转换成数字信号,都能在 ISDN 网络中进行传输。ISDN 有两种速率连接端口,一种是 ISDN BRI(基本速率接口);另一种是 ISDN PRI(基群速率接口)。ISDN BRI 端口是采用 RJ-45 标准,与 ISDN NT1 的连接使用 RJ-45-to-RJ-45 直通线。

②传输速率 :128kb/s。

③信息帧格式。

采用面向字符的传输协议,通信格式如表 2-7 所示。

通 信 格 式　　表2-7

报 文 头	信 息 内 容	报 文 尾
待定	待定	待定

7)列车信息管理系统接口

(1)接口功能

车辆信息管理系统与信号系统间建立双向的通信连接。接口传输信息内容包括:

①本次车的车号。

②到站名称。

③终点站名称。

④到站开门侧。

⑤ATC 的报警信息。

(2)接口特性

①接口类型:快速以太网。物理接口为标准 RJ-45。

②传输速率:10M/100M 自适应。

③信息帧格式。

采用面向字符的传输协议,通信格式如表 2-8 所示 。

通 信 格 式　　表2-8

帧开始标志	信 息 内 容	校 验 位	帧结束标志
待定	待定	待定	待定

2.5.6 轨道交通接口技术展望

上面介绍了连接轨道车辆各子系统的接口技术,并针对子系统的功能特性等提出一种接口设计方案。在该参考方案中,注意到轨道车辆接口的标准化问题,即采用标准接口,减少接口种类,接口界面要清楚,这样为初期建设、后期维护提供许多方便,降低成本。否则,如广州地铁 1 号线通信系统及其他机电系统由国外公司集成完成,采用了不少非标准化接口,造成接口类型多,通用性不强,维护成本高。随着时间推移,一些备品备件已经绝版,给系统维护带来隐患。

随着技术的发展,接口将逐步由复杂、多样向简单、单一化和标准化方向发展,各种控制用接口向无缝连接方向逐步演进,将来的轨道车辆系统将是一个简单、稳定和可靠的系统。

第3章　铁路交通运行控制系统

3.1　铁路运行控制系统概况

铁路运输具有容量大、可靠性高、适宜长距离等优点，在国民经济发展中发挥着重要的作用。其中，铁路交通运行控制也经历了从简单到复杂、从人工化到机械化再到电气化的漫长发展历程。

作为管理铁路运输的系统，列车运行控制系统是铁路运输系统的重要组成部分。该系统根据列车在铁路线路上运行的客观条件和实际情况，对列车运行速度及制动方式等状态进行监督、控制和调整。系统包括地面与车载两部分，地面设备采集生成列车控制所需要的全部基础数据，例如，列车的运行速度、间隔时分等；车载设备通过媒体将地面传来的信号进行信息处理，形成列车速度控制数据及列车制动模式，用来监督或控制列车安全运行。系统改变了传统的信号控制方式，可以连续、实时地监督列车的运行速度，自动控制列车的制动系统，实现列车的超速防护。列车控制方式可以由人工驾驶，也可由设备实行自动控制，使列车根据其本身性能条件自动调整追踪间隔，提高线路的通过能力。

3.1.1　国外的铁路运行控制系统概况

20世纪60年代之前，铁路列车运行控制系统由路旁信号机来传递信息，列车运行安全取决于司机的视觉驾驶技术和经验，前后列车间的空间间隔由相邻信号机之间的距离来实现。在这种传统的信号系统中，信号机显示信息的能力极为有限，完全依赖于司机，导致系统的安全性不高，效率较低。

进入20世纪70年代之后，为了提高安全及效率，世界各国都十分重视自动列车控制系统的研究和开发。日本于1964年交付使用了世界上第一条高速铁路——东海道新干线，该高速铁路以机控为主、设备优先的列车自动控制系统，使列车在高速度、高密度运行的条件下安全运行。列车速度的提高对列车运行控制系统在安全和效率方面提出了更高的要求，随着地面信息传输技术（应答器、轨道电路和轨间环线电缆等）和列车信息接收技术的不断完善，出现了点式ATC系统、点连式ATC系统和连续式ATC系统，如法国的TVM系统、德国的LZB系统和日本的ATS-P系统等，这类系统具有速度实时监控功能。在20世纪80年代，随着信息传输量的增加、自动控制技术的完善和微电子技术的发展，使得列车运行控制的车载系统功能不断扩大，如实时计算距离—速度模式曲线、自动实施常用制动和紧急制动、自动驾驶、节能运行指导等。

进入20世纪90年代，世界上已有许多国家开发了各自的列车运行控制系统。法国的UT列车超速防护系统在法国有着成熟的运用经验。另外，在技术上具有代表性且已投入使用的系统还有美国的PTC系统、欧洲的ETCS系统等。例如，欧洲的ETCS是一个先进的列车自动防护（ATP）系统和机车信号（Cab Singnalling）技术规范，安装符合ERTMS/ETCS技术规范的列车运行控制系统,不仅能提高列车的安全性,而且使列车能够在欧洲境内穿越国境时实现互通运营。这些系统的共同特点是:可以实现自动连续监督列车运行速度,可靠地防止人为错误操作所造成的恶性事故的发生,保证列车的高速安全运行。它们之间的主要区别体现在控制方式、制动模式及信息传输等形式方面。

3.1.2 国内的铁路运行控制系统概况

20 世纪 80 年代初,全路大部分机车都安装了机车“三大件”,即机车信号、自动停车和无线列调,行车安全形势大有好转,但还存在不少问题。随之国内多家单位积极开展列车超速防护系统(ATP)的研究,探索中国铁路列控系统发展之路。

1985 年,我国开始酝酿引进国外的无绝缘轨道电路和车载 ATP 系统。郑武线电气化工程率先引进 UM71 无绝缘轨道电路自动闭塞和 TVM300 超速防护系统,推动了我国多信息速差式自动闭塞和列车超速防护的发展。郑武、京郑线引进了 UM71-TVM3OO 系统,加快了我国列控技术的发展。

1995 年,国家“八五”攻关项目“LSK 旅客列车速度分级控制系统”在广深线 160 ~ 200km/h 的列车上投入运营,对列车安全、高速地运行起到了保障作用。LSK 系统作为我国自行研制的准高速旅客列车超速防护系统,在“人机联控、人控优先”的设计原则下,综合信号安全技术、机电控制技术、计算机和网络通信技术以及可靠性与故障安全理论,构成新型人机关系的信号安全防护系统,并首次以车载信号作为行车凭证,实现了我国超速防护系统历史性的突破。

1995 年以后,由列车运行记录器发展起来的列车运行监控装置,以其特有的车载线路数据存储方式,受到应用主管部门的肯定并迅速在全路推广。但这种控制方式与国际公认的超速防护系统仍然存在一定距离,如基本功能、人机界面、相应的规范和标准不完善;管理者、研制者、使用者和维护者认知水平存在较大差异。

今天,随着既有线提速、准高速及客运专线的开工建设,ATP 在保证列车安全运行方面显得尤为重要。事实证明,在列车高速运行的条件下,地面信号难以辨认,没有 ATP 的车载信号方式难以适应缩小的行车间隔。以地面自动闭塞为基础,以车载信号为行车凭证的列车运行控制系统势在必行。

为满足客运专线和高速铁路建设需求,参考欧洲 ETCS 规范,中国逐步形成了自己的 CTCS(Chinese Train Control System)标准体系。CTCS 列控系统是为了保证列车安全运行,并以分级形式满足不同线路运输需求的列车运行控制系统。CTCS 系统包括地面设备和车载设备,根据系统配置按功能划分为 5 个等级。

目前,我国铁路信号领域能适应客运专线、高速铁路以及地铁运输需要的列控系统相对落后,已经成为制约发展的瓶颈。随着既有线提速、高速线、客运专线及青藏线开工建设需要,改进和完善现有的 CTCS 规范成为当务之急。

3.2 铁路运行控制基础设备

传统的铁路系统的安全可靠运行是靠信号控制设备来配合完成的,包括继电器、色灯信号机、道岔、转辙机、轨道电路、计轴器等,这些设备的发展贯穿在整个铁路交通运行控制系统的发展的过程之中。本节将简单介绍这些基础设备的相关知识。

3.2.1 继电器

信号继电器是轨道交通信号继电式控制系统的关键部件,也是电子式控制系统的主要接口部件。安全型继电器是我国信号继电器的主要定型产品。图3-1是直流24V系列的重弹力式直流电磁继电器,无极继电器是它的基本型号。它的基本原理是在线圈中通以一定数量的电流,继电器励磁,吸合衔铁,带动动接点运动与前接点接通。当线圈中的电流减小到一定值时,继电器失磁,衔铁依靠重力和接点弹力复位,带动动接点运动与前接点断开,接通后接点。利用接点的断开和闭合就可以控制各种信号电路。

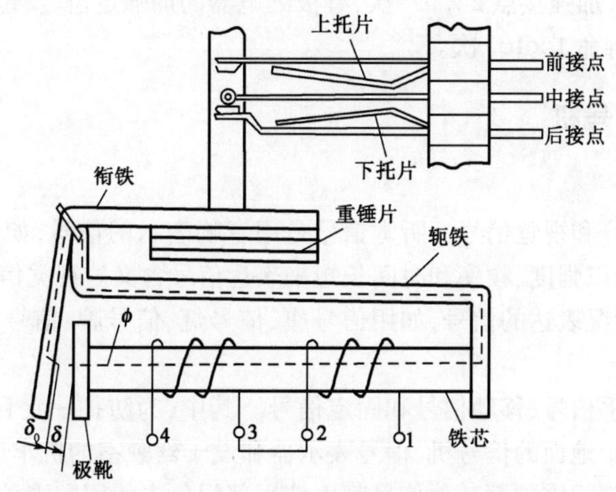

图3-1 JWXC-1700型直流无极继电器结构示意图

6502电气集中的控制电路大都采用JWXC-1700型直流无极继电器,供电电压为直流24V,安全型继电器的类型很多,除直流无极继电器外,还有JPX-1000型偏极继电器(图3-2)、JYX型有极继电器(图3-3)、JZX型整流式继电器、时间继电器、灯丝转换继电器、交流二元二位继电器、动态继电器、电源屏用继电器等。

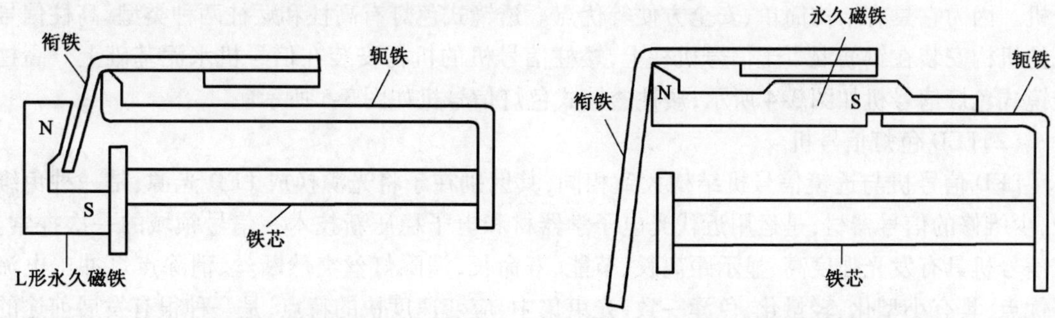

图3-2 偏极继电器磁路系统结构　　图3-3 有极继电器磁路系统结构

在铁路信号系统中,凡是涉及行车安全的继电电路都必须采用安全型继电器。所谓安全型继电器是指它的结构必须符合故障—安全原则(发生安全侧故障的可能性大于发生危险侧故障的可能性;处于禁止运行状态的故障有利于行车安全,称为安全侧故障;处于允许运行状态的故障可能危及行车安全,称为危险侧故障)。它是一种不对称器件,在故障情况下使前接点闭合的概率远小于后接点闭合的概率。这样,就可以用前接点代表危险侧信息,用后接点代表安全侧信息。

为了达到故障—安全要求,安全型继电器在结构上有以下特点:

(1)前接点采用熔点高,不会因熔化而使前接点黏连的导电性能良好的材料。

(2)增加衔铁重量,采用"重力恒定"原理在线圈断电时强制将前接点断开。

(3)采用剩磁极小的铁磁材料构成磁路系统,并在衔铁与极靴之间设有一定厚度的非磁性止片,当衔铁吸起时,仍有一定的气隙以防剩磁吸力将衔铁吸住。

(4) 衔铁不致因机械故障而卡在吸起状态。

安全型继电器的寿命指的是接点的寿命,包括电寿命和机械寿命。继电器的电寿命,规定为普通接点 2×10^6 次,加强接点 2×10^5 次,有极继电器的加强定位、反位接点接通 1×10^5 次,断开 2×10^3 次,机械寿命 1×10^7 次。

3.2.2 色灯信号机

1)信号机的用途

信号包括听觉信号和视觉信号。听觉信号是用音响表示的信号,如用号角、口笛、机车鸣笛、响墩等发出的信号以强度、频率和时间长短来表达信号含义。视觉信号是用颜色、形状、位置、显示数目及灯光状况表达的信号,如用信号旗、信号灯、信号牌、信号机、信号表示器、信号标志显示的信号。

视觉信号可分为手信号、移动信号和固定信号。其中,为防护一定目标,常设于固定地点的叫固定信号。如设于地面的信号机、信号表示器和设于驾驶室的机车信号都属于固定信号。一般固定信号归电务部门维护而其他信号都由使用部门负责使用和维护。

机车信号原来是作为辅助信号使用的,随着技术的进步和行车的需要在铁路的客运专线和城轨交通也已取得了主体信号的地位。本节主要讨论色灯信号机。

2)常用色灯信号机

(1)透镜式色灯信号机

色灯信号机根据光学系统的不同可分为透镜式和探照式两种。现在都采用透镜式色灯信号机。因为它具有结构简单、安全方便等优点。透镜式色灯有高柱和矮柱两种类型,高柱信号机的机构安装在钢筋混凝土信号机柱上,矮柱信号机的机构安装在信号机水泥基础上。高柱透镜式色灯信号机如图 3-4 所示,矮柱透镜式色灯信号机如图 3-5 所示。

(2)LED 色灯信号机

LED 信号机与透镜信号机结构大致相同,其区别在于将光源换成 LED 光源,是一种免维护,少维修的信号器材,是运用近代光电子学器材和电子稳压新技术在信号领域的一次探索。该信号机具有发光强度高、显示距离长、节能、寿命长、消除灯丝突然断丝、消除点灯冲击电流等优点,具有小型化、轻量化、色泽一致、光束集中、应变速度快的特点,是一种很有发展前途的信号机。

(3)铝合金色灯信号机构

国内铁路目前使用的色灯信号机构,大多数还是整体式铸铁材质,机体笨重,安装调整困难,维修维护工作量大。为了适应铁路信号事业发展的需要,研制了新型的铝合金色灯信号机

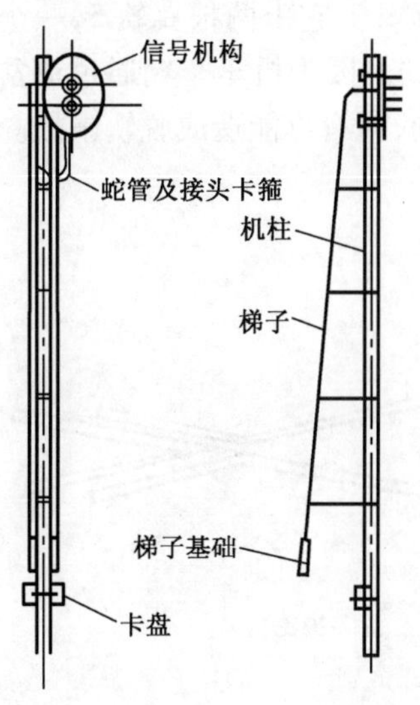

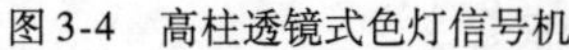

图 3-4 高柱透镜式色灯信号机

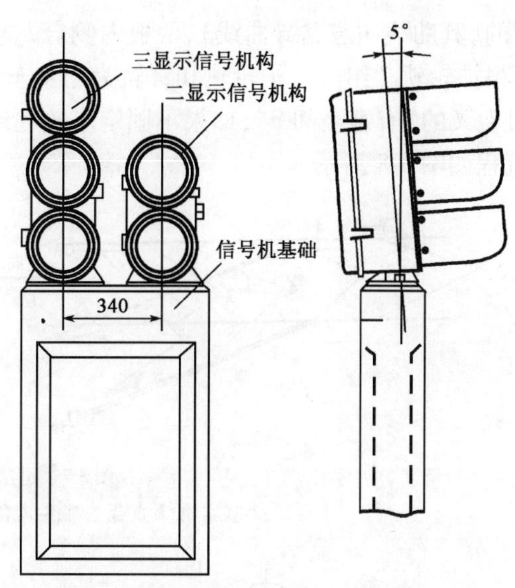

图 3-5 矮柱透镜式色灯信号机(尺寸单位:mm)

构,具体做法有两种:一种是外形尺寸与原来的铁路标准信号机构相同,采用高强度铝合金材料整体压铸而成,可与原来的透镜组配套使用,也可与新型的 LED 发光盘配套;另一种是组合式信号机构,外壳用硅铝合金压铸而成。内外表面均涂无光黑漆,可防止光反射。结构合理,密封性能好,体积小,重量轻,安装简单方便,可减少施工、维护等高空作业的劳动强度。组合式信号机的光学原理如图 3-6 所示。由光源(信号灯泡)发出的光,通过滤色片变成色光,经过非球面透镜将散射的色光会聚成平行光,再经过偏散镜进行折射偏散,将其中的一部分光保持原方向射出,称为主光;另一部分光按偏散镜的偏散角度射出称为偏光。主光主要用于远距离显示,光强较高。偏光主要用于曲线部分。随着列车的运行,逐渐接近信号机,对于光强的需要也逐渐减弱,所以偏光的光强也随着偏散角度加大相应地逐渐减弱,从而充分有效地利用了光源,使得在曲线上各个位置看到的信号灯光亮度均匀一致。

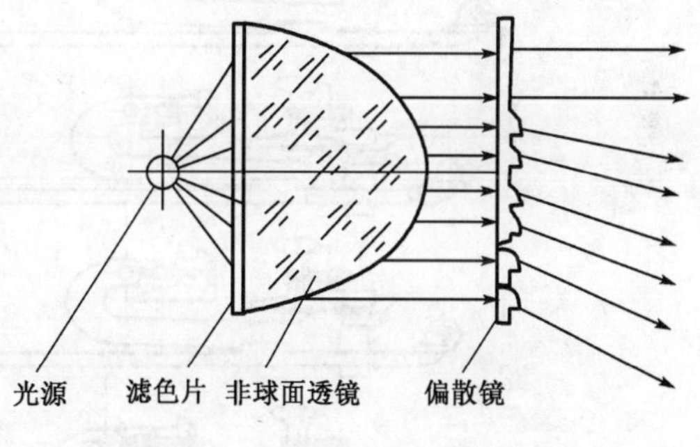

图 3-6 组合式信号机的光学原理

3.2.3 道岔与动力转辙机

1)道岔

道岔是列车从一股道转向另一股道的转辙设备,它是铁路线路中最关键的特殊设备,也是铁路信号的主要控制对象之一。信号工作人员必须熟悉它的基本结构、作用和表示符号。

(1)道岔的组成

道岔的机械结构如图 3-7 所示,道岔有两根可以移动的尖轨 1,尖轨的外侧是两根固定的基本轨 2。与尖轨和基本轨相连接的是四根合龙轨。其中,两根合龙轨 3 是直的,两根合龙轨

4 是弯的(其曲线叫道岔导曲线),两根内侧合龙轨相连的是辙叉。它由两根翼轨 5,一个岔心 6 和两根护轮轨 7 组成。护轮轨和翼轨为固定车轮运行方向的。因为机车车辆通过道岔时都要经过辙叉的"有害空间 S",如果不固定车轮轮缘的前进方向,就有可能造成脱轨事故。道岔动作流程如图 3-8 所示。

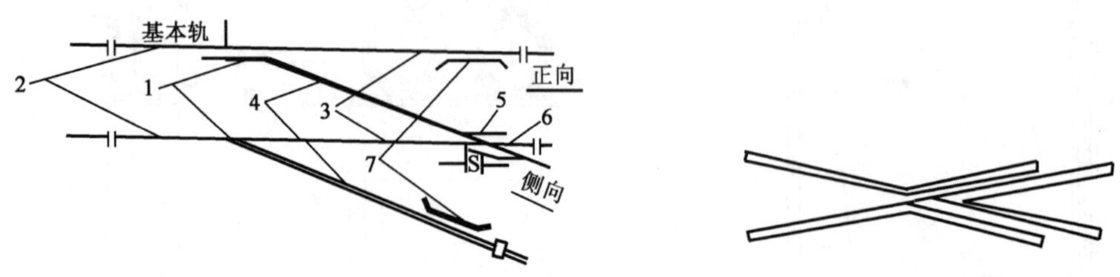

图 3-7　道岔示意图

1-尖轨;2-基本轨;3-直合龙轨;4-弯合龙轨;5-翼轨;6-岔心;7-护轮轨

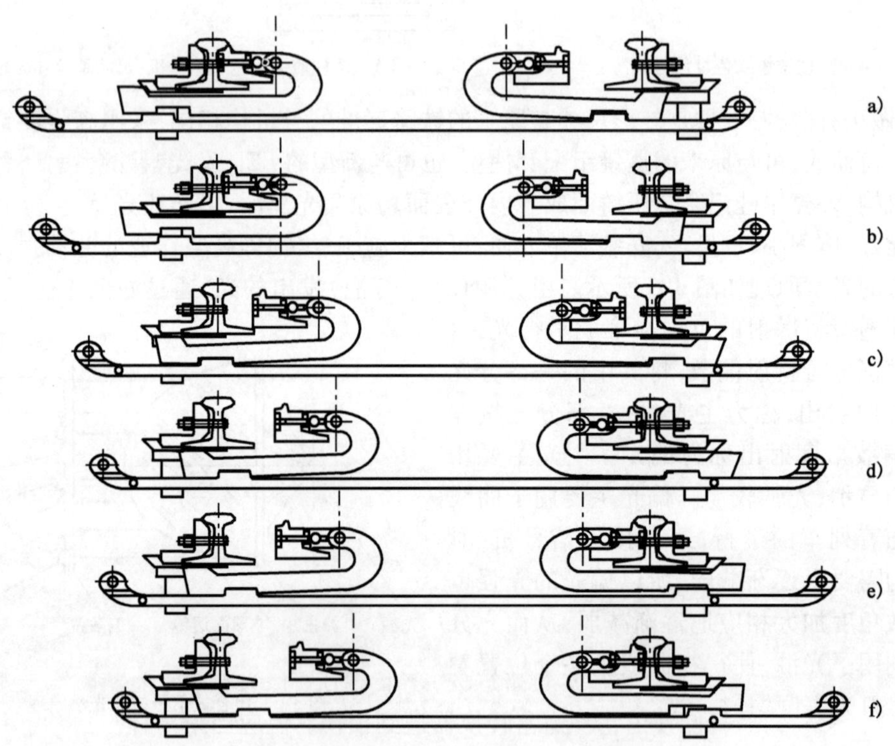

图 3-8　道岔动作流程(尺寸单位:mm)

由岔心所形成的角,叫辙叉角,它有大有小。道岔号码(N)是代表道岔各部主要尺寸的。通常用辙叉角 a 的余切来表示。道岔号与辙叉角 a 成反比关系,a 角越小,N 越大,导曲线半径也越大,机车车辆通过该道岔时就越平稳,允许的过岔速度也就越高。所以采用大号码道岔对于列车运行是有利的。随着列车重量和速度的不断提高,应逐步采用强度更高,号码更大的道岔。

目前,在我国铁路的主要线路上大多采用 9 号、12 号、18 号三个型号的道岔,它们所允许的侧向通过速度分别为 30km/h、45km/h、80km/h。用于提速的 30 号道岔,侧向通过速度可达

140km/h。

(2)道岔的位置和状态

由图3-9所示,道岔有两根可以移动的尖轨,一根密贴于基本轨,另一根尖轨离开基本轨,可以同时改变两根尖轨的位置,使原来密贴的分离,而原来分离的密贴,可见道岔有两个可以改变的位置。我们通常把道岔经常所处的位置叫作定位,临时根据需要改变的另一位置叫作反位。为改变道岔的两个位置,在道岔尖轨处需要安装道岔转辙设备。

尖轨与基本轨密贴的程度如何,对行车安全影响很大,比如列车迎着尖轨运行时,如果尖轨密贴程度差,即间隙超过一定限度(大于4mm),则车的轮缘有可能撞着或从间隙中挤进尖轨尖端而造成颠覆或脱轨的严重行车事故。因此。对尖轨和基本轨的密贴程度规定有严格地标准。根据《铁路技术管理规程》规定,装有转换锁闭器、电动转辙机、电空转辙机的道岔,当在转辙杆处的尖轨与基本轨之间插入厚4mm、宽为20mm的铁板时,应不能锁闭和开放信号。

当高速列车通过道岔时,虽道岔尖轨与基本密贴良好,但由于列车振动仍有可使道岔改变状态的可能性,为了防止此种危险的发生,在上述几种道岔转换设备中,都附有锁闭装置,以便把道岔锁在密贴良好的规定状态。

(3)对向道岔和顺向道岔

道岔本身并无顺向和对向之分。它只是根据列车运行方向而言的。列车迎着道岔尖轨运行时,该道岔就叫对向道岔。反之,列车顺着道岔尖轨运行时,就叫顺向道岔,如图3-9所示。

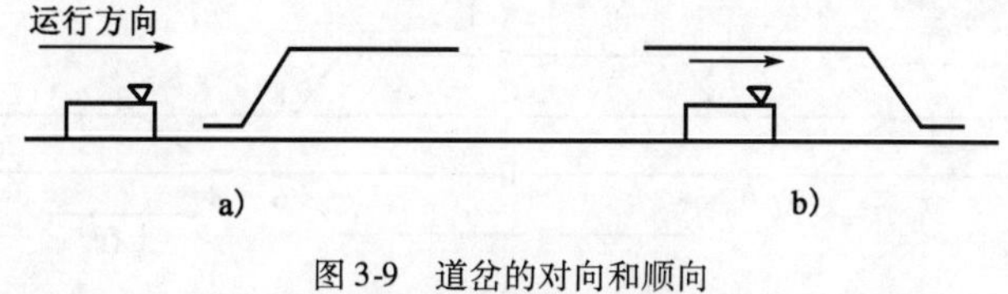

图3-9 道岔的对向和顺向

a)对向道岔;b)顺向道岔

对向道岔和顺向道岔的不安全因素不一样,导致事故的后果也不同。

当列车迎着岔尖运行时,如果道岔位置扳错了,则列车就被接向另一条线路上去了。如果这条线路已停有车辆,就会造成列车冲撞。另外,如果道岔位置虽然对,但其尖轨与基本轨不密贴(即状态不良),则车轮轮缘有可能将密贴的一根尖轨挤开,造成"四开",从而引起列车颠覆事故,当列车顺着岔尖运行(即从辙叉方面开来),与上述情况就不同了。这时道岔位置如果不对,车轮轮缘可以从尖轨与基本轨挤进去,并推动另一根尖轨靠近基本轨。发生这种情况,叫挤岔。挤岔时有可能使道岔和道岔转换器遭到损伤。但应当指出,同一组道岔,根据经由它的列车运行方向不同,有的是对向的,有的却又是顺向的。

为了保证行车安全,凡是列车经过的道岔,不论对向的还是顺向的,都要和信号机实现联锁。在电动的道岔转换器和锁闭器的结构上也要反映出道岔不密贴和挤岔等危险情况,一旦道岔不密贴或被挤时,就不能使信号机开放。

(4)单动道岔和双动道岔

扳动一根道岔握柄(手动道岔的操纵元件)或按压一个道岔按钮(电动道岔的操纵元件),仅能使一组道岔转换,则称该道岔为单动道岔,如果能使两组道岔同时或顺序转换,则称为双动道岔。双动道岔有时也称联动道岔。联动道岔也有三动或四动的情况。为了简化操作手续,简化联锁关系,有时还为了保证行车安和节省信号器材等因素,凡是能双动的道岔必须使

之双动;“双动”即意味着两组道岔可作为一个控制对象来处理,下面举例说明:

①平行线路两端的道岔,应使之双动。

对双动道岔的基本要求是:定位时都必须转换到定位,反位时则又都必须转换到反位。如图3-10a)所示的1号和3号道岔。它们是渡线上的两组道岔。这两组道岔都处于定位时,可以接由北京方向往IG股道的列车,同时又可以由ⅡG股道向北京方面发车,使两平行进路都开通互不影响,并起到进路的隔离作用。当北京方向开来的接向4股道的列车要经过1、3渡线,这时需要把1号和3号道岔都扳到反位。由于1号和3号道岔是双动的,要求定位时,必须同时定位,反之则同时反位,故它必须使之双动。

如图3-10b)所示的2号和4号道岔。它们不属于渡线两端的道岔。当2号道岔在定位时,4号道岔可以在定位也可以在反位,因为这两组道岔不存在反位时都必须反位的关系,故这两组道岔不能划为双动,只能作单动处理。

②线路隔开设备与到发线之间的连接线路两端的道岔,应使其双动。

如图3-10b)中的安全线是专用线与正线之间的线路隔开设备,其间有一条连接线路,其两端的道岔1和3,应使之双动。使道岔1定位开向安全线,道岔3定位时开通正线。这样,当正线上有列车运行时,道岔3在定位,道岔1一定也在定位(因为是双动)。只有保证1号道岔在定位,才能使安全线起到防护作用。如果专用线有列车进入车站时,才临时把道岔1和道岔3都扳到反位,平时道岔1、3定位开通安全线。

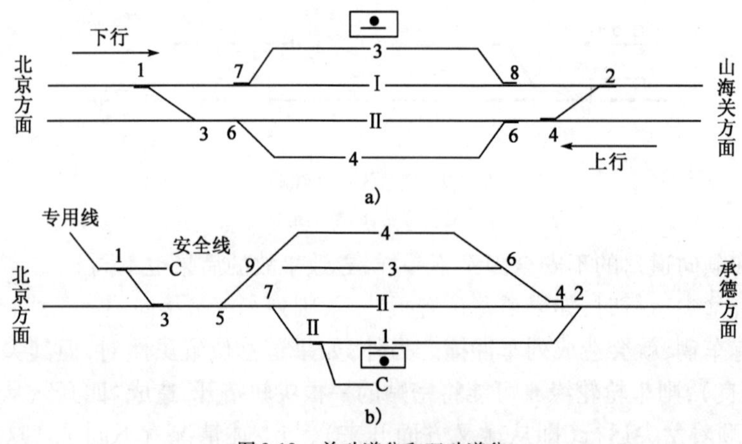

图3-10 单动道岔和双动道岔

2)动力转辙机

动力转辙机是道岔控制系统中的执行机构,它的基本任务是转换道岔、锁闭道岔和反映道岔的位置和状态。转辙机的传动机构是将电动机的高速旋转变换成动作杆的低速直线运动,再有动作杆带动尖轨转换。传动机构的另一作用是驱动尖轨的锁闭机构。转辙机的传动机构有齿轮传动和液压传动两类。

转辙机是转辙装置的核心和主体,除转辙机本身外,还包括外锁闭装置和各类杆件及安装装置,它们共同完成道岔的转换和锁闭。

(1)转辙机的作用

转辙机的作用具体如下:

转换道岔的位置,根据需要转换至定位或反位;

道岔转至所需位置而且密贴后,实现锁闭,防止外力转换道岔;

正确地反映道岔的实际位置,道岔的尖轨密贴于基本轨后,给出相应的表示;

道岔被挤或因故处于“四开”(两侧尖轨均不密贴)位置时,及时给出报警及表示。

(2)对转辙机的基本要求

对转辙机的基本要求具体如下:

作为转换装置,应具有足够大的拉力,以带动尖轨作直线往返运动;当尖轨受阻不能运动到底时,应随时通过操纵使尖轨恢复原位;

作为锁闭装置,当尖轨和基本轨不密贴时,不应进行锁闭,一旦闭锁,应保证不致因车通过道岔时的振动而错误解锁;

作为监督装置,应能正确地反映道岔的状态;

道岔被挤后,在未修复前不应再使道岔转换。

(3)转辙机的分类

①按动作能源和传动方式分类,转辙机可分为电动转辙机、电动液压转辙机和电空转辙机。

电动转辙机由电动机提供动力,采用机械传动的方式。多数转辙机都是电动转辙机,包括我国铁路大量使用的 ZD6 系列转辙机和 S700K 电动转辙机。

电动液压转辙机简称电液转辙机,由电动机提供动力,采用液力传动的方式。ZY(J)系列转辙机即为电液转辙机。

电空转辙机由压缩空气作为动力,由电磁换向阀控制。ZK 系列转辙机即为电空转辙机。

②按供电电源种类,转辙机可分为直流转辙机和交流转辙机。

直流转辙机采用直流电动机,工作电源是直流电。ZD6 系列电动转辙机就是直流转辙机,由直流 220V 供电。ZY 系列电液转辙机也是直流转辙机,也由直流 220V 供电。电空转辙机则由直流 24V 直流电供电。直流转辙机的缺点是,由于存在换向器和电刷,易损坏,故障率较高。

交流转辙机采用三相交流电源或单相交流电源,由三相异步电动机或单相异步电动机(现大多采用三相异步电动机)作为动力。目前推广的提速道岔用的 S700K 型电动转辙机和 ZYJ7 型电液转辙机均为交流转辙机。交流转辙机采用感应式交流电动机,不存在换向器和电刷,因此故障率低,而且单芯电缆控制距离远。

③按动作速度分类,转辙机可分为普通动作转辙机和快动转辙机。

大多数转辙机转换道岔时间在 3.8s 以上,属于普通动作转辙机。ZD7 型电动转辙机和 ZK 系列电空转辙机转换道岔时间在 0.8s 以下,属于快动转辙机。快动转辙机主要用于驼峰调车场,以满足分路道岔快速转换的要求。

④按锁闭道岔的方式,转辙机可分为内锁闭转辙机和外锁闭转辙机。

内锁闭转辙机依靠转辙机内部的锁闭装置锁闭道岔尖轨,是间接锁闭的方式。ZD6 系列等大多数均采用内锁闭方式。锁闭可靠程度较差,列车对转辙机的冲击大。

外锁闭转辙机虽然内部也有锁闭装置,但主要依靠转辙机外锁闭装置锁闭道岔,将密贴尖轨直接锁于基本轨,斥离尖轨锁于固定位置,是直接锁闭的方式。用于提速道岔的 S700K 型电动转辙机和 ZYJ7 型电液转辙机均采用外锁闭方式。外锁闭方式锁闭可靠,列车对转辙机几乎无冲击。

⑤按是否可挤,转辙机可分为可挤型转辙机和不可挤型转辙机。

可挤型转辙机内设挤岔保护(挤切或挤脱)装置,道岔被挤时,动作杆解锁,保护了整机。

不可挤型转辙机内不设挤岔保护装置,道岔被挤时,挤坏动作杆与整机连接机构,应整机更换。电动转辙机和电动液压转辙机都有可挤型和不可挤型。

此外,各种转辙机还有不同转换力和动程的区别。

(4)转辙机的设置

在未提速的情况下,车站联锁区域内一般每组道岔岔尖处均设一台转辙机。在采用12号AT(矮形特种断面钢轨)道岔时,因其为弹性可弯道岔,尖轨加长且有弹性,需要采用两台转辙机来转换道岔,一台牵引尖轨尖端(第一点),另一台牵引尖轨腰部(第二点)。可动心轨道岔的心轨需一台转辙机牵引。复式交分道岔的两组尖轨和两组可动心轨分别由一台转辙机牵引。18号道岔尖轨需两个牵引点,可动心轨也需两个牵引点。

在提速区段,提速道岔进一步加长了尖轨长度,为满足多点牵引多点检查的要求,需多台转辙机牵引。转辙机的数量要视道岔号码,固定撤岔还是可动心轨,燕尾式外锁装置还是钩式外锁闭装置,S700K型转辙机还是ZYJ7型转辙机而定,具体数量见表3-1。

各种类型提速道岔所需交流转辙机台数 表3-1

<table>
<tr><th colspan="2" rowspan="2">道岔类型</th><th colspan="2" rowspan="2">道岔号码</th><th rowspan="2">尖轨长度(m)</th><th rowspan="2">尖轨牵引点</th><th rowspan="2">可动心轨牵引点</th><th colspan="2">S700K型转辙机(台)</th><th rowspan="2">ZYJ7转辙机(台)</th></tr>
<tr><th>燕尾式外锁闭</th><th>钩式外锁闭</th></tr>
<tr><td colspan="2" rowspan="5">单动道岔</td><td colspan="2">9号提速道岔</td><td>13.465</td><td>2</td><td></td><td>1</td><td>2</td><td>1</td></tr>
<tr><td rowspan="2">12号提速道岔</td><td>固定辙叉</td><td rowspan="2">13.88</td><td>2</td><td></td><td>1</td><td>2</td><td>1</td></tr>
<tr><td>可动心轨</td><td>2</td><td>2</td><td>2</td><td>4</td><td>2</td></tr>
<tr><td colspan="2">18号提速道岔</td><td>15.68</td><td>3</td><td>2</td><td>3</td><td>5</td><td>2</td></tr>
<tr><td colspan="2">30号提速道岔</td><td>27.98</td><td>6</td><td>3</td><td>9</td><td>9</td><td>9</td></tr>
<tr><td rowspan="4">双动道岔</td><td rowspan="2">两端提速</td><td rowspan="4">12号提速道岔</td><td>固定辙叉</td><td rowspan="2">13.88</td><td>4</td><td></td><td>2</td><td>4</td><td>2</td></tr>
<tr><td>可动心轨</td><td>4</td><td>4</td><td>4</td><td>8</td><td>4</td></tr>
<tr><td rowspan="2">一端提速,另一端不提速</td><td>固定辙叉</td><td rowspan="2">13.88</td><td>2</td><td></td><td>1</td><td>2</td><td>1</td></tr>
<tr><td>可动心轨</td><td>2</td><td>2</td><td>2</td><td>4</td><td>2</td></tr>
</table>

对表3-1需说明的是,9号提速道岔没有可动心轨的。18号、30号没有固定辙叉的提速道岔。两端提速,指两端道岔均在正线上;一端提速,指一端道岔在正线上,另一端不在正线上。不在正线上不提速,仍采用ZD6型等转辙机。采用ZYJ7型转辙机时,除30号道岔,均带SH6型转换锁闭器。对于18号提速道岔,采用燕尾式外锁闭装置,S700K型转辙机,尖轨需两台,心轨需一台,共3台;采用钩式外锁闭装置,每个牵引点一台,共5台;采用ZYJ7型转辙机时,无论何种外锁闭装置,均需两台,其中一台用于尖轨,另一台用于心轨,对30号提速道岔,采用各种外锁闭装置和转辙机时,均为每个牵引点一台转辙机牵引。

客运专线所用18号提速道岔尖轨长度22.01m,38号提速道岔尖轨长度37.63m,它们的牵引点分别同18号、30号提速道岔。

一组道岔由一台转辙机牵引的称为单机牵引,由两台转辙机牵引的称为双机牵引,由两台以上转辙机牵引的称为多机牵引。

3)常见的几种动力转辙机

(1)ZD6 系列电动转辙机

ZD6 系列电动转辙机是我国铁路使用最广泛的系列电动转辙机,它用于非提速区段以及提速区段的侧线上。ZD6 型系列电动转辙机采用内锁闭方式,不适用于提速道岔。ZD6 型系列电动转辙机简况如表 3-2 所示。各型 ZD6 电动转辙机的额定工作电压都为直流 160V。

ZD6 系列电动转辙机简况 表 3-2

目项	额定负载(N)	动作电流(A)	转换时间(s)	动作杆动程(mm)	表示杆动程(mm)	主锁闭力(N)	副锁闭力(N)	特点及类型	适用范围
ZD6—A	2 450	≤2.0	≤3.8	165 ±2	86 ~167	29 420 ±1 961	—	单锁闭,可挤	43kg/m、50kg/m、50kg/mAT 单开道岔,43kg/m9 号对称道岔
ZD6—D	3 432	≤2.0	≤5.5	165 ±2	145 ~185	29 420 ±1 961	14 710 ~ 17 652	双锁闭,可挤	50kg/m、50kg/mAT、60kg/m、60kg/m 单开道岔
ZD6—E	5 884	≤2.2	≤9	190 ±2	70 ~196	49 033 ±3 266	14 710	双锁闭,不可挤	50kg/m 12 号 AT, 60kg/m 12 号 AT、18 号 AT, 75kg/m 12 号 AT、18 号 AT 道岔第一点牵引
ZD6—F	4 413	≤2.2	≤6.5	130 ±2	注 1	29 420 ±1 961	14 710 ~ 17 652	双锁闭,可挤	60kg/m 以上可动心轨道岔第一点牵引
ZD6—J	5 884	≤2.2	≤9	165 ±2	70 ~196	29 420 ±1 961	—	单锁闭,可挤	60kg/m 以上道岔第二点牵引

注:采用方棒锁闭杆代替表示杆,配置 2 号后锁闭杆时,动程 105 ~145mm;配置 3 号后锁闭杆时,动程 65 ~105mm。

ZD6-A 型、D 型、F 型转辙机单机使用时,摩擦电流为 2.3 ~2.5A,E 型和 J 型双机配套使用时,单机摩擦电流为 2.0 ~2.5A。

(2)S700K 型电动转辙机

S700K 型电动转辙机是由于提速需要,从德国西门子公司引进设备和技术,经消化吸收和改进后,在主要干线推广运用的转辙机。该型电动转辙机结构先进、工艺精良,不但解决了长期困扰信号维修人员的电机断线、故障电流变化、接点接触不良、移位接触器跳起和挤切销折断等惯性故障,而且可以做到少维护无维修。

①S700K 型电动转辙机的特点

S700K 型电动转辙机适用于尖轨或可动心轨处采用外锁闭的道岔,它具有以下特点:

a.采用三相交流电动机,不仅从根本上解决了由直流电动机必备的整流子而引起的故障率高、使用寿命短、维修量大的不足,而且减少了控制导线截面,延长了控制距离,单芯电缆控制距离可达 2.5km。

b.采用直径 32mm 的滚珠丝杠作为驱动装置,延长了转辙机的使用寿命。

c.采用具有簧式挤脱装置的保持连接器,并选用不可挤型零件,从根本上解决了由挤切销劳损造成的惯性故障。

d.采用多片干式可调摩擦连接器,经工厂调整加封,使用中无须调试。

②S700K 型电动转辙机的分类

S700K 型电动转辙机规格齐全,不仅能满足道岔尖轨,可动心轨的单机牵引,还能满足双机、多机的需要。

S700K 型电动转辙机的机身是通用的,经配件组装,可组成不同种类。不同种类的转辙机,动作杆也有不同的动程,表示杆也有不同的动程,转换力不同,也可以根据需要重新进行组合成为新成为新的种类。

根据安装方式不同,每一种类又分为左装、右装两种。左装(面对尖轨和心轨,转辙机安装在线路左侧)的转辙机代号用字母 A 加上奇数表示,如 A13、A15。右装(面对尖轨和心轨,转辙机安装在线路右侧)的转辙机代号用字母 A 加上偶数表示,如 A14、A16 等。

不同种类的 S700K 型电动转辙机不能通用。

S700K 型电动转辙机概况如表 3-3 所示。

S700K 型电动转辙机概况 表 3-3

代号	型号	动程(mm)	道岔动程(mm)	转换力(N)	适用的提速道岔
A13/A14	220/160	220	160	2 000	9 号、12 号、18 号尖轨第一牵引点
A15/A16	150/75	150	75	5 000	9 号、12 号尖轨第二牵引点
A17/A18	220/117	220	117	2 000	18 号尖轨第二牵引点,30 号尖轨第一牵引点,12 号心轨第一牵引点
A19/A20	220/110	220	110	2 200	30 号尖轨第二牵引点
A21/A22	220/98	220	98	2 500	30 号尖轨第三牵引点,30 号心轨第一牵引点
A23/A24	150/87	150	87	2 800	30 号尖轨第四牵引点
A25/A26	150	150	— (没有检测杆)	3 500	30 号尖轨第五牵引点,30 号尖轨第六牵引点,30 号心轨第三牵引点
A27/A28	220/76	220	76	3 500	30 号心轨第二牵引点
A31/A32	220/98	220	98	2 000	18 号心轨第一牵引点
A33/A34	150/69	150	69	4 500	18 号尖轨第三牵引点,12 号心轨第二牵引点
A35/A36	150	150	— (没有检测杆)	4500	18 号心轨第二牵引点

表中动程指转辙机动作杆动程,包括转辙机带动可动轨经过的道岔开程和外锁闭装置完成锁闭所经过的距离。道岔动程指检测杆的行程即转辙机带动可动轨所经过的道岔开程。

(3)ZY 系列电动转辙机

电动液压转辙机(以下简称电液转辙机)是采用电动机驱动、液压传动方式来转换道岔的一种转辙装置。液压式转辙机取消了齿轮传动和减速器,简化了机械结构,将机械磨损减至最低程度,减少了维修工作量,且适用于提速道岔。但液压传动对液压介质要求较高,对元件要求也高,传动效率较低。目前,在提速道岔上大量采用 ZYJ7 型电液转辙机。

4)外锁闭装置

(1)道岔的锁闭方式

道岔的锁闭是把尖轨或可动心轨等可动部分固定在某个开通位置，当列车通过时不因外力作用而改变。

①内锁闭方式

内锁闭是当道岔由转辙机带动至某个特定位置后，在转辙机内部进行锁闭，由转辙机动作杆经外部杆件对道岔实现位置固定。例如，ZD6 型转辙机就是由其内部的锁闭齿轮的圆弧面和齿轮条块的削尖齿实现锁闭的。实质上，内锁闭方式锁闭道岔是对道岔可动部分进行间接锁闭。

内锁闭的特点是：

结构简单，便于日常维护保养，且转换比较平稳，属定力锁闭；

道岔的两根尖轨由若干根连接杆组成框架结构，使尖轨部分的整体刚性较高，而且框式结构造成的反弹力和抗劲较大；

由于两尖轨由杆件连接，当杆件受到外力冲击时，如发生弯曲变形，会使密贴尖轨与基本轨分离，严重威胁行车安全；

当列车通过道岔产生冲击时，其冲击力经过杆件将直接作用于转辙机内部，使转辙机部件易于受损，挤切销折断，移位接触器跳开等。

因此，内锁闭式转换设备已不能适应提速的需要，必须采用分动外锁闭道岔转换设备。

②分动外锁闭方式

当道岔由转辙机带动转换至某个特定位置后，通过本身所依附的锁闭装置，直接把尖轨与基本轨或心轨与翼轨密贴夹紧并固定，称为道岔的外锁闭。即道岔的锁闭主要不是依靠转辙机内部的锁闭装置，而是依靠转辙机外部的锁闭装置实现的。

由于外锁闭道岔的两根尖轨之间没有连接杆，在道岔转换过程中，两根尖轨是分别动作的，所以又称为分动外锁闭道岔。

分动外锁闭道岔转换设备的特点：

改变了传统的框架式结构，使尖轨的整体刚性大幅度下降；

尖轨分动后，转换器动力小，而且一根尖轨的变形不影响另一根尖轨，由此造成的反弹、抗劲等转换阻力均减小许多；

两根分动尖轨在外锁闭装置作用下，无论是在起动解锁，还是密贴锁闭过程中，所需的转换力均较小，避开了两根尖轨最大反弹力的叠加时刻；

同时承担两根尖轨弹性力的过程是在密贴解锁以后到斥离尖轨锁闭以前这一较短的时间内，而此时正是电动机功率输出的最佳时刻，使电气特性和机械特性得到良好的匹配；

外锁闭装置一旦进入锁闭状态，车辆过岔时，轮对对尖轨和心轨产生的侧向冲击力基本上不传到转辙机上，即具有隔力作用，有利于延长转辙机及各类转换部件的使用寿命；

由于两尖轨间无连接杆，所以密贴尖轨很难在外力作用下与基本轨分离，可靠地保证了行车安全；

由于密贴尖轨与基本轨之间由外锁闭装置固定，克服了内锁闭道岔靠杆件推力或拉力使尖轨与基本轨密贴易造成 4mm 失效的较大缺陷；

分动外锁闭道岔尖轨转换采用分动方式，设多个牵引点（9 号和 12 号提速道岔两个牵引点，18 号提速道岔三个牵引点，30 号和 38 号道岔六个牵引点），做到尖轨全程密贴，以防止尖轨反弹。还做到多点检查尖轨密贴情况，可动心轨也采用多点牵引（12 号和 18 号两点牵引，

30 号和 38 号三点牵引）；

外锁闭道岔转换设备消除了内锁闭方式的缺陷，适应了列车提速的要求；

外锁闭装置先后出现了燕尾式和钩式两种。

（2）外锁闭装置的结构与工作原理

①外锁闭装置的结构

燕尾式外锁闭装置属于平面锁闭，是我国铁路提速初期采用的外锁闭装置，主要借鉴德国铁路的经验设计。燕尾式外锁闭装置有分动尖轨型和可动心轨型两种。

燕尾式外锁闭装置由锁闭铁、连接铁、滑块、销轴、燕尾锁块、外锁闭杆和锁钩组成，如图 3-11 所示。分动外锁闭道岔的分动是针对尖轨的，可动心轨不存在分动的概念。可动心轨第一牵引点和第二牵引点燕尾式外锁闭转换装置分别如图 3-12 和图 3-13 所示。可动心轨外锁闭装置由外锁闭杆、锁闭铁、接头铁、燕尾锁块等组成。

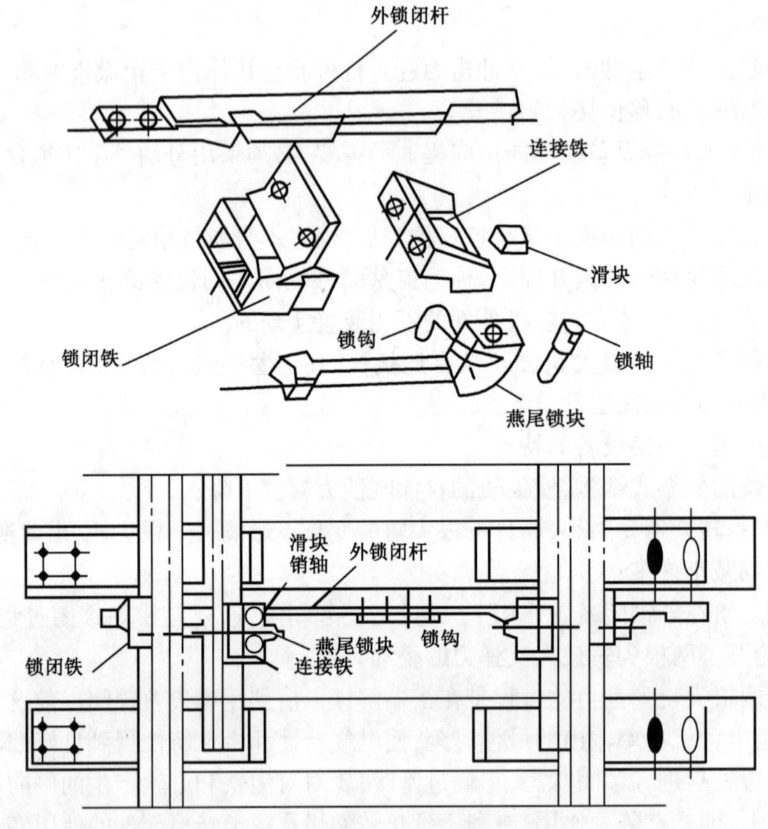

图 3-11　燕尾式外锁闭装置

燕尾式外锁式装置在结构受力和安装调整方面不适合我国铁路道岔的实际情况，对道岔尖轨病害的适应能力差，卡阻现象时有发生，故障率较高，产品工艺性差、质量不易控制，于是又参考英国铁路经验，研制成钩式外锁闭装置。

钩式外锁闭装置的锁闭方式为垂直锁闭。锁闭力通过锁闭铁、锁闭框直接传给基本轨。锁闭铁和锁闭框基本不承受弯矩，锁闭更加可靠。同时各配件全部是锻造调质处理，具有良好的综合机械性能，避免了原尖轨部分燕尾式外锁闭装置的锁闭铁因承受弯矩和铸造缺陷而出

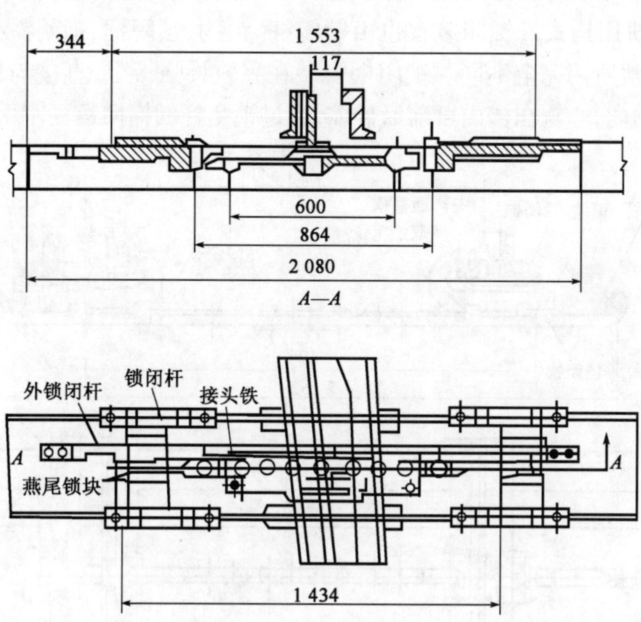

图 3-12 可动心轨第一牵引点燕尾式外锁闭转换装置(尺寸单位:mm)

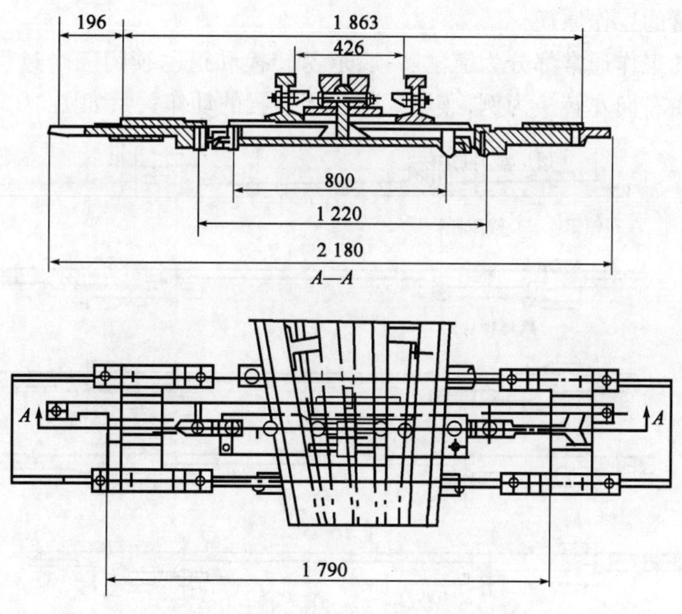

图 3-13 可动心轨第二牵引点燕尾式外锁闭转换装置(尺寸单位:mm)

现断裂现象。钩式外锁闭装置受力结构合理,能有效适应道岔尖轨的不良状态,锁闭可靠,安装调试方便,正逐渐取代燕尾式外锁式装置。钩式外锁闭装置也分分动尖轨用和可动心轨用两种。

分动尖轨用钩式外锁闭装置由锁闭杆、锁钩、锁闭框、尖轨连接铁、锁轴、锁闭铁组成，如图3-14所示。可动心轨用钩式外锁闭装置也由锁闭杆、锁钩、锁闭框、锁闭铁组成，但锁闭杆的尺寸、锁钩的外形与尖轨所用完全不同。锁闭框安装在翼轨补强板上，直接与翼轨相连，心轨的凸缘插在锁钩的楔形槽内，心轨在槽内可前后伸缩，通过锁闭杆的横向运动牵引心轨转换并锁闭。

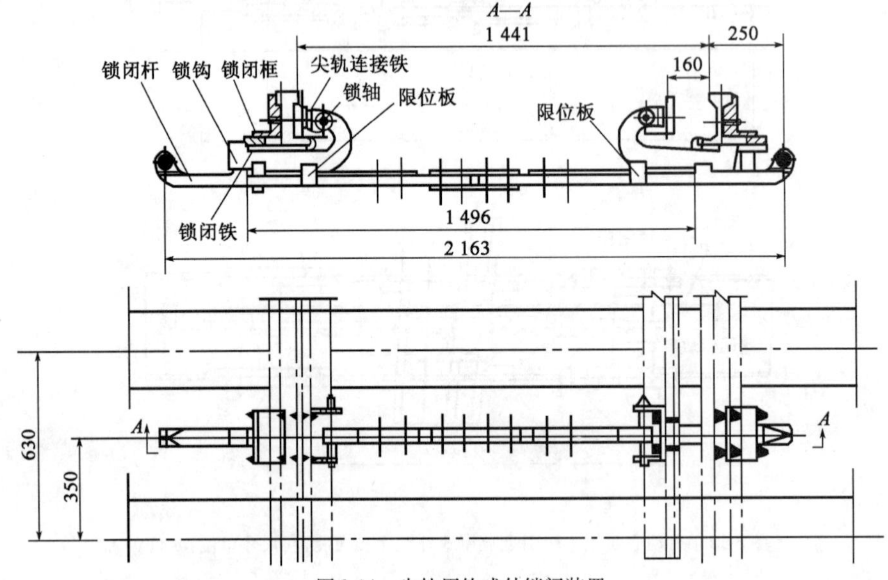

图3-14　尖轨用钩式外锁闭装置

②外锁闭装置的工作原理

外锁闭装置的工作通常都分为道岔解锁、道岔转换和道岔锁闭三个过程来完成。下面以尖轨第一牵引点由右向左转换为例，燕尾式外锁闭装置的动作关系如图3-15所示。

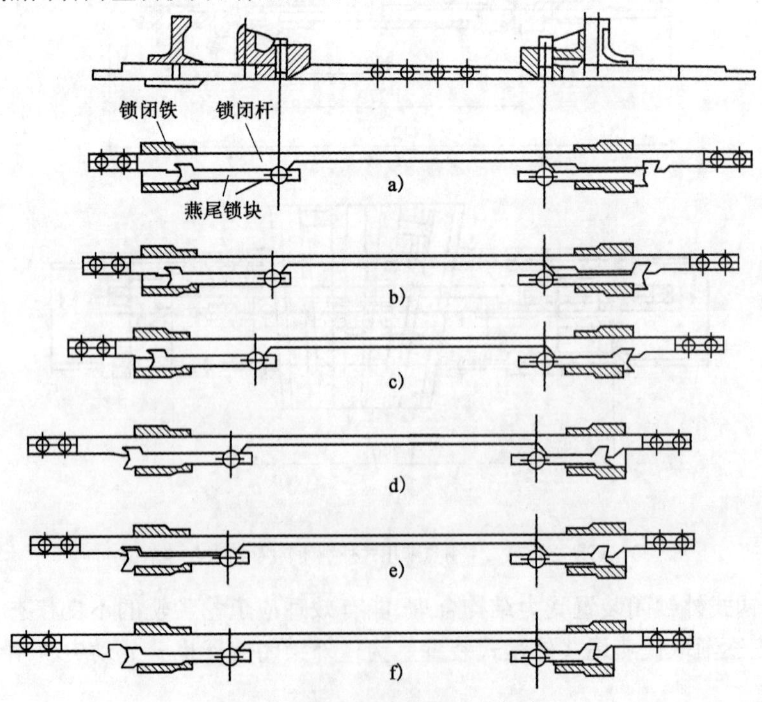

图3-15　燕尾式外锁闭装置的动作关系

a. 岔解锁过程

在转辙机动作杆的带动下，外锁闭杆开始向左运动[图3-15a)]；右侧燕尾锁与外锁闭杆的锁闭量逐渐缩小，左铡尖轨(斥离尖轨)与基本轨的开程也逐渐变小[图3-15b)]。

当转辙机动作杆运动60mm时，左侧的尖轨与基本轨的开程也减小了60mm，右侧燕尾锁块完全进入锁闭杆的燕尾槽内，右侧尖轨还在原来位置，道岔的两尖轨处于解锁状态[图3-15c)]。

b. 道岔转换过程

外锁闭杆开始通过两侧的燕尾锁块带动两尖轨同时向左运动[图3-15d)]，当转辙机动作杆运动160mm时，左侧尖轨与基本轨密贴，燕尾锁块开始被挤出燕尾槽[图3-15e)]，开始锁闭，右侧尖轨也运动了100mm。

c. 道岔锁闭过程

当左尖轨密贴后，由于转辙机动作杆继续向左运动，左侧燕尾锁块与锁闭杆侧面接触面的长度在逐渐加大，同时右侧尖轨继续向左运动，使其开程逐渐加大。当转辙机动作杆运动达220mm时，外锁闭杆不再向左运动，左侧尖轨由于外锁闭杆和锁闭铁的作用，使左侧燕尾锁块固定在不变的位置，实现了锁闭。这时右侧尖轨也被斥离到与基本轨开程为160mm的位置，右侧燕尾锁处于锁闭杆的右侧燕尾槽内，由于转辙机的内锁功能，能使锁闭杆处于不动的位置，对斥离尖轨也实现了锁闭[图3-15f)]。

3.2.4 轨道电路

1)工频交流连续式轨道电路

工频交流连续式轨道电路采用50Hz交流电源，以JZXC-480型继电器为轨道继电器，故又称JZXC-480型交流轨道电路。这种轨道电路实质上是交直流轨道电路，电源是交流电，钢轨中传输的是交流电，而轨道继电器为整流式。与交流轨道电路相比，无须调整相位角。

工频交流连续式轨道电路因结构简单，是目前我国铁路站内轨道电路运用最为广泛的制式。但是该轨道电路存在诸多缺点，如道岔电阻变化适应范围小，极限传输长度短，灵敏度低，防雷性能差，容易出现雨天“红光带”和分路不良等影响行车的情况。所以，逐渐被相敏轨道电路等制式所代替。

(1)工频交流轨道电路的组成

工频交流轨道电路的构成如图3-16所示。

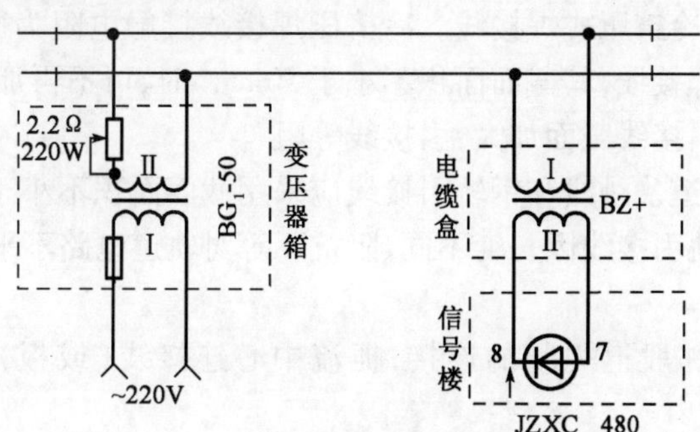

图3-16 工频交流轨道电路

它由送电端、受电端、钢轨绝缘、钢轨引接线、钢轨接续线以及钢轨组成。

(2)工频交流轨道电路工作原理

当轨道电路完整,且无车占用时,交流电源由送电端经钢轨传输至受电端、轨道继电器吸起,表示本轨道电路空闲。此时,轨道继电器的交流电压应在10.5~16V之间,即高于轨道继电器工作值(9.2V)的15%。有此安全系数,以保证轨道继电器可靠励磁。较长和道床电阻较低的轨道电路,应参照调整表调整其轨道变压器输出电压。

当车占用轨道电路时,轨道电路被车辆轮对分路,使轨道继电器端电压低于其工作值,轨道继电器落下,表示本轨道电路被占用。分路时,轨道继电器的交流残压值不得大于2.7V,即轨道继电器释放值(4.6V)的60%,以低于释放值40%的安全系数保证轨道继电器可靠释放。

2)电气化牵引区段的轨道电路

(1)电气化牵引区段对轨道电路的特殊要求

电气化牵引区段的轨道电路必须满足以下特殊要求:

①必须采用与牵引电流频率不同的轨道电路

我国电气化铁路均采用工频50Hz交流供电(城轨交通采用1 500V直流),钢轨既是牵引电流的回流通道,又是轨道电路信号电流的传输通道。因此,在铁路上轨道电路必须采用非工频制式,且该制式对50Hz牵引电流的基波及其谐波干扰应具备有效可靠的防护措施,以保证轨道电路设备安全可靠地工作。而城轨交通可以采用50Hz轨道电路。

②必须采用双轨条式轨道电路

双轨条轨道电路用扼流变压器沟通牵引电流成双轨条回流。轨道电路处于平衡状态,便于实现站内电码化。而单轨条由一根轨条沟通牵引电流,对牵引电能损耗较大,轨道电路仅一根轨条通过信号电流,且易造成站内电码化串码、掉码,故不能采用。

③交叉渡线上两根直股都通过牵引电流时应增加绝缘节

为了确保交叉渡线上轨道电路和机车信号设备能正常工作,当交叉渡线上两根轨道都通过牵引电流时,该交叉渡线上应增加绝缘节。

④钢轨接续线截面面积加大

电气化区段的钢轨接续线,除应保证通过一定电流外,还要尽量减小钢轨接头的接触电阻,使两根钢轨阻抗平衡,减小牵引电流对轨道电路的干扰及牵引电能的损耗,以及保证设备和人身安全。因此,要求钢轨接续线有一定的截面面积,且必须双套。

塞钉式接续线因受振松动和氧化作用,使接触电阻增大,造成两根钢轨阻抗不平衡。因此,要求采用铜焊接线或冷挤压式焊接线。冷挤压焊接线接触电阻为微欧级,可重复使用,便于维修。当采用多股铜焊接线,其截面面积不小于50mm^{2}时,可不再加设塞钉式接续线。

⑤道岔跳线和钢轨引接线截面加大,引接线等阻

为了减小钢轨阻抗,道岔跳线和钢轨引接线应采用截面面积不小于42mm^{2}的多股镀锌钢绞线。为了减小两根钢轨引接线因长度不同、阻抗不等对轨道电路不平衡度的影响,钢轨接续线宜采用等阻连接线。

横向连接线用于相邻股道之间的连接,扼流中心连接线(或板)用于相邻轨道电路的连接。

(2)电化区段站内轨道电路制式

我国电气化铁路采用的轨道电路制式有:

75Hz交流计数电码轨道电路:

25Hz 交流计数电码轨道电路;

移频轨道电路;

25Hz 相敏轨道电路;

不对称脉冲轨道电路;

城轨交通渡线上采用 50Hz 相敏轨道电路。

以上各种制式均采用了相应的技术措施来防干扰,以保证轨电路的可靠工作。

①75Hz 或 25Hz 交流计数电码轨道电路

交流计数电码轨道电路中传输的是不同脉冲和间隔的计数电码,非电化区段采用 50Hz 电源供电,电化区段采用 75Hz 或 25Hz 电源供电。采用“频率—电路”两级防护措施,信号频率选为 75Hz 或 25Hz,具有频率防护能力,将脉动工作定为正常状态,对连续干扰具有防护功能。

早期采用 75Hz 交流计数电码轨道电路,起先为集中供电方式,由集中设置的电动发电机组,将 50Hz 交流电变换为 75Hz 交流电,通过专用高压线路送至沿线各站,后改为分散供电方式,在各站设晶闸管变频器,就地变频。75Hz 交流计数电码轨道电路对脉动电流干扰及冲击电流干扰的防护能力较弱,故发展 25Hz 交流计数电码轨道电路。

25Hz 交流计数器电码轨道电路利用铁磁分频器将 50Hz 电源变频为 25Hz 电源,工作稳定,在抗干扰性能和传输特性方面比 75Hz 交流计数电码轨道电路优越得多。

最早,交流计数电码轨道电路发码设备采用电动发码器,译码设备采用继电式译码器。20 世纪 80 年代后期进行微电子化改造,发码电路由微电子元件进行计数、编码,用晶闸管发码。译码电路采用 Z80 单板机。

②轨道电路

站内用的移频轨道电路也采用频率调制方式。相邻区段采用 300Hz、400Hz、500Hz 的不同载频,对绝缘破损有可靠的防护性能。站内移频轨道电路仅作为监督轨道电路区段的空闲与占用,故只需要一种低频信息即可,调制频率为 8Hz,频偏 ±18Hz。

③25Hz 相敏轨道电路

25Hz 相敏轨道电路发送端采用铁磁变频器,将 50Hz 交流电变频为 25Hz 交流电。对轨道电路有良好的传输特性。采用集中调相方式,供使用的局部电源电压恒超前于轨道电源电压 90°。不需对每段轨道电路进行个别调相,接收端采用二元二位轨道继电器,局部线圈和轨道线圈分别由独立的局部和轨道分频器供电,具有可靠的频率选择性和相位选择性,因而抗干扰能力强,有可靠的绝缘破损防护。

25Hz 相敏轨道电路的信号电源采用较低的频率,所以钢轨的阻抗的模值也小,轨道传输信号的损失也较小,故对增加轨道电路的有效控制长度是有明显效果。采用 25Hz 作为轨道电路电源,能把信号电流和 50Hz 牵引电流趋避开,使之具有较好的抗干扰性能。因此,25Hz 相敏轨道电路不但适用于非电气化区段,也适用于电气化区段,如图 3-17 所示。

此种轨道电路的电源(送受电端)分布取自于 25Hz 电源。其中,局部电源较轨道电源相位超前 90°,使二元二位轨道继电器获得较理想的相位。这种轨道电路比较特殊,动作继电器的电能大部分取自于受电端的局部电源,由轨道传过来的电能仅相当于前者所提供能量的 5% 左右。因此,它较一般轨道电路的钢轨衰耗要小。为使轨道继电器能可靠工作,考虑轨道继电器局部线圈上的电压和轨道线圈上的电压之间相位夹角的大小。它是既影响轨道电路的

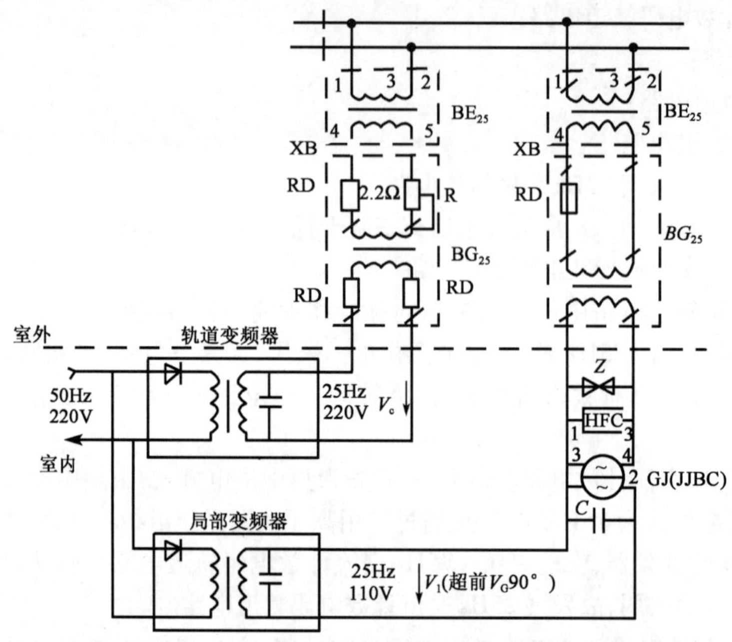

图 3-17　25Hz 相敏轨道电路

调整状态,又关系到轨道电路的分路灵敏度、断轨灵敏度以及抗干扰能力等方面的重要参数,必须十分重视。所谓"相敏",系指它以局部线圈的电压为基准,鉴别进入轨道线圈中电流的相位,具有相敏特性。

④不对称脉冲轨道电路

不对称脉冲轨道电路中传输的是每分钟 182 次、正负脉冲幅值比例为(4~8):1 的不对称脉冲。不对称脉冲由发码器中的晶闸管通过电子电路去控制工频交流电的导通角而形成。不对称脉冲译码器采用积分式脉冲波形鉴别器,动作作为轨道继电器的二元差动闭磁路继电器。有较高的瞬时功率,故分路灵敏度高,对工频正弦波和规定比例以外的各种干扰有很强的抗干扰能力。

在以上电气化区段轨道电路中,应用最广泛的是 25Hz 相敏轨道电路。

3.2.5　计轴器

(1)计轴基本原理。在区间的入口(车站出口)处和区间的出口(下一车站入口)处分别设置计轴器。当列车进入区间或出清区间时,对车轴进行计数。通常在区间入口处进行加 1 计数,有一个轮轴计一个数,将此数送至本区间的出口处,进行减 1 计数。采用高频磁头传感技术,有效改善低频信号传输干扰问题。系统结构和单元板采用欧洲标准结构,分为室内和室外两部分。室外设一个 EAK 计轴电子检测盒,室内设一计轴主机柜。

若计数为零,则说明进入区间和离开区间的轮轴数相等,则区间空闲;否则认为区间被占用。以此方式来检查区间是否空闲,或确认列车是否完整到达。

(2)计轴设备在我国铁路的使用情况有四种方式:

①计轴设备与半自动闭塞结合,完成列车完整到达接车站的自动检查,构成计轴自动站间闭塞。

②利用计轴设备实现自动闭塞或称定点计轴自动闭塞。

③计轴设备加轨道环线电缆构成自动闭塞辅助系统。

④站内多点计轴系统。

本节简单介绍了铁路信号控制的基础设备,限于篇幅,其详细原理不在此赘述,感兴趣的读者可参见教材《轨道交通信号控制基础》(郎中桜、曾小清等编著)一书30~118页。

3.3 车站信号控制

铁路运输和城市轨道交通是以轨道、机车车辆和通信信号技术等为基础设备,以沿线的车站为生产基地,完成旅客和货物运输任务的庞大系统。车站信号控制系统又称联锁系统,是轨道交通领域里重要的控制系统之一。该系统的主要功能是以技术手段保证车站行车安全;并在此基础上提高运输效率;为实现运输管理现代化提供信息。同时,该系统必须是一种安全系统,是以故障—安全为核心的系统,必须具有在系统的任何环节发生故障时导向行车安全的性能。

3.3.1 车站信号控制系统基本概念

在车站范围内,列车和调车车列(以下简称车列)由某一指定地点运行至另一指定地点所经过的路段称作进路。此时,保证行车安全就是保证列车或调车车列在其进路上运行的安全。简单地说,要保证行车安全,列车或车列在驶入进路之前必须确证进路是在空闲状态;必须确证进路上的所有道岔的位置正确而且被锁在正确的位置,防止由于振动或扳动道岔而使运行中的列车或车列脱轨;必须确证其他列车或车列不会从正面、侧面和尾部闯入进路而造成撞车事故。只有上述三个条件都满足时,才允许向列车或车列发出允许信号,让列车驶入进路,或者说只有在条件满足时,防护该进路的信号机才有开放的可能。

当一条进路的始端和终端确定后,那么检查进路空闲的范围及哪些道岔的状态需要检查也就明确了。至于如何保证不会发生撞车事故则须作些分析。在一车站上,根据站场结构和作业情况,可以划分成许多进路。在这些进路中,如果一条进路与另一条进路没有任何共用的路段,那么这样彼此无关的进路同时建立时是不会导致撞车事故的,称这类进路中的一条是另外一条进路的平行进路。车站信号控制系统应保证值班人员可以同时建立平行进路,以提高运输效率。当一条进路与另一条进路具有共用的路段时,显然这样的两条进路不应同时建立,否则将有导致撞车的危险。实际上,当两条具有共用路段的进路又都经由某一道岔,但对该道岔的位置要求不一样时(例如一条进路要求该道岔在定位,另一条进路要求在反位),其中一条进路建立后,另一条由于道岔位置不符要求是不能建立的,因此,不需要采取技术措施以防此类进路同时建立。由于此类进路不可能同时建立,也就避免了侧面撞车的可能。如果两条进路既有共用的路段又对共用道岔的位置要求相同,在这种情况下,不可能借助道岔位置的不同来防止它们同时建立,而必须采取技术措施加以防止,我们称这一条进路和另一条进路是敌对进路关系。防止同时建立敌对进路的措施是保证不发生正面和尾部撞车事故的基本措施。因此,对于任何一条进路,必须确切判明它有哪些敌对进路,以便采取相应措施,这是至关重要的。

以上简要地说明了在信号、道岔和进路之间必须建立一定的制约关系(或条件),才能保证行车安全。

3.3.2 进路与信号机

1)车站股道、道岔编号

车站是有站线的分界点。由于车站的技术作业不完全相同,所以有中间站、会让站、越行站、区段站和编组站之分。按其业务性质,又可分为客运站、货运站和客货混和站。

车站是办理客货转运作业的基地。一般是由许多线路组成的,它除了有与区间直接连通正线外,还配有站线及特别用途线。例如,供接发旅客列车或货物列车用的到发线;供解体或编组货物列车用的调车线和牵出线;办理装卸作业的货物线;办理其他各种作业的线路,如机车走行线、存车线、检修线等。特别用途线是指为保证行车安全而设置的安全线和避难线。在这些路线之间用道岔连接,使机车车辆能从一条线路转向另一条线路。车站股道两端是道岔汇聚的区域称为咽喉区,是车站技术作业最繁忙的地方。

此外,还有一些不属于车站管辖范围但与车站连接的线路,如通向工矿企业或仓库的线称为专用线,机务段、车辆段等管辖的线路称为段管线。

图3-18a)和图3-18b)分别为一单线和复线铁路区段上的中间站。在较大的车站里线路(股道)数目很多,为了便于使用、维修和管理,站内股道要有规定的编号。股道的编号方法是:在单线铁路区段的车站从靠近站台起,向远离站舍方向顺序编号,正线用罗马数字(Ⅰ,Ⅱ…)编号,站线用阿拉伯数字(1,2…)编号,如图3-18a)所示;复线铁路区段的车站,先编正线股道号码,下行正线一侧用单数;上行正线一侧用双数,从正线向外顺序编号,如图3-18b)所示。图中,股道编号两边的箭头表示接发车的方向。可以看出,有的股道只办理单方向的接发车作业,而有的股道可以办理两个方向的接发车作业。

站内道岔编号的方法是:如图3-18c)所示,以站舍中心线为界,在下行列车进站一侧从外向内顺序编为单数,在上行列车进站一侧顺序编为双数,把这些道岔集中的区域分别称作下行咽喉区和上行咽喉区。

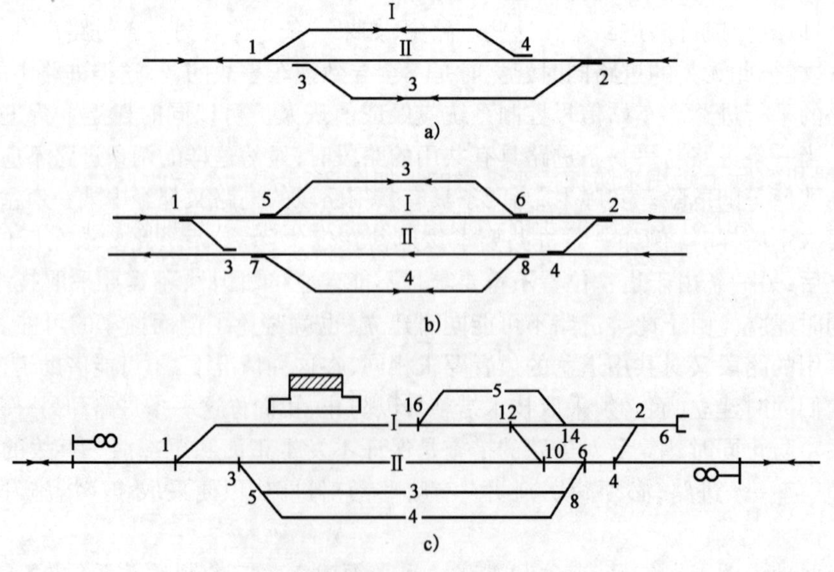

图3-20 车站股道、道岔编号

两条股道汇合在一起时,在两汇合股道中心相距4m的地方设置安全标志(称作警冲标),如图3-19所示。4m是根据机车车辆限界3.4m再加上一些富余间隙确定的。列车进站在股道上停车时,其尾部(一般指车钩)必须越过警冲标,由另一咽喉开来的停站列车,其头部不得越过警冲标,否则会妨碍其他机车车辆由另一股道进出,造成两列车侧面冲突的危险。

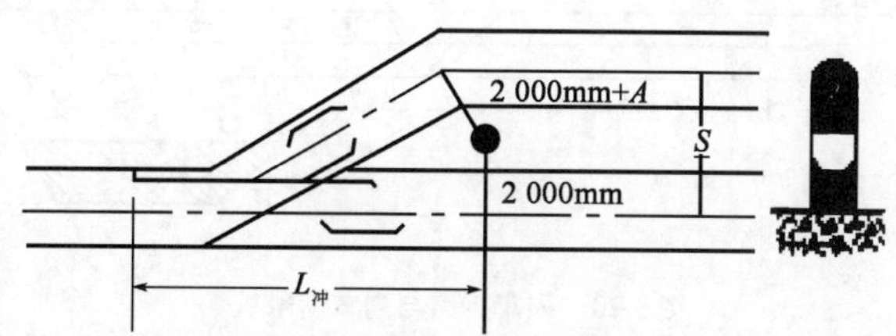

S-线间距离;A-当警冲设在弯股曲线部分时,警冲标至弯股中心线距离为2 000mm加上建筑接近限界加宽量

图3-19 警冲标

城市轨道交通的大多数车站只有上、下旅客的功能,站场线路布置比较简单。因此仅有两条到发线和区间线路直接连通,一般不进行调车作业,也不设置道岔,这类车站称为无岔站。但是,在城市轨道交通的每一条线路上,需要设置一些可以进行折返作业的有岔车站,以便机车车辆折返运行。另外,设置车辆存放的车站用作存放车辆和对车辆检修等。

2)列车进路与列车信号机

车站的技术作业可分为列车作业和调车作业两类。列车作业主要是指列车的接车、发车、转场和通过作业;调车作业是指车辆的解体和编组、摘挂车辆、机车车辆转线及机车出入库等。

按作业性质,进路的种类大体上可分为列车进路和调车进路两类。列车进路又可划为接车进路、发车进路、转场进路和通过进路。凡是列车进站所经由的路径叫接车进路;列车由车站发往区间所经由的路径叫发车进路;列车由车站的一车场开往另一车场所经由的路径叫转场进路;列车由车站正线通过由正线接车进路和正线同方向发车进路组成的进路叫通过进路。

各种不同性质的进路,应有不同用途的信号机进行防护。

(1)进站信号机

为了防护车站,指示列车能否由区间进入车站,在车站的入口处设置的信号机叫做进站信号机。它的具体位置设在车站最外方道岔尖轨尖端(顺向为警冲标)不少于50m的地点,如因调车作业和制动距离的需要,可适当外移,但一般不宜超过400m。

进站信号机实际上是用来防护接车进路的。如图3-20中的下行进站信号机X防护三条接车进路:其中I_A是下行正线接车进路;7股道和8股道是站线(也叫侧线)接车进路。这些接车进路的始点由进站信号机X开始,终点由至股道另一端的能起阻拦作用的列车信号机止。如无列车信号机时,则至股道末端的警冲标。因为这3条接车进路的始端在同一地点,所以可共同用一架进站信号机防护。

(2)进路信号机

在图3-20中,列车由Ⅰ场至Ⅱ场或由Ⅱ场至Ⅰ场所经由的径路,叫作转场进路。转场进路要设置进路信号机防护。例如,由Ⅰ场的I_A股道至Ⅱ场的1、$Ⅱ_B$、4、5、6股道共有5条转场进路,在这5条转场进路的共同始端设一架进路信号机XL_I防护。在通过Ⅰ场进到Ⅱ场的下行列车,如下行旅客列车和下行有改编作业的货物列车,都在Ⅰ场I_A股道通过,直接被接入到Ⅱ场的Ⅰ道或4道(旅客列车)或5道、6道(货物列车)。这说明以XL_I为始端的转场进路都

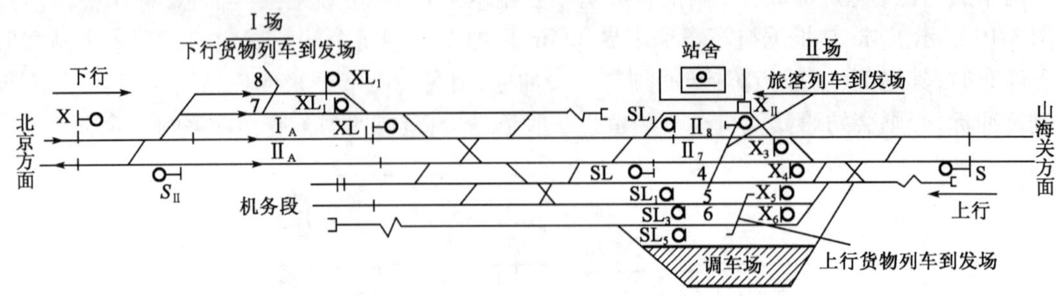

图 3-20　列车进路与列车信号机

是接车转场进路，因此，称 $XL_Ⅰ$ 为接车进路信号机。

下行无改编作业的货物列车要接入Ⅰ场的 7 道、8 道，更换机车后再由Ⅰ场转到Ⅱ场，经由Ⅱ场 $Ⅱ_B$ 股道发车。由此可见，由Ⅰ场的 7 道、8 道到Ⅱ场去的转场进路各有一条。因为这两条转场进路的始端不在同一地点，所以要分别设置两架进路信号机 XL_7 和 XL_8 防护。因为这两条是发车转场进路，所以称它们为发车进路信号机。

接车进路信号机和进站信号机一样，都必须设有引导信号，而发车进路信号机和出站信号机一样，都不需要设引导信号。

(3) 出站信号机

图 3-20 中下行列车都从Ⅱ场向山海关方面发车。因此，只有在Ⅱ场才设有下行出站信号机。根据Ⅱ场各股道的用途，指定能发车的股道有 1、$Ⅱ_B$、4、5 和 6 共五股道。列车出站时所经过的径路，叫做发车进路。发车进路要设置出站信号机防护。因为这 5 条发车进路的始端不在同一地点。所以要在每一条发车股道列车停车地点前方适当地点设出站信号机防护，如 X_1、$X_Ⅱ$、X_4、X_5 和 X_6。发车进路的终端（双线区段）为站界标。出站信号机除防护发车进路外，还要防护闭塞分区或所间区间或站间区间。

办理下行通过列车时，要开放 X、$XL_Ⅰ$、$X_Ⅱ$。三架信号机，使之由 $Ⅰ_A$ 和 $Ⅱ_B$ 正线通过。对上行列车而言，进站信号机是 S，发车进路信号机有 SL_1、$SL_Ⅲ$、SL_4、SL_5 和 SL_6，出站信号机是 $S_Ⅱ$。

在信号机的编号中，“X”表示下行，“S”表示上行。没有数字注脚的是进站信号机。有数字注脚的表示属于哪一股道的出站信号机，注有“L”的为进路信号机。

凡是在正线上设置的列车信号机，都用高柱信号机。凡在站线设置的列车信号机，准许使用矮柱信号机。信号机应设在列车运行方向的线路左侧。

3) 调车进路与调车信号机

在图 3-21a) 中，假设有一车组（去向相同的几节货车连挂在一起，叫车组）需从股道ⅢG 转送到股道 2G 去。为了完成这一调车作业，机车车辆应首先从ⅢG 向咽喉区调出，直到机车车辆全部越过 19 号道岔后才可停车，这一行程是这一调车作业的第一行程，此进路称为牵出进路。为了防护这一条调车进路，在进路的始端，即在 19 号道岔警冲标内方应设一架调车信号机。因为ⅢG 是到发线，设有出站信号机，所以该调车信号的灯光装在出站信号机上，称为出站兼调车信号机，如果ⅢG 不是发车线，则应设调车信号机。出站兼调车信号机按出站信号机编号，上行用的即编为 $S_Ⅲ$。待通向 2G 的进路排通后，机车车辆即可向 2G 驶去。这个行程是这一调车作业的第二行程，此进路称为折返进路。第一行程和第二行程的分歧道岔是 19

号,称它为折返道岔。为了防护折返进路,在 19 号道岔尖轨前面应设一架调车信号机,如图 3-21 中的 D_1,调车信号机的编号与道岔的编号一样,由站外向站内依次编号下行咽喉区编为奇数,上行咽喉区编为偶数。

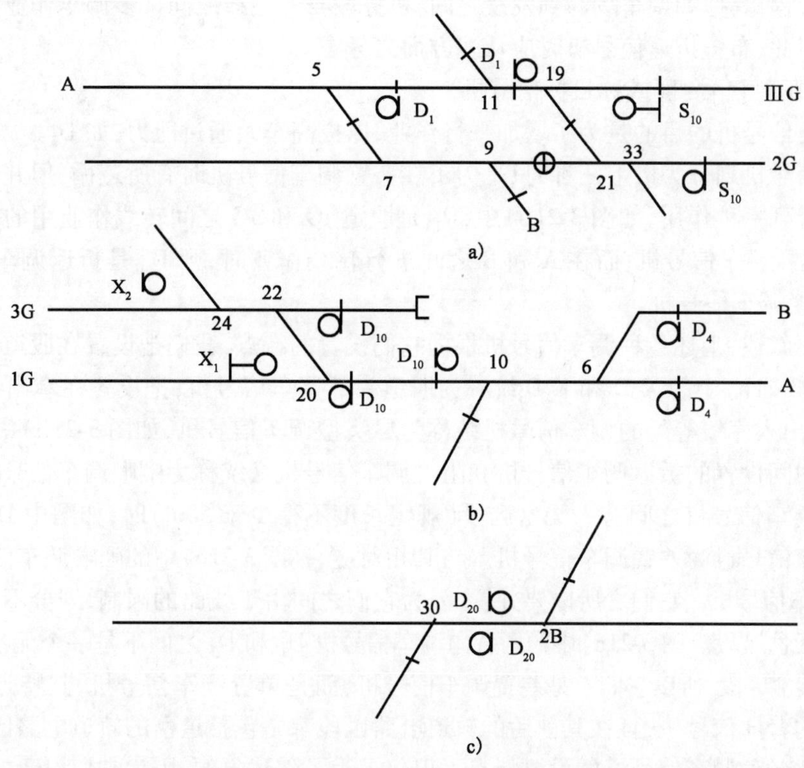

图 3-21 调车进路与调车信号机

从以上讨论可见,只要设置信号机 $S_{Ⅲ}$ 和 D_1,就能指挥上述的调车作业,并能保证调车进路的安全。同理,为了指挥由 2G 向ⅢG 转送车辆的作业并保证其安全,在 23 号道岔警冲标内方适当地点也需要设置出站兼调车信号机 $S_{Ⅱ}$。由此看来,从保证安全的角度出发,股道ⅡG 和ⅢG 之间的转线调车作业只需要三架调车信号机 $S_{Ⅱ}$、$S_{Ⅲ}$ 和 D_1 防护就可以了。但从提高车站线路设备运用效率的角度考虑,这是不够的。根据咽喉线路布置情况来看,道岔 19 和道岔 5 相距较远,其间能容纳一个短的车组。当车组牵出在 D_1 调车信号机前方停留期间,如果道岔 5 不被占用,则应允许通过道岔 5 办理其他列车或调车进路,如图中所示的经由 5/7 道岔反位的 A—B 进路。为了保证这条 A—B 进路的安全,在道岔 5 警冲标内方设一架调车信号机 D_3,用它来阻拦由股道牵出的车组使之不越过信号机 D_3,即 D_3 具有阻拦作用,使由股道牵出的调车进路与 A—B 的进路隔离开来,使之能够同时进行平行作业。

综上所述,根据调车作业需要可以归纳为三种不同用途的调车信号机。

(1)调车起始信号机

这类信号机设于一个完整的调车作业的起点,如 $S_{Ⅱ}$、$S_{Ⅲ}$。故由股道、专用线、牵出线、机待线、调车场以及机务段等处向咽喉区调车时,都需要在调车进路的始端设置调车起始信号机。

(2)调车折返信号机(又称回程信号机)

这类信号机是指挥机车车辆折返用的,如D_1应设在折返道岔的尖轨尖端与基本轨接缝的地方,以便缩短调车行程、提高作业效率。应当注意的是,不仅仅股道与股道间的调车转线作业含有折返行程,其他如调车场与到发线之间,机务段与专用线之间许多调车作业都可能包含折返过程。因此,布置折返信号机时应从多方面去考虑。

(3)调车阻拦信号机(或称目标信号机)

设置这类信号机的目的是为了增加平行作业,以提高车站通过能力,如D_3。

把调车信号机划分为以上三种,只是为了在布置调车信号机时有所遵循,但并不是说一架信号机只能起到一种作用,如图3-21b)中,D_{16}是股道IG和3G之间转线作业用的折返调车信号机,D_{10}是阻拦调车信号机;而在A和B之间进行转线作业时,则D_{10}是折返调车信号机,而D_{16}就成为阻拦调车信号机。

为了方便叙述,上述各种调车信号机根据它们设置的特点,我们把设置在股道头部的调车信号机,如图3-21b)中的X_1D和X_3D统称为股道头部调车信号机;把设置在牵出线、专用线、机待线、机车出入库线等处的调车信号机统称为尽头型调车信号机,如图3-21b)中的D_{18}。而把在咽喉区中间设置的折返调车信号机和阻拦调车信号机又统称为咽喉调车信号机。当两架背向的咽喉调车信号机之间有一无岔区段(规定长度不得少于50m)时,如图中D_{10}和D_{16},则称这两架调车信号机为差置调车信号机。与其相对应,称图3-21c)中的咽喉调车信号机D_{20}和D_{22}为并置调车信号机。它们之所以要并置,因为它们之间由于线路的限制,划分不出一段不小于50m长的无岔区段。图3-21a)中的两背向调车信号机D_1和D_3之间不是一个无岔区段,而是包含道岔的道岔区段,所以它们不是差置调车信号机,而是单置调车信号机,其特点是:不但没有与其并置的背向信号机,且在其前后的轨道电路区段都是包括道岔的轨道电路区段。

区分上述各种调车信号机的设置特点不仅仅是为了叙述方便,因为它们设置的特点不同,控制它们的联锁条件也不完全一样。

4)进路的划分

我们讨论进路的划分的目的,一方面要了解上述各种不同性质的进路的概念和各种不同用途的防护信号机。另一方面要学会进路具体划分方法,即确定各种进路的始端和终端。因为,一旦一条进路的始端和终端确定后,即将进路的范围明确了,也就确定了信号机所防护的范围。从联锁角度来说,确定检查进路空闲的范围也就明了检查哪些道岔的位置和状态。

(1)列车进路的始端和终端

列车进路的始端处应是防护该进路的列车信号机,而其终端处以同方向的列车信号机为界,在进路的终端处无信号机时,以车挡、站界标或警冲标(不设出站信号机的车站)为界,如图3-22所示。

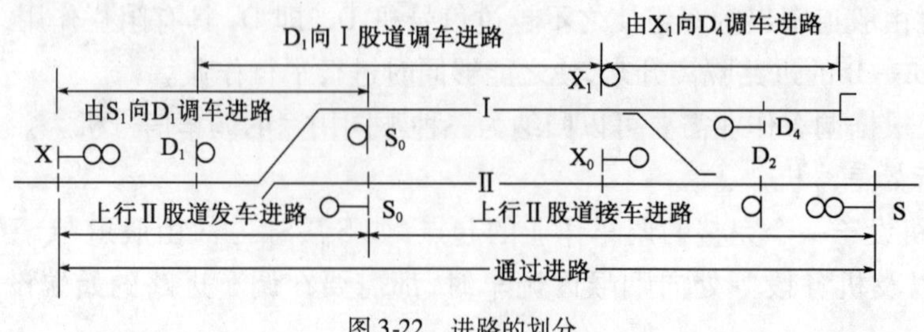

图3-22　进路的划分

上行Ⅱ股道接车进路的始端是上行进站信号机S，终端是上行Ⅱ股道上的上行出站信号机$S_{Ⅱ}$，接车进路的范围是从S至$S_{Ⅱ}$，其中，包括Ⅱ股道。

上行Ⅱ股道发车进路的始端是上行出站信号机$S_{Ⅱ}$，终端是X，上行Ⅱ股道的发车进路的范围是从$S_{Ⅱ}$至X，其中，不包括Ⅱ股道。

上行Ⅱ股道通过进路的始端是上行进站信号机S，终端是X，通过进路的范围是从S至X，其中，包括Ⅱ股道。

(2)调车进路的始端和终端

调车进路的始端一般是防护该调车进路的调车信号机和出站兼调车信号机，而终端大致有以下几种情况。

①由到发线向咽喉区调车的终端。在图3-22中，由Ⅰ股道向D_1调车，进路的始端是Ⅰ股道上行出站兼调车信号机S_1，进路的终端是下行进站信号机X，其中，包括无岔区段。

②由咽喉区的调车信号机向股道调车的终端。在图3-22中，当由D_1往1股道调车时，进路的始端是D_1，终端为1股道的下行出站兼调车信号机X_1，进路的范围 为D_1至X_1，包括1股道。其中，虽然包括了1股道，但根据调车作业的特点，当股道停留车辆情况下，允许向股道办理调车进路，即可以不检查股道空闲状况。

③往无岔区段调车进路的终端。在图3-22中，X和D_1之间线路为一段无岔区段。当由S_1向D_1调车时，该调车进行始端是出站兼调车信号机S_1，X是该进路的终端。无岔区段允许暂存车辆，所以往无道岔区段调车可以不检查无岔区段空闲状况。

④由咽喉区调车信号机往牵出线调车进行的终端。在图3-22中，由X_1往牵出线调车时，该进路始端是X_1，进路的终端是牵出线的车挡。根据调车作业特点，往牵出线调车可以不检查牵出线空闲。

根据调车作业需要，有时需要同时开放几架同方向调车信号机才能达到调车目的。我们把需要同方向几架调车信号机同时开放的调车进路称作长调车进路(又称复合进路)，它是由两条或两条以上调车进路组成。

3.3.3 联锁系统

1)联锁系统概述

(1)联锁的定义

无论是列车进路还是调车进路，总是由某一指定地点运行到另一指定地点，沿途要经过一组或多组道岔。因此，一条进路是由道岔的位置所决定的，在进路的入口处设有信号机进行防护。道岔是线路上可动作部分，如果办理一条进路，进路中的道岔位置不正确，或者位置虽然正确，但在进路使用过程中还能对它进行操纵，就有可能造成列车或车列进入异线或脱轨的危险。所谓建立进路，就是办理进路时，不仅要求把道岔转换到进路所要求开通的位置上，而且必须将道岔锁在进路开通的位置上，然后再将该进路的防护信号机开放。进路上的道岔不对，则不准信号机开放。但一旦信号机开放后就不准许进路上的道岔再变动位置，直至信号机关闭，列车或车列机通过道岔为止。

一条进路可以走上行车也可以走下行车，在这条进路上分别由上行和下行两架信号机防护。显然，同时建立上行进路和下行进路是敌对进路关系。所以，在开放上行信号机之前，下行信号机必须在关闭状态；一旦上行信号机开放后，就禁止下行信号机再开放，一直到上行车进入进路上行信号机关闭，并且经过机车车辆本身对这条进路控制后，即必须检查机车车辆确实通过出清了进路，才解除对下行信号机控制。从而防止从正面、尾部闯入进路而造成撞车事故。

以上不难看出，为了保障列车或调车车列在其进路上运行的安全，在进路、道岔和信号机之间存在某些互相制约的关系，而且必须按照一定的程序才能动作和建立。通常，把这种互相制约关系和程序叫作“联锁”。

联锁必然存在于两个对象之间。例如，上面所说的道岔和信号机之间的联锁，上行信号机与下行信号机之间的联锁等。联锁既然存在于两个对象之间，而且又是相互制约的，所以，两个对象之间是一种互锁的关系。如果道岔不扳在规定位置上，而把信号机锁在关闭状态，一旦信号机开放，信号机会把道岔锁在规定位置上。这样做的理由很简单，若信号机不锁道岔，在信号机开放后，道岔仍可变换位置，则道岔锁信号机就没有什么意义了。因为在信号机开放以前道岔位置虽然正确，但信号开放以后，道岔仍可扳到错误的位置上去。

两个对象之间也存在不是一种互锁的情况，如进站信号机不点红灯，不准许信号开放。但进站信号机开放以后不要求红灯锁在点亮的位置上，而是要求红灯灭灯，才能改点绿灯或黄灯。这就是进站信号机红灯和开放的关系是一种单锁关系。不过单面锁的联锁关系较少，我们所说的基本联锁的内容都是互锁关系。

(2)道岔、进路和信号机之间的基本联锁的内容

①道岔、进路之间的联锁

道岔有定位和反位两个工作位置，进路则有锁闭和解锁两个状态。道岔位置正确，进路才能锁闭，进路解锁后，道岔才能改变其工作位置。这就是存在于道岔和进路之间的基本联锁关系。

在图3-23中，进路1是Ⅰ道下行接车进路，进路2为Ⅱ道下行接车进路。进路1要求道岔1在反位；进路2要求道岔1在定位。从图3-23b)看出，带括号的代表道岔在反位，不带括号的代表道岔在定位。图3-23b)的意义是，进路1与道岔1之间有反位联锁关系，道岔1不反位，进路1就不能锁闭，反过来，进路1锁闭后，把道岔1锁在反位位置上，不准道岔再变位。在进路2与道岔1之间有着定位锁闭关系，即道岔1不在定位，进路2就不能锁闭；反之，当进路2锁闭以后，把道岔1锁在定位位置上，不准许道岔再变位。

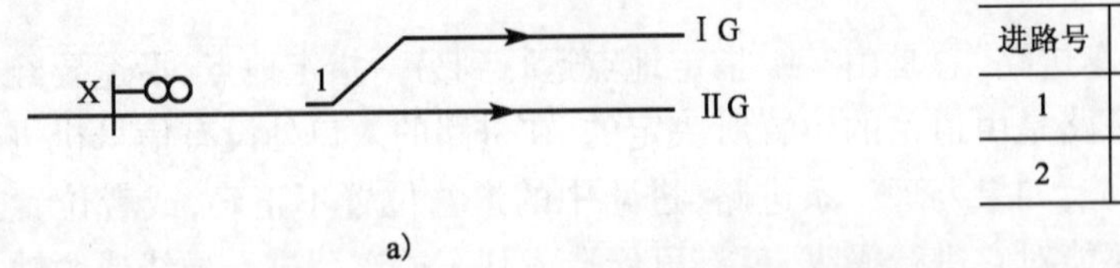

进路号	进路名称	道岔
1	Ⅰ道下行接车进路	(1)
2	Ⅱ道下行接车进路	1

b)

图3-23 道岔与进路间的联锁

上述的定位锁闭关系叫定位锁闭，反位锁闭关系叫反位锁闭。简而言之，定位锁闭即A不在定位，B不能反位；B反位后，把A锁在定位；反位锁闭即A不在反位，B不能反位，B反位后，把A锁在反位。

有时进路范围以外的道岔也与该进路有着联锁关系，这种道岔叫作防护道岔，如图3-24所示。在Ⅰ道下行接车进路的延续进路中有一条安全线，它是为接Ⅰ道下行接车进路而设置的，因为在×进站信号机前方制动距离内有较大的下坡道，列车进站到达股道后有可能停不住

车,为防止Ⅱ道上行接车进路上的列车发生侧撞事故而考虑的。道岔4/6不在Ⅰ道下行接车进路上,但如果允许在道岔4/6反位的情况下建立Ⅲ道上行接车进路的话,当上行列车进站行驶在道岔2的期间有可能与1道下行的列车相撞,这是很危险的。因此,道岔4/6虽是Ⅲ道上行接车进路以外的道岔,也要求道岔4/6与Ⅲ道上行接车进路发生联锁关系,即4/6不在定位,禁止进路3锁闭(即禁止防护进路3的信号机开放)一旦进路锁闭后,禁止道岔4/6变位,把道岔4/6锁在定位位置上。很明显,4/6道岔锁在定位后,才能使Ⅰ道下行的接车进路与进路3隔离开来了,也就消除了上述的危险性。

防护道岔与进路联锁关系,图3-24b)用中括号表示。如图3-24所示,[4/6]表示该道岔与进路3为定位锁闭关系,若是反位锁闭,则用[(4/6)]表示。

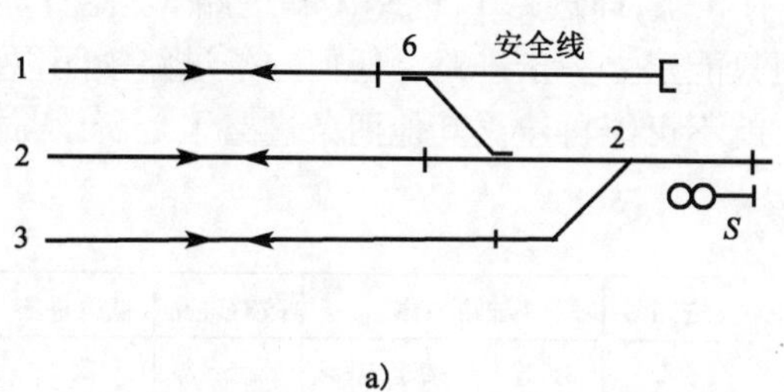

a)

进路号	进路名称	道岔
1	Ⅰ道上行接车进路	2,(4/6)
2	Ⅱ道上行接车进路	2, 4/6
3	Ⅲ道上行接车进路	2,[4/6]

b)

图3-24 防护道岔

②道岔与信号机之间的联锁

进路是由信号机防护的,故道岔与进路之间的联锁也可以用道岔与信号机之间的联锁来描述。

如图3-25所示,下行进站信号机X防护着两条进路:一条是Ⅰ道下行接车进路,要求1号道岔在反位;另一条是Ⅱ道下行接车进路,要求1号道岔在定位。因信号机X与1号道岔的联锁关系,既有定位锁闭关系,又有反位锁闭关系,叫做定反位锁闭。

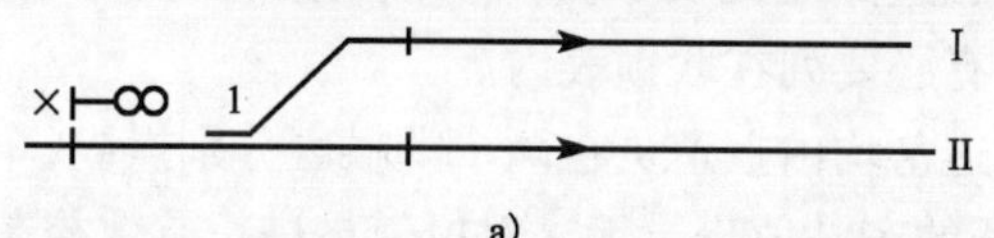

a)

信号机	信息机名称	道岔
×	下行进站信号机	1,(1)

b)

图3-25 道岔与信号机的联锁

定反位锁闭就意味着道岔1在定位时,允许信号机X开放;在反位时,也允许信号机X开放,那么是否可以不必采取锁闭措施呢?不是的,因为道岔有定位和反位以外,还有一种非工作状态,即不在定位又不在反位的状态,如道岔不密贴或被挤等,处在四开状态。就是说,道岔在不正常状态,是不允许信号开放的。

锁闭信号机有两种不同的办法,一种是锁操纵信号机的握柄(机械操纵器件),即道岔位置不对,把信号握柄锁住,使之不能扳动;一种是锁控制信号机灯光用的信号继电器,当道岔位置不对时,禁止信号继电器励磁。采用前一种方法,用图3-25的格式来描述为宜。因为具体的锁闭措施要在信号握柄和道岔握柄间实现。若采用后一种锁闭方法,则用图3-24的格式描述为宜。因为这种格式每条进路对道岔位置的要求表示得都比较清楚。

③进路与进路间的联锁

车站上有许多条列车和调车进路,进路与进路之间存在着三种不同性质的进路关系:一是平行进路、二是抵触进路、三是敌对进路。如果两条进路没有任何共用路段,彼此互不妨碍,同时办理且同时建立不会危及行车安全的进路,称作平行进路。若两条进路具有共用路段,又都经由某一道岔,但该道岔的位置要求不相同的(一进路建立后,另一条进路由于道岔位置要求不符合则不能建立),这类进路存在相互妨碍但用道岔位置能够区分的进路,称作抵触进路。由于这类进路不可能同时建立,也就避免侧向撞车的可能。如果两条进路既有共用路段又对共用道岔位置的要求相同,在这种情况下,不可能借助道岔位置防止它们同时建立,这类进路称作敌对进路。敌对进路必须采取技术措施防止它们同时建立,从而保证不发生正面和尾部撞车事故。因此,对于任何一条进路,必须确切的判明它有哪些敌对进路,这是非常重要的。

a. 抵触进路

抵触进路如图 3-26 所示。下行接车进路有 3 条,即进路 1、进路 2 和进路 3。这 3 条进路因为要求道岔位置各不相同,而且在同一时间只能建立一条进路。任何一条进路锁闭以后,在其未解锁以前,进路中的道岔仍在锁闭,因此,就不可能再建立其他两条进路了。所以,这些进路属于互相抵触的进路。

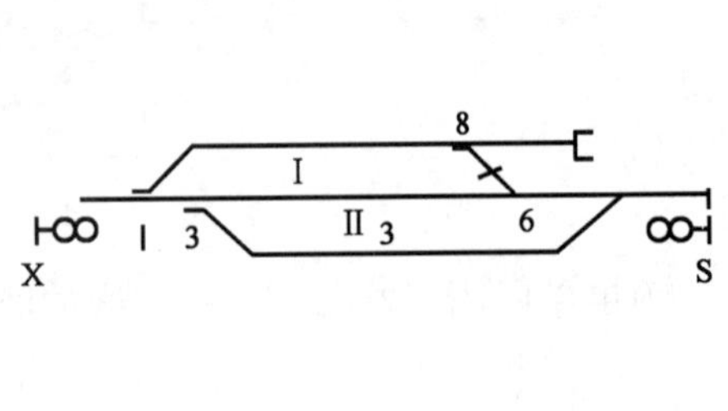

a)

进路号	进路名称	敌对进路	抵触进路
1	Ⅰ道下行接车进路	6	2, 3
2	Ⅱ道下行接车进路	4, 5, 6	1, 3
3	Ⅲ道下行接车进路	4, 5, 6	1, 2
4	Ⅲ道下行接车进路	2, 3	5, 6
5	Ⅱ道下行接车进路	2, 3	4, 6
6	Ⅰ道下行接车进路	1, 2, 3	4, 5

b)

图 3-26 进路与进路间的联锁

既然抵触进路不可能同时建立,那么在抵触进路之间要不要采取锁闭措施呢?回答是不需要。不需要采用锁闭措施的联锁内容,就没有必要列在联锁表内。

但是,也有一种例外的情况。若信号机与道岔均由扳道员在两个咽喉区分别操纵,车站值班员仅仅用电话指挥,那么,肩负行车安全责任的车站值班员无法对扳道员进行有效控制和监督。因此,在上述情况下值班员室需安装一种用来发送建立进路命令的设备。当值班员操纵一个操纵元件,发出一个电信号,这样扳道员只能按着车站值班员的意图(即按着接收到的电信号)来建立进路,从而受到车站值班员控制和监督。但是设在值班员室内的设备必须具备一种功能,即不允许值班员有可能同时发出两个有抵触的进路命令。因为车站值班员若能同时发出两个有抵触进路的命令,例如建立进路 1 和进路 3,则最后决定权还取决于扳道员,这就失去了设置此设备的目的。因此,在值班员室内发送建立进路命令的设备上,要求在抵触进路之间采取一定的锁闭措施,实施抵触进路之间的联锁。这时,联锁表内,必须把抵触进路也列出来,如图 3-26b)所示。

b. 敌对进路

用道岔位置不能间接控制的两条进路,这两条进路又存在着抵触关系的,称为敌对进路。如图 3-26 所示,进路 5 和进路 2 是敌对进路,进路 5 和进路 3 也是敌对进路。进路 5 是Ⅱ道上行接车进路,进路 2 是Ⅱ道下行接车进路。它们是同一股道不同方向的接车进路,不能用道岔位置间接控制,允许同时接车有危险,所以这两条进路为敌对进路是很明显的。有时,把进路5和进路2这两条敌对进路叫迎面敌对进路。又因为这两条进路分别属于两个不同的咽喉区,过去所采取的锁闭措施分别设在两个咽喉区的信号楼内,故进路5和进路2之间锁闭,又称照查锁闭。意思是两楼间实行照查。现在一个车站只设一个信号楼,但仍沿用照查锁闭这个概念。

进路5和进路3虽不属于同一股道的接车进路。但从1股道的上行端设有安全线这一点上来看,X进站信号机前方制动距离内有较大的下坡道,下行列车进站后,因为下坡道的坡度大,有可能列车到达股道后停不住车,因此,在考虑进路5与进路3是否是敌对进路时应涉及上述不安全因素。很明显,若下行进3股道的列车停不住车,势必与进入Ⅱ道的上行列车相撞。因此,进路5和进路3是敌对进路。

如图3-27所示,在同一咽喉区也有敌对进路。不过这些敌对进路都属于同一咽喉区的,所以它们之间的锁闭不属于照查锁闭,它们之间实现锁闭比较容易。

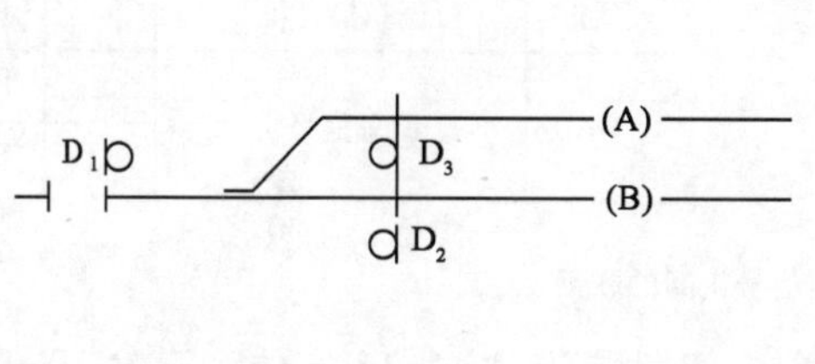

a)

进路号	进路名称	敌对进路
1	由D_1至A	3
2	由D_1至B	4
3	由D_1至C	1
4	由D_3至C	2

b)

图3-27 同一咽喉区的敌对进路

上述抵触进路和敌对进路之间的联锁关系如图3-26和图3-27所示,都属于定位锁闭而不存在反位锁闭关系。

④进路与信号机之间的联锁

进路与进路之间的联锁关系,可用进路与信号机之间的联锁关系来描述,如图3-28所示。当进路较多时,这样描述较明显,不需要从进路号码中查找进路名称。

在图3-28中,进路1是从D_{21}信号机至无岔区段W的调车进路,D_{23}信号机所防护的进路与上述进路为敌对进路,所以把D_{23}为进路1的敌对信号,在联锁表中,进路1的敌对信号栏中记作"D_{23}"。

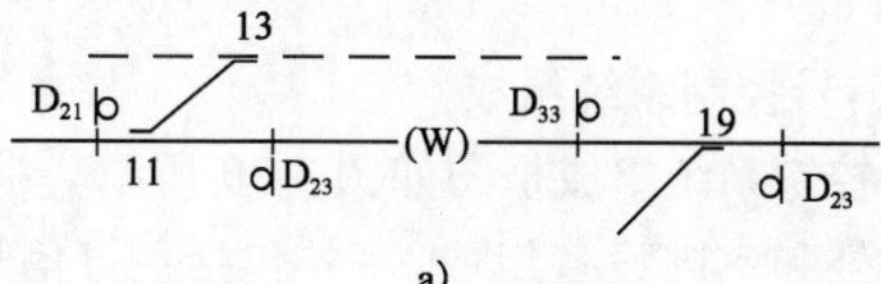

a)

进路号	进路名称	敌对信号
1	D_{21}至W	D_{23} (19) D_{23}
2	D_{33}至W	D_{21} (19) D_{21}

b)

图3-28 进路与信号机之间的联锁

D_{33}信号机防护着两条进路:一条经由道岔19反位;另一条经由道岔19定位至无岔区段W。由于无岔区段一般较短,故禁止同时由两个方向向该无岔区段内调车。即D_{21}至W的调车进路与D_{33}至W的调车进路是敌对进路。但这两条敌对进路,只是在道岔19定位时,才能构成,反之则构不成。这种有条件的敌对进路在进路1的敌对信号栏中记作"$<19>D_{33}$",如图3-28b)所示。如果记作"$<(19)>D_{33}$",则说明是反位条件。

同理,进路 2 与调车信号机 D_{21} 也存在着条件敌对关系,故在进路 2 的敌对信号栏内,作有"<11/13>D_{21}"。凡是两对象间存在着一个或几个条件才构成锁闭关系,称为条件锁闭,而这里的条件一般指道岔位置。

⑤信号机与信号机间的联锁

既然进路与进路之间联锁可以用进路与信号机间的联锁关系来描述。当然也可以用信号机与信号机间的联锁关系来描述。若以图 3-29 中的四架调车信号机为例,则这四架信号机之间的联锁关系可用图 3-29 所示。

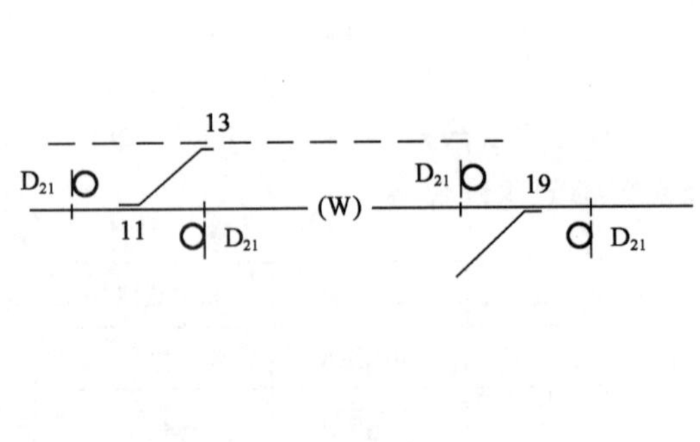

a)

信号机编号	信号机名称	敌对信号	
		条件	锁闭
D_{21}	调车信号机		D_{23}
		19	D_{23}
D_{23}	调车信号机		D_{23}
D_{21}	调车信号机		D_{31}
D_{23}	调车信号机		D_{33}
		11	D_{21}

b)

图 3-29 信号机与信号机间的联锁

在图 3-29 中,D_{21} 与 D_{33} 之间的关系是条件联锁,条件是道岔 11/13 定位和道岔 19 定位。

2)车站连锁系统

车站信号控制系统是实现联锁的系统,所以也称作车站联锁系统。车站信号控制系统的功能主要表现在两个方面:一是控制道岔、进路和信号机;二是实现道岔、进路和信号机之间的联锁。随着铁路运输事业的发展以及科学技术的进步,控制道岔和信号的技术以及实现联锁的技术也在不断地发展。由道岔、进路和信号机组成的联锁系统已由非集中式发展成集中式联锁系统;联锁技术经历了机械化和电气化两个阶段,并正向着电子化阶段发展。

当前广为使用的集中联锁系统是电气集中联锁系统,该系统是用继电器及其电路实现联锁的,所以又称为继电集中联锁系统,典型的系统是 6502 电气集中联锁系统。随着计算机技术的发展以及容错理论和技术的发展,用计算机作为系统的联锁机构取代继电电路,故称这类联锁系统为计算机联锁系统。计算机联锁系统的使用标志着我国车站联锁技术发展进入了一个新阶段。

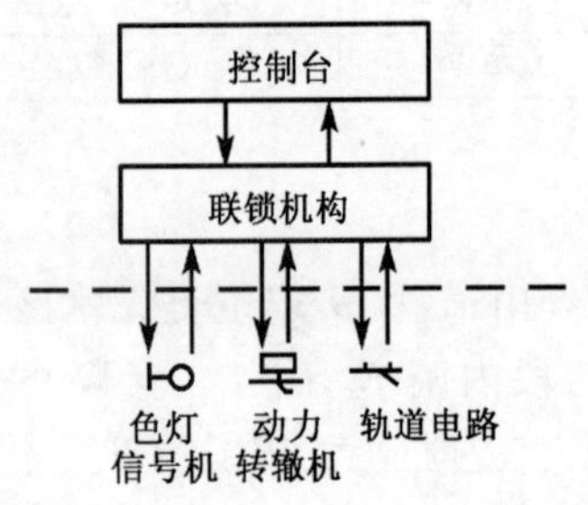

图 3-30 车站信号控制系统组成框图

(1)车站信号控制系统组成

车站信号控制系统组成框图如图 3-30 所示。系统的设备组成主要由室外和室内设备组成,室外包括色灯信号机、动力转辙机、轨道电路等。室内有联锁机构、控制台、电源以及设备之间的连接电缆等。显然,色灯信号机是作为开闭信号机显示用的执行机构;电动转辙机是作为转换道岔用的执行机构;而轨道电路则是监督进路和信号机接近区段内有无车的执行设备。我们说对信号机、道岔和进路进行控制和监督,实际上就是对色灯信号机、电动转辙机和轨道电路进行控制和监督。联锁机构是联锁系统的核心部分,对于电气集中联锁系统而言,图3-30中的联锁机构是指实现联锁功能的继电器及其电路,在计算机联锁系统的联锁机构是微型计算机或微处理器及接口电路等。

在图3-30中,联锁机构与外部设备之间的联系线主要是反映了它们之间的信息联系与流向。联锁机构输入信息包括:接收来自控制台的操作信息;来自信号机控制环节的信号状态信息;来自动力转辙机的道岔状态信息以及轨道电路的状态信息。联锁机构对这些信息进行逻辑运算加工处理,形成输出信息,包括道岔控制信息、信号控制信息以及表示信息。用道岔控制信息使道岔转换;用信号控制信息使信号机改变显示;用表示信息向行车人员及信号设备维护人员反映车站作业状况及信号设备的状况。

(2)联锁系统的基本技术

控制道岔和信号以及实现联锁的技术主要运用以下几方面的技术。

①信号机控制技术

前面已谈到在车站上设置的信号机有列车信号机和调车信号机两种,他们是分别用来防护列车进路和调车进路的。信号机的显示是作为列车是否可以驶入进路的凭证,信号机的开放与关闭直接关系到行车安全。所以,只有当确认信号开放的技术条件满足时才允许信号机开放,否则信号机必须处在关闭状态。信号开放后,还必须对信号开放有关技术条件不间断的进行检查。一旦信号设备发生故障或开放信号技术条件发生变化时,信号必须立即关闭。

色灯信号机是作为开闭信号显示用的执行机构,是联锁系统进行控制和监督的对象,是联锁系统的基础设备之一。

②道岔控制技术

道岔是进路上的可动部分,如果对它控制不当,就有可能造成列车或车列脱轨,或驶入停有车辆的邻路而发生撞车事故。因此,如何控制道岔是非常重要的。在现代的联锁系统中,道岔的控制技术主要包括动力转辙机和道岔控制电路两部分,同时也是联锁系统的基础设备之一。

动力转辙机是用于转换道岔的装置,其基本任务是转换道岔、锁闭道岔以及反映道岔的状态。道岔控制电路是控制动力转辙机动作的电路。为了保证行车安全,动力转辙机和道岔控制电路必须满足规定的技术条件。

③进路空闲检测技术

检查进路空闲是控制道岔转换和开放信号一项重要的联锁条件。轨道电路技术是检查股道、道岔区段、无岔区段以及信号机的接近区段上有无车辆存在的主要手段,铁路信号自动控制离不开轨道电路技术。

④联锁技术

为了保证行车安全,我们要制订周密而详细的保证行车安全规程和措施,由行车有关人员严格执行,以保证行车安全。作为一有人介入的系统,人为的操作和判断失误都是难免的。因此,仅仅依靠有关人员的遵章守纪以保证行车安全是不可靠的。所以,一是要减少和防止操作失误;二是一定要依靠技术采用技术手段来保证行车安全。

联锁技术是实现信号、道岔和进路之间联锁关系的技术,就是采用技术手段,防止系统中任一环节发生故障以及在人为操作和判断失误的情况下,仍能保证行车安全的技术。联锁技术是车站信号自动控制研究的主要内容。

⑤故障—安全技术

故障—安全是指系统发生故障时,其后果不应危及行车安全。当道岔控制系统发生故障时,道岔不应错误转换并锁在原来位置不动;信号机控制设备发生故障时应导致信号机关闭。总之,故障导向安全原则在铁路信号领域里成为不可动摇的原则,是一必须遵循的原则。故障—安全技术就是当器件、部件和系统发生故障不致产生危险侧输出的技术。在铁路信号系统中常用的故障—安全技术有:

重力法技术——利用物体被外力抬高而获得位能,当外力消失时,物体靠自身的重力而落下,失去了位能。将失能状态与安全侧相对应就是重力法实现故障—安全的技术。安全型继电器的结构就是利用“重力恒定”原理,增加了衔铁的重量,在线圈断电时强制将前接点断开,保证在故障情况下,使前接点闭合的概率远小于后接点闭合的概率。安全型继电器是一种不对称器件。

闭路法技术——利用闭合电路断开时输出对应安全侧,以电路闭合时输出对应危险侧的方法称为闭合电路法。闭合电路法的安全对应原则是和安全型继电器的安全对应原则是一致的。闭合电路必须采用安全型继电器才能达到故障—安全的目的。

锁闭法——锁闭法就是实现联锁的方法,即使出现误操作或检查的各种联锁条件中任何一个条件因故障而不满足时,将信号锁在不能开放状态或道岔锁在不能转换状态,用锁闭法来实现故障—安全原则。

(3)信息的开关特性

车站信号控制系统的对象绝大多数具有两种状态。如信号的开放和关闭,道岔的定位和反位,进路的锁闭和解锁,区段的出清和占用等。因此,无论对于对象还是对于对象之间的关系,都可以用具有两个状态的器件(也称二值器件),如继电器励磁、接点闭合,失磁、接点断开来反映,也可以抽象为二值逻辑量来运算。

联锁机构输入信息一般有来自控制台运输值班人员的操作信息;有来自反映信号机、转辙机以及轨道电路等状态信息,这些输入信息都具有开关性。联锁机构的输出主要有控制道岔动力转辙机动作和控制信号机的信息,具有开关性。所以,我们可以用各种用途的继电器的状态来描述,如用按钮继电器的励磁吸起与失磁落下和记录信号按钮按下与复原相对应;用信号继电器的励磁吸起与失磁落下和信号开放与关闭相对应或者和敌对信号开放与关闭相对应;用锁闭继电器励磁吸起与失磁落下和道岔处于解锁与锁闭相对应;用道岔区段轨道继电器励磁吸起与失磁落下和反映道岔区段空闲与有车占用相对应;用道岔定位(反位)表示继电器的励磁吸起与失磁落下和道岔在定位(反位)状态与不在定位(反位)状态相对应等。

(4)信息的安全性要求

系统的输入和输出信息不仅具有开关性的特性,而且还要求具有安全性。安全性是以防止人身伤亡和财产损失为目的,因此,根据与行车安全的关系程度,输入和输出信息的安全性可分成两类:一类是与行车安全不直接相关的信息,称为非安全性信息(简称非涉安信息);另一类是与行车安全有关的信息,称为安全性信息(简称涉安信息)。

联锁机构与控制台之间交换的操作信息和表示信息属于非安全信息。操作信息是反映操作人员操作的信息,例如,建立进路、单独操作道岔、取消进路等,操作人员的操作难免发生误操作或误碰的可能性,从而产生错误的操作信息。在有人介入的系统里,一是要减少和防止操作失误;另外,即使在错误操作的情况下也不致出现危及行车安全的后果,即不会发生信号机错误开放,道岔错误动作,进路错误解锁等。这是靠联锁机构的联锁功能来保证。至于联锁机构向控制台(或屏幕显示器)输出的各种表示信息,是向操作人员和维护人员反映车站作业状况及信号设备的状况,表示信息如果发生错误,只会引起操作和维护人员的误解和困惑,影响作业效率,但不致危及行车安全。所以,把操作信息和表示信息称为非安全性信息。

联锁机构与监控对象之间交换的信息包括反映信号机、转辙机以及轨道电路状态的信息即状态信息;以及控制信号机和转辙机动作的信息,即控制命令。状态信息是参与联锁的信息,都是决定信号机能否开放的重要联锁条件,它们必须具有安全性。如果状态信息发生错误,则要破坏联锁的正确性,可能产生错误的控制命令,从而危及行车安全。如果控制命令发生错误,使信号和道岔出现错误动作,也是危及行车安全。所以,要把状态信息和控制信息称为安全性信息。这些安全性信息包括以下方面:

①反映轨道电路状态的信息。

②反映道岔状态的信息。

③反映道岔锁闭的信息。

④反映转换道岔的控制信息。

⑤反映开放信号的控制信息。

⑥反映信号是否开放的状态信息。

⑦反映敌对进路是否建立的状态信息和其他照查信息。

因此,为了保证上述信息的安全性,要求产生各种用途的状态信息的逻辑电路以及控制命令输出电路必须是故障—安全电路。同时,要有明确的安全侧对应关系。

(5)安全侧、危险侧

在确定信息的安全性以后,还必须确定每个信息的安全侧。若只确定信息的安全性而不确定信息的安全侧是没有意义的,因为不明确信息的安全侧,也就没有办法判断某一信息是否具有安全性。

任何安全信息的两个状态对于行车的作用是不同的,其中一个状态是允许列车运行的,为危险侧;另一个状态则是禁止列车运行,为安全侧。对控制信号机的信息来说,一种状态是关闭信号,禁止列车运行;另一种状态是开放信号,允许列车运行,显然关闭信号的状态比开放信号的状态更具有安全性,应以前者作为安全侧。对控制道岔的信息来说,一种状态允许道岔转换,另一种状态禁止道岔转换,因此后者应作为安全侧。再如轨道电路,用它反映进路上有车还是空闲,轨道电路有车占用状态禁止信号机开放,禁止列车驶入,而轨道电路空闲是允许信号开放,允许列车运行,所以应把轨道电路的有车占用状态作为安全侧。总之,我们把安全信息其中一个状态与禁止列车运行的安全侧相对应,这种对应方法又称为安全对应法。

安全信息是由逻辑元件构成的电路或系统输出的,其两个输出值的安全性是不同的。因此,要把其中一个值与禁止列车运行相对应,称为安全侧的输出值;另一个值与允许列车运行相对应,称为危险侧的输出值。根据故障—安全原则,硬件设备发生故障时,要求处于禁止运行状态的可能性要远远大于允许运行状态的可能性。如果硬件发生故障,其输出值是处于禁止运行状态的,是有利行车安全,所以称这种故障为安全侧故障。如果硬件故障而出现允许列车运行状态的输出,则可能发生危及行车安全的后果,称这种故障为危险侧故障。显然,当设备内部发生任何故障时,其电路或系统能给出预定的安全侧的输出值,就会使设备动作不会产生危险后果。

如上所述，在设计一个故障—安全系统时，必须一是分析判断系统的输入、输出信息的安全性要求，对于那些有安全性要求的信息，应当明确规定它的安全侧；二是具有故障—安全电路或系统，在发生故障时能给出一个预定输出值，即安全侧的输出值；三是系统中所使用的每一个逻辑元、器件，应具有在故障时给出预定输出值的要求，如安全继电器是一种不对称器件，在故障时都能给出预定的输出值“0”，而我们用“0”控制设备于安全侧。电子逻辑元、器件及其所构成电路或系统的故障—安全性能仍然是目前大家所关注的问题。

3）进路控制过程

进路控制过程是指一条进路从办理到列车或车列通过进路的全过程，我们称该过程为进路控制过程。这个过程是信号、道岔和进路之间的联锁过程。我们分析进路的控制过程可以看到：一是整个进路控制过程都体现了一个安全控制的要求，二是反映了联锁的逻辑关系。而且无论是列车进路还是调车进路，它们的控制过程基本上是一样的。

进路控制过程可分成进路建立和进路解锁两个过程。进路建立过程是指从车站操作人员办理进路到进路锁闭防护该进路的信号机开放的过程。进路解锁过程是指当列车或车列确实通过了进路中的道岔区段后，应使该区段内的道岔解锁及相关的敌对进路解锁，或者由操作人员人工解除已建立的进路的过程。

（1）进路的建立过程

建立进路的过程又可以进一步分解成进路选择、进路锁闭、开放信号三个阶段。每个阶段应完成的基本任务是：

①进路选择

在办理进路时，进路选择的基本任务：一是记录车站值班人员的操作，记录进路的范围、进路的性质（是列车进路还是调车进路）、进路方向以及进路的特征（基本进路、变更进路、复合进路和通过进路等）；二是选择进路有关的道岔，根据已确定的进路范围，从许多进路中自动选出一条要办理的进路，选择进路中有关道岔的位置；三是道岔转换，当选出的道岔实际位置不符合时要将道岔转换到与进路要求的位置。但是，在转换之前必须检查道岔区段是空闲的，道岔是在解锁状态等。

②进路锁闭

在进路选取后，首先作选排一致性检查，检查进路中各个道岔位置是否已符合所选进路要求，为锁闭道岔做准备；在确证进路在空闲状态（包括接车股道）、道岔位置正确及敌对进路（包括本咽喉敌对进路和接车股道迎面敌对进路）未建立的条件下，将道岔和敌对进路锁闭，使道岔不能转换，使敌对进路不能再建立，这种锁闭称为进路锁闭。为开放信号创造条件。

③开放信号

在进路锁闭后，通过检查开放信号有关联锁条件，使防护进路的信号机开放，指示列车或车列驶入进路。在信号保持开放期间需要不间断的检查进路空闲、道岔的状态等开放信号的联锁条件，如果出现有非法车辆进入进路，或者道岔位置发生变化等危及行车安全的因素，信号应立即关闭。当列车一旦驶入进路时，信号要立即自动关闭。对于调车信号机来说，考虑调车作业一般由调车机车推送运行，所以规定当全部车列进入调车进路后，信号才关闭。

综上所述，整个过程反映了进路控制过程每个阶段之间的动作次序，反映了对采集的各种信息进行加工处理及传递的层次，都是以联锁为依据的序逻辑关系。进路必须按照这一程序并满足一定条件才能建立，只有遵循这种关系和程序才能保证行车安全。

(2)进路的解锁过程

进路控制过程的第二阶段是进路解锁过程，进路解锁是指对已建立的进路要进行解除锁闭。当列车或车列确实通过了道岔区段后，应解除对道岔和敌对进路的锁闭。

进路的锁闭和解锁是一个问题的两个方面，两者比较起来，进路解锁尤为重要。因为进路因故不锁闭，信号不开放，这是安全的。而进路解锁过程一般是在信号开放之后进行的。被锁闭的进路一旦错误解锁了，意味着进路上的道岔可以转换，敌对进路可建立。如果在信号开放后，在列车或车列已接近进路的情况下，出现进路错误解锁，这是非常危险的。另外，当列车或车列正在进路中运行时发生了错误解锁事故，同样是非常危险的，都将危及行车安全。因此，对于进路解锁的重点是防止错误解锁。

进路解锁和列车或车列是否接近进路有着密切关系。为了反映列车或车列是否接近进路，每架信号机的前方原则上都应设一段轨道电路，作为进路的接近区段。列车进路的接近区段长度不小于制动距离——800m；调车进路的接近区段长度不小于最短为一节钢轨的长度——25m。

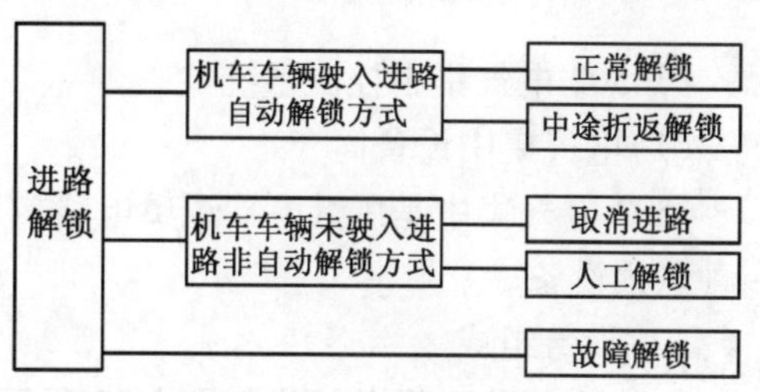

图 3-31 几种解锁形式和特征

进路解锁过程将根据列车或车列是否驶入进路为分界。由于解锁的条件和时机的不同，进行解锁有五种解锁方式，即取消进路、人工解锁进路、正常解锁进路、调车中途折返解锁进路以及故障解锁，见图 3-31。

①列车或车列未驶入进路的解锁方式

a. 取消进路。在进路锁闭后，信号由于某种原因没有开放，或者信号已经开放而列车或车列尚未驶入接近区段时，操作人员采用办理取消手续来解锁进路。这种解锁方式称为取消进路。

b. 人工解锁进路。当信号开放后，列车或车列已驶入接近区段，根据需要允许操作人员办理人工解锁手续来解锁进路。但必须从信号关闭时算起，延迟一定时间后进路才能解锁。延迟时间是司机看到禁止信号后采取制动措施能够使车停下来所需要的时间，只有停车后再使进路解锁是安全的。这种人工延时解锁方式称为人工解锁进路。人工延时解锁的延迟时间对于接车进路和正线发车进路规定延时 3min；对于侧线发车进路和调车进路规定延时 30s。

②列车或车列驶入进路的解锁方式

a. 正常解锁进路。正常解锁是指列车或车列通过进路中的道岔区段后，进路即自动解锁。正常解锁分为一次解锁和逐段解锁两种形式。一次解锁是指列车或车列出清了进路中全部道岔区段后，各个道岔区段同时解锁的形式。逐段解锁是指列车或车列每驶过一段道岔区段，该道岔区段逐段自动解锁的形式。逐段解锁形式有利于提高线路的利用率。

检查列车或车列是否已经通过该道岔区段，检查道岔区段是否空闲是利用轨道电路技术。然而轨道电路的动作可能是机车车辆的运动造成的，也可能是由于轨道电路故障原因引起的。为了防止由于轨道电路故障而引起错误解锁，不能简单地用一段轨道电路动作就能确切反映机车车辆通过了该区段。而必须采用多段轨道电路的顺序动作来反映机车车辆的实际运行。所以，在采用逐段解锁方式时，一般要采取记录相邻三段轨道电路顺序动作，作为一区段解锁的条件(即三点检查法)。

b. 调车中途折返解锁进路。这是调车进路的一种自动解锁方式,当进行转线调车作业时,完成整个调车作业过程,包含有牵出作业和折返作业。为牵出作业而建立的进路称为牵出进路,然后为折返作业建立的进路称为折返进路。当调车车列驶入牵出进路后,往往在牵出的中途根据折返进路的信号开放车列而返回。由于车列没有完全通过牵出进路上的道岔区段而中途折返,以致牵出进路上的部分道岔区段不能按正常解锁方式解锁。为此,需要用一种特殊的解锁方式,使牵出进路上未能正常解锁的区段予以自动解锁。这种特殊的自动解锁方式称为调车中途折返解锁。

故障解锁。随着列车或车列通过进路,各道岔区段应按正常解锁方式自动解锁,然而由于轨道电路故障,破坏了三点检查自动解锁的条件,而使进路因故障不能自动解锁,需采用特殊的由操作人员介入使进路解锁。障解锁是以道岔区段为单位实施故障解锁。

3.3.4 车站信号控制

1)6502 电气集中控制系统

(1)电气集中设备简介

6502 电气集中是用继电器逻辑电路构成车站信号控制系统,是目前国内使用比较普遍的一种联锁设备。

(2)设备组成

6502 电气集中设备组成如图 3-32 所示,整个设备可分为室内、室外两大部分,室内部分主要有控制台、故障解锁按钮盘、继电器组合及组合架。室内部分主要有信号机、动力转辙机和轨道电路等。

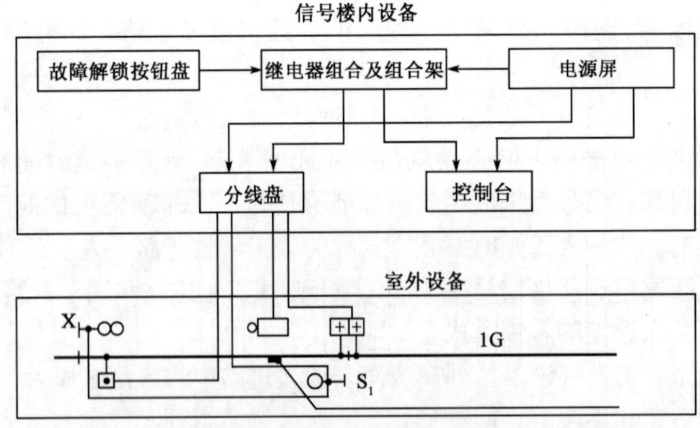

图 3-32　6502 电气集中设备组成

控制台上设有许多按钮和表示灯,用来对道岔、进路和信号机进行控制和监督,监督室外设备的状态及线路运用情况;监督操作过程是否完成。6502 电气集中控制台示意图如图 3-33 所示。故障解锁盘用于故障情况下对进路实行人工解锁;继电器组合及组合架用来放置各种用途的功能继电器和逻辑电路,完成联锁设备的逻辑运算;电源是供电设备,分线盘是室内外电缆线路相互连接的界面。

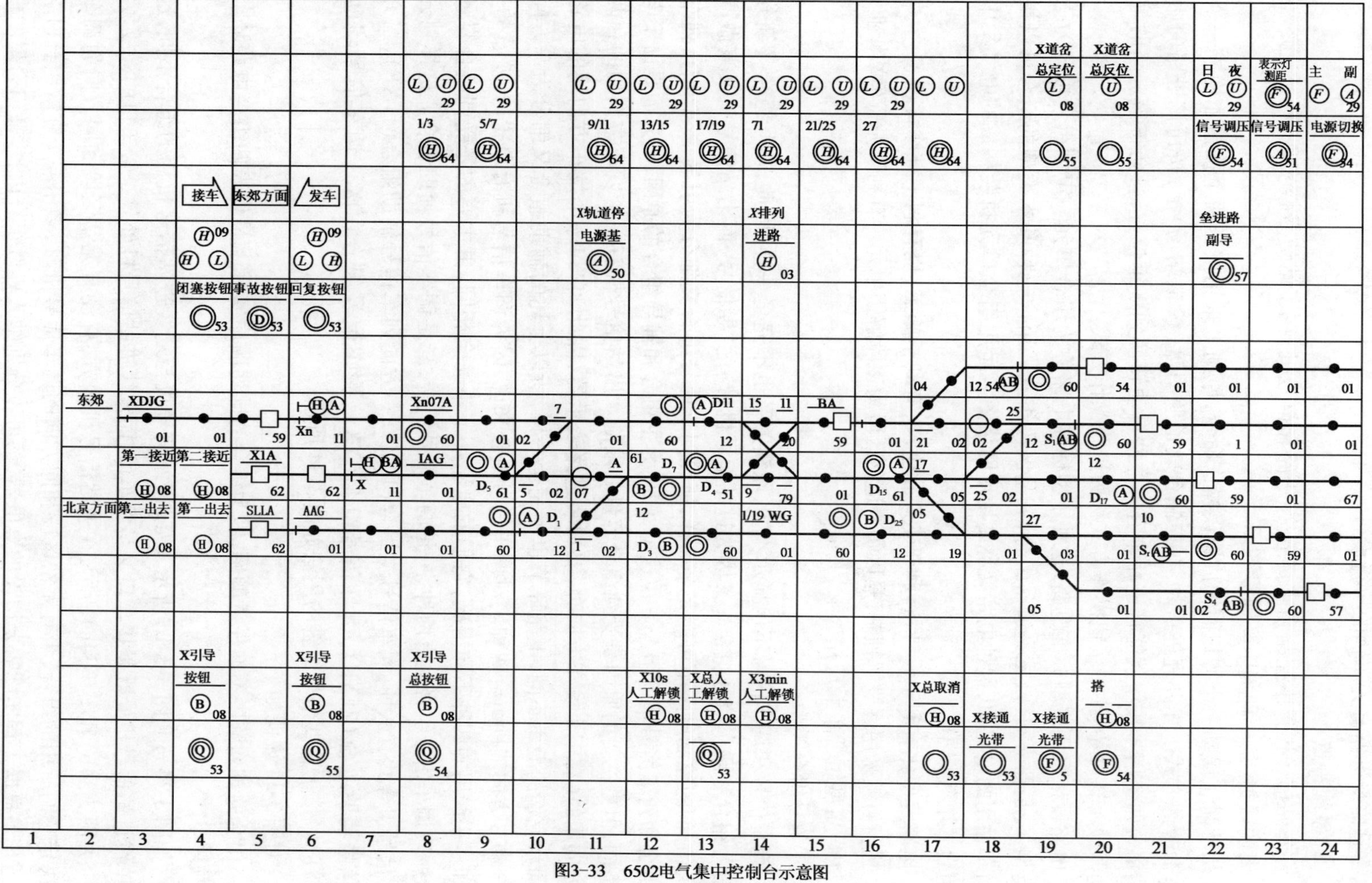

图3-33 6502电气集中控制台示意图

信号机是信号显示的执行机构。动力转辙机是转换道岔使道岔改变位置的执行机构。轨道电路是监督进路有无车辆的执行设备。

(3)系统特点

在车站信号楼集中控制和监督道岔、进路和信号机;在车站信号楼实现道岔、进路和信号机三者的联锁,是一种集中联锁设备。

为了防止误动一个按钮而构成错误操作命令,原则上采用按压两个按钮才构成一个有效操作命令的方式。如办理进路时,在控制台轨道照明盘(模拟站场)上,按压该进路的始端和终端部位两个信号按钮就能将进路中有关道岔自动转换到规定位置,且防护该进路的信号机自动开放。这种始、终端按钮操作方式称为进路操作方式。

电路设计采用定型标准电路,这种定型标准电路称为组合单元。定型组合可分为三种基本类型:一是信号组合,二是道岔组合,三是区段组合。用这三种基本类型的组合可以拼贴成任何车站用的电路图,这种电路又称站场形网络图。运用组合单元拼装构成的电气集中又称为组合式电气集中。

电路定型化有利于设计,有利于工厂化生产,有利于施工,也有利于维修管理。

进行解锁采用逐段解锁制,是以每一道岔区段为逐段解锁单元。有利于提高车站作业效率。

(4)定型组合单元应用

①信号组合类型:

列车信号和调车信号不但显示不同,联锁关系也不完全一样,因此,信号组合又细分为列车信号组合和调车信号组合。又因为进站信号机带有引导信号,而出站信号机又兼做调车信号机,它们的控制电路不可能完全一样,所以列车信号组合又细分为引导信号组合、列车信号主组合和列车信号辅助组合。在这里,细分为主组合和辅导组合的原因,一方面是由于电路环节不同,但更主要的原因是受到组合容量的限制。出站信号机有一个发车方向用的和两个发车方向用的(有三个发车方向时,要加装进路表示器,因此,它和一个发车方向用的电路环节相同),它们的显示不同,电路环节也不完全一样,所以上述的辅助组合又细分为一方向辅助组合和二方向辅助组合两种。对调车信号组合来说,因为调车信号机有单置的、差置的、并置的和尽头线用的四种不同情况,它们的电路环节不完全相同,更主要的是受到组合容量的限制,所以调车信号组合也有两种,一是调车信号组合,二是调车信号辅助组合。这样划分的结果,信号组合共有六种:列车信号主组合(LXZ),一方向列车信号辅助组合(1LXF),二方向列车信号辅助组合(2LXF),引导信号组合(YX),调车信号组合(DX),调车信号辅助组合(DXF)。以上这些信号组合的用法如图3-34所示。

对图3-34说明如下:

组合的排列顺序不准任意颠倒,因为组合的排列顺序实际上是代表两组合电路环节的衔接顺序。

如图3-34a)和图3-34b)所示,单线进站信号机与复线进站信号机用的组合不同,这是因为单线进站信号机处既是接车口又是发车口,而复线进站信号机处只是接车口的缘故。

如图3-34b)和图3-34c)所示,在进站信号机内方,有没有无岔区段和同方向的调车信号机决定它们所用的组合,当有无岔区段和同方向的调车信号机时,多用一个零散组合(L)。

凡是根据工程实际需要增设的继电器,都可以分别纳入零散组合内,零散组合里的电路需要工程设计者结合工程实际情况自己去设计,因此它属于非定型设计部分。由此可见,零散组合数越多，就意味着定型设计率越低。

如图3-34d）和图3-34e）所示，图3-34d）是一个发车方向用的出站信号机，图3-34e）是两个发车方向用的出站信号机（根据信号显示可以看得出来），所以它们用的辅助组合不同，前者用1LXF，后者用2LXF。

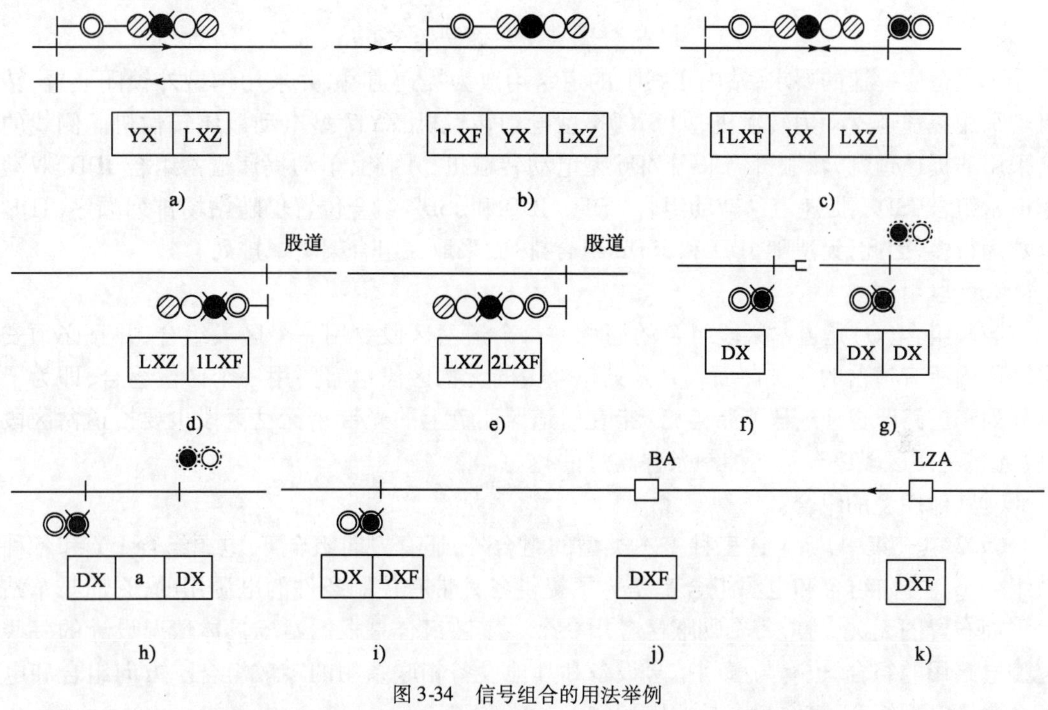

图3-34 信号组合的用法举例

从图3-34f）～i）中可看出，尽头线调车信号机、并置调车信号机、差置调车信号机中每架调车信号机只用一个DX组合，只有单置调车信号机除用一个DX组合外，还多用半个DXF组合（两个DXF占用一个组合位置）。这是因为单置调车信号机得电路有些特殊情况所决定的。

调车信号辅助组合还兼两个特殊用途：一是它可兼做变通按钮（BA）组合，如图3-34j）所示；二是它可兼作列车终端按钮（LZA）组合，如图3-34k）所示。在控制台上的变通按钮和列车终端按钮处，都没有相应的信号机复示器，即这些按钮都不是进路始端按钮，不能用一般的信号组合，因此，这些按钮用的组合指定用调车信号辅助组合DXF代替（列车终端按钮用的组合，实际上是零散组合，是在DXF组合的基础上加工而成的）。

②道岔组合类型：

单动道岔和双动道岔用的继电器数量不同，并且双动道岔用的继电器超过了10个，所以，道岔组合细分为单动道岔组合（DD）、双动道岔主组合（SDZ）和双动道岔辅助组合（SDF）三种。这里要说明的有两点：

a. 组合的排列顺序不能任意颠倒。

b. 单动道岔用一个DD组合，如图3-35a）所示。双动道岔用一个SDZ组合和半个SDF组合（两个SDF占用一个组合位置），如图3-35b）和图3-35c）所示。图3-35b）和图3-35c）是同一组双动道岔，共用一个SDZ组合和半个SDF组合，而不是分别各用一个。图中之所以分别各用两个方框表示，是为了和实际电路图纸相对应（SDZ和SDF各用两张电路图纸组成）。

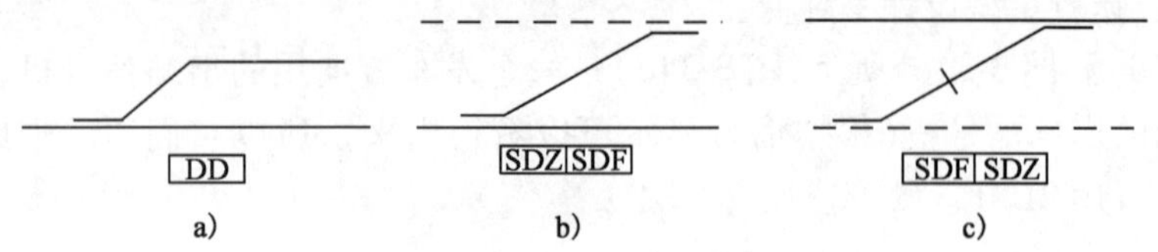

图 3-35 单动道岔用一个 DD 组合示意

为了适应提速的要求,站内正线上的道岔均改为提速道岔,并采用钩型外锁闭装置,转辙机均采用提速道岔动力转辙机,如 S700K 型电动转辙机、ZYJ7 型电动液压转辙机。侧线的道岔采用非提速道岔,转辙机仍采用 ZD6 型电动转辙机。因此,单动提速道岔组合 JDD、双动提速道岔组合 JSDZ、提速道岔辅助组合 TDF。JDD 和 JSDZ 组合位置仍随站场排列顺序,TDF 组合数用得多,因此,无法随 JDD 和 JSDZ 组合排列,采取在组合架集中排列。

③区段组合:

区段组合(Q)是道岔区段组合的简称。每个道岔区段要用一个区段组合,并且必须安放在区段内所有道岔的岔尖前面。凡是列车经由的无岔区段也需要用一个区段组合,即为了在排列列车进路时也使这段光带点灯(指在轨道照明盘上的光带),无岔区段也要按道岔区段处理(光带是用区段组合里的控制条件点灯的)。

④其他用途的组合:

6502 电气集中,除上述三种基本类型的组合外,还有方向组合 F、电源组合 DY 和各种零散组合 L。方向组合和电源组合都是为了提供各种带有控制条件的电源用的,它们与车站信号平面布置图无关,对应每个咽喉区各用一个。零散组合是根据站场具体情况设计的一些非定型电路用的组合,也有与区间信号设备和其他设备相联系用的零散组合。方向组合和电源组合属于定型组合,零散组合是非定型的。

电气集中电路一般可分成进路选择电路和执行电路两部分。在进路建立整个过程中,从办理进路按压进路始、终端按钮到选出进路中的道岔位置,属于进路选择过程。所涉及的逻辑电路习惯称为选择组电路。然后经历道岔转换、进路检查、进路锁闭、开放信号完成进路开通,一直到使用进路、进路解锁的过程,属于进路处理。实现进路开通建立到进路解锁的电路习惯称为执行组电路。

本节简单介绍了车站信号控制系统的一些基本概念,此外,车站信号控制系统的设计和电路原理有兴趣的读者可以查阅教材《轨道交通信号控制基础》(郎中梂、曾小清等编著)一书 172 ~ 202 页。

2)计算机联锁系统

(1)计算机联锁系统简介

计算机联锁系统是运用计算机或微处理机构成联锁运算的车站信号控制系统。该系统的特点:一是用软件完成全部联锁运算;二是采用数字通信技术实现信息传输,以现代计算机技术代替了传统的继电器逻辑电路,是新一代车站信号联锁设备。

该系统的优点主要表现在以下方面;一是由于计算机的逻辑运算功能与继电器逻辑电路具有共同的理论基础,因此,不仅能实现继电逻辑电路已具备的功能,而且可以弥补继电电路的局限性,使功能得到扩展和完善,为铁路信号向信息化、智能化、网络化和综合化发展创造条件。二是计算机联锁系统能够更方便地为调度监督系统、调度集中系统以及行车管理的其他系统,如旅客服务系统、列车运行监督系统、行车调度管理信息系统(DMIS)提供各种信息并有机结合,为运输管理现代化提供了技术基础。三是由于计算机联锁技术的飞速发展以及可靠性技术、容错技术和安全技术的进步,计算机联锁系统具有更高的可靠性和安全性。四是计算机联锁系统的管理维护功能比电气集中联锁系统更为完善,容易实现系统的故障诊断以及设备的监测功能,便于分析查找故障,有利于提高维护管理的现代化水平。五是采用通用的计算机人机接口设备,简化了操作手续,使站场及信号设备状况的显示更直观,能表现更多的表示信息。六是计算机联锁系统的标准化程度远高于目前的电气集中联锁系统,有利于缩短设计、生产、施工的时间,便于维护,尤其是减少对继电器的检修工作量,减少建筑的使用面积,节省干线电缆等方面都有明显的优势。

(2)计算机联锁系统的结构

计算机联锁系统的结构包括控制与表示设备,有实现各种功能用的微型计算机、电源以及监控对象——道岔、信号机和轨道电路等。和电气集中联锁系统相比较,顾名思义,计算机联锁是用计算机或微处理机构成联锁运算代替继电逻辑电路对铁路车站信号设备实行控制的自动控制系统。所以,这里所指的系统硬件结构主要是指计算机以及接口设备。

尽管目前计算机联锁系统的制式比较多,而且在结构上都不完全相同,但它们的主要功能一般都大同小异。计算机联锁系统的功能有以下几种。

人机对话功能:即接受操作人员输入的操作信息并输出表示系统状态信息的功能;

联锁控制功能:是整个系统功能的核心;

系统维护功能:对系统主要组成设备的工作状态进行监测的功能;

与其他系统交换信息功能:能够与上一级系统如调度集中系统(CTC)或调度管理信息系统(DIMS)的通信网络联网。

①系统功能模块化

上述系统的功能一般都将它们划分成若干彼此相对独立又有一定联系的功能模块,每一功能模块配置不同的计算机去承担处理,所以计算机联锁系统是一种多微机系统。

双微机系统是将人机对话功能和联锁功能分别由两台计算机进行处理的系统,如图3-36所示。

三微机系统如图3-37所示,该系统由人机对话机、维修机、联锁机构成。其中,人机对话机完成控制命令采集和屏幕显示,维修机用于设备状态的监测和与其他系统的联系,联锁机用于完成联锁逻辑处理功能和与监控对象的联系。

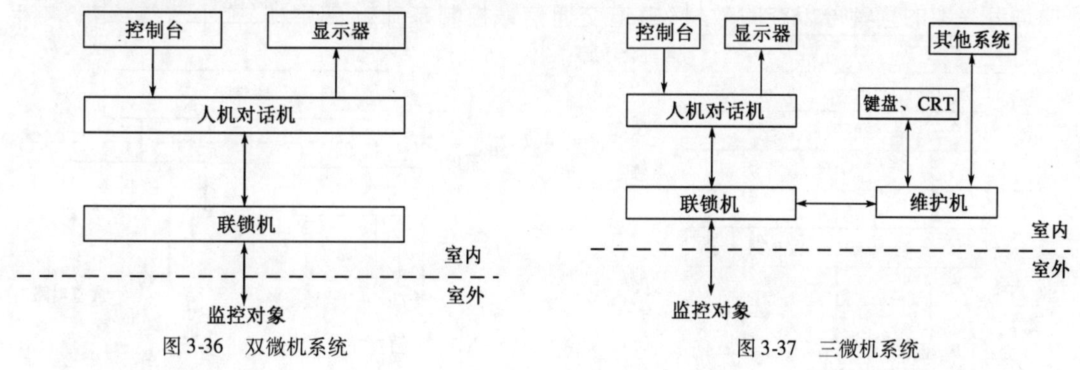

图3-36 双微机系统

图3-37 三微机系统

②系统的层次结构

计算机联锁系统的功能要求和可靠性、安全性的性能要求是非常高的实时控制系统,只采用单层结构是难以全面完成各项技术要求的根据进路控制过程而论,整个系统一般要求分成三个层次,每一层次赋予规定的任务。

系统的三层结构如图3-38所示,由人机会话层、联锁运算层和执行层组成。人机会话层的计算机有人机会话机、维护机等。人机会话机的主要任务是对操作命令进行接收、判断与发送;站场信息显示和系统有关信息提示等。维护机的任务是完成系统的维护诊断,负责站场状态的跟踪与回放,操作命令记录与故障记录以及对输入输出故障定位等。另外,人机会话层还要承担与上级系统联网任务,如调度集中系统(CTC)、调度管理信息系统(DIMS)。联锁层的计算机为联锁机,主要用于完成联锁逻辑运算、控制命令的输出等,它是整个系统的核心部分,无论在可靠性方面还是在安全性方面都有很高要求。执行层是指联锁机与室外设备的各个监控对象(道岔、信号机和轨道电路)之间的控制电路这一层。执行层主要任务:一是接收来自联锁机的控制码,经过变换形成控制命令以驱动相应的控制电路;二是接收监控对象的状态信息,经过编码再传送到联锁机。

③室内外设备联系方式

室内外设备联系方式是指联锁机与室外监控对象(即执行层)之间的联系方式。联锁机与执行层的联系方式基本上可分成专线方式和总线方式两种。在专线这种方式中,对应每一监控对象都有专门的控制命令输出口和状态信息输入口相对。或者说,室外的监控对象分别直接用专用电缆芯线与联锁机的接口电路相连接,仍然保留了电气集中联锁系统的道岔和信号机控制电路。这种方式适用于对既有电气集中联锁设备的结合而不需要改变室外设备。

总线方式如图3-39所示。该方式的特点是把室外的监控对象按它们地理位置划分若干群,也可以把一个咽喉区的监控对象划为一群,然后对于每一群设置一个现场控制器(或称集中器)。控制器是由微处理器及安全电路构成。控制器处于联锁机与监控对象之间的中间环节,其任务一是接收来自联锁机的控制命令,再输出到相应的监控对象;二是接收来自监控对象的状态信息,再传送给联锁机。图3-39是一种由多个控制器构成的系统,每个控制器采用串行数据传输方式与联锁机交换数据、传输控制命令和状态信息,故称为多总线方式或分布式结构,具有分散控制,集中信息管理的特点。

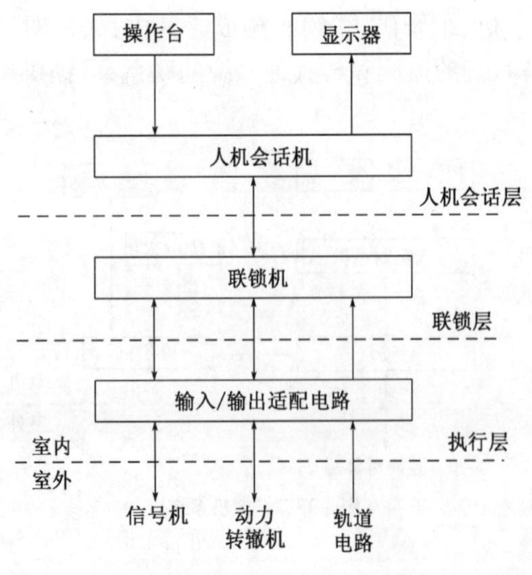

图3-38 计算机联锁系统的层次结构图

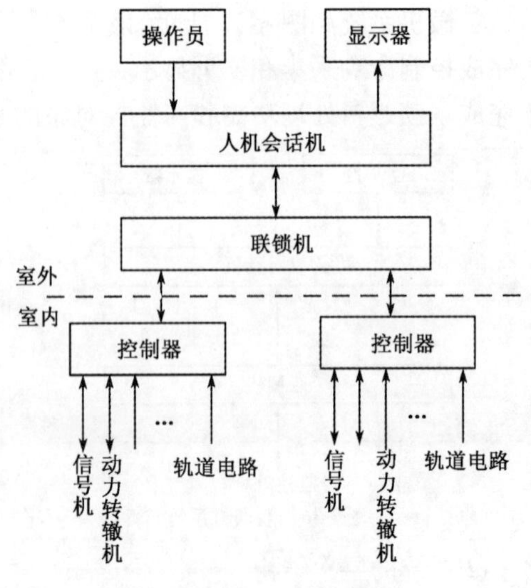

图3-39 总线方式

控制器与各个监控对象之间的连接仍要用专用电缆芯线连接。一般安装与对象群的附近,以缩短控制器与对象之间的电缆长度,这不仅有利于节省电缆,而且有利降低电缆芯线之间的干扰。联锁机与控制器之间采用总线方式通信,可以节省干线电缆的费用,而且为使用光缆创造了条件,由于光缆有较强的抗干扰性能,有利于提高系统的可靠性和安全性。

控制器一般不承担联锁处理的任务。但是,它所接受、发送及处理的信息都属于安全信息,总线中传输的信息就是控制器与监控对象之间的交换的信息。所以,总线和控制器不仅要求可靠,而且必须具有故障—安全性能。总之,控制器在功能和结构规模上与联锁机有所区别,但在可靠性和安全性方面的要求是相同的。

④系统的可靠性与安全性

铁路信息系统的任务,或者说应具备的功能有很多。但是,首要功能是保证行车安全,总是以保证行车安全为中心的。所以,该系统是一种安全系统。系统的安全性表现在两个方面:一是功能安全,即系统在正常工作中,具有保证行车安全的性能,能实现预期的保证行车安全功能;二是技术安全,即系统发生故障后其后果仍能导致行车安全,即具有故障导向安全性能。

传统的电气集中联锁系统是一个故障—安全系统,其实现故障—安全性能的基本方法:一是使用具有故障不对称特性的安全型继电器构成联锁电路;二是采用安全对应法技术。安全型继电器及其构成控制系统在故障情况下,其输出具有很高的故障不对称性,或称故障输出的定向性,即输出“0”的概率占压倒优势。在此基础上,利用安全对应法,以概率极大的状态代表安全侧,与系统的安全侧相对应。

作为计算机联锁系统,必须连续不间断地工作;必须及时、准确地进行联锁运算和输出控制信息,同时要求在出了故障时能及时发现及时修复。这就要求它必须具有非常高的可靠性,以达到在规定的时间内和规定的环境条件下完成规定功能的能力。另外,为了保证行车安全要求,系统应少发生故障,一旦发生故障系统,应不发生危险侧故障,即具有故障—安全性。然而,对于计算机联锁系统,在实现故障—安全性原则方面要困难得多。首先,由于计算机本身不是故障—安全部件,使用的集成电路芯片、电子元件等也不具有故障—安全特性,因而不能用非故障—安全的器件、部件来构成故障—安全系统。其次,一个由计算机构成的系统,其故障的种类也是多种多样的,按照故障的后果可以分为“0”或者“1”故障;按照故障的持续时间有永久性故障、瞬间故障、间歇故障等;除了硬件故障之外,还有软件故障等。因此,无法确定计算机发生了什么故障,无法确知该故障将导致怎么样的结果。因此,对于计算机作为主体构成的计算机联锁系统来说,必须采取技术措施,即目前广泛采用的冗余技术,利用冗余技术构成具有容错控制功能的计算机联锁系统,从而提高系统的可靠性和安全性,构成故障—安全系统。

所谓冗余是指系统除了完成其功能所必需的资源外,还必须具有额外(备份)的资源。容错技术是指系统的某一部分发生故障情况,但仍使系统保持正常工作、完成规定功能的技术。容错技术是建立在冗余技术基础上的。

采用多重系统重复校核方法,既可以提高系统的可靠性,又可构成故障—安全系统。二重冗余结构如图 3-40 所示。其中图 3-40a)为双机互为备用的二重系统结构原理图。系统中两模块共同输入,但同时仅有一个模块的输出,经由切换开关(电子或继电器的)接向系统输出,称正在工作的模块为主模块。另一模块并行工作,但它的输出不与系统的输出相连,称这个模块为脱机模块或备用模块。一旦主模块发生了故障,使备用模块接替其工作,实现故障后对系统重组恢复。系统重组能否成功,很大程度上依赖于:一是故障检测技术,要检测出哪模块发生故障;二是切换方式,在发现故障后,能及时驱动切换开关动作,使故障模块的输出与系统隔离,而将备用模块的输出接向系统输出。这样的二重系统仅能提高系统的可靠性,但还不是一个故障—安全系统。在图 3-40b)所示的二重系统中,双模块同时工作,其输出彼此间进行频繁比较,经比较验证,一致时就执行,不一致时就不执行。这种利用双重系统进行互相校核才是故障安全性系统,但这样的系统又不能提高系统的可靠性。图 3-40c)所示的是一个多重冗余结构原理图。该系统有四模块组成,其中的两模块处于热备状态,使系统既具有可靠性,又具有安全性。

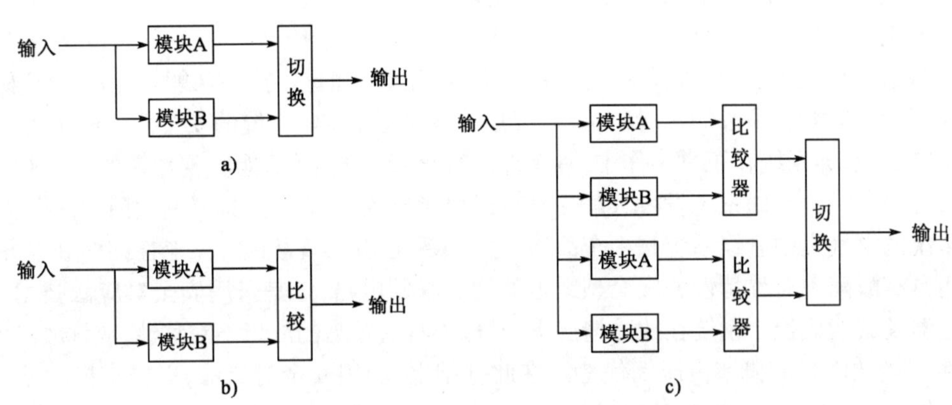

图 3-40　二重冗余结构图

三重冗余结构如图 3-41 所示。三重冗余结构由三个性能相同的模块组成,三模块分别接受相同的输入信息,并行工作执行同样功能。表决器的输出作为系统的输出。不管另一模块是否发生故障,表决器的三个输入中只要两个一致就有输出执行,否则就不执行(一般称此种方式成为三取二多数表决方式)。这样就把其中一个故障模块给"屏蔽"了。使系统在发生故障时仍能正常工作,其余两模块仍能相互校核。因此具有表决器的多重系统既可提高系统的可靠性,又能构成故障—安全系统。

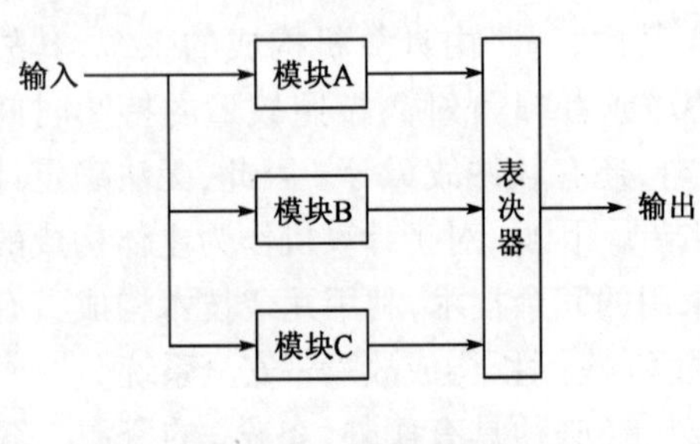

图 3-41　三重冗余结构图

一个采用三重冗余结构的故障—安全系统的关键技术有三个方面:首先使三模块的同步运行技术;其次是表决器本身必须是故障—安全的,否则故障—安全就得不到保证;第三是故障检测和故障诊断技术,故障模块的及时切离与及时修复。

(3)系统的硬件构成

计算机联锁系统的组成包括硬件系统和软件系统。硬件系统若根据系统的层次结构划分,分别由人机会话层的硬件、联锁层硬件以及执行层硬件等组成,如图 3-42 所示。

①人机会话层的硬件

车站联锁系统是,有人介入的人—机系统。在人—机系统中,人与设备之间存在着信息和操作的交换过程。因此,需要有人—机界面。通过人—机界面,值班员可向监控设备传达信息和操作,并可接受现场监控对象及设备的信息,如电气集中联锁系统的控制台就是人—机接口设备。计算机联锁系统把完成操作和表示功能的人—机接口部分称为人机会话层,人机会话层的硬件主要由操作和显示设备、人机会话计算机及接口设备等组成。

操作和显示设备的用途是对道岔、进路和信号机进行控制和监督,并提供表示信息,反映车站技术作业情况、设备工作情况以及值班员操作过程。电气集中联锁系统是利用操纵部分和表示部分混合为一体的单元控制台。计算机联锁系统的操作设备,既可以采用传统的专用控制台,也可采用通用的计算机人机接口,如数字化图形仪、鼠标以及键盘。其中,专用控制台是我国计算机联锁系统发展的最初阶段所采用的操作设备,类似电气集中联锁系统所用的控制台。采用数字化仪式控制台,值班员的操作意图通过操作光笔动作数字化仪实现,同时备有鼠标和键盘。显示设备采用大屏幕 CRT 显示器,根据车站规模,可配置多个大屏幕显示器。

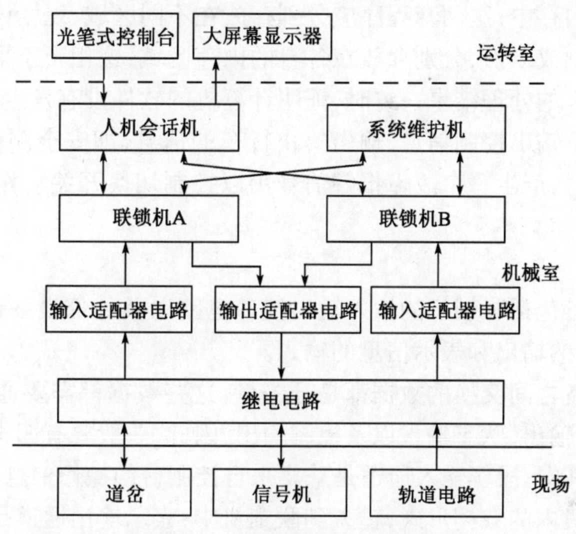

图 3-42 系统的硬件结构示意图

人机会话计算机的主要任务是接收来自控制台(或数字化仪式控制台)、键盘或鼠标的操作输入,判别操作输入能否构成有效的操作命令,并将操作命令转换成约定的格式,由串行口输出与联锁机通信,从而联锁机根据值班员的操作意图进行联锁运算。另一方面,接收来自联锁机的表示信息(如车站设备的现场状态、值班员当前的操作状态以及计算机联锁系统的系统状态等),并将该信息转换为显示器能够接收的显示信息。鉴于人机会话机的功能是对操作命令进行接收、判别和发送以及提供丰富的表示信息。所以,可将它作为与调度集中(或调度监督)以及调度管理信息系统(DMIS)等系统联网。

人机会话机所处理的信息不涉及行车安全,所以不要求该计算机具有故障—安全功能,但它必须具有可靠性要求,这样才能保证联锁系统正常工作。为此,人机会话计算机一般用工业用个人计算机构成双机冗余结构,采用冷备方式。为了简单起见,可用人工方式控制主机与备机的切换。

②联锁层的硬件

联锁层的硬件主要由联锁计算机、接口电路和容错电路等组成。

联锁计算机是整个系统的核心部分。赋予联锁机的功能:一是对操作命令和现场信息的处理;二是联锁运算;三是控制命令的输出等。它所完成的功能都是系统的安全性功能,涉及保证行车安全,因此,必须具备故障导向安全保障措施。

为了使系统既具有可靠性又具有安全性，联锁机的硬件结构一般采用多重冗余结构。由于与联锁系统的体系结构以及采用怎样的容错技术和故障—安全技术密切相关，因此，联锁机的硬件结构必然有多种类型。图 3-42 所示的硬件结构图就是其中的一种。该图为二重冗余系统，是目前经常采用的一种容错冗余系统。联锁机采用了双机热备（即双机冗余、热备切换）的结构形式，其中，一台联锁机为主用机，另一台为备用机，当主机发生故障时，备用机切换成主用机。为了提高系统的安全性，每台联锁机中运行双份联锁运算程序，在执行这两套程序的过程中，分阶段对中间运算结果进行比较，防止输出错误的危险侧信息。这种双重软件冗余有如下要求：一是运行两套功能相同的联锁程序，应出自不同的编程人员在相互独立情况下设计，二者没有共同之处，以防止因两套软件潜伏相同的软件错误而同时给出相同的错误运算结果。二是在计算机内存中，这两套程序应分别存放在不同区域，现场设备状态信息和控制命令输入计算机后应复制成双份，分别存放在各自的内存区域，这相当于采取了时间冗余和空间冗余技术。当两套软件的处理结果一致时，证明计算机的软件没有发生错误，允许输出控制信息，否则，就不形成或不输出控制信息，输出禁止行车的信息，即安全侧信息，达到系统故障—安全的目的。与此同时，产生一个故障报警信号用以控制切换开关动作，使备用机投入使用，以提高系统的可靠性。

③执行层的硬件

执行层的硬件设备包括联锁机的输入输出接口电路以及外部设备道岔、信号机控制电路的结合，完成控制命令的输出和表示信息的输入。

联锁机与外部设备之间交换的数据都是开关量，这些数据都需要通过接口电路来实现交换。如操作输入、表示输出、状态输入以及控制输出，因此，一般要有四类通道和相应的接口电路，如图 3-43 所示。其中，操作输入通道是采集来自控制台的操作信息，把值班员操作按钮的接点动作变换为计算机内的数据形式，输入到联锁机中；表示输出通道是将联锁机向操作人员提供的各种表示信息传送到控制台或显示器上；状态输入通道是采集现场监控对象的状态输入到联锁机中作为联锁的数据。如采集反映道岔区段状态的轨道继电器、反映道岔状态的道岔表示继电器、反映信号机状态的信号继电器、灯丝监督继电器等接点条件。控制输出通道是输出控制信息，驱动执行继电器执行开放信号灯灯光显示和转换道岔变位。

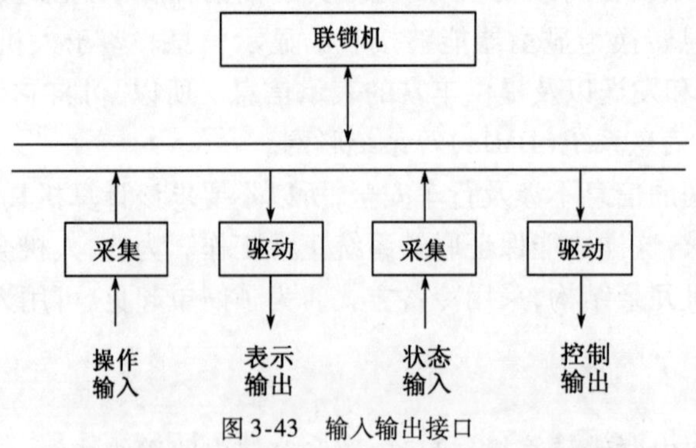

图 3-43　输入输出接口

根据数据的重要性，在上述四类信息通道中有的传送不涉及行车安全的信息，简称非涉安信息（有时也称非安全信息），有的是传送涉及行车安全的信息，简称涉安信息（也称安全信息）。其中，操作输入通道和表示输出通道所传送的信息属于非涉安信息，对这类接口电路，只需要它具有很高的可靠性而不要求它具有故障—安全性。因为操作输入信息传送出错,仅仅表现在不符合操作的意图或被拒绝执行;表示输出信息传送出错,会给出使操作者不解或与设备实际动作不完全吻合的显示,但绝对不会导致设备危及行车安全的错误动作。而监控对象状态输入通道和控制输出通道所传送的信息属于涉安信息。状态信息采集的安全意味着信息的采集是正确的或是安全的,要符合故障—安全原则,当状态输入通道发生故障时,一定使联锁机接收的状态信息处于安全侧。为此,在通道上必须采用安全输入接口电路和相应的软件措施。目前,监控对象的状态信息大多是以继电器的动作反映的。将继电器的状态输入计算机内的故障—安全输入接口电路的形式有多种,如采用电平—动/静变换的电路构成安全性输入接口电路是一种典型形式。对于存于计算机内部的输出控制命令是一种代码形式,而所控制的道岔转换电路和信号控制电路需要的是电平信号。这就需要将代码变换成电平来驱动执行元件动作。为了在变换的过程中满足故障—安全原则,输出接口电路通常采用两级变换,首先将代码变换为动/静形式;然后再进一步由动/静形式变换成具有一定功率驱动能力的电平信号。计算机联锁系统中安全逻辑变量的电平形式、代码形式和动/静形式以及它们间变换的概念和电路原理介绍如下。

a. 逻辑变量的表达形式

对于上述涉安信息的采集输入硬件接口电路和控制命令输出驱动接口电路,应具有故障—安全性能,也就是说,安全逻辑变量在电子电路内传输出阻抗和存储的过程中,从而可以发现故障。因此,计算机联锁系统在处理这些涉安信息的逻辑变量时,从输入到输出需多次变换逻辑变量的表达形式。

安全逻辑变量的表达形式基本上有三种:一是电平形式;二是代码形式;三是动/静形式。

电平形式是指的稳态的单一高电平和单一低电平或接通和断开代表逻辑变量的两个值,电平形式又称开关形式。只有在采用安全型继电器非对称器件构成的电路时,才能利用这种电平形式,否则是非故障—安全的。在实际电路中,常把高电平定为危险侧,而把低电平定为安全侧。当处利用安全型继电器时把励磁时的前接点定为危险侧,把失磁时前接点断开,定为安全侧。

代码形式是指利用计算机内存储器或存器中存储数据的编码代表变量的逻辑值。编码理论指出,n 个二值码元能够组成 $2n$ 个码元组,其中,每个码元值称为码字或代码。若从 $2n$ 个代码中选取 2 个代码,分别代表逻辑变量的 2 个值,则称这 2 个代码为合法码,而其余的 $2n-2$ 个代码为非法码。合法码中的一个定义为安全侧代码,另一个定义为危险侧代码。代码在传输和存储过程中,由于硬件故障或干扰等原因出错,当 n 足够大时,一个安全侧代码变成非法码可能性极大,而错或危险侧代码的概率很小。若把非法码也当成安全侧的信息未处理,那么利用这种非对称性的出错性质,可以实现二值信息的故障—安全传送和存储。

例如:设寄存器字首为 8,即 $n=8$,这样有 128 个代码形式。取其中一代码"10101010"代表道岔锁闭状态,为安全侧代码;另一代码"01010101"代表道岔解锁状态,为危险侧代码,分别作为反映道岔锁闭状态的合法码(或称有效代码),则其余的代码为非法码(或称无效码)。显然,由于故障或干扰等原因使安全侧代码"10101010"变成危险侧代码"01010101》的概率远远小于变成非法代码的概率。由于处理过程将非法代码认作安全侧代码。使处理结果是导向安全的,从而实现了故障—安全要求。在计算机内部,以代码形式表达逻辑变量是保证安全的基本措施之一。

动/静形式是指以脉冲序列(具有动态形式)代表逻辑变量的危险侧,以稳态电平0或1(具体静态形式)代表逻辑变量的安全侧,称为逻辑变量的动/静形式。这种形式有利于设计故障—安全电子电路。对于具有单端输入和单输出的电子逻辑电路,当输入信号是静态电平,输出信号也是静态电平,即可能固定高电平“1”,也可能固定低电平“0”;当输入信号是脉冲序列时,输出信号也是脉冲序列。如果此时电路发生故障,电路输出信号一般以静态电平输出的概率最大。因此,若规定的静态电平代表逻辑变量的安全侧,以脉冲序列代表逻辑变量的危险侧,采用这种信号形式的电子电路就能实现故障—安全的要求,即电路发生故障时,电路的输出信号导向安全侧——静态信号。所以,在传输安全性逻辑的输入和输出电路中,以动/静形式传输逻辑变量也是一种保证安全的有效措施。

b. 安全性输入接口电路

目前,监控对象的状态信息大多是用继电器的动作来反映的。如何将继电器的状态输入计算机内的方法是采用电平——动/静变换电路构成安全性输入接口电路。图3-44是以电平——动/静变换电路构成的动态输入电路原理图。

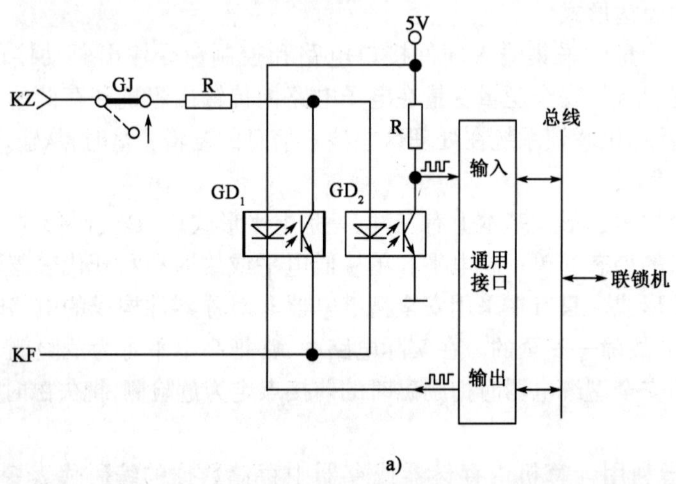

a)

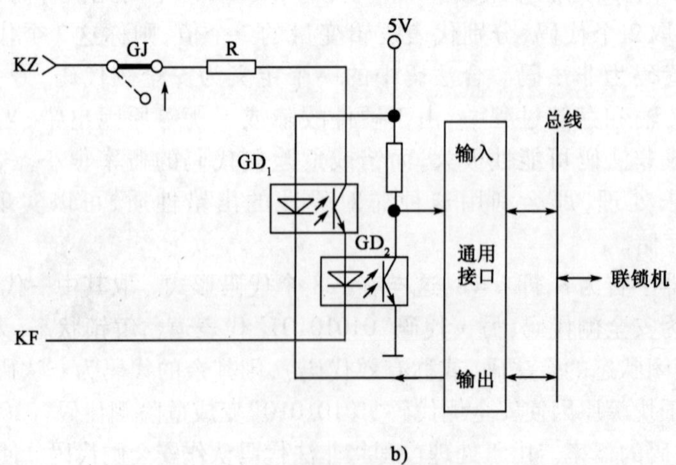

b)

图3-44 电平——动/静变换电路构成的动态输入电路原理图

图3-44a)是由两个光耦合器GD_1,和GD_2构成动态输入电路。GD_1的输入电路和GD_2的输入电路采取并联边接,由外部电源(如KZ、KF)供电,被采用集的开关接点GJ(电平信呈)串接在电路中,控制电源的通断。光电耦合器GD_1的输入侧发光二极管由计算机的输出口信号控制它的导通和截止,从而使GD_2耦合器输出端电平发生高低变化,是一种脉冲序列,作为逻辑变量接向计算机的输入口。

当计算机要采集GJ状态信息输入时,其输出口输出控制信号是脉冲序列1011……信号控制GD_1有规律地截止和导通,若此时GJ接点在闭合状态,则使GD_2发光二极管随着GD_1输出电平高低变化替导通和截止,从而使GD_2输出端形成低电平和高电平相间隔的脉冲序列0101……信号输入计算机,这样的序列代表危险侧。当接点GJ在断开状态或电路发生故障时,GD_2输出端输出一个稳定电平,计算机只能接收到一个静态信号,我们规定以静态电平代表逻辑变量的安全侧,此时,计算机收到的是安全侧信息,所以该电路具有故障—安全性能。

该电路是一个闭环系统,不仅能检查电路的故障,而且也能检查通用接口电路的地址的正确性。另外,利用光电耦合器不仅能保证计算机的输出和输入之间不致因故障而构成闭合电路,而且也实现外部电源与计算机内部电源的隔离,具有一定抗干扰能力。

图3-44b)的工作原理与图3-44a)的基本相同,电路中的GD_1输出侧与GD_2的输入侧采取串联接法。

c.安全性输出接口电路

联锁机输出的控制信息,它在联锁机内的形式是代码形式,而所控制的道岔电路和信号灯光电路需要的是电平信号,这就需要将代码变换成电平信号。这种代码变换成的电平信号,不仅是具有一定功率驱动能力的电平信号,而且是一种动/静变换形式的电平信号。

代码——动/静的变换,其作用是当联锁机在输出开放信号或转换道岔这一类危险侧控制命令时,将相应的代码变换成脉冲序列(动态)。这样一来,当输出电路的任一点发生固定型故障时或者输出安全侧信息时,就把脉冲序列自动地变成稳态输出(静态),从而达到故障—安全的。实现这一变换的方法,一般可利用软件方法或用硬件来实现。软件方法是利用软件能力实现变换,当输出控制命令(危险侧信息)时,通过编程在规定的输出口发送的是一种脉冲序列;当输出是安全侧信息时,则停止发送脉冲序列,而发送一种稳态输出。代码——动/静的变换采用硬件方法来实现,如图3-45所示。这种方法变换原理是:计算机先把危险侧控制代码并行送入移位寄存器中,然后再将寄存器中的代码读入,在检查代码没有故障后以串行输出,形成脉冲序列,完成了代码——动/静变换。在这种变换过程中,利用闭环检测方法,当电路发生故障时,不会有脉冲序列输出。

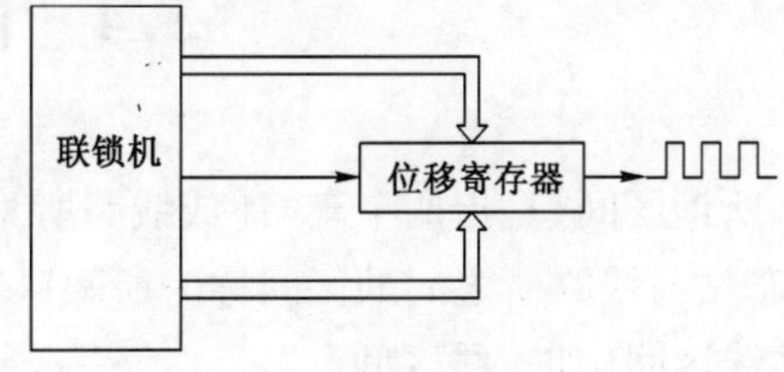

图3-45 代码——动/静变换

动/静—电平的变换,当这种变换电路的输入端为脉冲序列时,输出端输出一个具有一定驱动能力的高电平,以驱动安全型继电器吸起。而当输入稳态电平或电路故障时,该变换电路只能输出低电平,以符合故障—安全要求。这类电路具有动态鉴别功能,故又称为动态鉴别电路。图3-46是两种动/静—电平变换电路。

图3-46a)是一种采用变压器的动态鉴别电路原理图,电路的输入脉冲经由光电耦合器输出驱动晶体管T工作,在晶体管的集电极接有脉冲变压器,该变压器的输出经整流后使继电

器励磁吸起。图3-46b)是采用晶体管推挽输出的动态鉴别电路原理图,当电路的输入端有脉冲串输入时,晶体管 T_1 和 T_2 交替地导通和截止。当 T_1 导通 T_2 截止时,电容器 C_1 经由 T_1 和 D_1 充电。当 T_1 截止 T_2 导通时,C_1 经由 T_2、偏极继电器J和 D_2 构成放电回路,使继电器借助 C_1 的放电电流被可靠地吸起。为了防止当 T_1、C_1 和 D_1 同时发生短路故障时造成继电器错误动作的可能性,该电路必须采用偏极继电器。

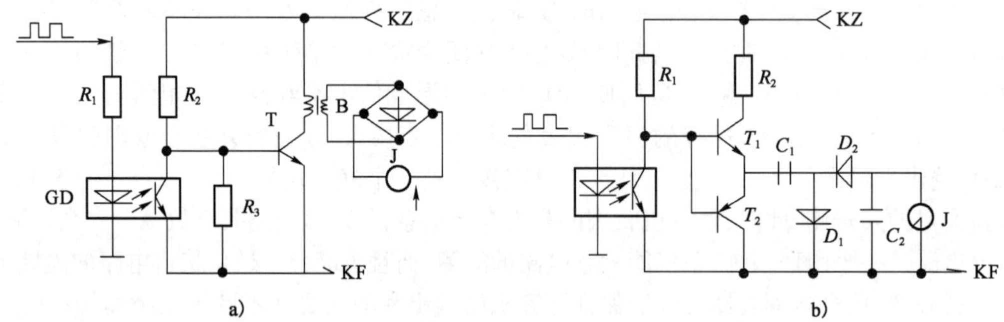

图3-46 动/静一电平变换电路

综上所述,联锁机所处理的安全性逻辑变量,为了保证这些变量传输的安全性,在输入到输出的过程中,必须经过多种形式变换,在电路发生故障时,总是使逻辑变量具有导向安全侧要求,从而可以发现故障。用这些变换电路构成了安全输入接口电路和安全输出接口电路。

目前使用的道岔控制电路和信号灯控制电路仍应用电气集中联锁所用的控制电路。所以,输入/输出安全接口电路的执行器件是由继电逻辑电路组成的,用来实现计算机联锁机构与室外设备控制电路之间的结合。如反映道岔区段(股道)轨道电路状态用的轨道继电器DGJ(GJ);控制和监督道岔用品信号继电器XJ、灯丝继电器DJ;控制和监督道岔用品完位(仅位)操纵继电器DCJ(FCJ)、空位(仅位)表示继电器DBJ(FBJ)、道岔启动继电器DCJ、DQJ等。因此,需要进一步研究采用无接点化的控制电路,即利用非安全的固态器件和相应的故障检测电路构成安全控制电路,实现控制电路的无接点化。

3.4 区间行车控制

所谓区间,是指两个车站(或线路所)之间的铁路线路。相邻两站之间的区间称为站间区间;车站与线路所之间的区间称为所间区间。根据区间线路的数目,分为单线区间、双线区间及多线区间(如三线区间)。

车站向区间发车时,必须确认区间无车。在单线区间又必须防止两站同时向一个区间发车,为此要求按照一定的方法组织列车在区间的运行。用信号或凭证保证列车按照空间间隔法运行的技术方法称为行车闭塞法,简称闭塞。用以完成闭塞作用的设备称为闭塞设备。

最初采用的闭塞制度是时间间隔法,即前行列车和追踪列车之间必须保持一定时间间隔的行车方法。当先行列车出发后,经过一定的时间,才允许后续列车出发。由于先行列车可能在途中减速或因故停留在区间,而且列车运行速度可能和预定计划不一致,故此方法很不可靠。由于列车晚点会打乱行车时间表,因此要求用路票的办法予以辅助。电报和电话应用于铁路行车,即电报或电话闭塞。但当联系错误,危及行车安全时,必须采用两站间闭塞设备互相联锁的办法,即空间间隔法。

空间间隔法是控制前行列车和追踪列车之间保持一定距离的行车方法。一般以相邻两车站之间作为一个区间,或将区间的铁路线路划分为若干个独立的闭塞分区,一个区间或一个闭塞分区同时只能允许一列列车运行,因此,能保证行车安全。它与时间间隔法相比,具有很大的进步。

行车闭塞制式大致经历了:电报或电话闭塞、路签或路牌闭塞、半自动闭塞、自动闭塞的发展过程。目前,我国铁路,双线多采用自动闭塞,单线多为半自动闭塞,路牌闭塞已不存在,路签闭塞几乎已绝迹。电话闭塞则是当上述基本闭塞设备不能使用时,根据列车调度员的命令所采用的代用闭塞方法。

路签(牌)闭塞是以路签(牌)作为占用区间的凭证,相邻两站都设有电气路签(牌)机,非经两站同意,并办理一定手续,不能从中取出路签(牌);在取出一个路签(牌)后,不能取出第二个。这就保证了在同一时间内只有一列列车在区间内运行。

半自动闭塞是以出站信号机或线路所的通过信号机显示的进行信号作为列车占用区间的凭证,发车站的出站信号机或线路所的通过信号机必须经两站同意,办理闭塞手续后才能开放,列车进入区间后自动关闭;而且在列车未到达接车站以前,向该区间发车用的所有信号都不得开放,这就保证了两站间的区间内同时只有一列列车运行。

自动闭塞是在列车运行中自动完成闭塞作用的,它将一个区间划分为若干个闭塞分区,每个闭塞分区的起点装设通过信号机,通过检测列车占用轨道的情况,自动控制通过信号机的显示。这种方式不需要办理闭塞手续,又可开行追踪列车,既保证了行车安全,又提高了运输效率。自动闭塞比其他闭塞方式都要优越,是一种先进的闭塞方式。

新中国成立以来,我国铁路的闭塞设备有了很大的发展。1949 年,我国铁路有 72% 的线路没有闭塞设备,仅在天津—张贵庄间有 10km 电机半自动闭塞,沈阳—大石桥间有 143km 的二元三位式交流自动闭塞,两者相加不到运营里程的 2% 以及少量的路牌闭塞。大部分铁路采用的是电话、电报闭塞,行车安全毫无保证。而到 2000 年年底,自动闭塞有 18 226km,占运营里程的 30%;半自动闭塞有 41 763km,占运营里程的 69%;路签尚有 51km,仅占运营里程的 0.08%。安装机车信号的机车 14 000 台,占运营机车的 93%,其中,通用式机车信号 8 530 台。安装有机车信号的地面设备的线路有 57 287km,占线路总里程的 95%。

随着我国铁路运输改革的深化和发展的加速,我国自动闭塞将大力发展。技术政策规定:快速客运专线和高速铁路应与国际铁路先进水平接轨,以无绝缘轨道电路为基础,积极发展数字化、大信息量、高可靠、高安全,具有列车速度控制功能和以机车信号为主体信号的先进信号系统。

三大干线和其他提速区段,要积极研制和发展以机车信号为主体信号的信号系统。自动闭塞设备要提高安全性,可靠性,增加信息量,向数字化方向发展。开展站内正线轨道电路与区间采用同一制式的研究,加强地面轨道电路的传输系统与机车信号的技术改造,积极研究新一代的机车信号系统,努力提高机车信号系统的可靠性和安全性。

在双线区段,应大力发展自动闭塞。新建和增建第二线的双线区段,原则上应同步建成自动闭塞。在能力紧张的单线区段,根据运输需要,有计划地积极发展单线自动闭塞和站间自动闭塞。

3.4.1 半自动闭塞

1)半自动闭塞概述

人工办理闭塞手续,列车凭出站信号机或线路所通过信号机的信号显示作为发车凭证,列车发车后,出站信号机自动关闭的闭塞方法。发车站要发车,值班员必须在办理好闭塞手续后,才能开放出站信号机,列车出发后,出站信号机自动关闭,区间闭塞,列车到达接车站后,靠接车站值班员确认列车整列到达,向发车站发送复原信息,使区间闭塞复原。这种方法,既要值班员办理操纵,又需依靠列车的作用自动动作,所以称为半自动闭塞。

继电半自动闭塞是以继电电路的逻辑关系来完成两站间闭塞作用的闭塞方式。我国单线铁路采用的是 BJ-64D 型继电半自动闭塞。

(1)半自动闭塞机的作用

图 3-47 是单线继电半自动闭塞示意图。在一个区间的相邻两站设一对半自动闭塞机(BB),并经过两站间的闭塞电话线连接起来,通过两站半自动闭塞机的相互控制,保证一个区间同时只有一列列车运行,半自动闭塞机应能完成以下作用:

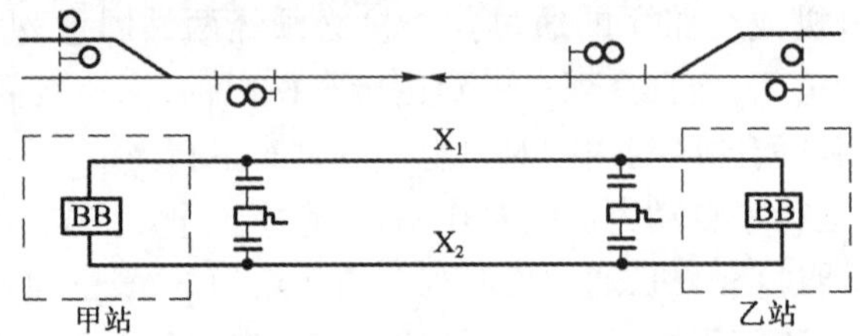

图 3-47 单线继电半自动闭塞示意图

①甲站要向乙站发车,必须区间空闲并得到乙站同意后,才能开放出站信号机。

②列车从甲站出发后,区间闭塞,两站都不能向该区间发车。

③列车到达乙站,车站值班员确认列车整列到达,办理到达复原后,区间才能解除闭塞。

(2)64D 型继电半自动闭塞的主要特点

64D 型继电半自动闭塞是结合我国铁路运输的实际情况研制的,它的主要特点是:

①发车站和接车站值班员按照“请求—同意”方式共同办理闭塞,大大提高了设备的可靠性。

②用三个不同极性的脉冲构成允许发车信号,并通过请求发车信号检查接车站闭塞机和外线是否为良好状态,从而提高了闭塞设备的安全性。

③在办理闭塞后、开放进站或出站信号机前,允许进行站内调车、变更进路和取消闭塞,因而提高了车站作业效率,适应我国铁路运输的需要。

④闭塞电路设计严密,办理手续简便,表示方式清楚。闭塞外线可与既有的闭塞电话线共用;使用的继电器和元件类型少;功耗低,可以用于无交流电源区段;能与各种车站信号设备相结合。

64D 型继电半自动闭塞适应我国单线铁路站间距离短,列车成对运行的特点,得到了迅速的发展,在保证行车安全、提高运输效率、改善劳动条件等方面发挥了显著的作用,取得了突出的技术经济效果。

2)半自动闭塞的技术要求

为了保证行车安全,提高运输效率,方便使用和经济,对单线继电半自动闭塞提出以下技术要求:

(1)保证行车安全方面

①单线继电半自动闭塞,只有在区间空闲时,由发车站发出请求发车信号收到接车站同意接车信号之后,发车站的闭塞机才能开通,出站信号机才能开放。接车站发出同意接车信号后,闭塞机应处于闭塞状态。

②当列车出发进入发车轨道电路区段时,双方站的闭塞机均处于闭塞状态。

③列车到达接车站,进入并出清轨道电路区段,接车进路解锁并办理到达复原后,才能使双方站的闭塞机复原。

④闭塞机处于闭塞状态后,在接车站未发送到达复原信号或事故复原信号之前,当发生各种故障或错误办理时,均不能使接车站闭塞机复原,更不能使发车站闭塞机开通。

⑤发车站闭塞机开通并开放出站信号后,如果轨道电路发生故障,应使双方站闭塞机处于闭塞状态;列车到达车站,如果轨道电路发生故障,容许使用事故按钮办理事故复原。

⑥继电半自动闭塞专用的轨道电路,其长度不少于25m。半自动闭塞专用的轨道电路最好能避免人为无意分路的影响。

⑦继电半自动闭塞的外线,任何一处发生断线、接地、混线、混电以及外电干扰故障时,或错误办理时,均保证闭塞机不能错误开通。

⑧继电半自动闭塞与站间闭塞电话共用外线时,应保证电话振铃电流不干扰闭塞机的正常运用;使用闭塞机时也不应降低通话质量和影响振铃信号。

⑨继电半自动闭塞电源设备停电恢复时,闭塞机应处于闭塞状态。只有两站值班员确认区间空闲后,按事故按钮才能使闭塞机复原。

(2)提高行车效率方面

①闭塞机开通后和列车未出发之前,允许发车站在出站信号机关闭状态下取消已办好的闭塞或变更发车进路。

②闭塞机开通后,在发车站未开放出站信号或接车站未开放进站信号之前,允许进行站内调车作业。

③闭塞机应动作迅速,办理简便,表示清楚。具有请求、开通、闭塞、列车出发通知和列车到达等表示。

④闭塞机能区分一般通话的呼叫信号和请求发车信号。

⑤闭塞机具有便于检查闭塞设备、轨道电路和外线的性能,以便及时发现故障,迅速修复,保证正常运用。

⑥在保证"故障—安全"原则下,应尽量减少元件,简化电路,提高闭塞机的可靠性,保证设备安全运用。

3)半自动闭塞的技术改造

半自动闭塞存在的主要问题是区间没有空闲检查设备,须有人工确认列车的整列到达,遇有区间遗留车辆,溜逸等情况,再加上事故复原的安全操作得不到保证,所以行车安全程度不高,并影响运输效率,所以必须对半自动闭塞进行技术改造。

对于繁忙单线,应发展单线自动闭塞。

对于其他单线,应逐步配套区间空闲检查设备,构成自动站间闭塞。自动站间闭塞不同于自动闭塞,它不划分闭塞分区,而把两站间的线路区间作为一个闭塞区间;也不同于半自动闭塞,它可以监督区间的空闲和占用,可以确认列车整列到达,到达复原是自动完成的。

区间空闲检查设备有计轴设备和长轨道电路两种。

计轴器方式通过设置在区间两端的计轴点,对驶入区间和驶离区间的列车轴数进行记录,并经过传输线将各自的轴数传输到对端进行校核。当两端所记录的轴数一致时,则确认列车完整到达、区间空闲。它具有不受轨道状况、线路状况的影响及抗电化干扰能力强等优点。它不需安装轨道绝缘和绝缘轨距杆,而控制长度可达20km,这是轨道电路无法比拟的,因而安装使用及维修均较方便。

长轨道电路方式将区间分为三个轨道电路区段,两端为原上、下行接近区段轨道电路,中间一段采用25Hz轨道电路。只有这三段轨道电路都空闲,才能办理闭塞。列车到达接车站后,只有其全部出清区间,并完成列车进路的两点检查,半自动闭塞设备才能复原。出站信号机开放后,若区间轨道电路发生故障,便自动关闭。25Hz长轨道电路发送端的铁磁分频器将50Hz交流电分频为25Hz,作为信号源送至轨面,接收端是电子继电器,经其内部的控制电路动作轨道继电器。当区间空闲、线路状态良好时,轨道电路衰耗很小,轨道继电器吸起。当区间被占用时,轨道电路衰耗很大,轨道继电器落下。25Hz长轨道电路是目前我国使用的各型轨道电路中在相同钢轨和道砟漏泄条件下,传输距离最长的一种,一般可达5~6km。

采用计轴装置检查区间空闲的自动站间闭塞称为计轴自动站间闭塞,采用长轨道电路检查区间空闲的自动站间闭塞称为长轨道电路自动站间闭塞。

在自动站间闭塞区间,原有半自动闭塞可作为备用闭塞设备:区间检查设备正常,区间空闲未办理闭塞时,经操作,自动站间闭塞方式与半自动闭塞方式可以互相转换;区间检查设备故障停用后,经确认区间空闲并具备行车条件后,可按规定作业程序改为半自动闭塞。

4)64D型继电半自动闭塞

(1)电路构成原理

①电路设计原则

在继电半自动闭塞区段,出站信号机显示的绿色信号是列车向区间运行的凭证,所以对出站信号机必须实行严密的控制。在单线区段,为确保“一个区间同时只允许一列列车运行”的原则,首先应排除区间两端的出站信号机同时开放的可能性,当区间内已有一列列车运行时,两站的出站信号机应不能开放。因此,为了保证行车安全,64D型单线继电半自动闭塞电路按下列原则进行设计:为了防护外界电流的干扰,采用“+、-、+”三个不同极性的直流脉冲组合构成允许发车信号。即发车站要发车时,先向接车站发送一个正极性脉冲的请求发车信号;随后由接车站自动发回一个负极性脉冲的回执信号;并且要求收到接车站发来一个正极性脉冲的同意接车信号之后,发车站的出站信号机才能开放。

列车自发车站出发,进入发车站轨道电路区段时,使发车站的闭塞机闭塞,并自动地向接车站发送一个正极性脉冲的列车出发通知信号。这个信号断开接车站的复原继电器电路,保证在列车未到达接车站之前,任何外界电流干扰或发车站错误办理,既不能构成发车站允许发车条件,也不能构成接车站闭塞机的复原条件,从而保证了列车在区间运行的安全。

只有列车到达,并出清接车站轨道电路区段,车站值班员确认列车完整到达,并发送负极性脉冲的到达复原信号之后,才能使两站闭塞机复原,区间才能解除闭塞。

闭塞机的开通和闭塞等控制电路,是以闭路式原理构成的,并采用安全型继电器,因此,当发生瞬间停电或断线等故障时,均能满足“故障—安全”要求。

②七种闭塞信号

根据单线继电半自动闭塞电路构成原理的要求,并考虑到当发车站办理请求发车后的取消复原,以及当闭塞设备发生故障时的事故复原,两站间应该传送以下七种闭塞信号:

请求发车信号:+;

自动回执信号:-;

同意接车信号:+;

出发通知信号:+;

到达复原信号:-;

取消复原信号:-;

事故复原信号:-。

在64D型单线继电半自动闭塞中,用正极性脉冲作为办理闭塞用的信号,用负极性脉冲作为闭塞机的复原信号。为了提高安全性,在请求发车和同意接车两个正极性信号之间,又增一个负极性的自动回执信号。因此,构成允许发车条件,必须具有“+,-、+”三个直流脉冲的组合;而接发一列列车,应在线路上顺序传送“+、-、+、+、-”五个直流脉冲的组合。所以,如果外来单一极性脉冲或多个不同顺序的脉冲干扰,既不能构成允许发车条件,也不能完成一次列车的接发车过程。单线继电半自动闭塞两站间传送的闭塞信号如图3-48所示。

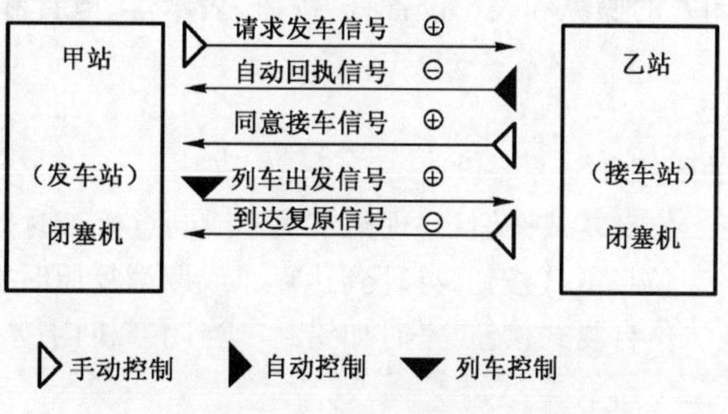

图3-48 单线继电半自动闭塞两站间传送的闭塞信号

(2)闭塞设备

64D型继电半自动闭塞设备由半自动闭塞机、半自动闭塞用的轨道电路、操纵和表示设备以及闭塞电源、闭塞外线等部分组成。此外,在控制电路中还包括了车站的进、出站信号机的控制条件,它们之间以电线相连,借以实现彼此间的电气联系。为了实现闭塞设备之间的相互联系与控制,在相邻两车站上属于同一区间的两台闭塞机之间,用两条外线连接。64D型继电半自动闭塞设备之间的联系如图3-49所示。

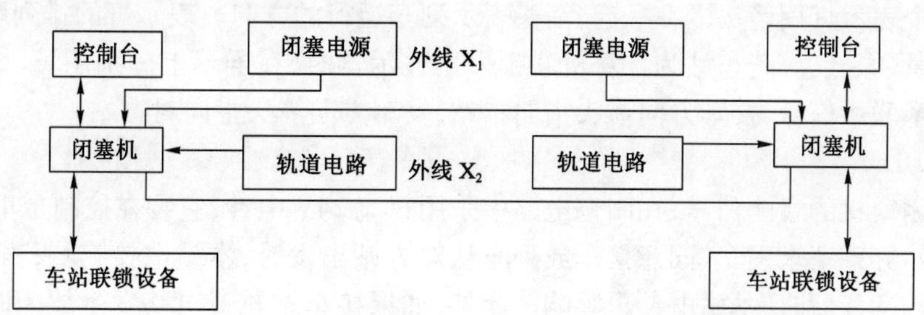

图3-49 64D型继电半自动闭塞设备之间的联系图

①轨道电路

64D 型继电半自动闭塞,在每个车站两端进站信号机的内方需装设一段不小于 25m 的轨道电路。其作用首先是监督列车的出发,使发车站闭塞机闭塞;第二是监督列车的到达,然后由接车站值班员办理到达复原。由于这两个作用(尤其是第一个作用)的重要性,即轨道电路的动作直接影响行车安全,所以要求轨道电路不仅能稳定可靠地工作,而且要能满足"故障—安全"的要求。

继电半自动闭塞的发车轨道电路应采用闭路式,这是因为,当轨道电路发生断线或瞬间断电等故障时,轨道继电器衔铁落下,使闭塞机处于闭塞状态。而继电半自动闭塞的接车轨道电路应采用开路式,这是因为,当发生断线或瞬间断电故障时,轨道继电器不动作,不会使闭塞机构成虚假到达。单线继电半自动闭塞区段由于接、发车轨道电路是共用的,故采用闭路式为好。

当采用一段开路式轨道电路时,只要一处断线,列车出发时就会产生闭塞机不闭塞的故障,可能造成重大行车事故。所以为保证行车安全,不准只采用一段开路式轨道电路。

由上述分析,单线继电半自动闭塞专用轨道电路最好采用两段;一段开路式和一段闭路式。这样,既能满足接车轨道电路的要求,又能满足发车轨道电路的要求。

②操作和表示设备

单线继电半自动闭塞的操纵和表示设备有:按钮、表示灯、电铃和计数器等。这些元件安装在信号控制台上。

a. 按钮

为了办理两站间的闭塞和复原要设:

· 闭塞按钮 BSA:二位自复式按钮,办理请求发车或同意接车时按下。

· 复原按钮 FUA:二位自复式按钮,办理到达复原或取消复原时按下。

· 事故按钮 SGA:二位自复式按钮,平时加铅封。当闭塞机因故不能正常复原时,破封按下,使闭塞机复原。

b. 表示灯

车站的每一个接发车方向各设继电半自动闭塞表示灯两组。

· 发车表示灯 FBD:由黄、绿、红三个光点式表示灯组成。表示灯经常熄灭,黄灯点亮表示本站请求发车,绿灯点亮表示对方站同意发车,红灯点亮表示发车闭塞。

· 接车表示灯 JBD:由黄、绿、红三个光点式表示灯组成。表示灯经常熄灭,黄灯点亮表示对方站请求接车,绿灯点亮表示本站同意接车,红灯点灯表示接车闭塞。当接、发车表示灯同时点亮红灯时,表示列车到达。

每组三个表示灯用箭头围在一起,箭头表示列车运行的方向。表示灯的排列顺序为,从箭头方向起为黄、绿、红。若车站为计算机联锁采用显示器时,在屏幕上分别用黄、绿、红箭头作为半自动闭塞联系信号,接车方向箭头指向本站,发车方向箭头指向对方站。

c. 电铃 DL

电铃是闭塞机的音响信号,在闭塞电路中采用直流 24V 电铃,它装在控制台里。

当对方站办理请求发车、同意接车或列车从对方站出发时,本站电铃鸣响;当对方站办理取消复原或到达复原时,本站电铃也鸣响。此外,如果接车站轨道电路发生故障时,当列车自发车站出发后,接车站电铃一直鸣响(但此时因电路中串联一个电阻,音量较小),以提醒接车站及时修复轨道电路,准备接车。

为了区别运行方向,车站两端的闭塞电铃可调成不同的音响(可以调整电铃上的螺丝,或在电路中适当地串联一个电阻)。

d. 计数器 JSQ

计数器用来记录车站值班员办理事故复原的次数。每按下一次 SGA,JSQ 自动转换一个数字。因为事故复原是在闭塞设备发生故障时的一种特殊复原方法,当使用事故按钮使闭塞机复原时,行车安全完全由车站值班员人为保证,因此,必须严加控制。

使用时要登记,用后要及时加封,而且由计数器自动记录使用的次数。

③闭塞机

闭塞机是闭塞设备的核心,它由继电器和电阻、电容器等元器件组成,在电器集中联锁车站,采用组合式,即将插入式继电器和电阻、电容器安装在组合架上。

a. 继电器

64D 型堆电半自动闭塞机每台有 13 个继电器,它们构成继电电路,完成闭塞作用。它们的名称和作用如下:

· 正线路继电器 ZXJ,接收正极性的闭塞信号。

· 负线路继电器 FXJ,接收负极性的闭塞信号。

· 正电继电器 ZDJ,发送正极性的闭塞信号。

· 负电继电器 FDJ,发送负极性的闭塞信号。

· 闭塞继电器 BSJ,监督和表示闭塞机的状态。闭塞机在定位状态时它吸起,表示区间空闲;作为发车站时当列车占用区间时它落下,作为接车站时发出同意接车信号后它落下,表示区间闭塞。

· 选择继电器 XZJ,选择并区分自动回执信号和复原信号;在办理发车时,监督出站信号机是否开放。

· 准备开通继电器 ZKJ,记录对方站发来的自动回执信号。

· 开通继电器 KTJ,记录接车站发来的同意接车信号,并控制出站信号机的开放。

· 复原继电器 FUJ,接收复原信号,使闭塞机复原。

· 回执到达继电器 HDJ,和 TJJ 一起构成自动回执电路,发送回执信号并记录列车到达。

· 同意接车继电器 TJJ,记录对方站发来的请求发车信号并使闭塞机转入接车状态,并及与 HDJ 一起构成自动回执电路。

· 通知出发继电器 TCJ,记录对方站发来的列车出发通知信号。

· 轨道继电器 GDJ,是现场轨道继电器的复示继电器,监督列车出发和到达。

在这 13 个继电器中,除了 ZXJ 和 FXJ 采用偏极继电器(JPXC—1000 型)外,其余均为直流无极继电器(JWXC—1700 型)。

b. 电阻器和电容器

电阻器和电容器的作用是使继电器缓放。将它们串联后并接在继电器的线圈上,即构成继电器的缓放电路。电阻器用来限制电容器的充放电电流,只要适当选择它们的数值,便可获得较长的缓放时间。这里,电阻器的规格为 510Ω/2W,电容器为 CDM 型 100μF、200 μF 和 500μF 三种;耐压 25V 以上。电容器除了上述作用外,还串接在闭塞电话电路中,以防止闭塞信号的直流电流影响通话,一般采用 2μF 的 CZM 型密封纸介质电容器。

④闭塞电源

闭塞电源应连续不间断地供电，且应保证继电器的端电压不低于工作值的120%，以保证闭塞机的可靠动作。64D型继电半自动闭塞采用直流24V电源，可用交流电源整流供电。

继电半自动闭塞的电源分为线路电源和局部电源，前者用于向邻站发送闭塞信号，后者供本站闭塞电路用。当站间距离较长，外线环线电阻超过250 Ω时，允许适当提高线路电源电压。线路电源最低电压 U_Z 可按下式计算：

$$U_Z = 1.2I_J(R_Z + R_J)$$

式中：U_Z——线路电源电压(V)；

R_Z——线路阻抗(Ω)；

I_J——线路继电器工作电流(A)；

R_J——线路继电器阻抗(Ω)；

1.2——安全系数。

一个车站两端的闭塞机电源应分别设置，以免一端的电源发生故障，不影响另一端。半自动闭塞设备的供电视所在车站联锁设备供电的不同而不同。半自动闭塞的局部电源可以和电气集中继电器控制电源合用。

⑤闭塞机外线

继电半自动闭塞的外线原是与站间闭塞电话线共用的。为了防护外界电源对闭塞机的干扰，提高闭塞电话的通话质量，应采用两根外线。当采用电缆作为闭塞外线时，应将闭塞机外线和闭塞电话外线分开。

闭塞外线的任一处发生断线、接地、混线、混电以及外电干扰故障时，均不应使闭塞机发生危险侧故障。

3.4.2 自动闭塞

1)自动闭塞概述

(1)自动闭塞的基本概念

采用半自动闭塞，虽然在一定程度上保证了行车安全，但不能充分发挥铁路线路(尤其是双线)的能力。而且由于区间没有空闲检查设备，须由人工确认列车的整列到达，尤其是事故复原的安全操作得不到保证，所以行车安全程度不高，并影响运输效率。

自动闭塞是根据列车运行及有关闭塞分区状态，自动变换通过信号机显示，而司机凭信号行车的闭塞方法。自动闭塞是在列车运行过程中自动完成闭塞作用的。双线单方向自动闭塞如图3-50所示，它将一个区间划分为若干小段，即闭塞分区，在每个闭塞分区的起点装设通过信号机(图3-50中的1、3、5、7和2、4、6、8信号机均为通过信号机)，用以防护该闭塞分区。每个闭塞分区内都装设轨道电路(或计轴器等列车检测设备)，通过轨道电路将列车和通过信号机的显示联系起来，根据列车运行及有关闭塞分区的状态，使通过信号机的显示自动变换。因为闭塞作用的完成不需要人工操纵，故称为自动闭塞。

自动闭塞不需要办理闭塞手续，并可开行追踪列车，既保证了行车安全，又提高了运输效率。和半自动闭塞相比，自动闭塞有以下优点：

①由于两站间的区间允许续行列车追踪运行，就大幅度地提高了行车密度，显著地提高区

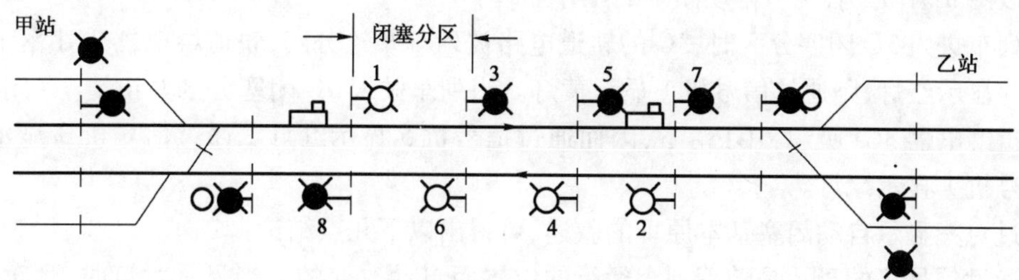

图 3-50 双线单方向自动闭塞示意图

间通过能力。

②由于不需要办理闭塞手续,简化了办理接发列车的程序,因此既提高了通过能力,又大大减轻了车站值班人员的劳动强度。

③由于通过信号机的显示能直接反映运行前方列车所在位置以及线路的状态,因而确保了列车在区间运行的安全。

④自动闭塞还能为列车运行超速防护提供连续的速度信息,构成更高层次的列车运行控制系统,保证列车高速运行的安全。

由于自动闭塞具有明显的技术经济效益,所以广泛应用于各国铁路(尤其是双线铁路)。而且由于自动闭塞便于和列车自动控制、行车指挥自动化等系统相结合,它已成为现代化铁路必不可少的基础设备。

(2)自动闭塞的基本原理

自动闭塞通过轨道电路(或计轴器等列车检测设备)自动地检查闭塞分区的占用情况,根据轨道电路的占用和空闲状态,通过信号机自动地变换其显示,以指示列车运行。

图 3-51 为三显示自动闭塞基本原理图。通过信号机的不同显示是调整列车运行的命令。三显示自动闭塞通过信号机的显示意义是:

一个绿色灯光——准许列车按规定速度运行,表示运行前方至少有两个闭塞分区空闲。

一个黄色灯光——要求列车注意运行,表示运行前方只有一个闭塞分区空闲。

一个红色灯光——列车应在该信号机前停车。

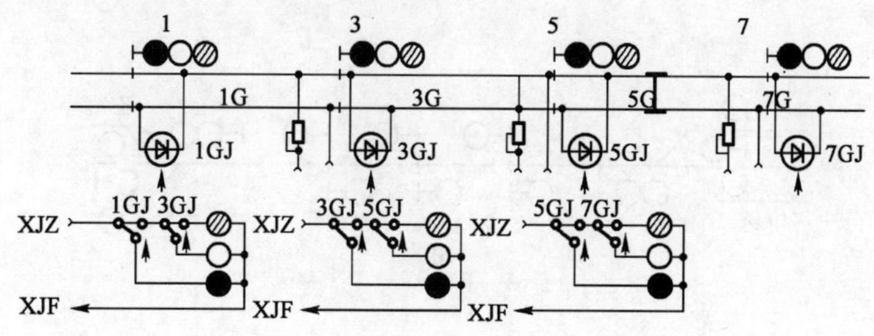

图 3-51 三显示自动闭塞基本原理

通过信号机平时显示绿灯,即"定位开放式",只有当列车占用该信号机所防护的闭塞分区或线路发生断轨等故障时,才显示红灯——停车信号。

每架通过信号机处为一个信号点,信号点的名称以通过信号机命名。例如,通过信号机"1"处就称为"1"信号点。

现以图 3-51 为例,说明自动闭塞的工作原理:

当列车进入 3G 闭塞分区时,3G 的轨道电路被列车车轮分路,轨道继电器 3GJ 落下,通过信号机 3 显示红灯,则通过信号机 1 显示黄灯。当列车驶入 5G 闭塞分区并出清 3G 闭塞分区时。轨道继电器 3GJ 吸起,5GJ 落下,因而通过信号机 5 显示红灯。通过信号机 3 显示黄灯,通过信号机 1 显示绿灯。

通过对三显示自动闭塞基本原理的叙述,可得出以下几点结论:

①通过信号机的显示是随着列车运行的位置而自动改变的。当显示黄灯时,列车运行前方只有一个闭塞分区空闲;当显示绿灯时,列车运行前方至少有两个闭塞分区空闲。

②通过信号机的禁止信号（红灯显示)是利用轨道电路传送的;而其他的显示信息可以利用轨道电路,也可利用电缆传送。对于三显示自动闭塞必须传递三种以上的信息。

③若利用轨道电路传送信息,在每一个信号点处不但有接收本信号点信息的接收设备,同时还须有向前方信号点发送信息的发送设备。

虽然自动闭塞有不少制式,但是它们有着共同的特点,即大多是以轨道电路为基础构成的,也就是说是采用轨道电路来传输信息的。详细技术要求请参阅《铁路技术管理规程》。

2)自动闭塞的分类

自动闭塞一般是根据运营上和技术上的特征来进行分类的。

(1)按行车组织方法可分为单向自动闭塞和双向自动闭塞

在双线区段.以前一般采用列车单方向运行方式,即一条铁路线路只允许上行列车运行,而另一条铁路线路只允许下行列车运行。为此,对于每一条铁路线路仅在一侧装设通过信号机,这样的自动闭塞称为双线单向自动闭塞,如图 3-52a)所示。

在单线区段,只有一条线路,既要运行上行列车,又要运行下行列车。为了调整双方向列车的运行,在线路的两侧都要装设通过信号机,这种自动闭塞称为单线双向自动闭塞,如图 3-52b)所示。

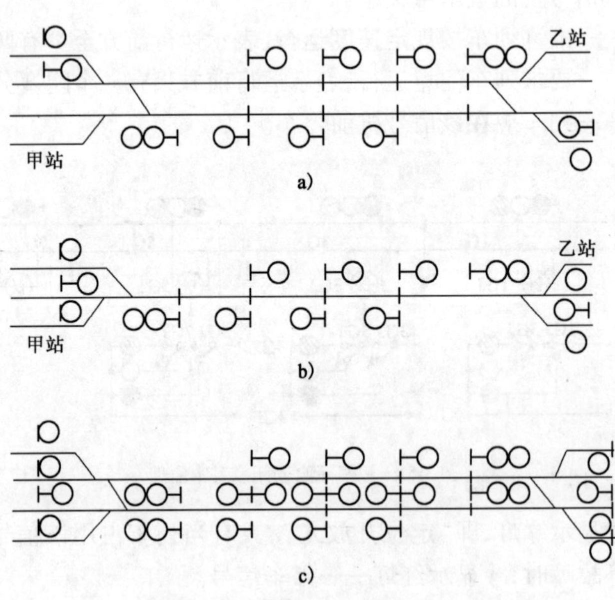

图 3-52　单向自动闭塞和双向自动闭塞

a)双线单向自动闭塞;b)单线双向自动闭塞;c)双线双向自动闭塞

为了充分发挥铁路线路的运输能力，在双线区段的每一条线路上都能双方向运行列车，这样的自动闭塞称为双线双向自动闭塞，如图 3-52c）所示。正方向设置通过信号机，反方向运行的列车是按机车信号的显示作为行车命令的，即此时以机车信号作为主体信号。

双线单向自动闭塞，只防护列车的尾部，而单线或双线双向自动闭塞，必须对列车的尾部和头部两个方向进行防护。为了防止两方向的列车正面冲突，平时规定一个方向的通过信号机亮灯，另一个方向的通过信号机灭灯（或另一个方向的机车信号没有信息），只有在需要改变运行方向，而且在区间空闲的条件下，由车站值班员办理一定的手续后才能允许反方向的列车运行。

（2）按通过信号机的显示制式可分为三显示自动闭塞和四显示自动闭塞

三显示自动闭塞的通过信号机有三种显示，能预告列车运行前方两个闭塞分区的状态。当通过信号机所防护的闭塞分区被列车占用时，显示红灯；仅它所防护的闭塞分区空闲时，显示黄灯；其运行前方有两个及以上的闭塞分区空闲时，显示绿灯。

三显示自动闭塞，能使列车经常按规定速度在绿灯下运行，并能得到前方一架通过信号机显示的预告，基本上能满足运行要求，同时又能保证行车安全，因此得到较广泛的应用。

列车运行在三显示自动闭塞区段，越过显示黄灯的通过信号机时开始减速，至次架显示红灯的通过信号机前停车，因此，要求每个闭塞分区的长度绝对不能小于列车的制动距离。随着列车速度和密度的不断提高，在一些繁忙的客货混运区段，各种列车运行的速度和制动距离相差很大，如市郊列车等需经常停车且制动距离短，要求实现最小运行间隔，闭塞分区长度越短越好，而高速客车、重载货车制动距离长，闭塞分区长度又不能太短。三显示自动闭塞不能解决这一矛盾，提高区间通过能力的最好方法是采用四显示自动闭塞。

四显示自动闭塞是在三显示自动闭塞的基础上增加一种绿黄显示，如图 3-53 所示。它能预告列车运行前方三个闭塞分区的状态，规定列车以规定的速度越过绿黄显示后必须减速，以使列车在抵达黄灯显示下运行时不大于规定的黄灯允许速度，保证在显示红灯的通过信号机前停车；而对于低速、制动距离短的列车越过绿黄显示后可不减速。由于增加了绿黄显示，就化解了上述矛盾。

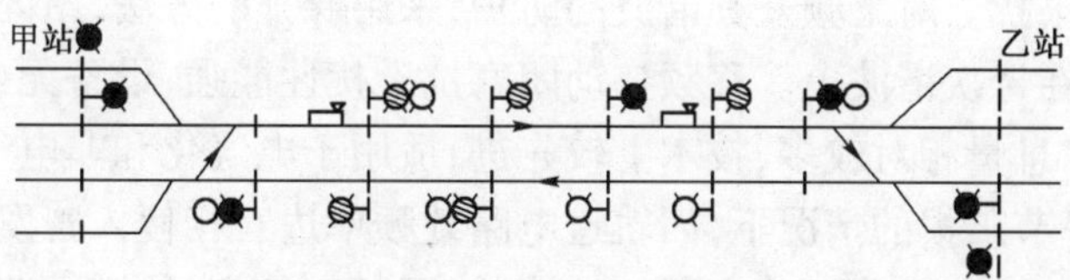

图 3-53 四显示自动闭塞

四显示自动闭塞的信号显示具有明确的速差含义，是真正意义的速差式自动闭塞，列车按规定的速度运行，能确保行车安全。四显示自动闭塞能缩短列车运行间隔，缩短闭塞分区长度，提高运输效率。

（3）按设备放置方式可分为分散安装式自动闭塞和集中安装式自动闭塞

分散安装式自动闭塞的设备都放置在每个信号点处。分散安装方式虽然造价较低，但设备安装在铁路沿线，受环境温度影响大，所以设备工作稳定性较差，故障率较高，但不利于维护。集中安装式自动闭塞的设备集中放置在相近的车站继电器室内，用电缆与通过信号机相联系。集中安装式自动闭塞极大地改善了设备的工作条件。提高了设备的稳定性和可靠性，十分便于维修,但需大量电缆,造价较高。

(4)按传递信息的特征可分为交流计数电码自动闭塞、极性频率脉冲自动闭塞和移频自动闭塞等

交流计数电码自动闭塞以交流计数电码轨道电路为基础,以钢轨作为传输通道传递信息,不同信息的特征靠电码脉冲和间隔构成不同的电码组合来区分。交流信号的频率,在非电气化区段是50Hz;而电气化区段是25Hz,以与50Hz牵引电流相区别。用不同的电码周期的方法解决相邻轨道电路的干扰。交流计数电码自动闭塞采用电磁元件,电路简单,对工作环境要求不严,工作稳定,传输性能好,轨道电路长度可达2 600m,具有断轨检查性能。但是在技术上已落后,信息构成简单,抗干扰性能不强,绝缘双破损时可能出现升级显示;当区间发送设备有一处故障时,会同时造成两相邻信号机点红灯的故障,影响效率;接点磨损严重,维修周期短;信息量少,不能满足所需要的信息要求;应变时间长,最长达20s,不能适应铁路运输发展的需要,而且存在着冒进信号的危险。经过微电子改造后,性能有所改善。

极性频率脉冲自动闭塞(简称极频自动闭塞)以极性频率脉冲轨道电路为基础,以钢轨作为通道传递信息,不同信息的特征是靠两种不同极性和每个周期内不同数目的脉冲来区分的。其设备采用电子电路,组匣方式。采用工频电源相位交叉来防止相邻轨道电路的干扰,用锁相原理使发送系统设备故障后导向安全,接收端设有抗交流工频连续干扰的抑制电路。极频自动闭塞设备简单,原理简明;容易掌握;轨道电路传输性能较好,长度可达2 600m;断轨检查性能较好。但其信息简单,抗来自外界的交直流断续干扰性能差,对于邻线干扰和不规则的脉冲干扰没有防护措施,对于一般离散的脉冲干扰以及脉冲尾的干扰很难防护;不适用于电气化区段,这是因为它对接触网火花、晶闸管调速机车的牵引和再生制动、斩波器机车牵引所引起的谐波干扰难以防护。

移频自动闭塞以移频轨道电路为基础,用钢轨传递移频信息。它是一种选用频率参数作为信息的制式,利用调制方法把规定的调制信号(低频信息)搬移到载频段并形成振荡。由上下边频构成交替变化的移频波形,其交替变化的速率就是调制信号频率。其信息特征就是不同的调制信号频率。采用不同载频交叉来防护相邻轨道电路绝缘节的破损、上下行邻线的串漏、站内相邻区段的干扰。对工频及其谐波的防护,采用躲开的方法,站内将载频选在:工频的偶次谐波上,区间选在奇次谐波上。移频自动闭塞抗干扰性能强;设备无接点化,组匣化,工作寿命长,维修方便;信息量相对较多,技术上较先进;适用于电气化和非电气化区段。但在站内相邻线路干扰和绝缘节破损的情况下,因轨道电路载频单边互相侵入曾发生过危险事故,对电力机车的干扰也存在一定的问题;检查断轨性能差;因频率较高,轨道电路长度受到限制,传输长度为1 950m;设备较复杂,造价较高,对防雷需特殊电路,调整困难,对元件参数要求过严,尤其是在电气化区段使用时受吸流线、回流线的电流等影响,使轨道电路性能变坏而造成许多不良后果,乃至危及行车安全。

另外,20世纪80年代出现的25Hz相敏自动闭塞,以25Hz相敏轨道电路为基础,用电缆来传递信息,有较强的抗干扰性能,特别适用于电气化区段。但25Hz相敏轨道电路不能发送机车信号信息,故必须在其上叠加移频轨道电路。

(5)按是否设置轨道绝缘分为有绝缘自动闭塞和无绝缘自动闭塞

传统的自动闭塞在闭塞分区分界处均设有钢轨绝缘,以分割各闭塞分区。但钢轨绝缘的设置不利于线路向长钢轨、无缝化发展,钢轨绝缘损坏率高,影响了设备的稳定工作,且增加了

维修工作量和费用。尤其是电气化区段,牵引电流为了通过钢轨绝缘,必须安装扼流变压器,缺点更显著。于是出现了无绝缘自动闭塞。无绝缘自动闭塞以无绝缘轨道电路为基础。无绝缘轨道电路分谐振式和感应式两种,取消了区间线路的钢轨绝缘,满足了铁路无缝化、电气化发展的需要。

(6)按闭塞分区划分是否固定分为固定闭塞和移动闭塞

传统自动闭塞的闭塞分区在设计时经牵引计算后确定就固定不变了。随着现代通信技术的发展,出现了没有固定闭塞分区的移动闭塞。

另外,还有采用计轴电路来检测列车占用和出清闭塞分区的计轴闭塞。

3)自动闭塞系统的信息特征和传递原理

在学习一种自动闭塞系统时,首先要了解这种自动闭塞的信息特征,信息量、传递信息的方法等,然后再学习有关单元电路的动作原理,这样就很容易掌握各种制式的自动闭塞系统。下面以我国和其他国家的几种自动闭塞系统为例,进行阐述。

(1)交流计数电码自动闭塞

交流计数电码自动闭塞是以钢轨作为通道传递交流脉冲,以脉冲的数目来控制地面和机车信号显示的一种自动闭塞制式。交流计数电码自动闭塞信息特征及显示意义如表3-4所示。其信息与信号显示的关系如图3-54所示。从图3-54可以看出,向轨道上发送的是交流脉冲。采用交流脉冲是为了便于向机车上传递信息,另一方面也是为了抗干扰的需要。交流信号的频率,在非电化区段是50Hz,而在电化区段则采用25Hz,以避开交流电气化区段的谐波干扰。交流计数电码自动闭塞的信息特征是以脉冲数来区分各种信号。

交流计数电码自动闭塞信息特征及显示意义 表3-4

信息特征	地面信号显示	机车信号显示
	L	L
	L	U
	U	U/H
	H	H或B

注:L-绿灯;U-黄灯;H-红灯;U/H-黄/红灯;B-白灯。

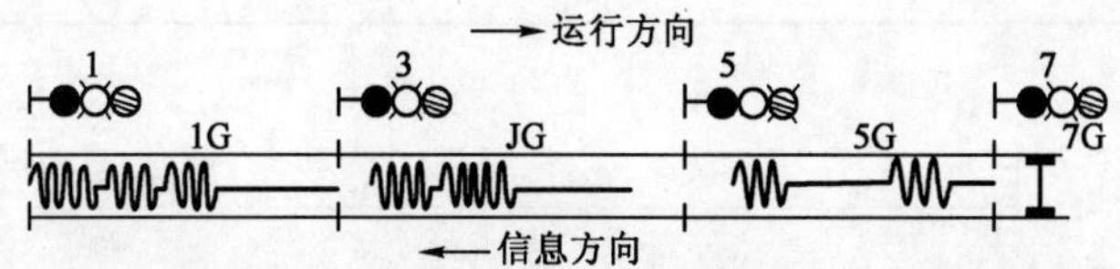

图3-54 交流计数电码自动闭塞信息与信号显示的关系

下面进一步说明图3-54的信息与信号显示的关系。

当列车进入7G,7G的轨道电路被列车分路,7G信号点的接收设备所接收的电流为“零值”信息,通过译码器译解后,执行环节就控制7G通过信号机显示红色灯光。由于本信号点显示红色灯光,按三显示自动闭塞原理前一信号点应显示黄色灯光。据此原理,执行环节在控制本信号点显示红色灯光的同时又控制了发送设备,使发送设备自动编出每个周期一个脉冲的红黄码向5G的钢轨线路传送。5G的接收设备接收了一个周期一个脉冲的信息,通过译码器译出并控制5G通过信号机显示黄色灯光。与此同时又控制5G信号点的发送设备,自动编出一个周期两个脉冲的黄码信息向3G钢轨线路传送,3G的接收设备接收了一个周期二个脉冲的信息,使3G通过信号机显示绿灯,并向1G发送一个周期三个脉冲的信息,使1G通过信号机也显示绿灯。交流计数电码自动闭塞信息是以电码的长间隔的结束为一个周期。

(2)极性频率脉冲自动闭塞

极性频率脉冲自动闭塞是以钢轨作为传输通道,以传输不同极性频率脉冲的信息,控制地面信号机显示,并通过机车感应线圈控制机车信号的显示。

为了传输多种信息,满足地面信号机三显示及机车信号六显示(反映进站信号机显示侧线停车—双黄显示)的要求,必须具有五种信息(包括零值信息)。极性频率脉冲自动闭塞采用极性特征和两种频率特征来区分四种信息。极性频率脉冲自动闭塞的信息传递原理与交流计数电码自动闭塞相同,在此不再细述。

极性频率自动闭塞的信息特征及显示意义列于表3-5。信息与通过信号机的显示关系如图3-55所示。图中,进站信号机X显示双黄;列车未进入7G时,发送正极性双频,7信号机显示绿灯,列车进入7G时;发送信息转发负极性双频,7信号机显示红灯。

极性频率自动闭塞的信息特征及显示意义 表3-5

发送信息	信息特征	接收器地面信号显示	机车信号显示
	正极性双频	L	L
	正极性单频	L	U
	负极性双频	U	U/U
	负极性单频	H	H/H
	无脉冲	H	H或B

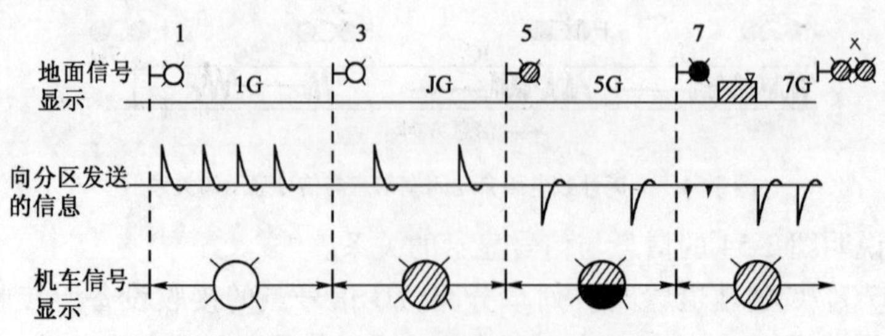

图3-55 极性频率自动闭塞的信息与通过信号机的显示关系

(3)移频自动闭塞

移频自动闭塞是频率调制式,它的载频信号的频率是随调制信号脉冲和间隔而改变,其波形如图3-56所示。当调制信号输出脉冲时,载频信号频率为f_1,当调制信号间隔时,载频信号的频率为f_2。钢轨线路传送的是一种由f_1和f_2交替变换的移频波,其交替变换的速率即是调制信号频率。移频自动闭塞就是向轨道传输不同的调制信号频率作为信息,以控制通过信号机的显示。

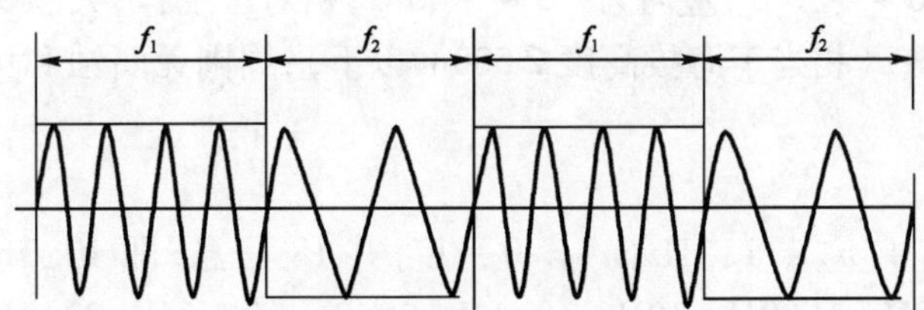

图3-56 移频信号波形图

移频自动闭塞的信息,即调制的低频频率(Fe)采用11Hz、15Hz、20Hz、26Hz四种频率,这四种频率及其信号显示意义如表3-6所示。为了表达方便,在表中忽略了载频频率。移频自动闭塞的信息与通过信号机的显示关系如图3-57所示。考虑到在钢轨绝缘破损时,相邻区段互不影响,在系统中相邻闭塞分区采用不同的载频。移频自动闭塞的信息接收和发送原理与交流计数自动闭塞相同,在此不再赘述。

移频自动闭塞的低频与信号显示意义 表3-6

信号频率(Fe)	地面信号显示	机车信号显示
11Hz	L	L
15Hz	L	U
20Hz	L	U/U
26Hz	U	U/H
0Hz	H	H或白

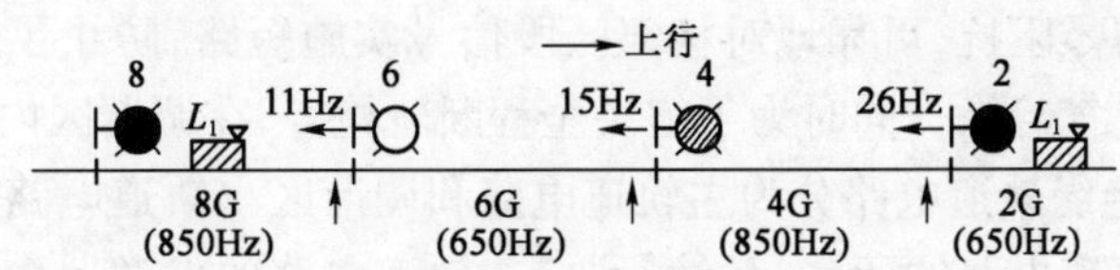

图3-57 移频自动闭塞的信息与通过信号机的显示关系

极性频率和移频自动闭塞都增加了双黄显示的信息。由于只有进站信号机才有双黄显示,因此,只有在进站信号机处才有可能向预告信号点发送双黄信息。

(4)ZPW-2000A型(或Um71)无绝缘轨道电路自动闭塞

ZPW-2000A型(或Um71)无绝缘轨道电路自动闭塞主要特点:

①用电气绝缘节替代机械绝缘节。

②在轨道电路中传输移频调制信号,消除各种干扰影响,并可连续向机车发送信息。

③在轨道电路中传输的低频信息共18个,10.3~29Hz,以1.1Hz间隔递增,分别代表不同的速度控制信息。

④铁路电务跨越式发展思路要求加快推进主体化机车信号的建设,进而实现列车超速防护功能。铁道部明确规定:为提高我国自动闭塞装备水平,必须采用 ZPW-2000 系列(或 UM71 系列)设备统一我国铁路自动闭塞制式,这是一个强制性的技术装备标准,也是今后一个时期自动闭塞发展的基本政策,并于 2010 年实现全路自动闭塞制式的统一。

(5)系统主要技术条件

①环境条例:ZPW-2000A 型无绝缘移频轨道电路设备在下列环境条件下应可靠工作。

温度:室外为 -30 ~ +70℃,室内为 -5 ~ +40℃;相对湿度:不大于 95%(温度 30℃时);大气压力 74.8 ~106kPa(相当于海拔高度 2 500m 以下);周围无腐蚀和可引起爆炸危险的有害气体。

②发送器。

低频频率:$10.3 + n \times 1.1$Hz,$n = 0 \sim 17$,共 18 信息,即 10.3Hz、11.4Hz、12.5Hz、13.6Hz、14.7Hz、15.8Hz、16.9Hz、18Hz、19.1Hz、20.2Hz、21.3Hz、22.4Hz、23.5Hz、24.6Hz、25.7Hz、26.8Hz、27.9Hz、29Hz。

载频频率:

下行:1700 -1	1 701.4Hz	上行:2000 -1	2 001.4Hz
1700 -2	1 698.7Hz	2000 -2	1 998.7Hz
2300 -1	2 301.4Hz	2600 -1	2 601.4Hz
2300 -2	2 298.7Hz	2600 -2	2 598.7Hz

频偏 ±11Hz;

输出功率:105W(400Ω 负载)。

③接收器。轨道电路调整状态下,主轨道接收电压不小于 240mV,主轨道继电器电压不小于 20V,小轨道接收电压不小于 33.3mV,小轨道继电器电压或执行条件电压不小于 20V。

(6)系统构成及原理

ZPW-2000A 型无绝缘轨道电路系统,与 UM71 无绝缘轨道电路一样,采用电气绝缘节来实现相邻轨道电路区段的隔离。电气绝缘节长度改进为 29m,电气绝缘节由空芯线圈、29m 长钢轨和调谐单元构成。调谐区对于本区段频率呈现极阻抗,利于本区段信号的传输及接收,对于相邻区段频率信号呈现零阻抗,可靠地对相邻区段信号实施短路,防止了越区传输,这样便实现了相邻区段信号的电气绝缘。同时为了解决全程断轨检查,在调谐区内增加了小轨道电路。

ZPW-2000A 型无绝缘轨道电路分为主轨道电路和调谐区小轨道电路两部分,小轨道电路视为列车运行前方主轨道电路的所属"延续段"。主轨道电路的发送器由编码条件控制产生,表示不同含义的低频调制的移频信号,该信号经电缆通道(实际的电缆和模拟电缆)传给匹配变压器及调谐单元,因为钢轨是无绝缘的,该信号既向主轨道传送,也向调谐区小轨道传送,主轨道信号经钢轨送到轨道电路受电端,然后经调谐单元、匹配变压器、电缆通道,将信号传至本区段接收器。调谐区小轨道信号由运行前方相邻轨道电路接收器处理,并将处理结果形成小轨道电路继电器执行条件送至本区段接收器,本区段接收器同时接收到主轨道移频信号及小轨道电路继电器执行条件,判断无误后驱动轨道电路继电器吸起,并由此来判断区段的空闲与占用情况。

该系统"电器—电器"和"电器—机械"两种绝缘节结构电器性能相同,现按"电器—机械"结构进行系统原理介绍,系统原理构成见图 3-58。

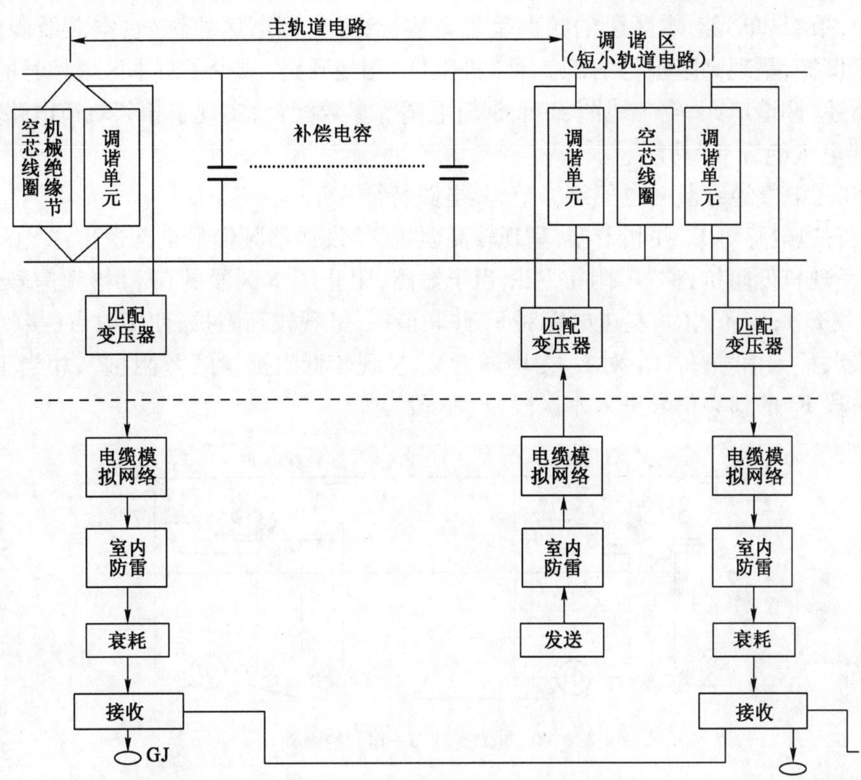

图 3-58 ZPW-2000A 系统原理构成

(7)室外设备构成

①电气绝缘节及调谐单元

电气绝缘节(调谐区)按 29m 设计,在两端各设一个调谐单元,对于较低频率轨道电路(1 700Hz、2 000Hz)端,设置 L_1、C_1 两元件的 F_1 型调谐单元;对于较高频率轨道电路(2 100Hz、2 600Hz)端,设置 L_2、C_2、C_3 三元件的 F_2 型调谐单元,如图 3-59 所示。

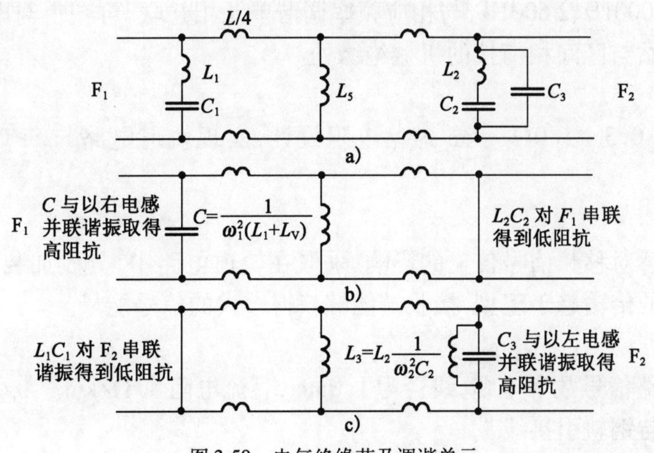

图 3-59 电气绝缘节及调谐单元

F_1(F_2)端调谐单元的 L_1、C_1(L_2、C_2)对 F_2(F_1)端的频率为串联谐振,呈现较低阻抗(约 10mΩ),称"零阻抗",相当于短路,阻止了相邻区段的信号进入本区段。

F_1(F_2)端调谐单元对本区段的频率呈现电容性,并与调谐区段钢轨、空芯线圈的综合电感构成并联谐振,呈现高阻抗(约2Ω),称"极阻抗"相当开路,减少了对本区段信号的衰耗。

综上所述,调谐单元、空芯线圈、29m钢轨电感等参数配合,实现了相邻轨道电路信号的隔离,即完成"电气绝缘节"功能。

图3-60为电气绝缘节—电气绝缘节,其电路特征:

L_1、C_1、右边电感对F_1并联谐振,呈现较高阻抗,使发送移频信号全部送出;L_2、C_2对F_1为串联谐振,呈现较低阻抗,称"零阻抗",相当于短路,阻止了本区段的(F_1)移频信号进入相邻接收点(接收F_2);L_2、C_2、C_3、左边电感对F_2并联谐振,呈现较高阻抗,使接收点(接收F_2)的继电器获得最大移频信号;L_1、C_1对F_2为串联谐振,呈现较低阻抗,称"零阻抗",相当于短路,阻止了相邻区段F_2的移频信号进入本区段(F_1区段)。

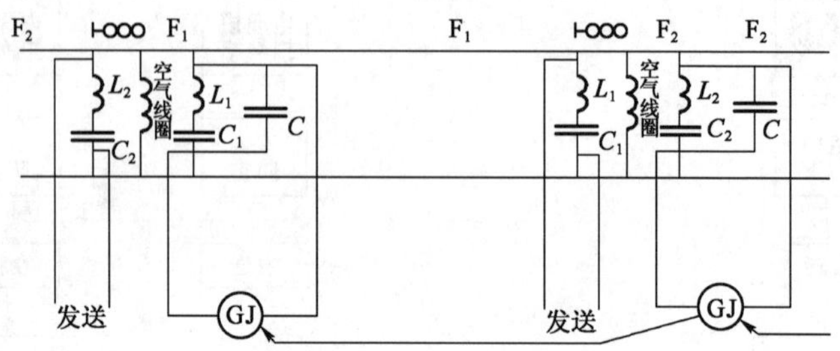

图3-60 电气绝缘节—电气绝缘节

②空芯线圈

逐段平衡两钢轨的牵引电流回流,实现上下行线路间的等电位连接,改善电气绝缘节的Q值,保证工作的稳定性。另外,可保证维修人员安全。

综上所述,调谐单元与空芯线圈、29m钢轨电感等参数配合,实现了两个相邻轨道电路信号的隔离,即完成"电气绝缘节"功能。

③机械绝缘节

按电气绝缘节29m钢轨及空芯线圈等参数设计。机械绝缘节空芯线圈分四种频率1 700Hz、2 100Hz、2 000Hz、2 600Hz,与相应频率调谐单元相并联,可获得与电气绝缘节阻抗相同的效果。用在车站与区间相衔接的机械绝缘处。

④匹配变压器

一般条件下,按0.3~1.0Ω·km道岔电阻设计,实现轨道电路与SPT传输电缆的匹配连接。

⑤补偿电容

为抵消钢轨电感对移频信号传输的影响,采取在轨道电路中,分段加装补偿电容的方法,使钢轨对移频信号的传输趋于阻型,接收端能够获得较大的信号能量。

⑥传输电缆

采用SPT型铁路信号数字电缆,线径为1.0mm,直流电阻47Ω/km。

⑦调谐区设备与钢轨引接线

采用3 600mm、1 600mm钢包铜引接线各两根,用于调谐单元、空芯线圈、机械绝缘节空芯线圈设备与钢轨间的连接。

(8)室内设备构成

①发送器

ZPW-2000A 型无绝缘轨道电路发送器，在区间适用于非电化和电化区段信息无绝缘轨道电路发送区段，供自动闭塞、机车信号和超速防护使用。在车站适用于非电化和电化区段站内移频电码化发送，用于产生高精度、高稳定移频信号。

②接收器

ZPW-2000A 型无绝缘轨道电路分为主轨道电路和调谐区小轨道电路两部分，小轨道电路视为列车运行前方主轨道电路的"延续段"。该"延续段"信号由运行前方相邻轨道电路接收器接收，并将处理结果形成小轨道电路，轨道继电器执行条件通过（XG、XGH）送至 XGJ、XGJH 轨道电路接收器，作为轨道继电器（GJ）励磁的必要条件之一，如图 3-61 所示。

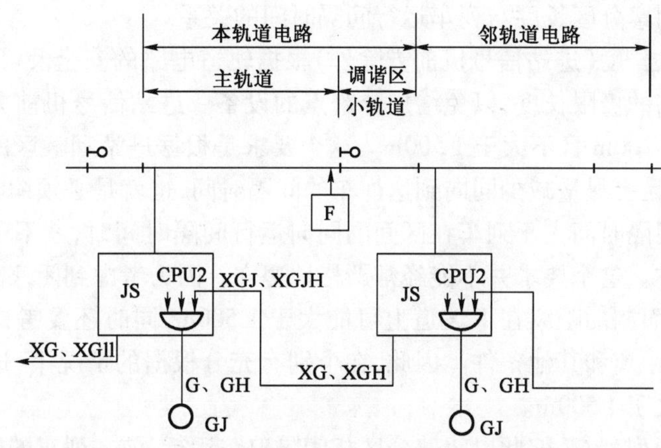

图 3-61 调谐区短小轨道电路

接收器用于主轨道电路移频信号的解调，并配合与送电端相连接调谐区短小轨道电路的检查条件，动作轨道继电器。另外，还实现对与受电端相连接调谐区短小轨道电路移频信号的解调，给出短小轨道电路执行条件，送到相邻轨道电路接收器。

4）区间通过信号机的设置

自动闭塞是利用通过信号机的不同显示来指挥列车追踪运行的一种行车闭塞方式，两列续行列车之间的空间间隔是由通过信号机的位置决定的。通过信号机的设置位置是根据规定的运行时隔、列车速度曲线以及线路地形，采用规定的设计方法，将给定的列车运行时隔换算为空间间隔来确定的，而不是等间隔设置的。现以三显示自动闭塞为例，说明通过信号机的设置方法。

（1）同向运行列车的间隔时间

①闭塞分区长度

闭塞分区的长度，即通过信号机之间的距离，每个闭塞分区的最小长度必须满足（列车牵引计算规程）规定的在列车制动率全值的 80% 的常用制动条件下，自动停车装置紧急制动的制动距离。计算制动距离时，必须考虑区间客、货列车近远期可能达到的最高行车速度，以利于提高安全性。我国的《铁路自动闭塞技术条件》（TB/T 1567—1990）中规定"三显示自动闭塞分区的最小长度范围为 1 000 ~ 1 200m"。《铁路技术管理规程》规定："列车在任何线路坡道上紧急制动距离限制：运行速度不超过 120km/h 的列车为 800m；运行速度 120～140km/h 的旅客列车为 1 100m；运行速度 140～160km/h 的旅客列车为 1 400m；运行速度 160～200km/h 的旅客列车为 2 000m。"目前，我国既有的自动闭塞分区长度大都是按运行时间间隔而不是按制动距离空间间隔划分的，一般均比所要求的制动距离大，从而影响了行车密度。为提高列车密度将闭塞分区长度，按制动距离来划分，可以缩短列车运行的空间间隔。但是，在某些繁忙的客、货混运区段，各种列车由于牵引类型、运行速度以及载重的不同，对制动距离要求相差很大。对于低速列车，制动距离短，则闭塞分区长度可以短些。对于速度高的旅客列车或重载货物列车，制动距离长，则闭塞分区长度要长些。随着列车速度和密度的不断提高，一方面要实现最小运行间隔，闭塞分区要短，以达到必要的行车密度。另外，闭塞分区长度又不能太短，以满足速度高的列车和重载列车制动距离要求，保证安全。

②三显示制式闭寨分区长度与列车运行间隔时间的关系

闭塞分区的最大长度（进站信号机前方除外）根据轨道电路的安全及可靠动作的要求，最好不要超过轨道电路的极限长度，以免增加分割点的设备。进站信号机前方第一个闭塞分区的长度一般不小于 1 200m 且不大于 1 500m。这个要求是根据进站咽喉区的通过能力要符合区间的通过能力，并且要尽量减少同向到达列车的间隔时间，也就是必须缩减越行时的停留时间。如果同向到达间隔时间大于列车在区间的同向运行间隔时间时，就不可避免地要使列车堵在进站信号机外方。这个要求并不能经常严格地遵守。因为考虑到闭塞分区的长度必须符合制动距离的要求，而制动距离在下坡道上可能大于 1 500m，同时还要考虑到两架通过信号机的对称布置、显示距离和其他条件。因此，在个别有充分根据的情况下，进站信号机前方的闭塞分区长度允许大于 1 500m。

在同一方向的两列列车，彼此以闭塞分区相间隔追踪运行，前一列车的尾部与后一列车的头部之间所保持的最小间隔时间，称追踪间隔时间。

计算追踪间隔时间，一般选择在线路坡道大、列车运行速度低的困难区段。除在困难区段计算追踪间隔时间外，还应分别计算接发列车的车站同方向发车及同方向到达的间隔时间。然后将这三种间隔时间相互比较，取其中最大的数值，作为划分闭塞分区排列通过信号机位置的依据。

③三显示制式的追踪运行

a. 列车间隔三个闭塞分区，在绿灯下运行，如图 3-62a）所示。

从图 3-62a）中可看出，按三个闭塞分区间隔运行时，最小间隔时间可按下式求得：

$$I_{道} = \frac{0.06 \times (3L_{闭} + L_{列})}{v_{平均}}$$

式中：$I_{道}$——追踪间隔时间（min）；

$L_{闭}$——闭塞分区长度（m），按规定 $L_{闭} \geqslant 1\ 200$m；

$L_{列}$——列车长度（m）；

0.06 ——km/h 转换为 m/min 的系数；

$v_{平均}$——绿灯追踪下的列车平均速度（km/h）。

计算时，$L_{闭}$ 应按最长的区段计算，即按最困难区段考虑。

b. 列车间隔两个闭塞分区，在黄灯下运行，其运行情况如图 3-62b）所示，最小间隔时间可按下式求得，即：

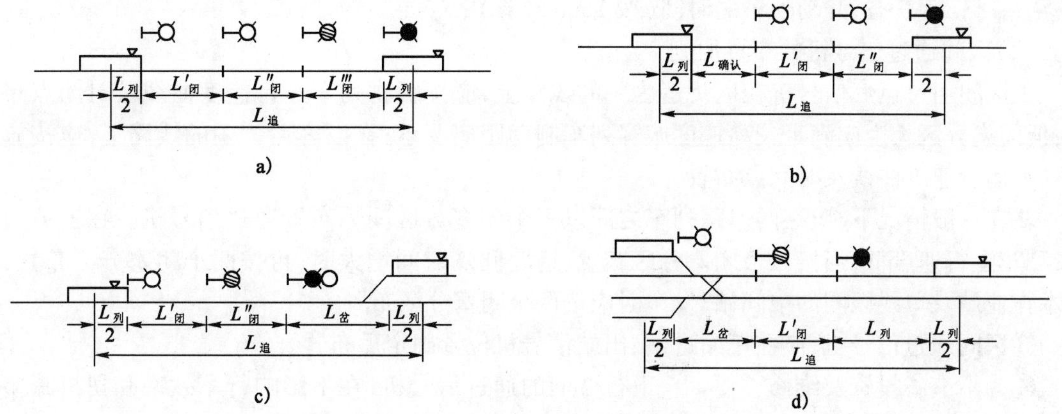

图 3-62 三显示制式列车追踪运行的基本情况

$L'_{闭}$、$L''_{闭}$、$L'''_{闭}$-闭塞分区长度(m);$L_{确认}$-司机确认信号显示所需时间内列车运行的长度;$L_{岔}$-进站信号至警冲标的距离

$$I = \frac{0.06 \times (2L_{闭} + L_{列})}{v_{平均}} + t_{确}$$

式中:$t_{确}$——司机确认信号变换显示的时间,一般为 0.25min;

$v_{平均}$——黄灯运行下的列车平均速度(km/h)。

这种方式使列车经常在黄灯下运行,不能提高车速。因此,只能在个别困难区段(在区间遇坡度较大的上坡道或由车站发车,当按确定的运行间隔不能满足划分三个闭塞分区的要求时)才采用。

根据以上公式可算出某区段的最小间隔时间的参考值,《铁路信号设计规范》(TB 10007—2006)规定采用 7min 或 8min 的最小间隔时间,有条件的区段采用 6min 的最小间隔时间。究竟采用哪种最小间隔时间,要考虑线路运量的繁忙程度、线路状况,机车类型等。其方法,可先按机车类型初步确定,采用 7min 或 8min 或 6min 间隔时间,然后根据该区段线路进行具体分析。

c. 接近车站的间隔时间

如图 3-62c)所示,其运行间隔时间可按下式计算,即:

$$I = \frac{0.06 \times (2L_{闭} + L_{列} + L_{岔})}{v_{平均}} + t_{准}$$

式中:$t_{准}$——车站为第二列列车准备进路的时间(min);电气图集中 $t_{准} = 0.25$min。

在进站区段上,当牵引条件困难而采用间隔两个闭塞分区时,最小运行间隔时间按下式计算,即:

$$I = \frac{0.06 \times (L_{闭} + L_{列} + L_{岔})}{v_{平均}} + t_{确} + t_{准}$$

d. 自动闭塞区段车站同方向发车的间隔时间

如图 3-62d)所示,其运行间隔可按下式计算,即:

$$I = \frac{0.06 \times (2L_{闭} + L_{列})}{v_{平均}} + t_{准}$$

式中:$t_{准}$——车站值班员显示发车指示信号、车长指示发车信号、后行列车司机确认信号显示状态、开动列车的时间(按 1min 计算)。

(2)区间通过信号机的布置原则

①区间通过色灯信号机在以货运为主的线路上,应按货物列车运行速度曲线及时间点布置,但闭塞分区长度应满足较高速度旅客列车制动距离要求;在以客运为主的线路上,应按旅客列车运行速度曲线及时间点布置。

②在一般情况下,应在两追踪列车之间以三个闭塞分区间隔布置通过信号机。在上坡道上,列车运行速度低,当按三个闭塞分区布置,追踪间隔时间增大时,可按两个闭塞分区布置;技术作业站及单线区间的中间站,发车时应按两个闭塞分区布置。

③区间通过信号机,应在车站进站、出站信号机位置确定后布置。

④为了节省投资及维修方便,上、下行方向的通过信号机,在不影响行车效率和司机瞭望的情况下,尽可能并列布置。

⑤在利用动能闯坡和在列车停车后可能脱钩的处所,不宜设置通过信号机。在启动困难的坡道上,也应尽量避免设置通过信号机,如必须设置时,应装设容许信号。但进站信号机前方第一架通过信号机不得装设容许信号,装设容许信号的通过信号机应涂三条黑斜线,以与其他通过信号机相区别。

⑥在大型桥梁上和隧道内,尽量避免装设通过信号机。凡需在这些建筑物出口处设置时,也应该距该建筑物保留一个列车长度的距离,如受通过能力和制动距离条件限制,不能按此要求装设信号机时,可与有关方面共同协商解决。

⑦在正常情况下,通过信号机应设置在便于司机瞭望的直线上,在最不利的条件下,通过信号机显示距离应不小于 200m。

⑧乘降所前后的通过信号机设置地点,应会同铁路局有关单位共同研究确定,但不得影响通过能力。

⑨在无缝线路上设计自动闭塞时,对长钢缝接缝,即缓冲区,应详细调查了解,并应由铁路工务部门提供长轨的设计图纸,在不影响行车安全和效率的条件下,信号机尽可能设在长钢轨缓冲区的中心位置。如通过信号机布置的位置与缓冲区坐标相差很大时,应与工务部门协商锯轨或变更长轨的缓冲区位置。

在有计划装设自动闭塞的区段,设计无缝线路时,应预留自动闭塞通过信号机处的轨道电路绝缘轨缝,避免锯轨造成损失。

⑩通过信号机位置确定后,应进行编号,一般以通过信号机坐标公里数和百米数组成,下行编奇数,上行编偶数。例如:在 100km + 300m 处设置并置通过信号机,下方向的编号为 1003,上行方向的 1002。

3.5 行车调度指挥管理

3.5.1 列车调度指挥系统概述

铁路是一个联系全国各地的网络系统,列车南通北达全凭调度指挥。多年来,指挥行车的手段就靠一支笔、一把尺、一张纸和一部电话。随着运量和行车速度不断提高,这种落后的指挥手段已经远远满足不了运输发展的需要。为了充分发挥已建铁路的能力，非常需要利用现代信息技术和控制技术提高铁路运输调度指挥水平、提高运输效率。

铁道部调度指挥管理信息系统（DMIS）是一个覆盖全国铁路的大型网络系统，是我国铁路运输调度指挥系统现代化建设的标志，也是中国铁路信号系统从传统的独立联锁设备向新型的数字化、网络化、信息化方向发展的起步工程，它由铁道部，各铁路局，各铁路分局，以及基层车站、枢纽和编组站、区段、分界口、港口和口岸、大企业站和煤炭装卸点构成四级网络。这一项目采用现代计算机技术、网络技术、通信技术、多媒体技术及数据库技术，并将上述技术与铁路信号技术的特点相互融合，把传统的以车站为单位的分散信号系统逐步改造成为一个全国统一的网络信号系统，构成一个覆盖全国铁路的大型计算机网络，实现全国铁路系统内有关列车运行、数据统计、运行调整及数据资料的数据共享、自动处理与查询，这一项目的实施将使中国铁路的调度指挥管理达到世界先进水平。从而最终实现对全国铁路运输的集中监视和指挥，DMIS 系统的实施将不仅大大提高铁路运输生产效率、改善调度指挥人员工作条件，也将极大地提高信号系统的技术、管理和维护水平。

2005 年 3 月，铁道部体制改革撤销全路所有铁路分局，实行铁路局直接管理站段体制。DMIS 等铁路信息系统必须进行切换，而且是大面积、大范围的。其中，调度指挥切割就涉及 13 个铁路局、41 个铁路分局、1 322 个调度台、3 685 个车站，这对铁路信息系统是一个严峻的考验。3 月 25 日 18 时，具有历史意义的运输指挥权顺利交割，18 个铁路局直接对车站正式实施指挥行车。实践再次证明，铁路信息化是实现铁路现代化的主要标志和必然选择。信息技术在铁路的应用，大大提升了铁路的综合竞争实力，加快了铁路跨越式发展的步伐。通过这次切割，实现了 TMIS（运输管理信息系统）和 DMIS 的结合，并改名为 TDCS（列车调度指挥系统）从“信息”系统到功能更强大的“指挥”系统也是一大进步。从四级管理变成三级综合调度体系。

TMIS 网络覆盖了部、局和主要站段，形成了多级统一的传输和查询平台，建立了包括货票、确报、车号信息在内的三级数据库，初步实现了列车、机车、车辆、集装箱的大节点动态追踪，为加强运输组织指挥、提高运输效率起到重要作用。

TDCS 是铁路运输调度指挥现代化的集中体现。目前，全路已建成铁道部、铁路局中心局域网，121 个行车调度台、1 348 个车站全面实现了系统功能，改变了人工绘制运行图、报点报车次和手工填写行车日志的传统方式，实现了自动采集列车运行时刻、自动绘制列车实际运行图、列车车次号自动采集和跟踪、调度命令网络下达等功能。TDCS 的应用，大大减轻了工作人员的劳动强度。

调度集中（CTC）是实现行车调度远程集中控制的重要标志。2004 年 5 月，青藏铁路西哈段（西宁至哈尔盖）先进的自律分散调度集中系统（CTC）正式开通使用。实现了列车进路和调车进路的集中自动控制，西哈段共有 17 个车站，10 个车站实现行车指挥无人化，无人化率达到 58.8%，车务部门运转人员减少 119 人，减员增效十分显著。调度指挥信息化取得重大进展。

1）列车调度指挥系统的层次

（1）铁道部调度指挥中心

TDCS 的最高管理层由高性能的服务器、工作站、计算机、网络设备及相应的软件构成，并通过专线与各铁路局、铁路分局相连，接收全国铁路系统的各种实时信息与运输数据和资料，监视各铁路局、铁路分局、主要干线、路局交接口、大型客站、编组站、枢纽、车站、区间的列车宏观运行状态、运行统计数据、重点列车的实际运行位置和车站的状态显示,并建有全国铁路调度指挥系统数据库。

作为最上层的部调度中心运输调度管理系统,是 TDCS 的核心。它与 18 个铁路局调度中心远程连接,进行信息交换,并建立全路各专业技术资料库。部调度中心能获得各路局分界口、重要铁路枢纽、主要干线等的运输状况和调度监督等实时信息;同时还与 TMIS 及其他系统网络互联,在获得大量运输管理信息的基础上,为铁道部领导的决策提供真实可靠的信息,实现调度指挥工作的现代化管理。

(2)铁路局调度指挥中心

接收各站的信息与资料,监视主要干线、路局交接口、大型客站、编组站、枢纽、车站、区间的列车宏观运行状态、运行统计数据、列车实际运行位置与车次跟踪和站场状态显示,完成列车运行计划及行车命令下达,直接指挥行车,并与铁道部及相邻铁路局交换信息。

(3)基层信息采集系统

安装在各车站,用来从信号设备及其他设备上采集有关列车运行位置、列车车次输入校核及跟踪、信号设备状态等相关数据,并将上述数据通过专用通信线路传送到铁路局。实现车站行车日志的自动生成。

2)列车调度指挥系统的主要功能

(1)列车车次自动跟踪和无线车次自动校核

①列车车次号的准确可靠和自动跟踪是实现 TDCS 全部功能的最基础的信息,是实现行车调度指挥现代化的关键技术。列车调度员、车站值班员能够从显示屏上连续地、直观地看到列车运行的实际车次,实时了解各次列车的运行状况。

②列车车次号的输入来源于机车运行监控装置,TDCS 自身具有逻辑跟踪。一方面依靠逻辑跟踪,另一方面,依靠无线车次号校核系统,做到准确无误。

③TDCS 车次跟踪的最大特点是自动、实时、连续。所谓自动就是由轨道电路的占用和出清来判断列车的行踪;所谓实时是指调度台得到的列车位置是最近几秒钟以内的位置;所谓连续是指列车不管是运行在车站还是区间,车次窗都能够连续跟踪显示。这个特点对调度员来说是非常宝贵的,一下子拉近了调度员与现场的距离。调度员可以眼看着每趟车的位置进行调度,大大提高工作效率,也特别有利于保证行车安全。

(2)实现"两个透明"

①区段透明:调度员对其所管辖的调度区段各自动闭塞分区、各车站到发线运用情况一目了然,实现列车调度员可直接监督车站值班员,按列车运行计划的安排正确办理接发列车作业,合理安排车站的调车作业。

②站间透明:车站值班员不仅了解本站现场的实际状况,而且能够清楚地了解相邻两端车站和两端区间自动闭塞分区的列车运行情况,能够根据调度员布置的列车运行计划,合理安排本站接发列车进路和开放信号时机,能准确地安排穿越正线调车作业的时机和掌握车站调车作业进度。

(3)调度命令、日班计划通过网络自动下达

TDCS 调度计划下达流程见图 3-63。

①日班计划通过网络自动下达

过去编制日(班)计划,值班主任要花费很多时间和精力去手写誊印,并送至各调度台。

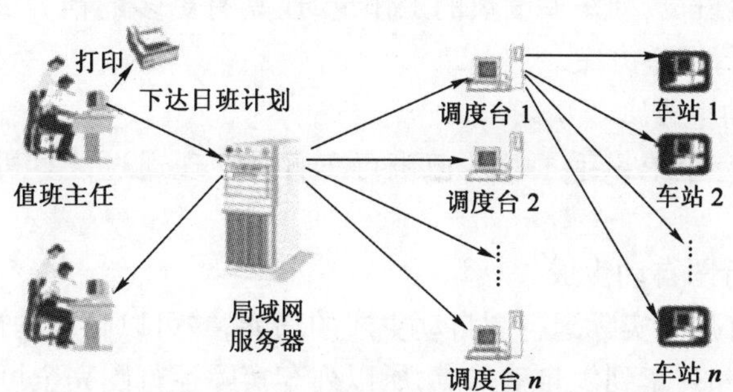

图 3-63 TDCS 调度计划下达流程图

调度员首先接通管内各站的电话,然后一个一个站点名,调度员口述,各站值班员手抄,工作量大,工作效率低,容易发生差错。

TDCS 改变了这种落后的工作方式,值班主任利用 TDCS 软件工具及固定的模板生成日班计划,然后按下鼠标,把计划下达到各行调台。行调台收到计划后,在本台生成阶段计划。再按鼠标将日班计划下达到有关车站。所有过程都由计算机网络完成。值班主任向车站发出日班计划。

②调度命令通过网络自动下达

过去调度命令的下达全靠口述手抄复诵确认,容易发生差错,工作量繁重。例如:上海局宁东、宁常两个调度区段列车运行密度非常高,列车种类齐全,施工作业量大,每个调度员每班调度命令的下达数量约为 30 个。在 TDCS 的科研开发过程中,将《铁路技术管理规程》规定的 23 种调度命令分解成 100 多种,制作成标准模板,使调度员下达调度命令简洁、迅速、准确,节省了调度命令的下达时间,这对于提高效率,保证安全,效果非常明显。

(4)列车运行自动采点

TDCS 自动采点见图 3-64。

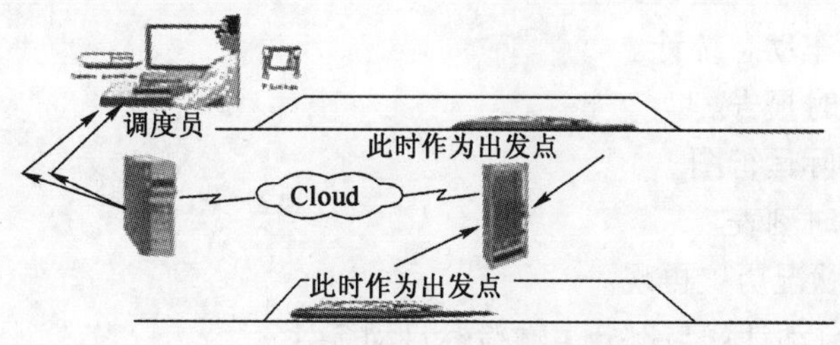

图 3-64 TDCS 自动采点示意图

自动采点的时机:当列车尾部驶过警冲标以后,设备自动将这一时刻记录为列车到点,通过网络送到调度台;当列车出发时,将头部驶过警冲标这一时刻作为发车通过网络送到调度台。

过去列车的报点采用人工报点,手工记录,效率低、准确性、可靠性差。沪宁线一个中间站值班员除正常的办理接发列车作业外,每班最少要报 450 个点;沪宁线一个调度区段的列车调度员,每班要收取 2 500 个点,按每 1min 收取 6 个点计算,一个调度员每班需花费 6 个多小时的时间收取列车运行点。不仅工作量大,还会出现漏报、错报和迟报的现象,给行车指挥造成被动,给运输安全造成隐患,这是传统作业中存在的顽疾。

采用 TDCS 自动报点,克服了人工采点的随意性,采点准确,传递迅速及时,消除了安全隐患,而且减轻了车站值班员、列车调度员的工作量,让其有更多的精力去考虑接发列车作业和更周密地制定列车运行调整方案。

(5)行车日志自动生成

以前车站值班员完全依靠手工填写值班行车日志。现通过计算机自动生成值班日志的功能。

(6)列车实际运行图自动生成

TDCS 系统中具有列车实际运行图自动生成的功能,并可以打印输出。由于 TDCS 系统有了列车车次自动跟踪和列车到发自动采点,所以列车实际运行图完全可以自动生成和打印,为行调台自动化办公创造了条件。

(7)列车运行方案实时调整和网络下达

列车运行调整方案是直接指挥行车的重要环节,调整方案的前提是列车运行的变化情况与准确位置和时分,在此基础上,与计划实时进行比较,然后根据约束条件,实时提出当前需要的运行调整方案。

运用 TDCS 三小时列车运行调整方案功能,解决了长期困扰我们的各站三小时列车运行调整方案下达的大而难的问题。沪宁线由于列车运行密度高,办理列车作业的车站多,三小时列车运行调整方案的各车站人工下达过去难以实现,上海局在宁东调度区段试运用三小时列车运行调整方案功能后,这一问题得到了解决。现在列车调度员只需要根据分界口列车交接计划、南京东编组站列车开行计划编制好三小时列车运行调整方案并审核后,只要按下下达按钮,所辖区段所有车站都能迅速接收到本车站未来三小时列车运行调整方案,车站办理接发列车作业真正做到了“心中有数”。

(8)分界口透明显示和统计分析

①分界口中心站相邻 5 个车站构成分界口 TDCS。

②分界口主要功能:

a. 站间、局间透明,顺利完成交接车。

b. 分阶段交接列车动态统计。

c. 列车正晚点定时报告。

d. 绘制计划与实际运行图。

e. 编制列车运行时刻表。

f. 车站列车运行状况历史再现。

(9)列车早晚点自动计算与部分运输指标自动统计

TDCS 系统由于具有列车跟踪和自动采点的功能,所以可以实时地与基本图定时分进行比较,计算出早晚点时分。随着列车的运行,每到一个车站计算一次早晚点,更新一次早晚点方框中的早晚点时分。这个指标为统计正晚点率和对运行方案调整提供了基础数据,所以,其准确性也非常重要。

(10)站场实际状况、列车运行实际状况历史再现

调度台和值班员台都可以调出再现过去某一时刻的区段画面。

系统的站场实际状况历史再现功能,铁路局、车站的各级管理部门能够随时检查前一时间岗点作业的状况。对总结、分析、提高调度指挥水平和问题的事后分析及定责提供依据。

本节简单介绍了列车调度指挥的层次和主要功能,另外,系统结构和信息源、铁道部调度

指挥管理中心、TDCS 系统软件、数据库、接口设计及软件开发项目、基础信息采集系统、数据通信规程和场站显示描述文件格式等相关内容请读者自行参考《轨道交通信号控制基础》(郎中梾、曾小清等编著)一书 266 ~ 290 页。

3.5.2 调度集中与行车指挥自动化

1)调度集中

铁路运输是我国最主要的运输形式,不论客运量还是货运量,在世界上都是排名第一。中国铁路的运营里程仅占世界铁路的 6%,却完成了世界铁路总运量的 22%。目前,在我国主要铁路干线,每个车站都可以提供 2Mb/s 速率以上的接入条件,干线长途通信的能力也大大增强。在此基础上,铁路各信息系统的建设得到了长足发展,比如 TDCS、TMIS(运输管理信息系统)、PMIS(客票发售与预订系统)、ATIS(车号自动识别系统)信息系统,以及在 TDCS 基础上大力发展的调度集中(CTC)系统,为提高铁路运输效率、行车安全和深化铁路的改革发挥了重要作用。没有一个发达的、完善的铁路通信网,就没有中国铁路的信息化和现代化。

和发达国家相比,我国的调度集中(CTC)系统比较落后,日本铁路有 3.4 万 km,调度集中区段就有 2.6 万 km;美国铁路的一个调度集中中心控制的范围可以达到 7.2 万 km;法国高速铁路、加拿大和北美的铁路都已经实现了综合调度指挥。而新一代的调度集中,中国才刚刚起步。综观世界各国,铁路的现代化都是以信息化为基础的,铁路信息化将在铁路的跨越式发展上起到关键性的、决定性的作用。没有信息化,就谈不上铁路的现代化。

要加快实现铁路运输生产调度指挥现代化。在几大主要干线建设新一代调度集中系统,以适应我国铁路客货混跑、不同速度等级列车混跑、列车运行和调车作业并存的运输特点,实现对列车运行的智能控制,建成若干个以地域或线别为控制模式的大型综合调度指挥中心,实现铁路运输调度指挥组织模式的根本转变。

调度集中系统既是技术装备,也是新型运输组织方式;既是现代化铁路的重要技术,也是运力资源科学调整的重要手段。因此,新一代调度集中的发展必将大大提高我国铁路现代化装备水平,对促进运输组织方式改革,提高运输客货服务质量,减员增效发挥重要作用。

(1)传统调度集中存在的主要问题

传统调度集中在我国铁路运用中大多运用效果不好,主要存在以下若干问题:

①智能化程度不高。调度员不能摆脱老三件,未能将调度员从烦琐工作中解脱出来,反而将车站值班员的既有工作内容加给了调度员,加大了调度员的工作强度。另一方面,又摆脱不开对车站值班员的依赖,许多工作仍然依靠车站值班员完成,不能实现运输组织的根本变革。

②交放权频度过多。由于传统调度集中只负责列车的集中指挥和控制,对调车作业未采取任何技术措施,只要车站一进行调车作业,就要出现中心控制与车站控制权力的交接问题,并且交放权手续繁杂、过程麻烦,不适应我国铁路路情,严重影响系统使用的积极性。

③车次号技术存在一定的问题。车次号是调度集中的基础信息;但传统的调度集中在列车车次号自动输入、自动校核、自动跟踪的技术问题没有得到完全解决,造成车次号丢失或车次号错误,影响调度集中系统的正常使用。

④可靠性水平低。传统调度集中基于当时技术落后的水平,质量不高,故障频频发生,再加上信号设备基础质量不高,使系统的可用度不高。系统经常停用带来针对运用管理上的调度命令频发,增加了各级的工作量。调度集中设备上道,使各级运输生产指挥部门没有感到益

处,反而带来麻烦。

⑤无线通信手段不能满足要求。调度集中是基于调度所对列车进行集中指挥和调度管理的系统,它不同于传统的调度员—车站值班员—司机(车长)的运输组织模式,它是调度员对列车(司机)的直接指挥与管理;因此,必须保证调度指挥中心对列车(司机)的直接指挥;必须具备调度员与司机直接良好的通信能力。以往的无线列调在这一方面往往存在不足。

由于传统调度集中存在上述几个主要问题,调度集中上道没有给各级运输管理部门带来明显好处,反而带来多种麻烦,使得现场对采用调度集中进行列车集中指挥和调度管理没有积极性;再加上当时对运力资源调整改革、减员增效的认识不高,导致调度集中没有明显需求。

(2)新一代调度集中的主要特点

世界各国铁路,无论是发达国家还是发展中国家,其技术装备可能相互不同,运输形式存在种种差异,但有一个共同的特点,基本都采用了调度集中这一先进列车集中指挥和调度管理系统。调度集中是铁路现代化重要技术装备,也是铁路信息化建设的重要内容。

我国铁路要发展好调度集中系统必须针对我国铁路路情,以解决传统调度集中存在的问题为突破口,以 TDCS 为平台,以 CTC 为核心,充分利用 TDCS 的成熟技术和信息资源优势,研究制定好新一代调度集中的主要技术规范;特别是系统功能需求。

①新一代的调度集中是智能化系统。智能化就是通过计算机软硬件技术(含 TDCS 技术),通过对实际运输生产中的调度指挥工作流程进行优化处理,并转化为计算机控制程序,使运输组织指挥达到智能化、自动化,最大程度地解放调度员烦琐的工作;新一代调度集中将在目前 TDCS 的基础上,实现列车运行计划自动调整,实际运行图自动描绘;调度命令多媒体下达(可根据列车运行计划执行情况自动向有关列车发送信息),事件自动记录,为统计分析提供原始数据,将使行车调度员彻底摆脱老三件,调度员的主要精力、主要工作专用于行车计划管理、调整,集中精力确保列车按图运行,安全正点高效运行,提高运输效益。

②新一代调度集中是自律分散系统。自律分散就是基于 TDCS 系统的现代计算机技术、网络技术、信息处理技术和智能化软件;实现以日班计划图、列车运行调整计划(阶段计划)为主轴、为框架,将阶段调整计划下传到各个车站的自律分散机中自主执行;新一代调度集中系统将没有中心控制权与车站控制权之分,只有指令不同来源之分,通过列车运行阶段调整计划进行来自多处指令的自律,科学合理地解决中心控制与车站控制(含调车作业)的矛盾;新一代调度集中只存在非常站控模式,正常情况下不存在控制权转换问题;车站参与的控制只能影响过路选择,而不能影响列车运行调整计划的执行,除非是特殊情况。

③新一代调度集中不仅面向列车作业,同时解决沿线调车作业问题。新一代调度集中面向我国路情,不仅要完成对列车作业的集中控制,还要解决沿线车站调车作业的集中控制。因此,新一代调度集中和传统调度集中不同,它不但要采集列车进路信息,还要采集调车进路信息。通过采用自律分散技术,在阶段计划的控制下,解决以往因调车作业带来的频繁交放权问题,实现中间站调车作业的集中控制。具体是本务机(含小运转)担当的调车作业原则上由调度中心负责编制作业计划,实现调度集中条件下集中管理;设有调车机的调车作业计划由车站负责编制,并通过新一代自律分散机约束检查后具体执行,凡涉及列车作业相关进路的调车作业指令在执行前,必须经过空间与时间上的冲突检查,在确保不影响列车作业的基础上;才可得到执行。

④新一代调度集中不但适应有人车站,也适应无人车站。新一代调度集中依靠先进的计

算机技术、网络技术和智能化技术，通过对现行运输过程的优化，实现调度指挥中心对列车运行的直接集中管理与调度指挥，实现以列车运行为主、沿线调车作业为辅的行车指挥自动化，强化干线运输能力的调控手段。在配套子系统到位的情况下，例如在无线通信系统、车次号校核子系统、无线调度命令传送系统、列车编组顺序电子信息的基础上，增加取代车机联控的自动预告系统；完全可以在没有客货运业务的中间车站实现行车、调车作业控制无人化。新一代调度集中真正成为既是行车指挥现代化技术装备，也是现代铁路运输组织模式。这样将大大促进我国铁路运力资源的调整和改革工作；将从技术措施上保证关停部分车站、实现减员增效的战略部署。

⑤充分体现TDCS的基础作用。近几年，TDCS列车调度指挥系统的建设已取得明显进展，实现了列车运行阶段计划自动调整、实际运行图自动描绘、调度命令自动下达、行车日志电子信息化，许多区段已经实现甩图，行车调度工作在信息层次基本实现了现代化。除此之外，随着各TDCS的建设，铁路沿线初步具备了信息网络，这为新一代调度集中研究和装备奠定了重要基础。在TDCS基础上建设新一代调度集中，原有TDCS技术装备不但不废弃，还需按照行车指挥控制的要求进一步加强，功能要进行进一步补充，在已有TDCS的基础上，将大大加快新一代调度集中的建设步伐。

⑥新一代调度集中将充分体现高可靠性的技术特点。高可靠就是采用冗余系统配置和高质量的软硬件产品，使系统的可用度达到先进水平，并通过故障弱化措施，突破以往的技术误区，大大提高系统的可用度。新一代调度集中系统采用高性能、高质量、高可靠的计算机设备，服务器、工作站、数据库以及网络设备，从中心到车站全部是双套冗余配置。广域网采用了迂回、环状、冗余设计，对于新建客运专线、高速铁路又特别提出了可使用独立的光纤，以满足对不同光缆敷设路径的更高要求。对电源和通道同步提出了高性能配置和雷电防护要求，应满足铁道部颁布的电磁兼容和防雷标准。在调度中心设置网管工作站，通过网络拓扑技术以及故障诊断技术，可以将网络上每一节点的状态进行实时监控。与此同时，专门设置了电务维护工作站，用于监视系统的运行状况，对中心控制工作站、车站自律分机的所有操作命令、设备运用状态、故障报警信息进行分类、记录和输出。采用远程维护服务器，用于远程紧急技术支持，在维护人员授权的情况下，可以进行异地远程修复及其他技术支持。新一代调度集中明确要求具有自我诊断、运行日志保存、查询和打印等功能，并实现维护专家系统功能，真正实现系统维护工作现代化。

⑦新一代调度集中将充分体现标准统一的原则。我国铁路信号发展的经验告诉我们，凡是我们的技术装备；标准越规范、制式越统一、技术越成熟，技术发展就越顺利。主要有系统基本功能统一、网络结构统一、用户协议统一、系统软硬件平台统一、无线通信接口统一等，特别要求面向车务操作的人机界面要全面统一。因为新一代调度集中对于我们每一个人都是一个全新的理念，上述要求是我们工作中应该遵循的重要原则。

（3）新一代调度集中主要系统功能

①设备控制范围：管辖范围内面向列车控制的所有车站信号、联锁、闭塞设备应纳入调度集中控制范围。作业控制范围：

a. 调度集中控制范围内所有中间站的列车作业、调车作业均应纳入列车运行调整计划管理。

b. 其他车站的列车作业、本务机担当的调车作业原则上纳入调度集中系统计划管理。

c. 调车机担当的属于同一联锁系统控制范围内的调车作业应纳入调度集中自律分散约束控制。

d. 运行图中规定的本务机摘挂、换挂、补机摘挂等调车作业应纳入调整计划管理。

e. 列车作业与调车作业在空间上设有隔开设备的车站，如调车作业复杂的区段站，其列车作业范围的进路控制、编组站的外包线进路控制应纳入调度集中自动控制；对于到达场、出发场、直通场的列车作业，宜纳入调度集中自动控制。

②新一代调度集中将本着采用一切技术手段解决运输所需要的主要功能的精神，为车务系统进一步创造更良好的工作平台。如有人车站的车务终端应具有列车运行调整计划相关局部计划显示功能，明确规定要能够显示本站及周边相关各两个车站局部调整计划的内容。调度集中系统应具有人工办理试排进路功能；条件具备时，也可利用列车运行空挡自动办理，并可为进路指令的执行做好开放信号准备。

③对于系统瘫痪后的故障软化措施：

a. 自动选排进路问题。车站自律机自动选排列车进路应遵循的基本原则是基本进路优先于变更进路。如果货运列车的接车基本进路和变更进路都无法选通时，系统自动改选其他进路，否则自动选择引导接车进路。对于客运列车，变更进路、改选其他进路以及引导接车进路，必须经调度员同意后方可变更。

b. 锁定自动通过功能。

c. 自动重复开放信号。

d. 引导信号自动开放及引导信号按钮长时间按压问题。

e. 要积极探讨解决轨道电路分路不良问题。

f. 停电系统恢复。

g. 车次号强化措施。车次号的列车自动跟踪结果、列车运行计划、无线车次校核信息三项应保证完全一致。如不一致，应立即报警。

④调度集中系统的控制信息依据不同处理阶段分为计划、指令和命令三个层次。计划是指形成指令队列前处理阶段的信息；指令是指自律机存储的进路操作信息；命令是指自律机经触发后输出的进路操作信息。指令转为命令的触发时机原则上应遵循列车运行调整计划制订的时分，且应提前若干时分。实际执行中必须考虑列车类型、区间闭塞类型、邻站发车时刻、区间走行时分和完整到达停稳以及上一列车发车进入区间的条件等因素；同时要考虑信息处理、进路办理的时间以及列车的速度等因素，科学合理进行确定。

每个层次间的安全措施：必须通过合法性、时效性、完整性和无冲突性的检查；车站自律机指令执行的优先级为：调度员的直接操作、车站值班员的直接操作、列车运行调整计划。

⑤车机联控：调度集中系统条件下的车机联控模式为指路行车。应通过无线通信的数据传输方式，向司机提供车机联控信息，并与车载设备配套，自动以语音、文字方式传达给司机。

a. 对于自动闭塞：列车在进入第一接近区段、以第一接近区段的占用为车机联控信息的发送时机。

b. 对于自动站间闭塞或自动闭塞故障时：本站列车在前站开出时，以前站的离去区段占用或前站发车进路出清为车机联控信息的发送时机。当系统未收到回执信息时；由本站在列车进入接近区段时再次发送车机联控信息。在具备 GSM－R 无线移动通信系统的条件下，应通过图文形式向司机提供:站名、车次,进路开放状态、进路中的道岔最小辙岔号或限制通过的最大允许速度等信息,有条件时也可包括站场显示、站内列车车次号等信息。

(4)新一代调度集中尚需研究解决的主要问题

①研究解决无人车站(指行车人员)非正常接发列车作业问题,制订 CTC 下列车、调车作业办法。车站无人化后,以往需要人介入的安全保障体系,必须重新制订 CTC 下的安全保障体系,特别是非正常条件下的接发列车作业。初步研究,在非正常情况下,一些作业仍需现场人员参与才能确保行车安全。

按照专业相近、作业关联、管理直接、设置合理的原则,对原有岗位、职能和作业方式重新进行调整和划分。在无人车站现场行车设备发生异常,导致非正常接发列车时,机车乘务组、工、电部门都将是现场安全保证的参与人。同时可以考虑合理设立工、电、车应急处理综合中心,及时处理紧急情况。

②调度集中就是以调度中心直接指挥列车运行和调度管理为主的现代铁路运行方式,因此,必须保证调度员与列车司机之间良好可靠的通信联络,这是调度集中开通的必要条件。此外,TDCS 无线调度命令可视(行车凭证)、无线调车机车信号、列车接近预告(替代车机联控)、列车停稳、调车作业通知单无线传送、调车作业请求确认等功能和信息均已成为新一代调度集中系统重要组成部分,这些对无线通信在传输速率、误码率和通信时间上都提出了更高的要求,也是无线通信传输的重要内容。因此,无线移动通信在新一代调度中的作用日益重要,这也将大大促进我国铁路 GSM－R 装备的决心和工作步伐。

2)行车指挥自动化

行车指挥自动化是在现有的车站联锁设备、自动闭塞和调度集中的基础上,广泛引入微型计算机技术,扩大了系统的功能,可以代替调度员完成列车运行指挥的大部分工作,实现调度工作的自动化。这种除具有调度集中的控制、监督功能以外,还具有列车运行管理功能的调度指挥系统称为行车指挥自动化。其系统结构框图如图 3-65 所示。

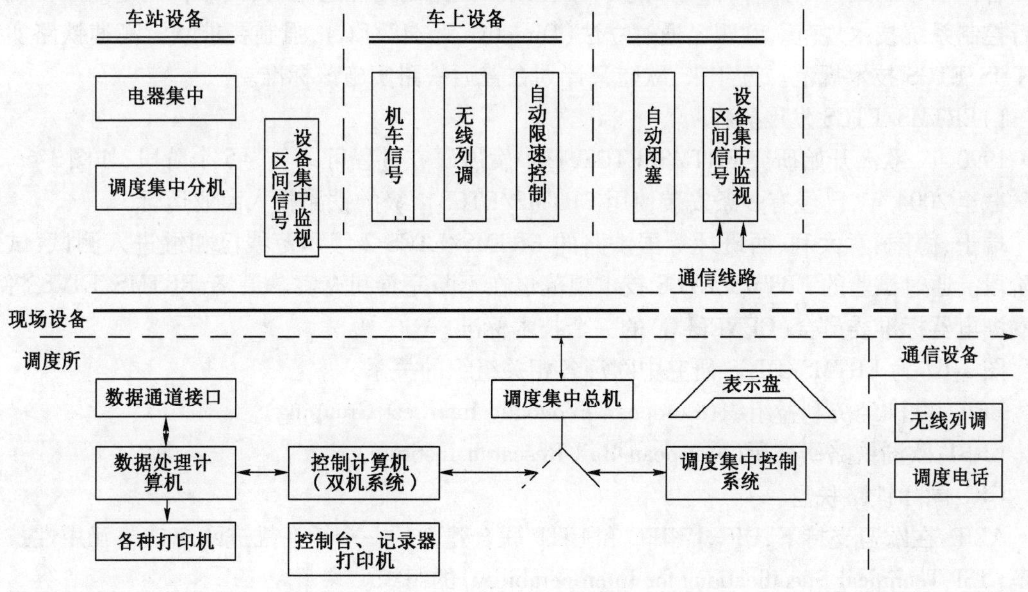

图 3-65 行车指挥自动化系统结构框图

行车指挥自动化系统由计算机和外围设备、调度集中设备、自动闭塞和车站联锁设备、列车运行控制系统、道口信号、通道等组成。计算机是一个实现行车调度工作的实时处理系统。其功能要实现对全线的信号、道岔、轨道电路及列车运行状况等信息进行分类、处理、校核、确认;根据列车运行的信息和列车计划运行图的要求,自动排列列车进路;实现列车车次追踪显示;自动描绘列车运行实迹图及统计;当运行图被打乱时,可以及时完成列车运行图调整方案;并通过图形显示器显示列车运行计划等各种信息,供调度员修改和补充等。

调度员可以通过专用的彩色监视屏幕或表示盘,及时准确了解全线列车运行状况,对列车所在位置及与列车位置相对应的车次进行追踪显示。

由计算机发出的各种控制命令,经调度集中传至各车站。执行后的信息,由调度集中接收各分机送回的表示信息,再次进入计算机。

采用行车指挥自动化系统将改变调度工作长期处于手工操作、劳动强度大实时性差、效率低的面貌。充分利用设备的能力和改善组织管理工作,进一步提高了线路通过能力和行车安全。

本节简单介绍了调度指挥管理的基本情况,更多内容将在后面第 5 章进一步详述。

3.6 典型的铁路信号控制系统

3.6.1 欧洲 ERTMS/ETCS

欧洲铁路运输管理系统 ERTMS(European Railway Traffic Management System)包括欧洲铁路控制系统 ETCS(European Train Control System,又称为 ERTMS/ETCS)和 GSM-R(铁路专用全球移动通信系统)。ERTMS/ETCS 系统是欧洲各信号厂商在欧洲共同体的支持下,为克服欧洲各国信号制式互不兼容,保证高速列车在欧洲铁路网内互通运行,而联合制定的一种列车运行控制系统技术规范。欧盟已通过立法(Directive 96/48/EC),强制要求欧洲高速铁路实行 ERTMS/ETCS 技术规范。近年来,欧盟又计划在普通铁路实施该标准。

1)ERTMS/ETCS 发展历程

1990 年,欧洲开始研究 ERTMS/ETCS,整个发展研究过程可以分为 5 个阶段,如图 3-66 所示。截至 2004 年,已经有多条安装使用 ERTMS/ETCS 1 级的铁路投入商业运行。

瑞士、德国、意大利、西班牙等国铁路的 ERTMS/ETCS 2 级示范线已相继进入测试、试运行阶段。通过试验的 ERTMS/ETCS 技术规范也在不断完善和充实。最终,ERTMS/ETCS 将成为欧洲电器标准委员会(CENELEC)的一个技术标准。

图 3-67 为 ERTMS/ETCS 研究中欧洲各相关组织的关系。

EEIG:欧洲经济利益组织(European Economic Inter. est Grouping)。

ERRI:欧洲铁路研究所(European Rail Research Institute)。

UIC:国际铁路联盟。

AEIF:在欧盟支持下,UIC、UNIFE 和 UITP 联合建立的一个旨在推进欧洲铁路互用性技术规范(TSI:Technical Specifications for Interoperability)的组织。

UNIFE:欧洲铁路工业协会(The Union of the Euro-pean Railway Industries)。

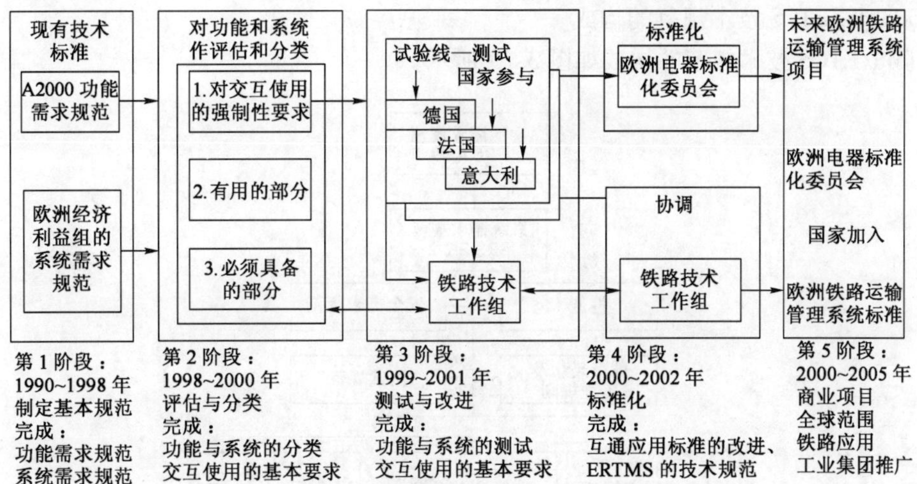

图 3-66　ERTMS/ETCS 发展历程

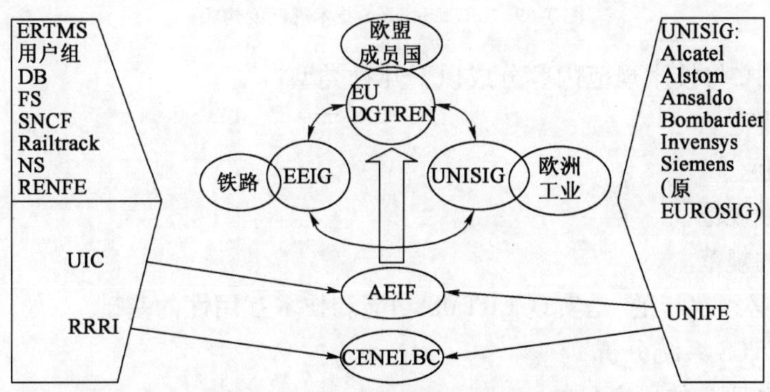

图 3-67　ERTMS/ETCS 研究中欧洲各相关组织的关系

ERTMS/ETCS 开发过程遵从了欧洲安全系统标准 IEC61508 所规定的安全系统开发过程，从而有效地保证了系统的安全性。图 3-68 为 ERTMS/ETCS 开发步骤。从图中可以看出，在 ERTMS/ETCS 开发过程中，铁路当局作为系统的用户，主要负责系统的功能需求、系统认证及系统运行。而铁路工业界则负责系统需求规范、子系统需求规范、系统生产、集成与测试等。铁路当局和工业界相互监督、互相配合。

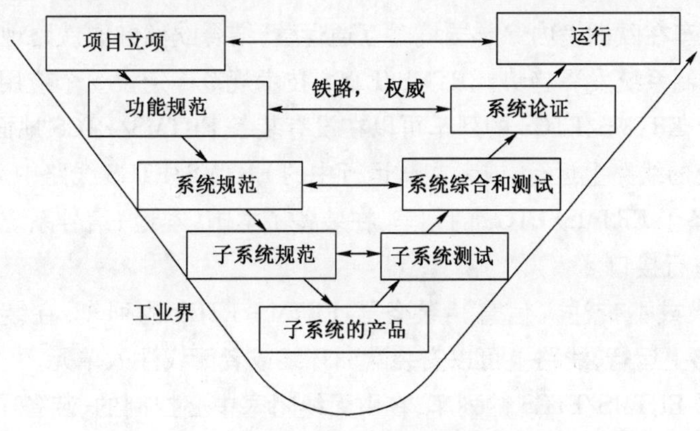

图 3-68　ERTMS/ETCS 开发步骤

2)ERTMS/ETCS 技术规范的构成

ERTMS/ETCS 技术规范的构成如图 3-69 所示。

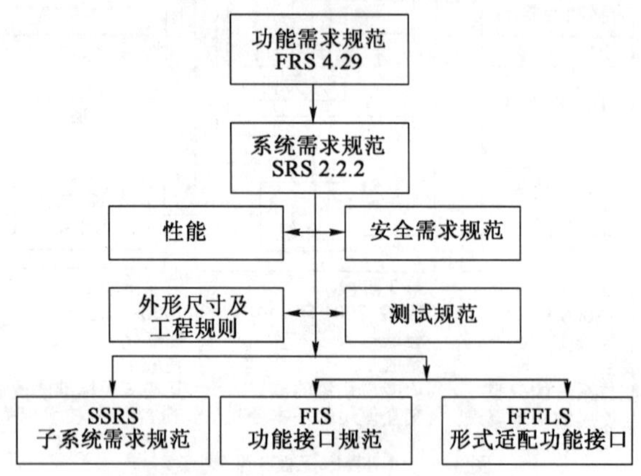

图 3-69 ERTMS/ETCS 技术规范的构成

在这些规范中,将技术规范内容分成以下几种类型:

(1)强制性规范。

(2)任选规范。

(3)非强制性规范。

(4)不需要的规范。

强制规范是必须执行的,是实现 ERTMS 功能和技术互用性的基础。

3)ERTMS/ETCS 系统分析

(1)ERTMS/ETCS 的研究目的

①高速列车不受限制地穿越边界,以便能在欧洲跨国运行。

②信号界面标准化,减少各国的特殊要求。

③鼓励设备市场开放,产生商业吸引力。

④“技术互用性”,不同厂商的关键子系统、车载和地面设备,能够兼容互换。

⑤降低设备成本。

(2)应用等级

为实现高速列车在欧洲境内穿越国境时互通运营,结合欧洲各国铁路现状,兼顾既有设备及今后列车运行控制系统发展趋势,ERTMS/ETCS 技术规范确定了 5 个应用等级。

等级 0:装备了 ERTMS/ETCS 的列车可以在没有装备 ERTMS/ETCS 地面设备或者没有本国(本地)信号系统的线路上运行,或者在试运行中的 ERTMS/ETCS 线路中运行。

等级 STM:装备了 ERTMS/ETCS 的列车,在装备了本国(本地)信号系统的线路上运行,它们之间通过 STM 进行接口。

等级 1(带注入或不带注入信息):装备了 ERTMS/ETCS 的列车,在装备有欧洲应答器(Eurobalise)的线路上运行,线路上可以安装欧洲环线或者无线注入单元。

等级 2:装备了 ERTMS/ETCS 的列车,在由无线闭塞中心控制的、装备了欧洲应答器和欧洲无线的线路上运行,由地面设备提供列车定位功能和列车完整性检测。

等级3:与等级2相同,但是列车定位和列车完整性检测由车载设备实现。

ETCS 5个应用等级车载设备的基本模块相同,贯穿的一条主线是安装了ETCS车载设备的列车能够在全欧洲不同ETCS应用等级的线路上运行。

(3)ERTMS/ETCS技术规范核心

技术规范核心是以欧洲车载设备(EUROCAB)为核心,以欧洲应答器作为列车定位修正基准,将欧洲应答器(应用等级1)、欧洲环线(应用等级1)及欧洲无线(应用等级2、应用等级3)作为车地信息传输的通道,CBTC将作为欧洲铁路列车运行控制系统今后的发展方向。

ETCS从保持设备互用性、确保高速列车跨国、跨线运行角度来制定技术规范。为此,ETCS地面设备和车载设备的规范化程度是不一样的。

地面设备规范了地面设备间数据交换,地面设备与车载设备间的数据交换;车载设备则规范了车载设备的功能,地面设备与车载设备数据交换,车载设备各子系统间的数据交换,车载设备与司机间接口,车载设备与列车间的接口。

从图3-70中可以清楚地看出,ETCS定义的2类接口规范FIS和FFFIS。

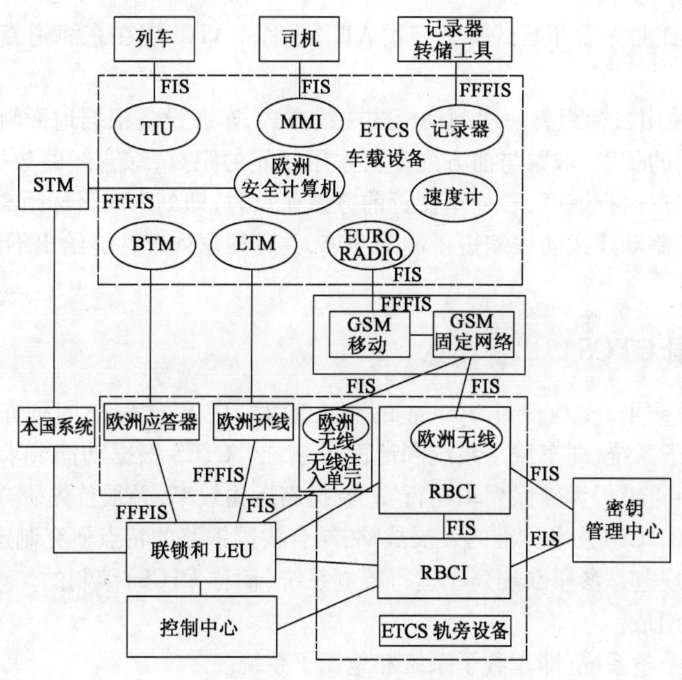

图3-70 ETCS系统结构框图

FIS(Function Interface Specification)为功能接口规范,保证接口逻辑互用;

FFFIS(Form-Fit Function Interface Specification)为形式适配功能接口规范,保证逻辑和物理的互用性。

(4)ERTMS/ETCS标准化设备

ERTMS/ETCS标准化设备包括:

①车载设备(EUROCAB)包括车载计算机(欧洲安全计算机EVC. European Vital Computer),人机接口(MMI-Man Machine Interface),里程计。

②标准化的地面设备包括欧洲应答器,欧洲环线,欧洲无线(即 GSM. R,不是 ETCS 规范的内容),无线闭塞中心(RBC)(只是从软硬件接口角度来说)。

(5)ERTMS/ETCS 系统的主要技术特点

①标准化。系统结构标准化、关键模块标准化(Eurobalise、Euroloop、Euroradio、MMI、EVC。

②兼顾现实与未来发展。

③模块化。便于系统升级。

④不同厂商设备在子系统模块级互换兼容。

3.6.2 日本 ATC

ATC(Automatic Train Control)即列车自动控制。日本于 1964 年开通了世界上第一条高速铁路——东海道新干线。日本新干线现有的 ATC 系统普遍采用超前阶梯式速度监控,它的制动方式是设备优先的模式,即列控车载设备根据轨道电路传送来的速度信息,对列车进行减速或缓解控制,使列车出口速度达到本区段的要求,它没有滞后控制所需的保护区段,在线路能力上较滞后控制有所提高。

1991 年,日本铁路方面开始试验数字式 ATC,也称 I-ATC,现在东海道新干线上已开通运用了一段。

数字式 ATC 采用目标距离一次制动模式曲线方式,车载设备根据地面轨道电路传送来的信息和各开通区间的长度,求取与前方列车所占用区间的距离,综合线路数据、制动性能和允许速度等计算出列车运行速度,若列车接近前方减速点时,即刻生成目标距离一次制动模式曲线。目标距离一次制动模式曲线缩短了制动距离,并可根据列车性能给出不同的模式曲线,提高了运输效率。

3.6.3 中国 CTCS

CTCS 是 Chinese Train Control System 的英文缩写,中文意为中国列车运行控制系统。CTCS 系统有两个子系统,即车载子系统和地面子系统。CTCS 根据功能要求和设配置划分应用等级分,分为 0 ~ 4 级。为确保列车运行安全、提高运输效率,必须首先研究制定中国列车运行控制系统(简称 CTCS)技术标准的发展战略,结合我国铁路的特点研究制定 CTCS 的技术规范。CTCS 的技术规范是参照欧洲列车运行控制系统(简称 ETCS)编制的。

1)CTCS 系统组成

CTCS 系统两个子系统,即车载子系统和地面子系统。

地面子系统可由以下部分组成:应答器、轨道电路、无线通信网络(GSM-R)、列车控制中心(TCT)/无线闭塞中心(RBC)。其中,GSM-R 不属于 CTCS 设备,但是重要组成部分。

应答器是一种能向车载子系统发送报文信息的传输设备,既可以传送固定信息,也可连接轨旁单元传送可变信息。

轨道电路具有轨道占用检查、沿轨道连续传送地车信息功能,应采用 UM 系列轨道电路或数字轨道电路。

无线通信网络(GSM-R)是用于车载子系统和列车控制中心进行双向信息传输的车地通信系统。

列车控制中心是基于安全计算机的控制系统,它根据地面子系统或来自外部地面系统的信息,如轨道占用信息、联锁状态等产生列车行车许可命令,并通过车地信息传输系统传输给车载子系统,保证列车控制中心管辖内列车的运行安全。

车载子系统可由以下部分组成:CTCS 车载设备、无线系统车载模块。

CTCS 车载设备是基于安全计算机的控制系统,通过与地面子系统交换信息来控制列车运行。

无线系统车载模块用于车载子系统和列车控制中心进行双向信息交换。

CTCS 系统结构见图 3-71。

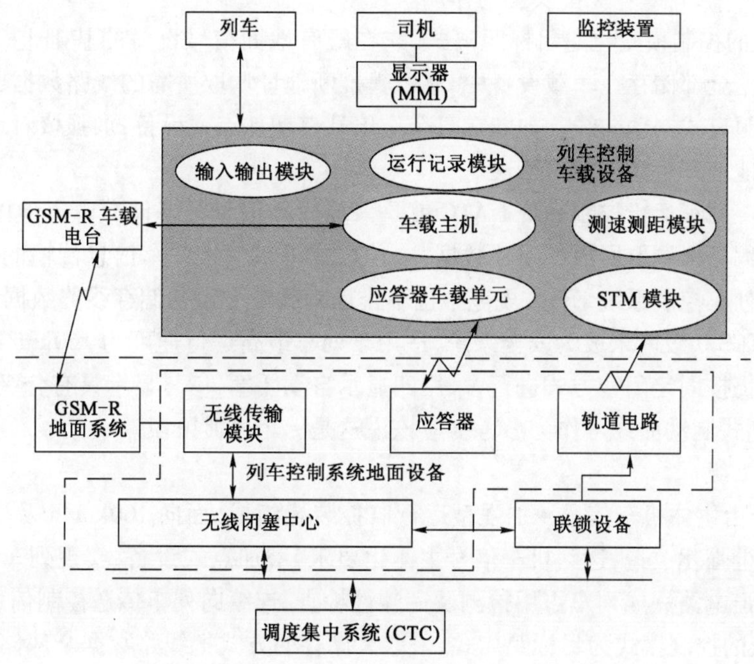

图 3-71 CTCS 系统结构示意图

2)CTCS 应用等级

CTCS 根据功能要求和设备配置划分应用等级分,分为 0 ~ 4 级。

CTCS 应用等级 0(以下简称 L_0):由通用机车信号 + 列车运行监控装置组成,为既有系统。

CTCS 应用等级 1(以下简称 L_1):由主体机车信号 + 安全型运行监控记录装置组成,点式信息作为连续信息的补充,可实现点连式超速防护功能。

CTCS 应用等级 2(以下简称 L_2):是基于轨道传输信息并采用车—地一体化系统设计的列车运行控制系统。可实现行车—联锁—列控一体化、区间—车站一体化、通信—信号一体化和机电一体化。

CTCS 应用等级 3(以下简称 L_3):是基于无线传输信息并采用轨道电路等方式检查列车占用的列车运行控制系统。点式设备主要传送定位信息。

CTCS 应用等级 4(以下简称 L_4):是完全基于无线传输信息的列车运行控制系统。地面可取消轨道电路,由 RBC 和车载验证系统共同完成列车定位和完整性检查,实现虚拟闭塞或移动闭塞。

同条线路上可以实现多种应用级别,L_2、L_3 和 L_4 可向下兼容。

(1)CTCS 0 级

为了规范的一致性,将目前干线铁路应用的地面信号设备和车载设备定义为 CTCS 0 级。CTCS 0 级由通用机车信号 + 列车运行监控装置组成,对这一定义,业内尚有不同的看法。CTCS 0 级到底是在等级内还是在等级外不够明确,目前的通用机车信号尚未能成为主体机车信号,列车运行监控装置尚未能被公认为安全系统,所以称列车运行控制系统还是不够格的,但目前确实在运用,并起着保证安全的作用。

CTCS 0 级的控制模式也是目标距离式,它在既有地面信号设备的基础上,采取大储存的方式把线路数据全部储存在车载设备中,靠逻辑推断地址调取所需的线路数据,结合列车性能计算给出目标距离式制动曲线。如能在每个进出站口增加点式设备,加强核对地址,就能大大减少逻辑推断地址产生错误的可能性。

日本的数字列车运行控制系统 I-ATC 就是采取车载信号设备储存电子地图,通过每一轨道区段的地址编码来调取所需的线路数据,这种方式可以使地—车信息传输的信息的需求量减少。在欧洲列车控制系统 ETCS 规范中也不排斥车载信号设备储存线路数据的方式。

正因为 CTCS 0 级尚未成为安全系统,适用于列车最高运行速度为 160km/h 及以下,一般自动闭塞设计仍按固定闭塞方式进行,采用四显示自动闭塞,信号显示具有分级速度控制的概念,其目标距离式制动曲线可作为参考。应该说这是一个过渡阶段。

(2)CTCS 1 级

CTCS 1 级由主体机车信号 + 加强型运行监控装置组成,面向 160km/h 及以下的区段,在既有设备基础上强化改造,达到机车信号主体化要求,增加点式设备,实现列车运行安全监控功能。利用轨道电路完成列车占用检测及完整性检查,连续向列车传送控制信息。

CTCS 1 级的控制模式为目标距离式,采取大储存的方式把线路数据全部储存在车载设备中,靠逻辑推断地址调取所需的线路数据,结合列车性能计算给出目标距离式制动曲线。在车站附近增加点式信息设备,传输定位信息,以减少逻辑推断地址产生错误的可能性。

CTCS 1 级与 CTCS 0 级的差别在于全面提高了系统的安全性,是对 CTCS 0 级的全面加强,可称为线路数据全部储存在车载设备上的列车运行控制系统。

(3)CTCS 2 级

CTCS 2 级是基于轨道电路和点式信息设备传输信息的列车运行控制系统,面向提速干线和高速新线,适用于各种限速区段,地面可不设通过信号机。是一种点—连式列车运行控制系统,功能比较齐全和适合国情。

轨道电路完成列车占用检测及完整性检查,连续向列车传送控制信息;点式信息设备传输定位信息、进路参数、线路参数、限速情况和停车信息。

CTCS 2 级采取目标距离控制模式(又称连续式一次速度控制)。目标距离控制模式根据目标距离、目标速度及列车本身的性能确定列车制动曲线,不设定每个闭塞分区速度等级,采用一次制动方式。

CTCS 2 级采取闭塞方式称为准移动闭塞方式,准移动闭塞的追踪目标点是前行列车所占用闭塞分区的始端,留有一定的安全距离,而后行列车从最高速开始一次制动曲线的计算点是根据目标距离、目标速度及列车本身的性能计算决定的。目标点相对固定,在同一闭塞分区内不依前行列车的走行而变化,而制动的起始点是随线路参数和列车本身性能不同而变化的。空间间隔的长度是不固定的,由于要与移动闭塞相区别,所以称为准移动闭塞。显然其追踪运行间隔要比固定闭塞小一些。

(4)CTCS 3 级

CTCS 3 级是基于无线通信(如 GSM-R)的列车运行控制系统,它可以叠加在既有干线信号系统上。

轨道电路完成列车占用检测及完整性检查,点式信息设备提供列车用于测距修正的定位基准信息。无线通信系统实现地—车间连续、双向的信息传输,行车许可由地面列控中心产生,通过无线通信系统传送到车上。

CTCS 3 级与 CTCS 2 级一样,采取目标距离控制模式(又称连续式一次速度控制)和准移动闭塞方式。由于其实现了地—车间连续、双向的信息传输,所以功能更丰富些,实时性更强些。

(5)CTCS 4 级

CTCS 4 级是完全基于无线通信(如 GSM-R)的列车运行控制系统。由地面无线闭塞中心(RBC)和车载设备完成列车占用检测及完整性检查,点式信息设备提供列车用于测距修正的定位基准信息。

CTCS 4 级采取目标距离控制模式,列车按移动闭塞或虚拟闭塞方式运行。

虚拟闭塞是准移动闭塞的一种特殊方式,它不设轨道占用检查设备,采取无线定位方式来实现列车定位和占用轨道的检查功能,闭塞分区是以计算机技术虚拟设定的。

移动闭塞的追踪目标点是前行列车的尾部,留有一定的安全距离,后行列车从最高速开始制动的计算点是根据目标距离、目标速度及列车本身的性能计算决定的。目标点是前行列车的尾部,与前行列车的走行和速度有关,是随时变化的,而制动的起始点是随线路参数和列车本身性能不同而变化的。空间间隔的长度是不固定的,所以称为移动闭塞。其追踪运行间隔要比准移动闭塞更小一些。

(6)等级对照

分析 CTCS 的应用等级划分,发现有以下两个特点:

①各应用等级均采用目标距离控制模式,采取连续一次制动方式。

这是由于我国的列控系统的应用起步晚,起点高,因此一步就瞄准了比较先进的控制模式。在我国阶梯式和曲线式分级速度控制都用过,取得了经验,好在并未形成规模,CTCS 推荐采用目标距离控制模式是适宜的,符合国际列控系统的发展趋势。由于列车控制系统的控制模式是其主要特征和性能之一,控制模式决定了闭塞方式和列车运行间隔,从而决定了运输能力,所以说除移动闭塞外,各应用等级的主要功能几乎是一样的。

②各应用等级是根据设备配置来划分的,其主要差别在于地对车信息传输的方式和线路数据的来源。

基于国情,多信息轨道电路(UM 系列 18 信息)比较成熟,已达到国产化程度,作为基础设备之一;欧标应答器通用性强,供货厂商多,也作为基础设备之一;轨道电缆和计轴器不准备推广;数字轨道电路国际上唯有日本用它实现了目标距离控制模式,国内研制尚未成熟,暂不于确定,数字轨道电路的生命力将取决于其国产化程度和进度;无线通信(如GSM-R)欧洲推广,能实现地—车间连续、双向的大信息量传输,有发展趋势,用于高等级列控系统。

线路数据储存于车载数据库,靠逻辑推算来提取相应数据的方式,用于较低等级列控系统;点式信息设备传输线路数据的方式,增加了线路数据的实时性,用于中等级列控系统,至于采用储存电子地图和点式信息设备提供闭塞区段地址码的方式将在技术发展中比选;无线通信连续、双向信息传输具有大信息量和实时性的优势,用于高等级列控系统。

各等级对照见表3-7。

各等级对照表 表3-7

应用等级	L_0	L_1	L_2	L_3	L_4
控制模式	目标距离	目标距离	目标距离	目标距离	目标距离
制动方式	一次连续	一次连续	一次连续	一次连续	一次连续
闭塞方式	固定闭塞或准移动闭塞	准移动闭塞	准移动闭塞	准移动闭塞	移动闭塞或虚拟闭塞
地对车信息传输	多信息轨道电路+点式设备	多信息轨道电路+点式设备	多信息轨道电路+点式设备;或数字轨道电路	无线通信双向信息传输	无线通信双向信息传输
轨道占用检查	轨道电路	轨道电路	轨道电路	轨道电路等	无线定位应答器校正
列车运行间隔	按固定闭塞运行大于L	设为对照值L	L	L	小于L
线路数据来源	大储存于车载数据库	大储存于车载数据库	应答器提供或数字轨道电路	无线通信提供	无线通信提供
对应ETCS级			ETCS 1级	ETCS 2级	ETCS 3级

第4章　城市轨道交通运行控制系统

列车运行控制系统是根据列车在铁路线路上运行的客观条件和实际情况，对列车运行速度及制动方式等状态进行监督、控制和调整的技术装备。该系统包括地面设备与车载两部分。地面设备产生列车控制所需要的全部基础数据，如列车的运行速度、间隔时分等；车载设备通过媒体将地面传来的信号进行信息处理，形成列车速度控制数据及列车制动模式，用来监督或控制列车安全运行。该系统改变了传统的信号控制方式，可以连续、实时地监督列车的运行速度，自动控制列车的制动系统，实现列车的超速防护。列车控制方式可以由人工驾驶，也可以由设备实行自动控制，使列车根据其本身性能条件自动调整追踪间隔，提高线路的通过能力。

城市轨道交通突飞猛进的发展，对列车运行控制提出了更高的要求。新一代铁路信号设备是由列车调度控制系统及列车运行控制系统两大部分组成的，从技术发展的趋势看是向着数字化、网络化、自动化与智能化的方向发展。它的作用是保证行车安全，提高运输效率，节省能源，改善员工劳动条件。

列车运行控制系统的内容是随着技术发展而提高的，从初级阶段的机车信号与自动停车装置发展到列车速度监督系统与列车自动操纵系统。

4.1　城市轨道交通运行控制系统发展

城市轨道交通运行控制系统最早是在传统的铁路列车运行控制系统上发展而来的，但城市轨道交通突飞猛进的发展，对城轨列车运行控制提出了不同于传统铁路的新的要求。与此同时，新型的技术方法和手段也不断地被运用到城轨列车的控制系统上。新一代城轨信号设备是由列车调度控制系统及列车运行控制系统两大部分组成的。从技术发展的趋势看是向着数字化、网络化、自动化与智能化的方向发展的。它的作用是保证行车安全，提高运输效率，节省能源，改善员工劳动条件。

列车运行控制系统的内容是随着技术发展而提高的，从初级阶段的机车信号与自动停车装置发展到列车速度监督系统与列车自动操纵系统。目前，城轨列车控制系统正在向一个集列车运行控制、行车调度指挥、信息管理和设备监测为一体的综合业务管理的自动化系统的方向发展。

4.1.1　国外的城市轨道交通运行控制系统发展概况

目前，世界上广泛应用的是基于轨道电路或者轨间交叉回线的自动闭塞式列车控制系统。这种基于轨道电路的列车控制（Track Circuit Based Train Control，简称 TBTC）系统的基本特征是用分段的轨道电路来构成固定的闭塞区间,它们是保证行车安全的基本点。由于这种系统的闭塞分区的长度是按最长列车、满负载、最大允许速度和最不利制动率等最不利条件设计的,所以它虽然能够保证运行安全,但是在运行控制效率方面就比较差。而且,列车速度的提高和行车间隔的缩短需要对列车实施更为精确的控制,满足这一要求的前提是车—地之间传输信息量的增大。为了进一步保证安全,提高运输效率和提供更多的运行实时信息,列车与地面控制设备和管理者之间必须有双向信息传送。但是轨道电路难以实现列车对地面的信息传送。此外,要想在这种传统方式下增加传输的信息量,只能通过提高信息传输的频率来实现,但是频率的提高又会使信号在轨道电路中的衰耗增大而导致传输距离缩短。同时,在传统方式下,信息传输是以距离固定的区间为基础的,假如要列车提速或增发列车,则整个运行图都必须作相应的调整。此外,这种方式需要在沿线安装大量的设备,维护工作量较大。

随着计算机技术(Computer)、通信技术(Communication)和控制技术(Control)的飞速发展,综合利用3C技术给列车控制系统带来很好的发展机遇,利用3C技术发展现代列车控制系统的核心是通信技术的应用。基于通信的列车控制(Communication Based Train Control,简称CBTC)系统的研究开发工作始于20世纪60年代。这是基于车载设备与地面设备间进行连续、高速度、大容量、可靠、安全的数据信息交换及通过各种技术手段实现列车自定位为基础的列车控制方式,这种列车控制方式能确保实现移动闭塞行车模式。目前已开发出的车—地双向通信方式有环线方式、漏缆方式、波导管方式、无线扩频电台方式等。CBTC是新一代智能列车自动控制系统,基于通信的移动闭塞列车控制系统是现代列车控制系统的发展方向,代表了目前国际最先进的水平。20世纪八九十年代,世界铁路界陆续出现很多CBTC现场试验项目,如法国的ASTREE系统、日本的CARAT系统等。目前,一些大城市开始对原有的地铁系统进行CBTC改造,具有代表性的项目是美国纽约地铁的信号系统改造,还有巴黎地铁13号线、美国旧金山海湾地区的捷运运输系统(BART)等,广州地铁4号、5号线也将采用无线扩频电台的CBTC系统。

4.1.2 国内的城市轨道交通运行控制系统发展概况

在我国,自动闭塞的发展将逐步淘汰旧制式,如极频、交流计数等,与此同时,通过实践证明来发展新型自动闭塞系统,并逐步在干线上实现制式的统一。车载设备按层次的不同进行不同配置。对于列车超速防护系统,机车信号显示器宜采用速度信号取代色灯信号;系统不因人为介入而安全失效;有良好的人机界面;司机凭车载信号行车(在地面保证条件下),设备不干预司机正常操作;由过去对列车的开环控制发展到闭环控制。机车信号主体化由车载及地面设备组成,它将是车站联锁及区间自动闭塞技术的延伸。

未来列车控制的发展是面向高速、安全、高效和一体化(区间和车站一体化、地面和车载一体化)。无论是基于轨道电路的列车运行控制系统(Track Circuit Based Train Control,简称TBTC),还是基于通信的列车运行控制系统(CBTC),都应保障列车高效安全地运行,而一体化、数字化、网络化、智能化等高新技术是系统的核心。

发展中的列车控制系统将成为一个集列车运行控制、行车调度指挥、信息管理和设备监测为一体的综合业务管理的自动化系统。

4.2 城市轨道交通列车运行控制系统组成与分类

4.2.1 城市轨道交通列车运行控制系统组成

随着城市轨道交通行车间隔的缩短，依靠人工控制车速的传统运行方式已经不能满足要求。于是，以列车速度自动控制为中心的列车运行控制系统应运而生。列车自动控制（Automatic Train Control，简称 ATC）系统早在 20 世纪 60 年代就已经开始被研制和试用，世界上第一条具有 ATC 系统的线路——维多利亚线，于 1968 年在英国伦敦投入运行。

城市轨道交通列车运行控制系统（Automatic Train Control，又称 ATC 系统）包括列车自动防护（Automatic Train Protection，简称 ATP）系统、列车自动运行（Automatic Train Operation，简称 ATO）系统和列车自动监控（Automatic Train Supervision，简称 ATS）系统三个子系统。ATP 子系统的主要功能是通过车载 ATP 系统和地面设备间的信息传输来实现列车的安全间隔控制、超速防护及车门控制，保证行车安全。显然，ATP 子系统是安全系统，其系统设计必须符合“故障—安全”原则。ATO 子系统主要完成站间自动运行、列车速度调节和进站定点停车，并能接受控制中心的运行调度命令，实现列车的运行自动调整。ATS 子系统的主要功能是监控列车运行状态，采用软件方法实现联网、通信及列车运行管理自动化。

ATP、ATO、ATS 三个子系统与地面相应配套系统结合，构成列车上的 ATC 闭环控制系统。系统控制如图 4-1 所示。

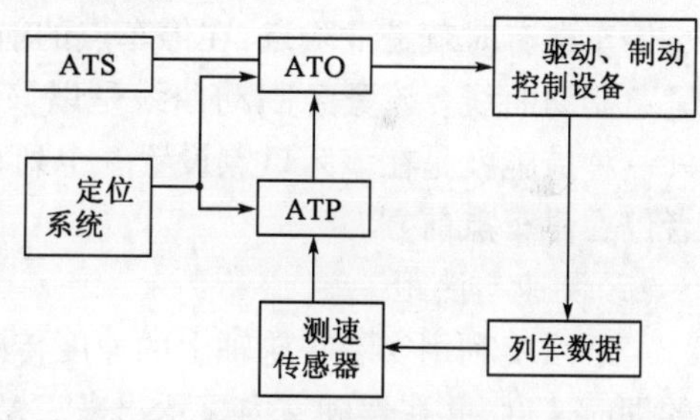

图 4-1　系统控制框图

随着地面信息传输技术（应答器、轨道电路和轨间环线电缆等）和列车信息接收技术的不断完善，出现了点式 ATC 系统、点连式 ATC 系统和连续式 ATC 系统。例如，法国的 TVM 系统、德国的 LZB 系统和日本的 ATS-P 系统等都是连续式自动列车运行控制系统。到了 20 世纪 90 年代，数字化 ATC 系统的面世使列车运行的安全性得到增强，效率得到提高，效益得到明显的改善。例如，上海地铁二号线、广州地铁一号线采用的自动列车运行控制系统都属于数字化 ATC 技术。

1）列车自动防护（ATP）子系统

目前，在我国城市轨道交通中以下三种超速防护系统已经得到采用：点式列车超速防护系统、采用轨间电缆的连续式列车超速防护系统（轨间敷设电缆）、采用数字轨道电路的连续式列车超速防护系统。

列车超速防护系统（ATP）应具有以下功能。

（1）速度监督和速度防护

列车最大允许运行速度——取决于列车位置、停车点、联锁条件等；

区间最大允许速度——取决于线路参数；

列车最大允许速度——取决于列车的物理特性；

临时性速度限制——取决于随机事件。

ATP 系统始终严密监视这 4 类速度限制不被超越。一旦超过，先提出警告，后启动紧急制动。

(2) ATP 检查车门控制条件

城市轨道交通的车门控制是重要的安全措施之一，必须对安全条件进行严格监督，从而防止列车在站外打开车门、列车在站内时打开非站台侧的车门以及车门打开时列车启动等情况发生。

(3) 紧急停车功能

在紧急情况下，按压设在站台上的紧急停车按钮(平时加铅封)，就可以通过轨道电路将停车信息传递给区间上的列车，启动紧急制动，使列车停止运行。

(4) 给出发车命令

ATP 检查有关安全条件(如车门是否关闭、司机操作手柄是否置于零位、ATO 系统是否处于 OK 状态等)。确认符合要求后，将给 ATO 系统一个信号。在人工驾驶时，司机在得到显示后即可进行人工发车；在自动驾驶模式下，ATO 系统得到 ATP 系统的发车确认信息后，即可操纵列车自动启动。

(5) 列车倒退控制

根据不同的用户协议，可以实现列车的倒退控制。例如，有的用户要求防止列车退行、列车退行超过一定距离或者退行过轨道电路分界点即启动紧急制动。

(6) 停车点防护

停车点有时就是危险点，在停车点的前方通常设置一段防护区段。ATP 系统通过计算得出紧急制动曲线。该紧急制动曲线是以该防护段的入口点为基础，保障列车不越过入口点。另外一种措施就是在该入口点设置一个列车滑行速度值，一旦需要，列车可以在此基础上加速或者停在停车点前方。

(7) 测速与测距

ATP 系统利用安装在轮轴上的速度传感器或者安装在车辆底部的雷达测速装置来测量列车的即时速度，并在驾驶室内显示出来。ATP 系统的列车定位可以以轨道电路为基础，或者以点式应答器为基础，而在轨道电路内或两个应答器之间的运行距离测算是以记录车轮转数以及预知的车轮直径来加以转换的。

城市轨道交通相比较远程铁路的一个显著特点就是列车间隔时间短，目前在各大城市修建的地铁和轻轨往往都提出 2min(甚至 90s)的列车运行间隔要求。在如此短的行车间隔条件下，作为确保指挥控制行车安全的信号系统，已经不能把地面信号显示作为控制行车速度的主要依据，必须有一个更加高度可靠的而且能够连续不断地实现速度显示和速度监督、速度防护的系统。ATP 系统在城市轨道交通领域中，担任着确保行车安全的重要职责，是 ATC 系统中最关键的一环。因此，对于 ATP 系统来说，安全性和可靠性应放在首位。

2) 列车自动运行(ATO)子系统

ATO 系统的主要功能是实现正常情况下高质量的自动驾驶。具体功能如下。

(1) 停车点的目标制动

车站停车点作为目标点，ATO 系统采用最合适的制动率使列车准确、平稳地停在规定的停车点。与列车定位系统相配合，可使停车位置的误差减小至 0.5m 以下。

(2)打开车门

列车车门可以自动或手动打开。由 ATP 系统监督开门条件,当 ATP 系统给出开门命令时,可以由司机手动打开正确一侧的车门,也可按事前设定的由 ATO 系统自动打开车门。

(3)列车从车站出发

由 ATO 系统装备的城市轨道交通的列车从车站出发应遵循以下顺序:

①列车停站时间等于或大于预置停车时间。司机根据启动出发命令关闭车门(通常自动或由 ATS 系统发出,该出发命令一般以信号灯方式给出——地面或机车的)。

②检查车门正确关闭并符合发车条件 ATO 系统给出启动显示。

③司机按启动按钮,ATO 系统使列车从制动停车状态转换为驱动状态。

(4)列车加速

当列车启动后开始加速。ATO 系统按事前规定的数据提供给机车驱动控制机构。列车驱动控制机构都装备了专用的控制软件,因此在 ATO 系统与机车驱动控制软件之间需有专门的接口。ATO 系统给出加速命令后,列车平稳加速到预定的速度,然后惰行。

(5)区间内临时停车

由 ATP 系统给出目标点位置(例如前方有车)及制动曲线,经 ATO 系统启动列车制动器,使列车停在目标点前方。此时,车门还是由 ATP 锁住的。一旦前方停车目标点取消,ATO 系统能使列车自动启动。

(6)限速区间

临时性限速区间的数据由车—地通信装置传输给车载 ATP 设备,再由车载 ATP 设备将减速命令 ATO 系统传达给机车驱动、制动设备。此时,ATO 车载设备的功能犹如 ATP 系统与机车驱动、制动设备的接口。对于长期的限速区间,数据可事前输入到 ATO 系统,在执行自动驾驶时,ATO 系统会自动执行限速。司机手动驾驶与 ATO 自动驾驶之间可在任何时候进行转换。手动驾驶时,由 ATP 系统负责安全速度监督;自动驾驶时,由 ATO 系统给出对驱动、控制设备的命令,ATP 系统仍然是负责速度监督。

(7)记录运行信息

ATO 系统的环形缓冲区可以存储一些用户认为最重要的运行信息,从而在发生非正常运行时,可以调用所记录的信息,进行必要的分析研究。

3)列车自动监控(ATS)子系统

(1)子系统技术方案

在干线铁路,列车运行自动监控又称为调度集中与调度监督;在城市轨道交通,列车运行自动监控是组成列车自动控制系统的一个子系统,简称为 ATS 子系统。这两者之间有共同点,更有不同之处。本书除了简单扼要地介绍列车自动运行监控的一般概念以外,重点介绍城市轨道交通的列车自动监控子系统。

①列车运行自动监控的任务与要求。

铁路网的不断扩展和纵横交错,越来越小的行车间隔以及不断提高的行车速度,要求在一个很大的区段和枢纽范围内实现列车运行集中监测、控制与调度。

列车运行集中监控的前提是完成下列数据传输:

a. 与列车运行有关的数据从列车所在地传至调度中心或监控中心(以下简称控制中心);

b. 来自控制中心的命令传至列车所在区域的控制层。

这种传输是要求经由较大的距离传输较大容量的数据(命令信息与表示信息),因此必须采用当前先进的数据传输技术才能达到目的。

在控制中心内给出了计划运行图(时间—路程曲线),以及根据所收到的表示信息而形成的实绩运行图。此实绩运行图取代了传统的书面材料(如车站行车日记)。仅当实绩运行图是自动、实时、准确且有车号表示作为补充时,才有可能实现大范围内有效的调度与遥控,所必要的数据则由现场设备采集并传至控制中心。

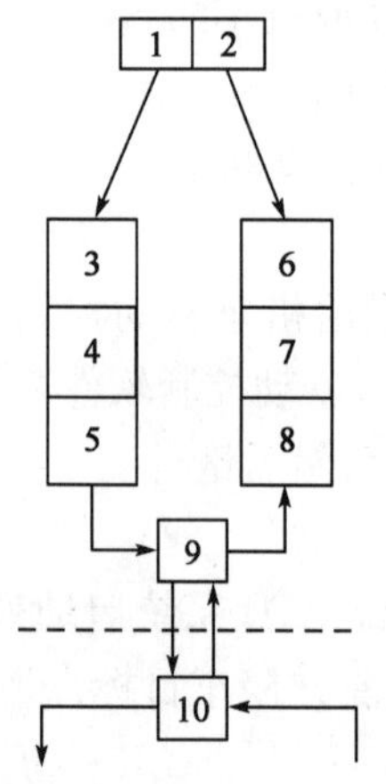

图 4-2　遥控设备的基本技术方案框图结构

1-操作终端;2-显示终端;3-命令储存器;4-安全编码单元;5-并—串变换;6-表示信自息储存器;7-解码;8-串—并变换;9、10-发送—接收转换

除了上述行车集中控制和集中监测外,在控制中心内还可扩展功能,例如实现列车运行自动调度与列车进路自动排列。其所必要的信息仍由现场设备采集。

②基本技术方案。

中央控制和监测的基本任务(命令信息码和表示信息码的形成与传输)是由遥控设备来完成的。其基本技术方案如图 4-2 所示。

遥控设备的技术基础是计算机与通信技术,其中:操作与显示设备完全基于微计算机技术;命令储存器是由控制中心给出的控制命令的中间储存器,表示信息储存器是来自受控车站的表示信息的中间储存器;并串变换是将信息从并行处理转换为串行处理,串并变换则反之;发送与接收转换是将命令信息与表示信息的信号电平进行必要的转换。

采用遥控技术的前提条件是已经采用了电气集中联锁、自动闭塞以及由列车控制的自动道口。如果需用遥控设备对列车运行实现监测,则其前提条件是已经采用了带车号的列车自动追踪和由计算机控制的列车运行图管理。

a. 遥控区域的组成。

干线铁路的运行区域按运输条件分为区段和枢纽,从而派生出区段遥控及枢纽遥控,前者称为线状交通的遥控,后者称为星状交通的遥控。另有一种所谓的点对点交通,技术上源于枢纽遥控,但信息量要少很多。

随着信息和通信技术的发展,已经出现了规模庞大的控制中心。这种控制中心集中监控若干个区段和枢纽,从而使行车效率得以进一步的提高。

b. 传输协议。

在确定安全编码方式及传输协议时,必须注意轨道交通遥控的以下特点:命令信息与表示信息的传输都是与安全有关的,因此必须采用第 2 章中所述的安全编码技术;由于轨道交通的自动化程度通常都比较高,因此往往只需传递较少的命令,但却要求传递较多的设备状态信息及运行过程状态信息,即信息传输的特点是传递单项命令及传递表示信息群;表示信息的种类约为命令信息种类的 2 倍;命令信息必须在操作后 1s 以内抵达受控点;运行冲突时给出报警;在计算机上通过人机对话,移动时间—路程曲线,实现对运行图的调整。

根据运行图对列车的运行进行预测,并将此预测数据传递给相邻控制中心及乘客向导。鉴于上述特点,命令信息和表示信息的传输协议应遵循下列原则:命令信息以单项命令激活方式传递;表示信息则以信息群的方式传递,对于小型枢纽或点对点交通控制而言,所表示信息都是周而复始地循环传递。对于区段控制和大型枢纽控制而言,表示信息群按下列方式传递:逐站逐项地循环调用表示信息;逐站调用,但仅传递状态发生变化的表示信息,即按激活方式传递。

c. 运营管理的高度集中

对于大区段和大枢纽而言,在不同的运营情况下对人员和设备的要求是不同的;在正常运营情况下,由于设备的高度自动化,值班人员的工作负荷是比较轻的;在列车晚点,区间调车等情况下,值班人员的人工干预明显增加,但一切工作仍处于设备的安全保证之下;列车在出现设备故障的条件下继续运行。此时,一方面控制中心的权限和能力受到很大的约束,另一方面控制中心的值班人员又必须通过备用手段而负起责任。此时,控制中心由于全部或部分丧失了安全保证功能,安全责任落到相关的值班人员身上,因此值班人员在工作强度和心理压力上都大大增强。鉴于这种情况,对遥控设备提出以下要求:对于大型控制中心而言,控制中心值班人员的部分工作可通过规定的手续转移给现场(车站)值班人员;当确定控制中心在一个值班人员的控制范围时,必须考虑到在出现技术故障时他是否还能总揽全局。

③列车运行跟踪。

列车运行跟踪设备的基础是列车定位,即依靠列车定位装置能实时地确定:列车 X 在时间 T 时位于 L 处。按不同的列车定位装置(见第2章),上述 L 可以是某个车站或某段区间或某个地点。

为了确定上述的 X,必须对管辖范围内的列车赋予车次号,在输入列车车次号后对之进行跟踪。列车车次号的输入方法有以下几种:

a. 在列车进入系统性所管辖区段或枢纽的起点(通常是第一个车站的进站处)时自动输入列车车次号。

b. 由系统的时刻表管理功能自动提出列车车次号。这种方法较多地被用在城市轨道交通的 ATS 子系统中,列车车次号与行车时刻密不可分。通常,这种方法作为前一种方法的备用方法,当两者不一致时,用上述方法得到的列车车次号优先于由时刻表给出的列车车次号。

c. 由调度员人工输入,当列车已经在所管辖的区段或枢纽内运行,但没有检测到该车的车次号。这时就要靠人工输入车次号。调度人员应能够将一个列车车次号赋予能被系统显示的任何一个轨道区段。当然,每个可显示区段只能被赋予一个车次号。

列车一旦被赋予车次号后,以后则通过定位装置不断地自动接入,在控制中心的显示屏及显示终端上就能显示出列车(以车号代表)当前的所在位置。

④计算机辅助列车运行调度。

在控制中心内,借助于计算机技术,对从现场实时获取的数据进行处理,并将它们与运行图数据联系起来,就可构成一系列的调度手段,如:

a. 自动制订出当天的列车运行图;

b. 根据列车运行跟踪装置所提供的数据,经数据处理后生成列车的实绩运行图;

c. 将计划运行图与实绩运行图进行比较,自动识别并显示计划运行图与实绩运行图存在的较大偏差之处;

d. 记录所有的运行事件,并可按需进行转发。

⑤列车进路自动排列。

列车进路自动排列是指在控制范围内全自动调整列车进路并保证进路安全，从而使列车在正常情况下自动和有序地运行。

按进路的选择方式，列车进路自动排列分为两类：按程序控制及由列车启动进路选择。

a. 按程序控制（图 4-3）。在进路寄存器内按一定的顺序（此顺序来自运行图）储存了所有的进路，当一列车接近车站时，通过控制脉冲启动进路储存器内时序上的第一条进路，并给出控制命令。

采用按程序控制方式的前提是列车运行图具有较高的可靠性，通常用在具有固定列车运行图的城市轨道交通中。

b. 由列车启动进路选择（图 4-4）。当一列车接近车站时，系统能自动获得该列车的接近表示以及用于识别该车的信息（如车次号）。在列车进路表储存器内储存有对应于每一列车的进路，利用列车的接近信息和列车的识别信息就可在列车进路表储存器内取出相应的进路，并形成控制命令。

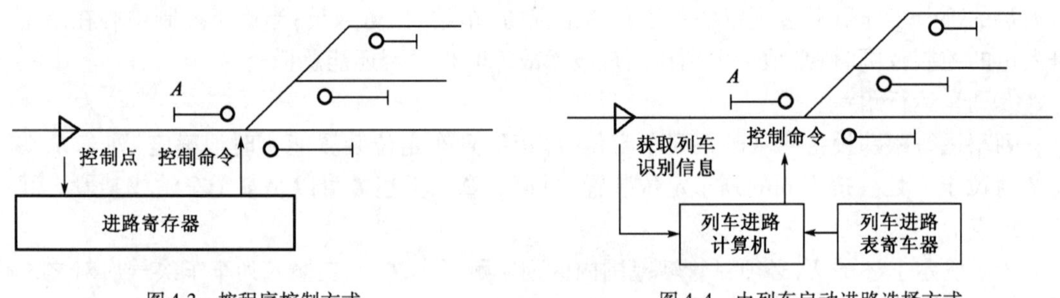

图 4-3　按程序控制方式　　图 4-4　由列车启动进路选择方式

这种方式与按程序控制方式的主要区别在于自动选择进路不是面向某个地点，而是面向列车。具体说，在图 4-3 所示的方案中，进路储存器内储存了与 4 架信号机有关的全部进路；而在图 4-4 所示的情况下，列车进路储存器中储存了驶过该咽喉区的所有列车的所有进路，进路选择依赖于列车，而与顺序无关。

（2）子系统主要功能

ATS 子系统的主要功能有 6 项，分别为：集中控制功能、集中显示功能、列车运行时刻表管理功能、运行数据记录与统计功能、仿真功能和监测与报警功能。

①集中控制功能。

a. 通常，在 ATS 子系统中设置中央及车站两级控制权限。在正常运营时，运行控制权属于中央控制中心。在必要时（例如，控制中心设备故障），经过权限传授转移，可将控制权转移至一个或多个联锁车站控制权转移后，车站控制设备临时代替中央控制中心，负责全线的运营调度。

b. 通过调整列车停站时间实现对列车运行的调整。在装备有 ATO 子系统的线路上，通过对列车运行速度等级的设置实现对列车运行的自动调整。

c. 自动排列列车进路，即自动控制道岔转换，开放信号，并实现安全联锁。

d. 在必要时（例如，为了尽快恢复被偏离的运行图），控制中心的调度人员可按需要设置列车跳停，即命令列车在某个站或某几个站不停车。

②集中显示功能。

a. 在控制中心内，通过大型显示屏（目前用得较多的是背投式，等离子显示屏正在逐步推广)与/或在值班员的显示终端上,以图形的方式集中复示现场设备的状态。

b. 在控制中心内,通过大型显示屏与/或在值班员的显示终端上,以图形方式集中显示出列车的位置及其运行状态。

c. 所有运行列车的显示都带有相应的车次号与/或列车的其他编号。

d. 在整个子系统内所有显示终端和显示屏所用的图形和符号都应一致,并符合规范。

e. 在控制中心调度员的显示终端上可选择显示文本信息。

③列车运行时刻表管理功能

a. 计划时刻表与实际时刻表的比较。在 ATS 子系统中,随时对时刻表的状态进行比较。利用车次号和列车位置可以对列车的计划位置和实际位置进行比较。在发生偏离(早点或晚点)时,系统一方面通过适当的显示通知调度员,另一方面自动产生相应的纠正措施。

b. 时刻表的安装与修改。

时刻表的安装。时刻表的安装过程得到相应计算机语言的支持,开始安装前,所有有关数据都应由时刻表的管理人员设定并形成文件。通常,下列数据是必不可少的:车站名及其顺序;站间运行时间;正常停站时间;运行起点站的站名;运行终点站的站名;每趟列车在起点站的发车时间,列车间隔时间以及到达终点站的时间。

时刻表的安装通常是在控制中心的计算机上进行。在系统开通使用前,或者在系统扩展和修改后,鉴于上述基础数据的变化,必须重新进行运行图的安装。

由于每条线路的运行情况不同,即使在同一条线路上,由于每天的客运量不同(尤其是在节假日与工作日之间),每天的不同时段客运量的不同,因此,在 ATS 子系统内必须具有多套可供不同情况使用的运行图。

时刻表修改。时刻表修改有离线修改和在线修改两种,离线修改后的时刻表可由控制中心的调度人员激活。在线修改通常是进行加车,减车或偏移等修改,较详细的内容可见下一节。

c. 时刻表的打印。

已储存的计划时刻表及实际时刻表,在一定的时间内(如 2h 内)均可被打印。

④运行数据记录与统计功能

a. ATS 能记录大量与运行有关的数据,如列车运行里程数、实际列车运行图、列车运行与计划时间的偏差、重大运行事件、操作命令及其执行结果、设备的状态信息,设备的故障信息等。

b. 除了记录功能以外,ATS 子系统还可以将所记录的事件按用户需要进行回放。通常,回放事件的最小时间步长为 1s。由于控制中心所记录的信息,无论是其数量还是复杂性,都远大于车站和车载的记录信息,因此,控制中心的信息记录回放时间应当远大于车站和车载的信息记录回放时间。例如,前者为 192h(8d),后者为 24h(1d)。

c. ATS 子系统所记录的事件都应该有备份,以备不时之需。

d. ATS 子系统可按用户的要求提供各种统计功能,以完成各种统计报表(如日报表、周报表、月报表等)。

e. 在用户需要实时查询和访问所记录的信息时,ATS 子系统能提供不对列车运行产生不良影响的保证。

⑤仿真功能。

系统仿真是通过仿真手段,离线模拟列车的在线运行。它与在线控制模式几乎完全相同,唯一的差别是列车定位信息不是实际获取,而是随车次号的设置而出现。

仿真功能主要是用于系统的调试、演示以及人员培训,是一种必不可少的运行模式。

仿真模拟运行能够模拟在线控制中的所有功能,但它与现场之间没有任何表示信息和控制命令的信息交换。

⑥监测与报警动能。

a. ATS 子系统能及时记录被监测对象的状态,除了状态显示功能外,还有一定的预警、诊断和故障定位功能。

b. ATS 子系统必须对列车是否处于 ATP 子系统的保护之下进行监测。

c. 监测和报警应是实时及在线进行的。监测信息和报警信息应按要求通过传输通道汇总传输。

d. 所有监测过程都不能影响被监测设备的正常工作。

4.2.2 城市轨道交通列车运行控制系统分类

城市轨道交通列车运行控制系统,按照控车的信息采集方式分类,可以分为点式和连续式两种。

1)点式自动列车运行控制系统

点式自动列车运行控制系统在欧洲的干线铁路及城市轨道交通中应用十分广泛。其主要优点是采用无源、高信息容量的地面应答器,结构简单,安装灵活,可靠性高。

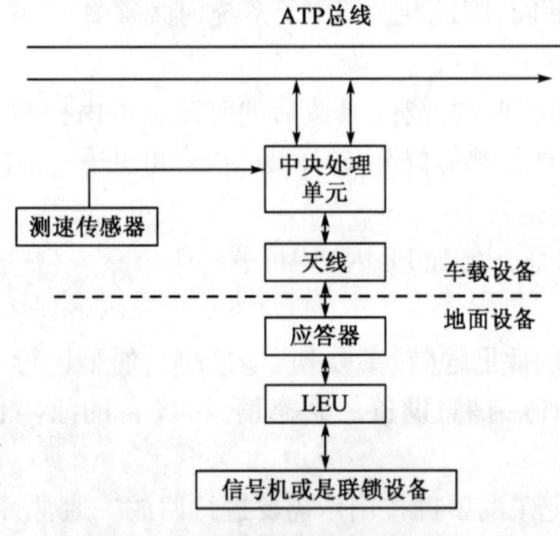

图 4-5　点式自动开列车运行控制系统

点式自动列车运行控制系统(图 4-5)因为其主要功能是实现列车超速防护,所以又称为点式超速方式系统。它是一种点式传递信息,用车载机栓剂进行信息处理,组合达到列车超速防护目的的系统。它主要由三部分组成:地面应答器、道旁电子单元 LEU(信号接口)以及车载设备。

(1)地面应答器

内部按协议以数码形式存放实现列车速度及其他行车功能所必需的数据。置于信号机旁边的地面应答器,用以向列车传递信号显示信息,因此需要通过接口与信号机相连。当列车驶过地面应答器且车载应答器与地面应答器对准的时候,车载应答器首先以一定的频率通过电磁感应方式将能量传递给地面应答器。地面应答器的内部电路在接受到来自车上的能量后开始工作,将所存储的数据以某种方式通过电磁感应传送到车上,从而实现对列车的控制。

(2)道旁电子单元 LEU

道旁电子单元是各信号机之间的电子接口设备,其任务是将不同的信号显示转换为约定的数码形式。LED 是一块电子印刷版,可根据不同类型的输入电流输出不同的数码。

(3)车载设备

车载设备功能大体如下:

车载应答器:完成车地的耦合联系,将能量送至地面应答器,接收地面应答器所存储的数据并传送至中央处理单元。

测速传感器:根据每分钟车轮的转数与车轮直径在中央处理单元内换算成列车目前的速度。

中央处理单元:其核心是安全性计算机,负责对所接收到的数据进行加工处理,形成列车当前允许的最大速度。将此最大允许速度值与列车现有速度值进行比较,以决定是否给出制动信息。

驾驶台显示、操作与记录装置:通过接口可将中央处理单元内的列车现有速度以及列车最大允许速度显示出来。

2)连续式自动列车运行控制系统

连续式自动列车运行控制系统适应高速干线与高行车密度的轨道交通,见图4-6。根据传输媒介可分为有线与无线两大类。本章节主要介绍有线部分,无线部分将在后面作全面介绍。轨间电缆自动列车运行控制系统主要由三部分组成:地面控制中心、轨间传输电缆以及车载设备。在地面控制中心内,按照地理坐标存储了各种地面信息(线路坡度、有限半径、道岔位置、缓行区段的位置与长度等)。此外,经过连锁机制,将沿线的信号显示、道岔位置、列车的有关信息不断地经由轨间电缆传至地面控制中心。地面控制中心计算出在它管辖的区段上每一列车当前的最大允许速度,再经由轨间电缆传至相应列车,实现速度控制。列车从控制中心获得最大允许速度值之后在速度表上显示出来,并根据此值对列车速度进行监控。若列车实际速度高过此允许速度,则先报警后下闸(常用制动)。如果设备条件许可,则在列车实际速度低于最大允许速度时缓解制动机,从而避免列车停车重新启动。

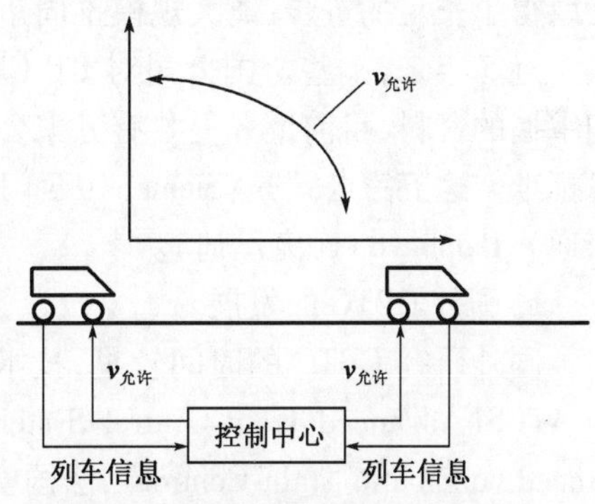

图4-6 连续式自动列车运行控制系统

采用轨间电缆超速防护系统的室内室外设备联系用两级控制方式来实现,即控制中心与若干沿线设置的中继器相连,一个中继器最多可以连接128轨间电缆环路,在控制中心与敷设在轨间的电缆之间的信息交换将在中继器内进行中间变化(频率变换、电平变化、功率放大等)。在这类防护系统中,轨间电缆是车—地之间的唯一信息通道。

4.3 基于通信的轨道交通运行控制

4.3.1 CBTC 系统发展情况

近20年来,国际上普遍采用"基于数字轨道电路的准移动闭塞"作为ATC的主要制式。由于这种制式具有较高的可靠性,合理的性价比,已经具有充分的运行经验,其列车运行间隔(100~150s)已能满足绝大多数轨道交通运营部门的要求,因此这类系统至今仍是轨道交通建设的首选制式。

然而,随着轨道交通的发展,这类制式的弊病也已日益突显。

弊病之一:由于目前世界上各种准移动闭塞的信息传输频率,通信协议等均不一致,导致在一个城市或一个地区的轨道交通网中各条线路的列车不能实现联通联运。

弊病之二:大多数基于数字轨道电路的准移动闭塞,为了实现调谐和电平调整,不得不在钢轨旁侧设置“轨旁设备”,而这对于轨道交通的日常维护工作是非常不利的。

弊病之三:由于以钢轨作为信息传输通道,因此传输频率受到很大的限制,导致车—地之间通信的信息量较低。此外,其传输性能受钢轨中的牵引回流,钢轨之间的道床漏泄以及钢轨下面的防迷流网的影响很大,从而导致传输性能不够稳定。

弊病之四:“准移动闭塞”距真正意义上的“移动闭塞”还有差距,因此列车运行间隔的进一步缩短和列车运行速度的提高都将受到限制。

基于通信的列车控制系统(CBTC)具有两种制式:采用轨间电缆作为传输通道的 CBTC(称为 IL CBTC)及采用无线数据传输通信的 CBTC(称为 RF CBTC)。鉴于 IL CBTC 的电缆易于被盗,且不利于线路养护,故下面的讨论仅针对 RF CBTC(以下简称 CBTC)。

目前国际上的一些生产 ATC 系统的大公司正把目光瞄准“基于无线的移动闭塞”(RF CBTC)。经过近十年的努力,无论是在可靠性、安全性方面,还是在兼容性、抗干扰性方面,都已取得了长足的进步,离大规模推向市场仅一步之遥。

近 5 年来,一些跨国公司对 RF CBTC 投入了大量资金,并已取得了局部的成功。根据我们掌握的资料,目前世界上共有五家公司正式推出 RF CBTC 系统,并已共同制订了有关的技术标准。这五家公司是:Siemens(西门子),GE(通用电气),Alcatel(阿尔卡特),Alstom(阿尔斯通),Bambaydier(庞巴迪)。

1)国外 CBTC 的发展

国外研究 CBTC 的时间较早,技术发展也比较快,目前有几个典型的实验和研制系统:北美 ATCS(Advanced Train Control System),旧金山海湾铁路(BART)的 WAATC(Wireless Advanced Automatic Train Control),法国实时追踪自动化系统(ASTREE),德国的无线列车控制系统(FZB),日本的计算机和无线通信列车控制系统 CARAT(Computer and Radio Aided Control System)等。

(1)北美 ATCS

1982 年,美国铁道协会 AAR 和加拿大铁道协会 RAC 共同提出了“先进列车控制系统 ATCS”。ATCS 的主要思路是在获取精确的列车位置、速度信息的前提下,通过先进的微处理器和数据通信手段,实现对列车的闭环控制。ATCS 集控制、运行管理于一体。

ATCS 在 1985 ~ 1995 年间进行了多个极短试验区段的试验和测试。结果表明 ATCS 对于行车密度较小地区,技术上是可行的,各项性能达到了设计目标,但由于某些内部因素的考虑,这些试验工程已被取消。但 ATCS 系统结构设计以及功能模块划分,为今后 CBTC 的发展提供了参考。

(2)旧金山海湾铁路 WAATC

由休斯公司参与的旧金山海湾铁路 BART(Bay Area Rapid Transit)的先进的无线列车自动控制 WAATC(Wireless Advanced Automatic Train Control)运用军事技术叠加在现有的列车控制系统上。这种无线设备既可作车—地之间的无线数据通信,又可作列车定位。该系统按照高水平故障容错技术设计,设计标准是其服务中断每 3 年不超过一次。WAATC 采用了强化定位和报告系统,该系统是为军事应用而开发的。列车的位置是通过测定列车车头、尾所装载的无线设备与地面设置的无线机之间的无线频率的传播时间来确定的。

WAATC 系统设备把所有控制信息都放到车站中。车站计算机下载所有的轨道拓扑和轨道速度信息(线路图)。计算机负责检测列车制动距离、安全速度码和传送到列车的加速命令。车载设备仅仅接收来自车站的命令,并使列车按命令运行。

车载无线扩频设备被安装在列车的头部和尾部,它提供冗余通信,并且前方和后方扩频设备都可以独立定位。每个车站有两个无线接收装置,它们分别被置于车站的两端。无线接收装置也可以沿轨旁安装,从而保证任一列车无论处于沿线的什么位置,车上的前后两个无线接收设备都至少处于轨旁两个无线装置的射频信号范围内。利用轨旁定位,使得每个轨旁无线接收装置至少能与上行和下行列车中的两个无线电台进行通信,这将给跟踪列车和控制列车提供多重机会。

来自车站的控制信息通过轨旁无线电台传递给车载无线接收装置,车上无线接收设备收到控制信息,通过解调得到车上无线通信接收设备与轨旁无线通信发射设备之间的距离。车上无线通信设备再发出数据信息,信息中包括列车状态及测得的距离。轨旁无线电台接收来自车载无线电台的数据信息,这些数据信息也作为解调的一部分,同时测量轨旁无线电台与车载无线发射装置的距离。车载状况以及距离信息也通过轨旁无线电台传递给车站。在这个过程中,列车采用安全速度编码。在这种列车定位方式中,列车和轨旁无线电台协同完成了距离的测定。该方法的前提是列车和轨旁的通信装置能正常通信。

为了实现可靠的列车跟踪和定位,在线路右侧装置无线电台,它们与安装在列车上的无线电台进行接近连续的通信。每辆列车的相对位置是通过测定车载电台和轨旁电台的射频传播时间来实现的。在获得列车位置参数前必须在轨旁信标旁边移动过,系统可以在所有的车载无线电台与车站无线电台通信后马上得知列车的位置。在系统从关闭状态恢复时,这种性能尤其重要。一旦列车在线,在列车上不用进行任何的人工操作,就可以实现定位和安全跟踪。

(3)法国实时追踪自动化系统(ASTREE)

法国国营铁路公司(SNCF)实施的追踪自动化系统(ASTREE)的研究工作,旨在提高列车通过能力,提供统一的安全级别,降低运行费用。ASTREE 通过车载多普勒雷达和查询/应答器实现列车定位和速度的测定,其系统概念与 ATCS 类似。ASTREE 系统包括以下关键部分:列车位置、速度的连续检测,列车和控制中心的双向通信,分布式数据库,存储线路上每列运行列车的位置、速度、加速度、长度、重力牵引能力、制动性能、到达站、始发站、列车运行图等信息,基于计算机的列车控制系统。ASTREE 的车载设备包括:多普勒雷达、查询器、里程计、列车完整性检查装置、无线收发装置、车载计算机。地面设备包括:道岔监控装置、无线收发站、应答器、列车组成读取装置。

1987~1994 年,ASTREE 进行了多个区段性试验,测试了 ASTREE 的一些主要功能,如列车描述、优化列车调度、列车操作指令发布、列车超速防护、对正面冲突、追尾及侧面冲突的防护等,并试验了当一个控制中心失效或发生故障时,系统的重构过程。

(4)德国的无线列车控制系统(FZB)

德国铁路早在 20 世纪 60 年代就开始研究用于最高行车速度 200km/h 的连续式列车运行控制系统 LZB。通过铺设轨间感应电缆传递车—地信息,信息量大,抗干扰能力强,适用于混运型区间,但由于需要全程铺设轨间电缆、造价高且易受工务作业干扰。

1993 年,西门子公司推出无线列车控制系统 FZB,连续式列车控制系统 FZB 主要由地面列控中心、车—地双向信息传输系统和车载列控设备三部分组成。FZB 通过 Euro-balise 实现列车定位,利用现有移动通信系统 GSM(Global System Mobile)实现车—地双向信息传递 ,取代了 LZB 的轨间电缆。1995 年,西门子公司开始在柏林—莱比锡全长约 150km 的区段安装调试。该实验段仍然通过轨道电路反映区段占用情况,微机联锁设备(ESTW)根据进路状况、值班员命令等形成行车命令,传递给 FZB 设备,由 FZB 形成数据码发送至无线基站,由无线基站转发给机车。这些数据包括各种线路限速、临时限速、目标速度、目标距离、线路参数等。列车收到信息后,车载计算机计算出当前的最大允许速度,在驾驶台上显示出来,并对列车运行速度进行监控。同时,对列车重新定位,如果列车位置与收到的电码一致,则予以确认,否则进行修改。回执信息以不同频率,从机车向 GSM 传递。回执信息包括列车位置确认及其他列出参数。地面控制中心收到应答信息后,重新确定整个控制区段上所有运行列车的精确位置,给出新的命令信息,如此反复,每秒钟完成 14 次循环。

西门子开发的 FZB 系统主要特点是利用铁路沿线已有的无线移动通信网,建立车—地信息通道。FZB 保留了 LZB 系统的优点,由于传输频率更高,传输的信息量更大,同时又克服了 LZB 必须使用轨间电缆的缺点,是一种很有前景的列车控制系统。

(5)日本计算机和无线通信辅助列车运行控制系统(CARAT)

日本铁道技术研究所于 1987 年开始综合应用新型的计算机和无线通信技术辅助列车运行控制系统(CARAT)。CARAT 包括地面系统和车载系统两部分。地面系统分为地面监控系统和无线传输系统。地面监控系统由沿线设置的监控传感器或监控应答器构成,其任务是连续追踪和检测列车运行的位置和距离。无线传输的任务是列车传送列车运行位置和容许列车运行区间的信息。车载包括列车安全控制计算机系统、无线传输系统和收发系统。

(6)巴黎公共运输局(RATP)的地铁 13 号线

经过公开招标,RATP(Régie Autonome des Transports Parisiens)选择了 Alcatel 阿尔卡特的 6530Seltrac S30 作为地铁 13 号线的解决方案。该技术将使列车的运行间隔从现有的 105s 缩至 90s。它采用无线数据通信,通过虚拟闭塞方式来提高线路通过能力。系统可实现列车自动运行(ATO)和列车自动防护(ATP)功能。此外,设计上的模块化使系统可实现线路的混合模式运行,并预留了向无人驾驶模式发展的空间。阿尔卡特的系统可以叠加在现有的系统之上,因此可以顺利完成系统的升级改造。地铁 13 号线将于 2005 年完成现场测试。

(7)纽约地铁 NYCT 的 Canarsie

在 Canarsie 项目一期中,NYCT(New York City Transit)要求 Siemens、Alcatel 和 Alstom 在一个信号改造区段示范其 CBTC 技术。经过示范,NYCT 认为 CBTC 是最适合改造其信号系统并实现互联互通的方案,并选择了 Siemens 作为项目的主要负责,Alcatel 和 Alstom 作为辅助。在项目二期,CBTC 将被安装并作为 NYCT 的 CBTC 技术的标准。Siemens 必须提供详细的互联互通的接口规范以便 Alcatel,Alstom 能按照规范生产兼容产品并进行示范试验。

2)国内 CBTC 的发展

1994 ~ 1998 年,我国与瑞典 Dalarna 大学、Adtranz 公司及瑞典国家铁路合作进行 CBTC-MAS 的可行性研究,在系统技术条件的制订、理论研究、计算机仿真等方面取得了一定成果。

“无线列控系统发展动向调查报告”对国外 CBTC 技术的发展动向进行追踪,对国外的发展动向进行追踪,对各系统的安全性各系统的无线方式列控方式进行比较与研究,概括了国外几个典型 CBTC 系统的可行性、安全性和关键技术难点。

1999 年,北京交通大学提交了“无线数据传输在铁路安全中的应用研究”的报告。该报告分析了无线数据传输的安全性、有效性，对基于 GSM-R 数据传输，无线列控安全性进行了研究。

20 世纪八九十年代，国内学者对 CBTC – MAS 条件下的系统结构、行车控制方法、线路通过能力及列车运行组织方式、通过能力仿真等问题、进行了广泛、深入的研究。

2002 年设立无线机车信号基金项目，资助完成青藏线无线机车信号的研究及两套样机的生产，其中每套样机包括一台地面设备和两台车载设备，并完成在青藏线清水河无线机车信号在现场的性能试验。

我 2004 年 9 月，武汉轨道交通一号线一期工程正式开通，进入全天候运行阶段，遂成为我国第一个采用阿尔卡特 CBTC（基于无线通信的列车运行控制系统）技术的范例。阿尔卡特为此项目提供了其国际领先的 SelTrac S40 CBTC 解决方案，并在 26 个月的时间内如期完成了项目的实施。在 SelTrac S40 系统的移动闭塞系统，即间隔时间优化系统的控制下，武汉轨道交通 1 号线能够根据列车的最高运行速度、制动曲线和列车在轨道上的位置，进行动态计算，算出前后列车之间的安全间隔，从而保证列车安全高效地运行。由于位置报告系统具有很高的精确度，后行列车能够最大限度地安全接近前行列车，同时保持着安全的制动距离（安全制动距离是根据最后一次验证的前行列车的车尾位置得到的）。2003 年，广州地铁也选择了阿尔卡特的 CBTC 列控系统，配备其正在建设中的地铁 3 号线项目。该系统可使列车行驶速度高达 120km/h，并大大缩短行车间隔，从而大幅度提高运营效率。该线将在 2006 年投入运营。

2002 年香港斥资 1.2 亿欧元开始建造 PBL（Penny's Bays Line），PBL 会成为香港第一个完全自动控制的地铁线路，3.2km 的线路连接两个车站，并且运用基于 IEEE 802.11 无线扩频技术控制两辆四车厢的列车。预计线路将于 2005 年开通。

基于无线通信的列车控制系统（CBTC）这一思想的萌芽出现在 20 世纪 60 年代。20 世纪 80 年代初国外开始系统地展开研究并进行阶段性测试，90 年代开始进入试验段测试阶段。1999 年 9 月，IEEE 将 CBTC 定义为：利用高精度的列车定位（不依赖于轨道电路），双向连续、大容量的车—地数据通信，车载、地面的安全功能处理器实现的一种连续自动列车控制系统。定义中指出 CBTC 中的通信必须是连续的，这样才能实现连续自动列车控制，利用轨间电缆、漏泄电缆和空间无线都可以实现车、地双向信息的连续传输。

借助先进的列车定位技术、安全处理器技术和无线通信技术，使得 CBTC 与传统基于轨道电路的列车控制系统相比，具有以下优点：

（1）通过整个系统提供可靠的检查与平衡手段，通过车—地双向信息传输，实现对列车的闭环控制，从而大大降低人为错误的影响，使系统的可靠性更高。

（2）各级调度都可以随时了解区段内任意运行列车的位置、速度、机车工况及其他参数。利用上述信息，各级调度可以规范、协调地直接指挥行车。

（3）车站控制中心依据列车状态及前车状态，结合智能技术调整列车运行，获得最佳的区间通过能力，减少列车在区段内运行时不需要的加速、制动，节省燃料，增加旅客乘坐舒适度。

（4）区段内所有运行列车的各种参数（如列车号、机车号、位置、速度、工况、始发站、终点站、车辆数、载质量等）自动地发送给各种管理系统，如 TMIS、DMIS，不需要人工键入，从而可以避免对参数的漏键、错键、迟键和其他人为错误，将运输控制与管理紧密结合，实现铁路信息化。

（5）减少沿线设备，设备主要集中于车站和机车上，减轻设备维护和管理的劳动强度，受环境影响小(如可减少雷击等现象的干扰和损伤),在遭受自然灾害或战争破坏后,易恢复运行。

(6)可以实现移动闭塞。

CBTC 中相关技术和规范包括:列车位置和速度检测、双向数据传输、列车完整性检测、断轨检测等。

随着 CBTC 系统的优越性被各方认可,世界一些发达国家普遍重视 CBTC 系统的研制和开发。除了基于通信的思想是一致的以外,这些系统的性能、结构及所采用的测速定位、无线通信方式都各有所异。为了规范发展,自 1999 年以来,IEEE 为 CBTC 制订了一些相关标准,主要有:

①IEEE Std 1473—1999 车载单元(车辆内、车辆间)间通信协议标准;

②IEEE Std 1474.1—1999 CBTC 性能及功能需求标准;

③IEEE Std 1475—1999 车载控制功能及与动力系统、制动系统的接口标准;

④IEEE Std 1482.1—1999 车载事件记录仪标准;

⑤IEEE Std 1483—2000 铁路运输控制处理器系统安全功能验证标准。

后续章节将详细介绍各个标准的具体内容。

4.3.2 CBTC 系统的组成

1)系统结构

CBTC 系统是一个连续数据传输的自动控制系统,利用高精度的列车定位(不依赖于轨道电路),实现双向连续、大容量的车—地数据通信,能够执行列车自动防护(ATP)、列车自动运行(ATO)以及列车自动监控(ATS)。CBTC 系统主要由移动设备(车载设备)、轨旁设备、通信网络、控制中心组成。CBTC 系统框图如图 4-7 所示。

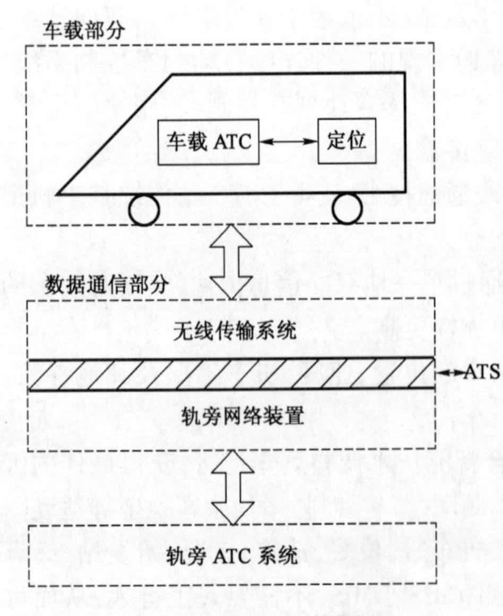

图 4-7 CBTC 系统框图

无线 CBTC 采用无线通信系统,通过开放的数据通信网络实现了列车与轨旁设备实时双向通信,信息量大,并通过采用基于 IP 标准的列车运行控制结构,可以在实现列车运行控制的同时附加其他功能(如安全报警、员工管理及乘客信息发布等)。目前,国际上诸如 Alcatel、Alstom、Siemens 和 Bombardier 等信号供应商均开发出了各自的 CBTC 系统并在全球得到了广泛的应用。

CBTC 的基本原理如图 4-8 所示。

调度控制中心 DCC(Dispatch Control Center)控制多个车站控制中心 SCC(Station Control Center),实现相邻 SCC 之间的控制交接。SCC 通过管辖范围内的多个基站 BS(Base Station)与覆盖范围内的车载设备 OBE(On Board Equipment)实时双向联系。列车在区段内运行时,通过全球定位系统 GPS(Global Positioning System)、查询应答器或里程计装置实现列车位置和速度的测定,OBE 利用无线通过基站 BS 将列车位置、速度信息发送给 SCC。SCC 通过 BS 周期地将目标位置、速度及线路参数等信息发送给后行列车。OBE 收到信息后,根据前车运行状态(位置、速度、工况)线路参数(弯道、坡度等)、本车运行状态、列车参数(列车长度、牵引重力、制动性能等),采用车上计算、地面(SCC)计算或是车上、地面同时计算,并根据信号故障—安全原则,采取比较、选择的方式,预期列车在一个信息周期末的状态能否满足列车追踪间隔的要求,从而确定合理的驾驶策略,实现列车在区段内高速、平稳地以最优间隔追踪运行。

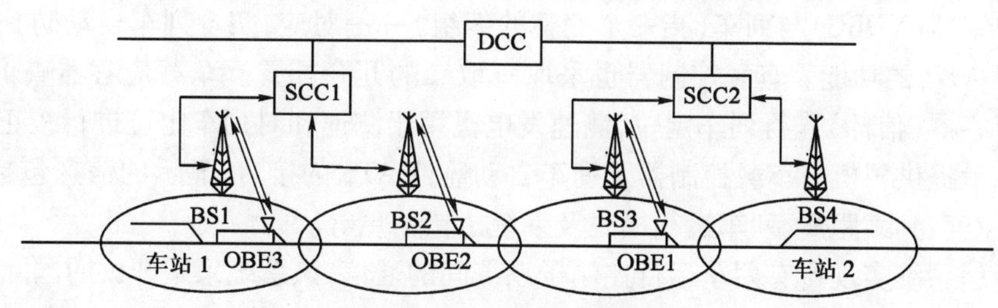

图 4-8 CBTC 系统基本原理

2)系统组成

CBTC 系统的组成可以分为列车控制以及信息传输两大部分,其中列车控制部分为 ATC 系统,包括 ATP、ATO、ATS 三个子系统,完成列车状态信息以及数据信息的处理,并控制列车运行。信息传输部分采用无线通信系统,进行连续双向的车 - 地通信,完成列车向地面控制设备传递列车的位置、速度以及其他状态。图 4-9 是 CBTC 系统的具体结构示意图。该系统以列车为中心,主要子系统有:区域控制器、车载控制器、列车自动监控 ATS(中央控制)、数据通信系统和司机显示等。

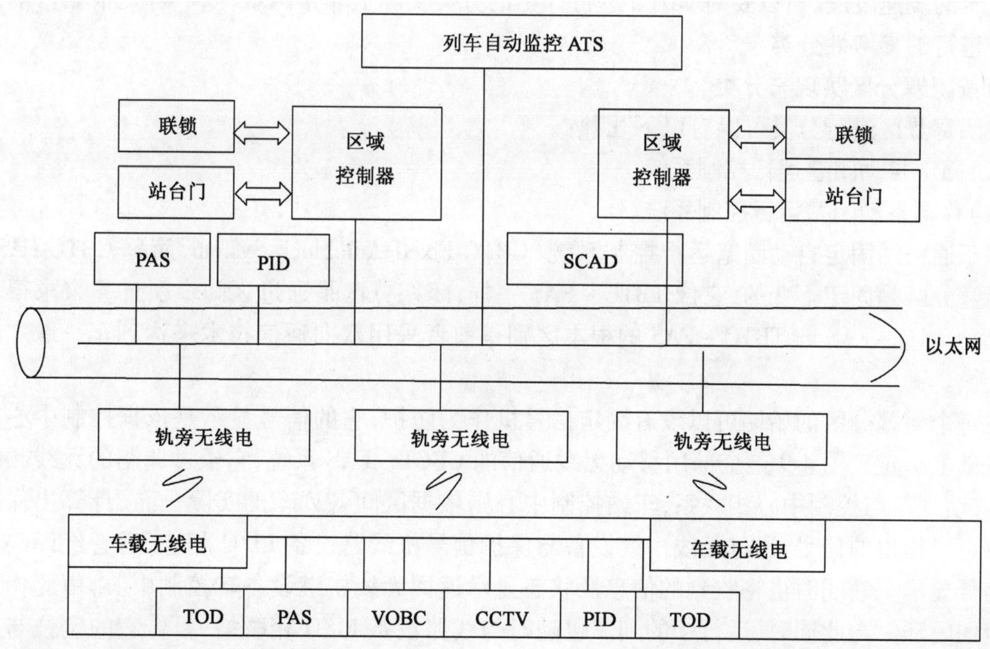

CCTV: 闭路电视 Closed Circuit Television
PID: 乘客向导系统 Passenger Information Display
TOD: 驾驶员显示 Train Operator Display
PAS: 乘客广播系统 Passenger Announcement System
SCADA: 电力监控系统 Supervisory Control System Data Acquisition
VOBC: 车载控制器 Vehicle On-Board Controller

图 4-9 典型无线移动闭塞系统的系统结构

区域控制器(ZC：Zone Controller)即区域的本地计算机,与联锁区一一对应,通过数据通信系统保持与控制区域内所有列车的安全信息通信。ZC根据来自于列车的位置报告跟踪列车并对区域内列车发布移动授权,实施联锁。区域控制器采取三取二的检验冗余配置。冗余结构的列车自动监控可实现与所有列车运行控制子系统的通信,用于传输命令及监督子系统状况。

车载控制器(VOBC)与列车(指一个完整的编组)一一对应,实现列车自动防护ATP和列车自动运行ATO的功能。车载控制器也采取三取二的冗余配置。车载应答器查询器和天线与地面的应答器(信标)进行列车定位,测速发电机用于测速和对列车定位进行校正。

司机显示提供司机与车载控制器及列车自动监控ATS的接口,显示的信息包括最大允许速度、当前速度、到站距离、列车运行模式及系统出错信息等。

数据通信系统实现所有列车运行控制子系统间的通信,该系统采用开放的国际标准,即以802.3(以太网)作为列车控制子系统间的接口标准,以802.11作为无线通信接口标准,这两个标准均支持互联网协议(IP：Internet Protocol)。

4.3.3 CBTC系统的分类

CBTC的定义可以通过它的总特点来描述,即利用无线通信媒体来代替轨道电路达到车一地之间的信息传输,而在此基础构成的列车运行控制系统,都可称为CBTC系统。CBTC系统并不是只有一种体系结构,或者说CBTC的系统中所应用的技术并不完全相同,因而它们所完成的功能也可能不是同一水平或同一内容,因此对CBTC系统就有分类的必要。但是由于通信技术的飞速发展,所以要对CBTC进行详尽的分类实际上非常困难,以下将是根据目前技术水平进行的参考性分类。

1)按闭塞分区实现来分类

按闭塞分区进行分类可以有以下几种：

(1)固定自动闭塞运行控制系统。

(2)移动自动闭塞运行控制系统。

基于通信的固定自动闭塞运行控制系统(CBTC-Fixed Autoblock System,简称CBTC-FAS)表示闭塞分区是固定不变的,它像TBTC-FAS一样,闭塞分区是通过区间牵引计算来求得其长度,而CBTC-FAS与TBTC-FAS的根本区别是前者采用双向通信技术来达到车—地之间信息交换。

在每个闭塞分区的始端可以没有固定信号机作为防护,它的信号显示是依据控制中心在计算基础上给定。图4-9是全部用移动无线通信的CBCT-FAS系统,它经过调制的无线频率RF使移动列车与控制中心相联系,车站控制中心则依据区间各列车的实际分布,计算出保护信号机可以给出的信号,通过无线中继设备与保护信号机线路设备LI/O相连,后者经译码后给出信号显示。它同时也将收到的信息及状态显示返回无线中继设备转控制中心,由此构成信息流的闭环。与此同时,运行中的列车也随时与线路设备LI/O相联络,报告它的定位与其状态信息等,以构成车—地之间的双向通信。

应该指出,在图4-10所示的CBTC-FAS中可以仍然保留轨道电路,但是它的作用不是为了构成闭塞系统的调节环节,而仅是为了检测列车的存在及其完整性。正因如此,轨道电路长度要短一些,因为轨道电路缩短后,在运输效率方面可以获得提高。

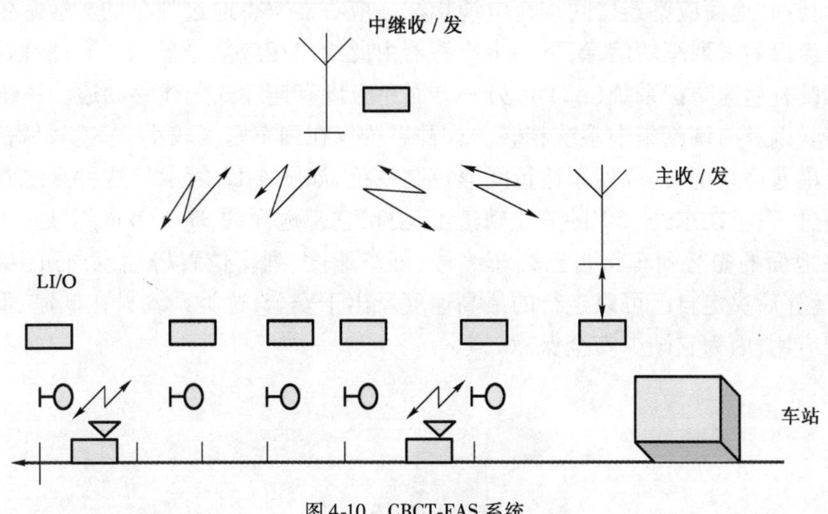

图 4-10 CBCT-FAS 系统

无线方法在 FAS 中应用也可以保留,它是 CBTC - FAS 的标志。在 CBTC - FAS 系统中还有用轨道间交叉感应电缆,如图 4-11 所示。

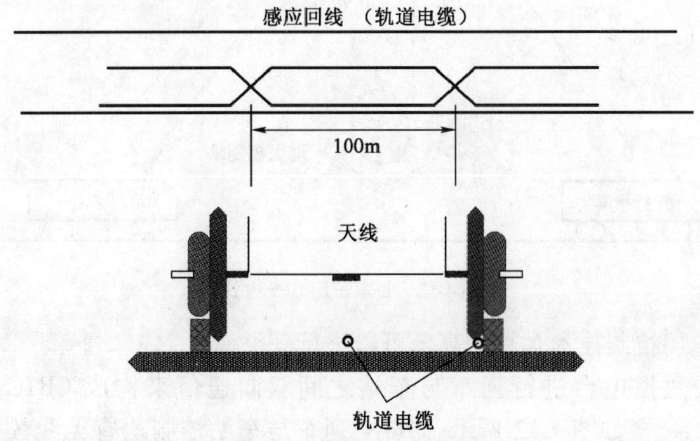

图 4-11 应用轨道电缆示意图

移动自动闭塞运行控制系统(CBTC-Moving Autoblock System, 简称 CBTC-MAS)表示这类系统也有闭塞分区,但此时闭塞分区有下列特点:

(1)闭塞分区长度是可变的,它是依据列车本身参数及其所在地段参数实时计算出来的。

(2)闭塞分区随列车运行而移动。

(3)在 CBTC - MAS 中闭塞分区已经不再应用地面信号,而且也不需要地面信号,它在车载设备系统显示屏上,指示出本车距前行列车尚有多少距离,或距离进站的距离等。

2)按 CBTC 中车—地之间通信方式不同来分类

CBTC 的种类又可以分为:

(1)采用全程移动无线通信方式,如目前在欧洲广泛应用的 GSM-R 方式。

(2)采用轨道交叉电缆方式,见图 4-10。

(3)采用漏泄电缆或漏泄波导方式。

(4)采用查询——应答器方式,即在每个信号机处在相应一侧或轨道间设有双方向作用的应答器,而所有地面应答器之间均有电缆相联。应答器取得通过列车的车速等信息,它向下一个应答器给出前来列车的信息,下一个应答器由此给出相应信号显示。当然在这种系统中,一方面列车设有超速防护系统(ATP),另一方面还应设有连续式无线移动通信系统,同时应与车站联锁相联以及与调度集中系统相联。这种系统仅在列车密度较小、车速较低范围内应用。

采用卫星通信系统,构成列车运行间隔控制系统,如图4-12所示。这种系统在1990年日本铁路试用过,卫星在东经150′的静止轨道上运行,它距地面约37 000km,它是一个通用型通信卫星。在地面的先行列车将自己列车编号、列车速度、列车位置等信息通过卫星给后续列车,后者经运算后决定自己可以走行的最高速度。出于安全,这类系统只在低速、低密度、小运量地区才能应用,因为它缺少安全保障。

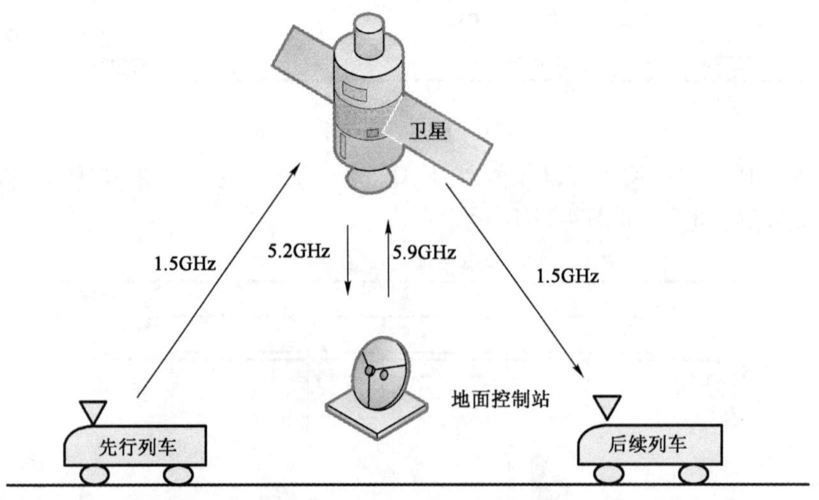

图4-12　日本试用GPS方式

3)按CBTC应用控制技术水平的高低可以进行分类

(1)采用无线数据电台进行列车与车站之间双向通信来构成CBTC的低级系统——CBTC-半自动闭塞系统,如图4-12所示。其中,列车与车站控制均有无线数据通信设备,但它们作用的距离有限,如列车接近车站的4~5km范围内才能构成双向无线数据通信。在这类CBTC-半自动闭塞系统中,为了构成半自动闭塞系统,并保证区间只允许存在一个列车运行,所以必需设置类似计轴器之类设备,如图4-13中用符号T_1/T_2所示,它是用来检查两站之间运行列车完整性,以确保运行安全。因为发车站的计轴器计数到列车轴数后,可用有线通知前方站。当计轴器T_2接收到同样轴数的列车后,表示列车已完整地撤离两站之间区间,始发站才可能再发出下一列车。为了保证CBTC系统中数据电台的正常工作,所以在线路上还辅助设置应答器A、B、C,其中应答器A提供列车信息。列车已进入区间,它的工作频率将变更到新频率,如原来为频率F_1,则现在将是频率F_2,这是为了防止无线干扰。应答器B提供信息,通知经过的列车已进入双向数据传输信息范围,列车应收到接受车站发来的机车信号信息,这是为了保证行车安全用。各应答器也同时提供列车接近车站的精确里程标。应答器C告诉通过列车本车站准备了哪个股道接车,运行速度上限值为多少等有关信息。在该系统中,列车经过应答器B之后,车站与列车上的无线数据通信电台就反复双向通信,其中包括列车告知车站来者列车编号、时速、去向等信息,而车站告知列车应以何种速度进站或站前停车,进站内向股道,是停车还是通过等有关信息。

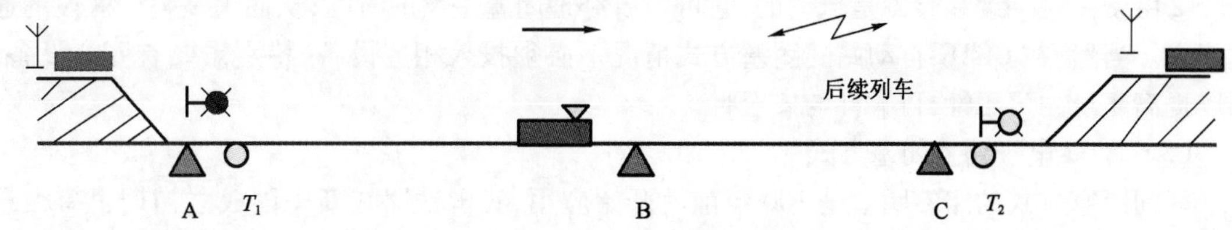

图4-13 无线半自动闭塞的一种方式

无线半自动闭塞代表应用技术水平较低级别的 CBTC 系统,一般适应在新线、运量较少或速度较低,或人烟稀少、生活困难的地区,因为所有小车站的设备均可以采用遥测和遥控来指挥,所以可减少铁路信号技术人员或工作人员。

(2)采用应用技术水平较高的 CBTC 系统,如 CBTC-MAS 系统等。

4)按应用区间闭塞方式来分类

按应用 CBTC 后区间闭塞方式来分类,可以有:

(1)CBTC 半自动闭塞方式

这种闭塞的特征是:

①两站之间区间只允许有一列车在运行。

②任意车站要向区间发车,发车站必须同时与接车站协同操作办理闭塞手续,即接车站同意接车条件下才能办理发车。

③发车站要发车,其先决条件是必须检查到区间确实是空闲无车,否则是不安全的,不得发车。

④发车站在办理好协同发车手续后才能人工开放出站信号机。当列车出发后,出站信号机立即自动关闭,在未再次办理发车手续前,该出站信号机不得再次开放。

⑤区间运行的列车到达前方接车站后,并由车站管理人员确认列车是完整后,该接车站立即关闭进站信号机,并办理解除两站间闭塞手续,使两站间的区间恢复空闲等待状态。

在该 CBTC-半自动闭塞系统中,无线通信的作用使出发站给机车司机发出无线机车信号,而发出该信号的显示是与发出出站信号机显示相互关联的,即前者只是在出站信号机允许发车的显示下才能获得机车信号。此时无线机车信号可以有记录为凭。此外,区间列车到达接车站前同样可以获得无线机车信号显示的进站信号,以避免司机在目视路旁信号机时遇到困难,这些显示也都记录在案。所以,CBTC-半自动闭塞系统要比 TBTC-半自动闭塞系统更为方便、清楚和安全。

(2)CBTC-自动站间闭塞方式

这种方法与 CBTC-半自动闭塞相类似,只是其办理手续是自动的。具体而言是:发车站与接车站均有区间是否占用的检查设备,因此发车站要发车,区间占用检查设备自动检查,确定区间空闲,两站自动办理闭塞手续,并自动开放出站信号机。在列车到达接车站并自动检查列车完整性后立即自动关闭进站信号机。CBTC 自动站间闭塞也同样有无线机车信号,它与 CBTC-半自动闭塞方式相似。

CBTC-自动站间闭塞的最大优点是:

①它可以集中遥控闭塞手续,不一定在每个站都要有车站值班人员来检查区间是否空闲、

列车是否已完整地到达等人工检测作用,提高了劳动生产率。

②由于一切手续和检测是自动的,它可节省办理闭塞手续的时间,从而提高整个区段的通过能力。当然,在 CBTC-自动站间闭塞方式情况下必须投入相应设备,特别需要有冗余设备,用以提高系统的可用性、可靠性与安全性。

(3)CBTC-电子路签闭塞方式

区间闭塞方式的路签闭塞是100年前就开始应用,我国铁路在新中国成立初期也有大量应用。从20世纪90年代中开始,在计算机技术、电子网络技术及通信技术的推动下,铁路的路签闭塞方式发展为电子路签闭塞方式,即不存在路签实物,而是存在电子路签(软件)。它在有关计算机及网络中按一定的软件协议运行。

4.3.4 CBTC 系统的功能和特点

在轨道交通中为保证列车运行安全,须保证列车间以一定的安全间隔运行。早期,人们通常将线路划分为若干闭塞分区,以不同的信号来表示该分区或者前方分区是否被列车占用等状态,列车则根据信号的指令运行。不论采取何种信号显示制式,列车间都必须有一定数量的空闲分区作为列车安全间隔。但由于地铁的特殊条件,对安全的要求更加严格,因此必须配备列车自动防护 ATP(Automatic Train Protection)系统。ATP 通过列车间的安全间隔、超速防护及车门控制来保证列车运行的安全畅通。在固定划分的闭塞分区中,每一个分区均有最大速度限制,若列车进入了某限速为零或被占用的分区,或者列车当前速度高于该分区限速,ATP系统便会实施紧急制动。ATP 地面设备以一定间隔或连续地向列车传递速度控制信息,该信息至少包含两部分:分区最高限速和目标速度(下一分区的限速),列车根据接收到的信息和车载信息等进行计算并合理动作。速度控制代码可通过轨道电路、轨间应答器、感应环线或无线通信等传输,不同的传递方式和介质也决定了不同列车控制系统的特点。为了保证安全,地铁 ATP 在两列车之间还增加一个防护区段,即双红灯区段防护(图 4-14)。后续列车必须停在第二个红灯的外方,保证两列车之间至少间隔一个闭塞分区。

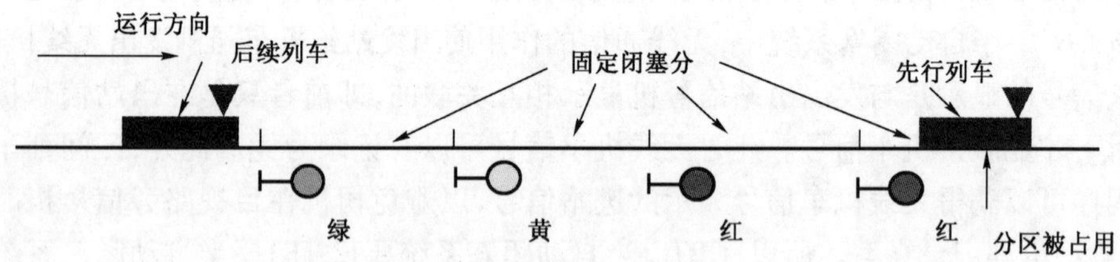

图 4-14　地铁 ATP 的双红灯防护

ATP 系统和列车自动运行 ATO、列车自动监控 ATS 一起,组成了列车自动控制 ATC 系统。

传统的固定闭塞制式下,列车定位的分辨率为一个固定闭塞分区,系统无法确定列车在分区内的具体位置,因此列车制动的起点和终点总在某一分区的边界。为充分保证安全,还必须在两列车间增加一个防护区段,这使得列车间的安全间隔较大,影响了线路的使用效率。

准移动闭塞在控制列车的安全间隔上比固定闭塞更进了一步,它通过采用报文式轨道电路辅之环线或应答器来判断分区占用并传输信息,信息量大,可以告知后续列车其可以继续前行的距离(Distance-to-go),因而允许后续列车根据这一距离合理地采取减速或制动,列车制动的起点可延伸至保证其安全制动的地点,从而可改善列车速度控制,缩小列车安全间隔,提高线路利用效率。但准移动闭塞中后续列车的最大目标制动点仍必须在先行列车占用分区的外方,因此它并没有完全突破轨道电路的限制。

移动闭塞技术则在对列车的安全间隔控制上又更进一步。通过车载设备和轨旁设备不间断的双向通信,控制中心可以根据列车实时的速度和位置动态计算列车的最大制动距离。列车的长度加上这一最大制动距离并在列车后方加上一定的防护距离,便组成了一个与列车同步移动的虚拟分区(图4-15)。由于保证了列车前后的安全距离,两个相邻的移动闭塞分区就能以很小的间隔同时前进,这使得列车能以较高的速度和较小的间隔运行,从而提高运营效率。

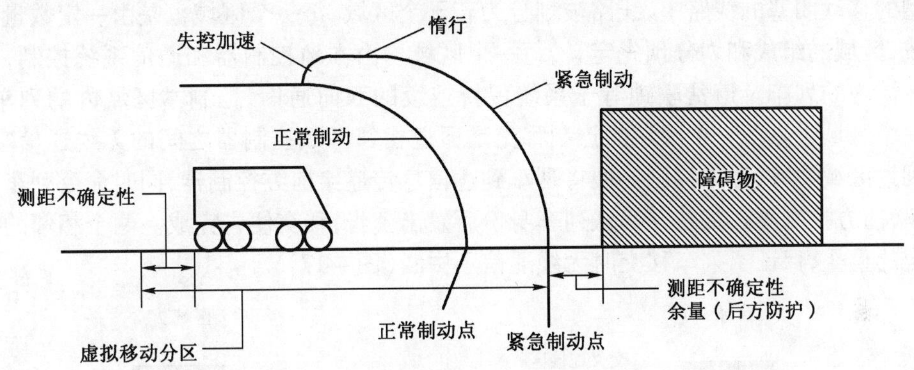

图4-15 移动闭塞系统的安全行车间隔

移动闭塞的线路取消了物理层次上的分区划分,而是将线路分成了若干个通过数据库预先定义的线路单元,每个单元长度为几米到十几米之间,移动闭塞分区即由一定数量的单元组成,单元的数目可随着列车的速度和位置而变化,分区的长度也是动态变化的。线路单元以数字地图的矢量表示。如图4-16所示,线路拓扑结构的示意图由一系列的节点和边线表示。任何轨道的分叉、汇合、走行方向的变更以及线路的尽头等位置均由节点(Node)表示,任何连接两个节点的线路称为边线,每一个边线有一个从起始节点至终止节点的默认运行方向,一条边线上的任何一点均由它与起点的距离表示,成为偏移,因此所有线路上的位置均可由[边线,偏移]矢量来定义,且标识是唯一的。

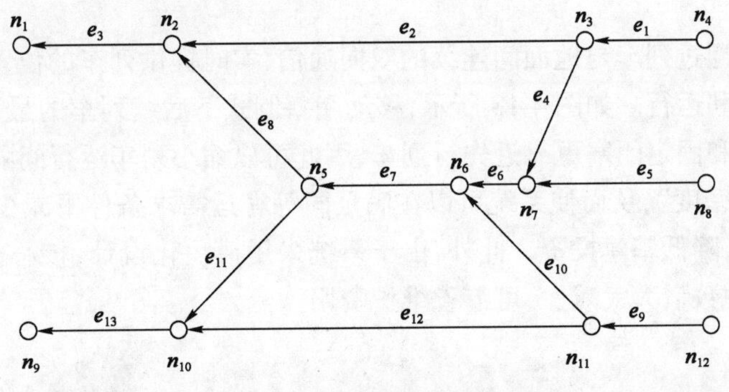

图4-16 线路拓扑图示例

边线 e_7 连接节点 n_5 和 n_6,默认方向为从 n_6 到 n_5 方向;节点 n_5 与边线 e_7、e_8 和 e_{11} 相连。

移动闭塞系统中列车和轨旁设备必须保持连续的双向通信。列车不间断向轨旁控制器传输其标识、位置、方向和速度,轨旁控制器根据来自列车的信息计算、确定列车的安全行车间隔,并将相关信息(如先行列车位置,移动授权等)传递给列车,控制列车运行。

早期的移动闭塞系统是通过在轨间布置感应环线(每隔一定距离交叉一次)来定位列车和实现车载计算机(VOBC: Vehicle On-Board Computer)与车辆控制中心(VCC:Vehicle Control Center)之间的连续通信。该技术可以实现无人驾驶,同时系统还设置了一套基于计轴器或数字轨道电路的后备模式,以保证在系统故障条件下维持一定的运输能力。随着硬件和软件技术的不断发展,尤其是通信技术的进步,大多数先进的移动闭塞系统已采用无线通信系统实现各子系统间的通信。在采用轨旁基站的无线通信系统中,系统一般考虑100%的无线信号冗余率进行基站布置,以消除在某个基站故障时的可能出现的信号盲区。

典型的移动闭塞的线路中,线路被划分为若干个区域,每一个区域也是由一定数量的线路单元组成,区域的组成和划分预先定义,每一个区域均由本地控制器和通信系统控制,本地控制器和区域内的列车及道岔联锁等子系统保持连续的双向通信,控制本区域内的列车运行。列车从一个区域进入下一个区域的控制移交是通过相邻区域控制器之间的无线通信实现的。当列车到达区域边界,后方控制器便将列车到达信息传递给前方控制器,同时命令列车调整其通话频率,前方控制器在接收并确认列车身份后发出公告,移交便告完成。两个相邻的控制区域有一定的重叠,保证了列车移交时无线通信不中断(图4-17)。

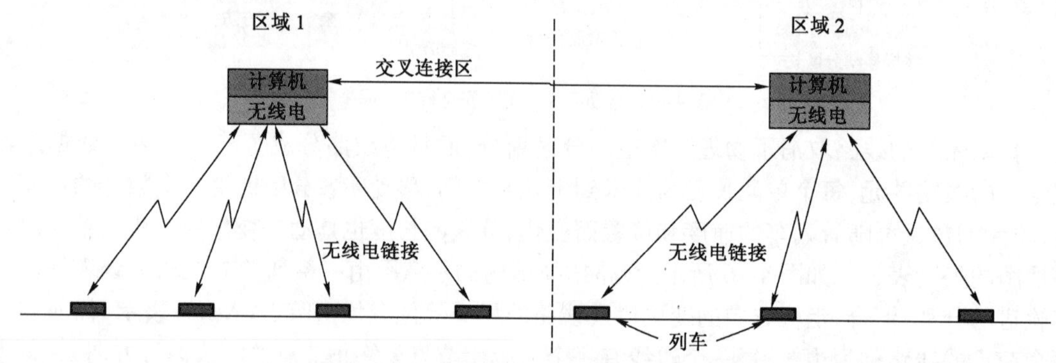

图4-17 分布式移动闭塞技术的无线传输示意图

图4-17中虚线表示了无线蜂窝信号的重叠,车载无线电根据信号强度决定与哪一个轨旁基站进行通信。

移动闭塞系统通过列车与地面间连续的双向通信,实时提供列车的位置及速度等信息,动态地控制列车速度和运行。如图4-18所示,移动闭塞制式下后续列车的最大制动目标点可比传统的准移动闭塞和固定闭塞更靠近先行列车,因此可以缩小列车运行间隔,使运营公司有条件实现"小编组,高密度",从而使系统可以在满足同等客运需求条件下减少旅客候车时间,缩小站台宽度和空间,降低基建投资。此外,由于系统采用模块化设计,核心部分均通过软件实现,因此使系统硬件数量大大减少,可节省维护费用。

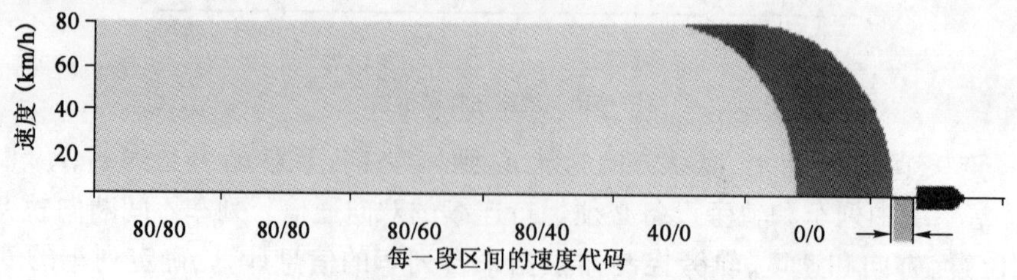

图4-18 固定闭塞,准移动闭塞与移动闭塞速度控制方式的比较

移动闭塞系统的安全关键计算机一般采取三取二或二取二的冗余配置,系统通过故障安全原则对软、硬件及系统进行量化和认证,可保证系统的可靠性、安全性和可用度。

无线移动闭塞的数据通信系统对所有的子系统开放,对通信数据进行安全加密和接入防护等措施可保证数据通信的安全。由于采取了开放的国际标准,可实现子系统间逻辑接口的标准化,从而有可能实现路网的互联互通。采取开放式的国际标准也使国内厂商可从部分部件的国产化着手,逐步实现整个系统的国产化。

在对既有点式ATP或数字轨道电路系统的改造中,移动闭塞系统能直接添加到既有系统之上,因此对于混合列车运行模式来说,移动闭塞技术是非常理想的选择。

1)系统功能

IEEE 制定的CBTC标准列举了典型的CBTC系统的基本功能框图,如图4-19所示。

整个系统包括CBTC地面设备和CBTC车载设备。地面和车载设备通过"数据通信网络"连接起来,构成系统的核心。功能框图中还单独列出了"联锁"功能模块,该功能模块与CBTC地面设备连接。考虑到不同的线路长度可能需要多套的CBTC地面设备,所以在典型框图中还列出了相邻的CBTC地面设备模块。最后,在CBTC设备的基础上,增加ATS模块,用于实现系统的ATS功能。以上列举的是CBTC系统的典型结构,实际的系统可能由于不同的设备提供商、不同的工程需要而有所差异。但是,所有CBTC系统均采用数据通信网络,连接CBTC地面和车载设备,实现ATP功能,控制列车安全运行。

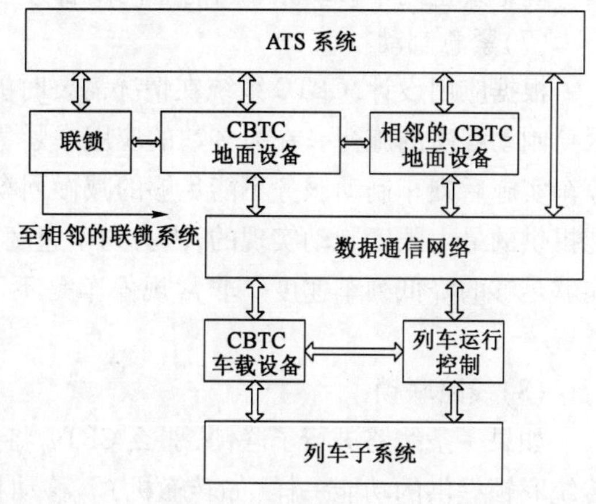

图4-19 典型的CBTC系统的基本功能框图

(1)列车位置,速度以及方向决定

CBTC系统需要决定每辆列车的头部以及尾部的位置,误差在10ft(约3.048m)以内。CBTC系统永远不需要手动输入列车位置以及列车长度数据。CBTC系统需要决定每辆列车的速度和方向,精度在2mile/h(约3 218km/h)内。

(2)安全的列车间隔

每辆配有CBTC的列车在CBTC区域内运行是将拥有一个移动权限(MAL),这是根据条件实时计算出来的。列车的MAL计算是基于列车的安全制动模式的。总的来说,在任一时刻一辆列车的允许速度都设置为使列车停在前面列车的安全距离内。一辆给定列车的实时MAL还受到其他因素的影响,这将在后续部分进行介绍。

(3)超速防护

CBTC超速防护用于防止列车速度超过最大允许速度。如上所述,列车允许的最大速度是使得列车能够安全停在前面列车安全距离的速度。其他影响因素包括区间速度限制、设备的速度限制、任何区间的临时速度限制以及CBTC系统及路旁设备的故障等。

(4)零速度探测

当列车速度降到2mile/h(约3 218km/h)以下并持续2s时,CBTC系统应该作出决定。这项功能的主要目的是使得在规定时间限制内的一个非常规停车得到批准。CBTC 系统的故障会批准一个非常规停车,从而进行紧急制动。

当列车速度高于“零速度”时,规定列车控制系统控制的车门是不允许打开的。

(5)车门开启控制连锁

CBTC 系统将禁止列车控制系统开启车门,除非同时满足以下条件:

①列车处于零速度状态;

②最小服务刹车程序在车门开启时起作用。

③将要开启的车门位于“车门开启区域”。只有当车门处于站台内并且列车与站台处于同一侧时,车门开启区域才允许车门开启。

(6)离站联锁

规定禁止列车移动除非所有车门闭合并上锁。

(7)紧急制动

根据应用设计,CBTC 系统在情况需要时能够进行紧急制动,并能够在条件不满足时制止紧急制动程序的施行。在大多数的应用中紧急制动是在非常规停车末进行的,或者当非常规停车实施后列车制动服务不能足够的减慢列车速度时进行。非常规停车通常是由列车防护功能提供的最大限度制动实现的,因为列车速度已经超过了规定速度并且人为或者自动控制不能够足够的降低列车速度。非常规停车是不可取消的并且只有在列车速度为零时才能够被重置。

(8)线路联锁

如果一条线路进行了联锁,那么 CBTC 将提供联锁功能来防止列车相撞或者出轨。这与传统联锁提供的功能一样(如转辙机)。移动权限制(MAL)只有在线路锁闭后才能延伸到联锁线路上。一旦 MAL 进入联锁路段,线路就将闭锁直到列车驶出联锁路段。在大多数情况下,虽然联锁在 CBTC 区域外,并由路边系统通过传统的信号技术进行控制,列车可以无缝地进入或者驶出 CBTC 区域,CBTC 系统将和路边设备以及联锁设备连接并提供列车所需的防护功能。

总之,CBTC 系统的功能与其结构有关,而该结构又决定于它的应用类别或应用水平,例如 CBTC - 半自动闭塞、CHTC-FAS、CBT-MAS 等。另一方面,CBTC 系统的功能还与其控制系统有关,如仅是应用机车信号,或是有 ATP、ATC 及 ATS 等有关。不同应用水平级的基本功能如下。

(1)构成闭塞功能。在 TBTC 系统中各种水平的应用均依靠轨道电路来构成闭塞,因为闭塞是保证行车的基本方法。现在 CBTC 系统中,则必须同样具有构成闭塞区段的功能。在 CBTC 半自动闭塞系统中,采用进/出站口的标志器、查询/应答器或其他类似设置来表明站间闭塞的分界口,并且要求列车到达出站标志之后,一定要使用某一不同的专用频率来加以区分,用这个频率来构成机车信号以供给司机(指最低应用水平),或用此信号显示供给车载设备上 ATP 系统(指较高一级应用水平)。CBTC 中的闭塞功能可以是固定的,也可以是移动的。目前在 CBTC-半自动闭塞系统中的闭塞区段长度相当于站间长度,而在 CBTC-MAS 系统中则为最短,其长度为本列车常用制动所需的距离附加安全距离,所以闭塞功能也是保证安全功能。

(2)定位功能。在 CBTC 系统中定位精度愈高,则系统可使行车效率愈高。

(3)计算功能。CBTC 系统要有能力计算出在给定最大允许列车车速条件下本列车目前最大可能达到的车速。因为在任意一个移动闭塞区间,列车只能依据各种动态和静态参数,以及其定位值和实际速度来计算出应有速度,才能保证安全。

(4)CBTC 系统必须向系统的地面设施和车载设施及时地、动态地给出相应的参数和运行状态,以备司机人为或车载设备自动地作出应有的操作。

(5)CHTC 系统为管辖范围内列车及地面设施提供良好的双向通信功能,它不仅提供运行列车的参数,而且也应提供非信号范围内的各种有关参数,满足信息社会所需的数据要求。

(6)CBTC 系统应具有良好的记录功能,即不仅在车载设施上,而且还应在地面设施有记录。这种记录应起到双重作用:

①为改善列车运行性能,为提高运行质量提供分析依据。

②发生任何车祸后,有可能从记录设施中寻找出发生事故的原因,进行有效的分析,它类似于航空系统的"黑盒子"功能。

以上提到的大部分只是基本功能,在应用技术较高等级 CBTC 系统中,则其功能还应具有:ATP 系统的全部功能;ATC 系统的全部功能;ATO 系统的全部功能。

(7)远程诊断和监测功能,用于改善 CBTC 系统的可靠性、可用性及安全性。因此,CBTC 的车载设施、地面设施均应设计有远程诊断的接口,允许系统在运行过程中发生故障立即发出相应信号给地面综合诊断台,以便及时地采取相应措施。这个功能当然是比较复杂的,CBTC 系统至少从一开始设计时就应留有余地。

2)系统特点

与传统的基于轨道电路的列车控制系统(TBTC)比较,CBTC 系统的优势主要表现在以下几点:

(1)更简洁。从硬件结构看,系统以控制中心设备为核心,车载和车站设备为执行机构,车、地列车控制设备一体化。从功能上看,联锁、闭塞、超速防护等功能通过软件实现统一控制,不再分隔。因此,整个系统摆脱了积木堆叠式结构,而是成为统一的整体。系统结构更简洁。

(2)更灵活。系统不需要新增任何设备,自然支持双向运行,而且不因为列车的反方向运行,降低系统的性能和安全。所以,CBTC 系统在运营时,可以根据需要,使用不同的调度策略。此外,还表现在 CBTC 系统可以处理多条线路交叉,咽喉区段列车运行等极其复杂的情况。另外,CBTC 系统内可以同时运行不同编组长度、不同性能的列车。

(3)更高效。系统可以实现移动闭塞,控制列车按移动闭塞模式运行,进一步缩短列车运行间隔。另外,CBTC 系统可以进一步优化列车驾驶的节能算法,提高节能效果。

CBTC 目前已成为铁路运输及信号的技术人员和管理人员极度关注的目标。CBTC 能得到如此广泛的推广和应用,主要与 CBTC 的使用特点有关系。

(1)安全方面

目前 TBTC 系统中的控制停息流是开环的,即发送者只管发送,并不能确切知道接收者是否真正接收到所需信息,这并不能保证行车安全。

(2)运输效率方面

由于 TBTC 系统是固定自动闭塞系统,所有闭塞分区一经设计好,信号机就有固定位置,而每个闭塞分区的长度要求完全满足最坏列车的运行安全的需要。所谓最坏列车,指它的牵引吨位是设计书中规定最重的,制动率也最低,有规定的运行速度,并且这种情况下在该地区的坡道值和弯道值条件下能够在该闭塞分区内制动。这些条件显然对于“好车”(主要是牵引吨位少、制动效率好等),有潜在的运输效率影响。一旦规定了最高运行速度,在投产后,实际速度必须在规定范围之下。因此,即使存在线路桥梁、车辆、机车有提速的可能,信号也限制了它们的发展,使得运输效率受到限制,除非重新进行设计计算。

(3)工程设计方面

在信号闭塞分区长度设计,即区间信号机的布置有严格的牵引计算来规定,工程设计人员必须一个闭塞区接着一个闭塞区进行设计。如果在投产后意欲提高运量,提高运行速度,加大运行密度,就必须严格核实闭塞分区工程的可能性,这是比较费周折的。

(4)信息方面

随着信息社会的发展,对在线路上运行的列车,调度、旅客和货主三者越来越希望能得到它们的实时信息,以便调度员决定要否修正运行图,旅客能知道列车是否晚点,货主能知道托运货物何时能达目的地等。

(5)投资方面

在一次投资方面,希望减少敷设电缆所需的40%的资金,并且希望新系统的性价比更高。在日常维护开销方面,希望提高维护效率来减少维护费用。

(6)在天气影响方面

希望避免晴天、雨天、下雪等天气的影响,原轨道电路必须经常作适当调整,以避免道砟受这些条件影响而带来不稳定性,由此可能造成不安全性。

(7)抗干扰方面

希望减少在TBTC系统中轨道电路受牵引回流带来的干扰,以致使系统可能带来不稳定性和不安全性。

(8)维护工作方面

希望减少信号工人原来对轨道电路要沿线步行目视维护的繁重体力劳动。

(9)信息共享方面

希望列车的各种信息、多媒体通道等能为铁路信号之外其他工种能共享信息,特别是机务、车辆、公安、工务、运输等,特别希望能用多媒体信息,而且有车地间的双向通信。

(10)改建方面

TBTC-FAS系统大部分是单向运行线路,要改为双向运行,必须进行改建,而改建过程必定会严重影响运行,而且改造费用巨大。

(11)与城市轨道交通共存问题

由于城市轨道交通系统一般都是客运且运行密度大、速度中等、站间距离短和列车在站停留时间短等特点,所以它的列车运行系统在TBTC方面难以与地面大铁路交通系统相兼容。但应用CBTC系统后,这类系统就容易相互兼顾,大交通管理同样可以容易实现城市交通管理。

CBTC具有可维修性,并且对系统的安全性会产生重要影响,在建立模型分析系统安全性时应考虑系统的这一特点。马尔可夫过程是分析可维修系统的常用工具,为此需假定组成系统的各单个寿命分布及维修分布均服从指数分布。马尔可夫模型的缺点是状态个数随器件个数呈指数增长,如描述一个由20个器件组成的系统需要10^6个状态,而40个器件组成的系统

需要 10^{12} 个状态描述。CBTC 是一个由大量器件、子系统组成的大系统，系统的组件可能上千个，必须很好地解决状态空间激增问题，才能利用马尔可夫过程分析系统的安全性。

根据 CBTC 特点，采用系统分解及模型压缩的方法解决状态空间的激增问题。由于在 CBTC 中不同类型设备的故障在导致行车事故方面相互并不影响（如道岔的故障对任何机车设备的故障是没有影响的）所以可以为彼此独立的一类设备分别建立子模型，单独分析各类设备故障对系统安全性的影响，再组合各子模型的结果获得系统的故障率。此外，CBTC 的一些子系统具有对称特性，如 CBTC 中一个道岔的子模型中含有 100 个道岔，假定每一个道岔的故障对系统安全产生的影响相同，在对该子模型进行分析时就没有必要区分具体是哪一个道岔发生故障，而只需要区分有几个道岔发生故障。因此，该子模型有 101 个状态，即 0 个道岔发生故障，1 个道岔发生故障，……，100 个道岔发生故障。根据子模型的这一特点，可以忽略一些出现概率极低、对系统安全性影响很小的事件，对子模型进一步简化。

CBTC 中的一些设备发生失效将导致系统降级工作，此时系统暴露在人为失误之中，对应地需要分析人为因素对系统安全性的影响。一些设备发生失效将导致系统进入故障—安全状态，对应地需要分析设备故障覆盖率对系统安全性的影响。

传统的列控系统是以人观察信号，控制列车加速、制动，以形成对列车的闭环控制。人在传统的列控系统中代表一个单点故障，即在任何时间、地点都有可能因为人为失误而导致事故发生。从以往铁路行车事故的统计数字来看，很大一部分是由人为失误造成的。在 CBTC 系统中由硬件实现对列车的闭环控制，操作人员发出错误指令时硬件将发现、提示并制止其在系统内的进一步传播。如果硬件失效，系统降级为由人员控制，则系统将暴露于人为失误之中。由于 CBTC 系统的人机交互特性，在马尔可夫模型中应同时包含人和硬件的因素。CBTC 的一个简单模型如图 4-20 所示。

图 4-20 中，假定 N 为设备的故障率和修复率，H 为导致事故的人为差错率，μ_H 为人的“修复率”，并且假设：状态 1，硬件、人员正常工作；状态 2，硬件故障；状态 3，系统处于危险状态。则状态 3 的微分表达式为：

$$\frac{dP^3(t)}{dt} = HP^2(t)(\mu_H P^3(t) \tag{4-1}$$

假定人员随机地以固定差错率引入错误，故不同于硬件设备的是人具有“瞬时修复”特性，即在犯下一次错误前不需要“修复”。当 $P^3(t)$ 约为一个很小的正数时，则 $P^3(t)$ 的导数为一个很大的负数，$P_3(t)$ 约迅速变为 0。系统进入状态 3 后立即转移回状态 2。状态 3 是一个“虚拟状态”，删除状态 3 对状态 1、状态 2 的稳态概率没有影响。用一个“虚拟转移”来捕捉人员的“瞬时修复”特性，如图 4-21 所示。

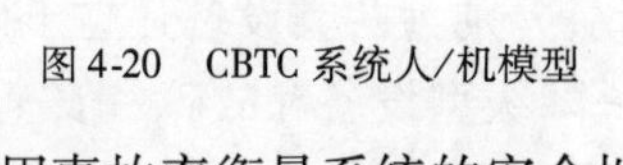

图 4-20　CBTC 系统人/机模型

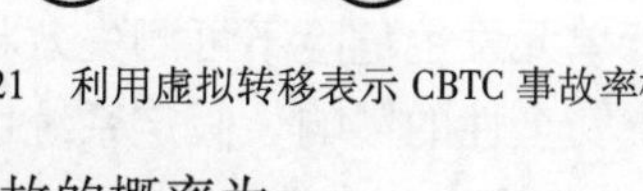

图 4-21　利用虚拟转移表示 CBTC 事故率模型

利用事故率衡量系统的安全性，则人为因素引发事故的概率为：

$$A_H = H \cdot P^2(t) \tag{4-2}$$

由于状态 2 存在降低了系统暴露于人为错误的时间，使得系统的安全性提高。

设备的故障覆盖率为设备发生可测故障的概率与设备发生故障的概率的比值。如果设备仅由非涉安单元组成，CBTC 系统将检测到设备故障，设备的故障覆盖率为 1。如果设备包含涉安单元，涉安单元的双机发生共因失效，则比较功能丧失，可能输出危险的结果，导致行车事故，设备的故障覆盖率小于 1。假定设备由一涉安单元（双机比较）和一非涉安单元（单机）组成，将单元失效划分为独立失效和共因失效。独立失效是指非涉安单元失效或涉安单元中的一单机失效。共因失效是指共同的应力作用下，双机比较单元的双机同时一致地发生了失效，比较功能丧失。根据比较输出结果对系统安全性的影响，将共因失效划分为安全共因失效和危险共因失效。该设备的状态转移图如图 4-22 所示。其中效率、状态及状态转移解释如下：

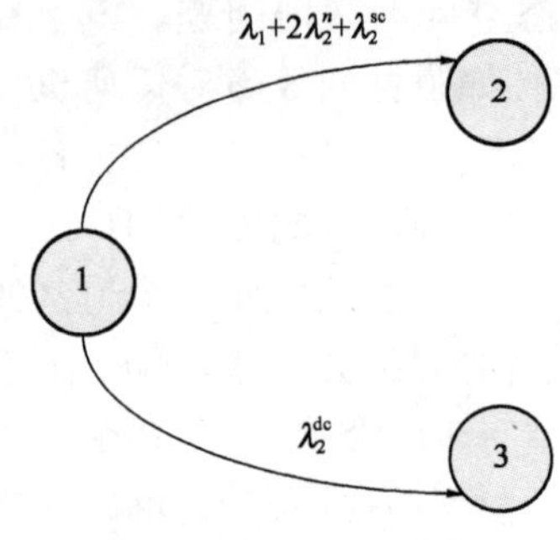

图 4-22　设备的故障覆盖率

图 4-22 中，λ_1^n，λ_2^n 为非涉安、涉安单元独立失效率；λ_2^{sc}，λ_2^{dc} 为涉安单元安全、危险共因失效率。

状态 1：两个单元均正常工作。

状态 2：系统降级工作或进入故障——安全状态。

状态 3：系统处于危险状态。

状态 1→状态 2：当单机单元或双机比较单元发生独立失效或双机单元发生安全共因失效（双机比较功能丧失，比较输出不合理结果），系统将检测到设备失效，系统降级工作或进入故障安全状态。

状态 1→状态 3：双机比较单元发生危险共因失效（双机比较功能丧失，比较输出合理结果，保守地认为这种情况都将导致事故发生）系统处于危险状态。

该设备的故障覆盖率为：

$$C = \frac{P^2}{P^2 + P^3} \tag{4-3}$$

根据 CBTC 中设备失效对系统的影响将其分为两类。一类是设备发生失效后，系统进入故障——安全状态，称此类设备为故障——安全型设备，需要考虑设备故障覆盖率对系统安全性的影响。例如，道旁设备由于 WIU 发生独立失效，系统进入故障——安全状态，ROC 发布命令，控制列车在相应道岔前停车，由司机与调度员确认道岔方向后，驾驶列车通过该道岔。保守地认为，WIU 发生危险共因失效将引发行车事故。另一类是设备发生失效将导致系统降级操作，此时系统暴露于人为失误之中，称此类设备为故障——降级型设备，需要考虑人为因素的影响。例如，车载设备的通信单元发生独立失效将导致 ROC 无法获取列车的位置、速度信息或车载设备无法接收 ROC 的控制命令。此时调度员只有通过无线列调（语音）与受影响列车的司机保持联系，控制列车运行至故障解除。这段时间内调度员和司机的失误都可能引发事故。如果无线列调设备也发生故障，则相应列车必须停车等待故障单元被修复。车载设备的命令执行单元发生危险不可测失效将引发行车事故。在此，分别为两类设备建立子模型，分析其对系统安全性的影响。假定系统由 100 个同类故障——降级型设备和故障一安全型设备组成，每个设备均由一个涉安单元和一个非涉安单元构成。每种设备对系统安全性的影响是相互独立的，分别为两种设备建立子模型，其状态转移图示如图 4-23 所示。

图 4-23 中，λ_1、μ_1、C_1 分别为设备的失效率、修复率、故障覆盖率；状态 $i=0,1,2,3$ 分别表示 0，1，2，3 个设备发生故障。每个设备失效将使系统暴露在调度员或司机的人为错误之中。

假定3个以上的设备发生故障的概率极低，可安全地忽略这些事件对系统安全性的影响。故障——降级型设备对系统安全性的影响为：

$$A = P(0) \cdot 100\lambda_1(1 - C_1) + \cdots + P(3) \cdot [97\lambda_1(1 - C_1) + 4H] \quad (4\text{-}4)$$

图4-24中，λ_2、μ_2、C_2分别为设备的失效率、修复率、故障覆盖率，状态$j=0,1,2$表示0，1，2个设备发生故障。

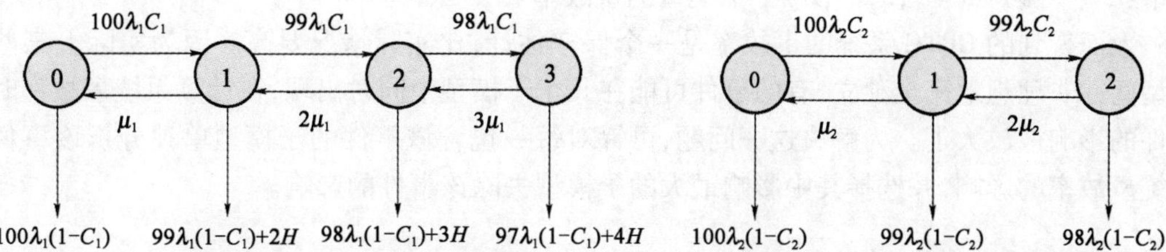

图4-23 故障—降级型设备子模型状态转移图　　图4-24 故障—安全设备子模型状态转移图

假定两个以上的设备发生故障的概率极低，可安全地忽略这些事件对系统安全性的影响。故障——安全型设备对系统安全性的影响为：

$$\begin{aligned} A = & P(0) \cdot 100\lambda_2(1 - C_2) + \cdots + P(1) \cdot 99\lambda_2(1 - C_2) + \\ & P(2) \cdot 98\lambda_2(1 - C_2) \end{aligned} \quad (4\text{-}5)$$

上述系统总的状态转移图如图4-25所示，其中，(i,j)表示子模型1中i个器件发生故障，子模型两中j个器件发生故障，该状态的稳态概率为$P(i,j)$。由于子模型1与子模型2相互独立，所以有：

$$P(i,j) = P_1(i) \cdot P_2(j) \quad (4\text{-}6)$$

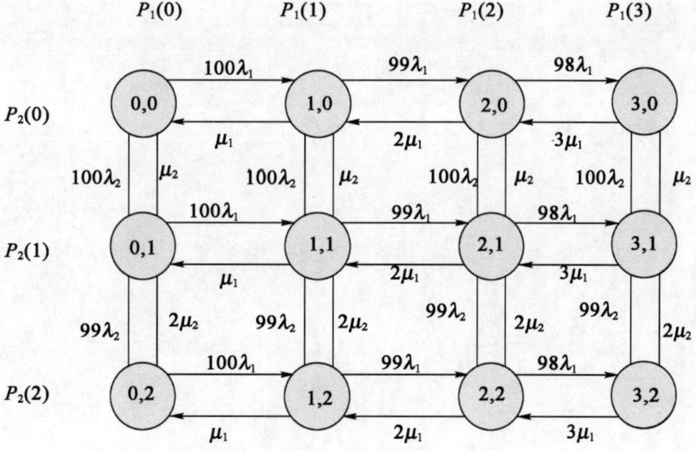

图4-25 两类独立设备构成系统的状态转移图

系统的故障率为：

$$\begin{aligned} A_{\text{total}} = & \sum_{i=1}^{3} P_1(i)(i+1)H + \sum_{i=0}^{3} P_1(i)(100 - i)\lambda_1(1 - C_1) + \sum_{j=0}^{2} P_2(j)[(100 - j)\lambda_2(1 - C_2)] \\ = & A_1 + A_2 \end{aligned} \quad (4\text{-}7)$$

该系统由 200 个器件组成，通过将系统划分为相互独立的两个子模型，对其简化后单独分析。可利用两个模型总共 7 个状态描述系统的各个状态，计算系统的事故率。上述结论同样适用于含有多个具有链状转移图的子模型的 CBTC 系统。

假定 CBTC 包含 K 个相互独立的子模型，则系统的事故率为：

$$A = A_1 + A_2 + \cdots + A^n \tag{4-8}$$

式中：A^n——第 $i(i=1,2,\cdots,K)$ 个子模型的事故率。

上面得到的 CBTC 系统的事故率是一个保守估计，比实际情况要高。因为实际上某些子模型间并非理想地完全独立，有的事件可能在几个子模型中同时出现，在计算系统事故率时该事件的影响被放大了。为解决这一问题，可针对每一包含该事件的子模型单独分析该事件对系统事故率的影响，并选择其中影响最大的子模型去除该事件的影响。

第5章 自律分散的调度集中管理

5.1 自律分散系统理论基础

自律分散系统 ADS(Autonomous Decentralized System)是近几年发展起来的一种系统技术,系统中所有的单元(子系统)都是独立平等的,它们之间不存在任何隶属关系。各个单元都能独立完成各自的任务而不受其他单元的干预,同时各个单元之间也能协调工作来实现整个系统的运行。它在降低系统复杂程度、实现系统的可扩展方面取得了很大的进步,打破了传统的集中式或分布式系统 C/S(Client/Server)体系模型,提出了一种新型的系统框架。自律分散理论于20世纪70年代由东京工业大学森欣司教授首次提出,是一种系统构建的方式的新概念,最初在计算机领域应用,之后逐渐向着大型系统架构和管理系统应用领域扩展。

ADS 技术最早于1977年由日本日立制作所研制开发,该技术先后申请了300多项国际专利,并成功应用于银行证券交易系统、工厂施工流水线控制等系统,大大提高了系统安全性和生产效率。在20世纪90年代后被国际控制与信息界许多学者广泛关注,于1993年IEEE设立"自律分散系统国际会议",并先后在日本、美国、德国等国家或地区每两年轮流举办一届。ISADS 着重探讨自律分散系统(ADS)最新的研究开发成果。截至2013年已经成功举办了11届。ADS 技术于2001年同时得到一些国际大公司的高度重视,他们设置了 ADS 专门研究课题组,并将其应用于城市轨道交通综合运输管理控制系统。由于日本是地震多发国家,为了保证车站由于控制中心遭受地震袭击导致其瘫痪后,还能在一定时间内正常接发列车,日本东京圈城市铁路控制系统特别在车站设立了自律计算机,通过接收控制中心下达的运行计划,在中心通信中断后自行接发列车。日本东京圈自律交通运行控制系统(ATOS)是目前世界上最大的自律分布系统,它管理着东京地区的200多个车站和2 000多公里线路。同样,通过自律分散技术构建的系统在东日本铁路公司的新干线地区实现了行车指挥、设备监控和旅客信息综合的自动化,实现了列车的高密度运行和系统的分阶段建设,具有典型性和代表性。

为了解决行车和调车相互干扰的问题,必须实现在不影响列车运行的原则下,允许控制中心和车站通过调度集中系统自主进行调车的功能。这对于调度集中系统来讲是一种功能的分散,不同于传统意义上调度集中系统的集中控制,而是出现了分布式控制的功能。因此,如果通过在车站设立自律机来完成按照列车运行计划和正常接发列车以及协调列车、调车冲突的功能,将完全可以实现列车和调车作业的统一控制,这一原则叫作"自律分散"控制原则。因此,自律分散调度集中系统具备了调车进路远程控制和智能化控制的功能,有效地解决了车站与调度中心频繁交换控制权进行调车控制的问题,非常适合我国铁路客货列车混跑、调车作业量大的运输特点,在我国具有广阔的发展前景。

5.1.1 自律分散系统概述

自律就是遵循法度,自加约束。通常将具有以下性质的系统称为自律分散系统:

(1)自律可控性,即对于任何子系统的非工作状态,其他的子系统对其责任范围能够进行任意地控制。

(2)自律可协调性,即对于任何子系统的非工作状态,其他的子系统能够根据不同的目的进行协调。也就是说,自律分散系统的整个系统是由规模较小的子系统构成,各个子系统是一个自律系统。

自律分散系统理论从根源上来看,来自于生物学背景。从分子生物学的观点来看,生物具有以下的特点:

(1)生物体由细胞构成,各细胞中遗传因子具有生物体成长所需的所有信息。

(2)各细胞根据周围的状况,决定其特定的功能。

(3)生物体内总含有故障单元。

(4)通过新陈代谢,生物体总是在不断地变化之中。

总之,细胞是生物的基本单位,并不决定整个系统的最终形态。可以说,细胞是均质(同构)的。在生物体内,正常与异常的区别是模糊的,运行与维护并不是处于各自分离的过程之中。

在自律分散系统中,基于上述对分子生物学的认识,不妨用以下观点来把握整个系统:

首先是子系统的存在性,这些子系统综合的结果构成一个系统。其次,系统的正常和异常状态不加区分,任何子系统的非运行状态(故障、维护、更换等),对整个系统而言是一种正常状态,系统的结构不是固定的。

另外,在自律分散系统中对系统的最小构成单元(被定义成子系统)有以下前提条件假定:

(1)各子系统分别具有控制器,各控制器具有各自的控制目标。

(2)各子系统具有独自的责任范围。

由于监控系统的分散化,系统的耐故障特性和灵活性将得到改善。所谓耐故障特性是指:即使系统的一部分发生故障,系统整体的稳定性不受影响。在自律分散系统中,系统的功能是分散到各个子系统中的。所谓灵活性是指:根据系统整体功能需求的变化,子系统可以在线增加、删除和更换。

在自律分散概念体系中,分散与自律是两个重要的关键词。各个子系统在不了解系统整体状态的前提下,为实现同一控制目标的工作是极其困难的。定义自律分散系统有两个前提:一是系统出现故障属于正常现象;二是系统由子系统组成。系统整体是不能事先定义的,只能定义为子系统的集成。其中某些子系统可能处于故障状态、正在进行改进或维修。

若一个系统满足以下两点要求则可称之为自律分散系统:

(1)自律可控性,即系统中有任何子系统出现故障,正在维修或刚刚加入,都不能影响其他子系统的自我管理及功能的运行。

(2)自律可协调性,即系统中有任何子系统出现故障,正在维修或刚刚加入,其他子系统之间能够协调各自的任务,并以协作方式运行以实现各自功能。

正是以上两个特性保证了系统的在线扩展、在线维护和容错的良好运行,因此要求每一个独立系统都能"智能"管理自己而不干涉其他的子系统的事务,并且也不受其他子系统的干涉,但它还能和其他的子系统进行协调工作。

此外,自律可控性和自律可协调性的实现反过来要求每个子系统必须满足以下特性:

(1)平等性,即每个子系统都能管理自己,并不能被其他的系统管理,子系统之间没有主仆关系。

(2)局部性,即每个子系统在只依靠本地信息的情况下就可以管理自己并能与其他子系统进行协调。

(3)自足性,即每个子系统管理自己和协调他人的功能是自备的。

(4)均质性,即每个子系统在结构上都是均质的。每个子系统管理自己和其他子系统协调工作的功能是自我控制的。

以上四个特点表明,即使其他的子系统都出现故障或者终止了与某子系统的通信,该子系统仍能正常工作。

由此构建的自律分散系统将承认系统有以下特性:

(1)系统总是有故障产生。

(2)系统总在不断的运行、维护和生长。

(3)系统几乎能完全达到自己的目标。

考虑由 m 个子系统构成的自律分散系统,根据线形定常离散时间动态系统的模型,建立下面方程:

$$\begin{pmatrix} x_1(k+1) \\ x_2(k+1) \\ \vdots \\ x_m(k+1) \end{pmatrix} = \begin{pmatrix} A_{11}\cdots A_{1m} \\ \vdots \\ A_{m1}\cdots A_{mm} \end{pmatrix} \begin{pmatrix} x_1(k) \\ x_2(k) \\ \vdots \\ x_m(\mathrm{k}) \end{pmatrix} + \sum_{i=1}^{m} \begin{pmatrix} B_{1i} \\ B_{2i} \\ \vdots \\ B_{mi} \end{pmatrix} u_i(k) \tag{5-1}$$

这里的 x_i 为子系统 S_i 负责控制的状态变量,u_i 为 S_i 的控制变量。

根据上述方程,得到自律可控性和自律可协调性的内涵:

自律可控性:对于任意子系统 S_j,满足 j 不属于 $lk=(i_1,i_2,\cdots,i_\mathrm{k},)$ 时进入非正常状态,其他的子系统 $Si(i \in Ik)$ 在有限时间 T 内,可以选择控制 $u_\mathrm{i}(s)(s=0,1\cdots T-1,i \in Ik)$,使得系统从任意的初始状态 $x_\mathrm{i}(0)$ 转移到任意状态 $n_\mathrm{i}=x_\mathrm{i}(T)(i \in Ik)$,此时,系统具有自律可控性。也就是说系统中的任何子系统处于非正常状态,都不影响其他子系统的自我管理及功能的运行,其他子系统对其责任范围能够进行任意的控制。

自律可协调性:对于任意子系统 S_j,满足 $j \notin Ik=(i_1,i_2,\cdots i_\mathrm{k})$ 时进入非正常状态,其他的子系统 $S_\mathrm{j}(i \in Ik)$ 可以选择控制 u_i,相互协调,使得各子系统的评价函数 J_i 值达到最大。也就是说系统中任何子系统处在非正常状态,其他的子系统能够完成各自的任务并以协作方式运行。

5.1.2 自律分散系统的实现方案

节点(Atom)和数据域 DF(Data Field)是实现自律分散系统的两个实现技术。

节点是构成自律分散系统的最基本的自律单元,在室内网络中它对应于计算机、职能设备或其他硬件。数据域是自律分散系统的信息传播空间,从物理概念上讲,它相当于网络或存储器。所有节点主动地向数据域发送信息,同时各个节点又根据自己所需从数据域中取走信息以完成内部模块的功能,同时进行处理后再将结果发往 DF,在 DF 中到处传播。ADS 系统的结构组成如图 5-1 所示。

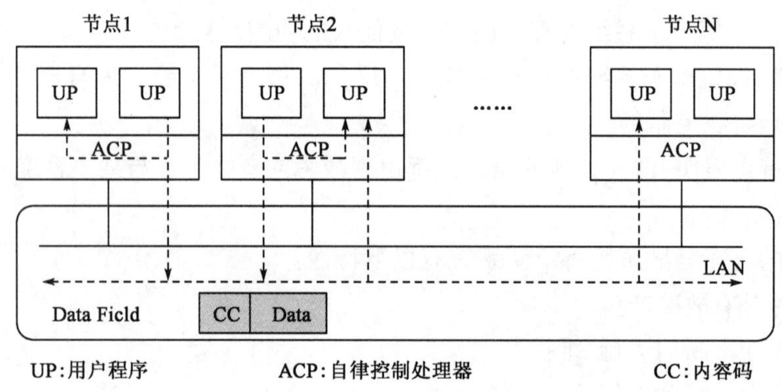

图 5-1 ADS 系统结构组成

DF 结构使用内容代码(Content Code,简称 CC)来判断一个数据是否是必要的。内容代码是针对数据内容而定义的固有编码,附加在所有的数据上。数据域其对应的内容代码形成一条信息,对 DF 中的所有节点或所有子系统发送信息,而各子系统根据 DF 中广播信息的内容代码,做数据取舍的选择,提取其应用软件需要利用的数据。通过选择接收的方式,各子系统仅根据各自所需的内容代码这一本地信息,判断信息的收发关系,通过 DF 奠定了以数据为中介,并能够自律协调的基础,实现了自律可协调性。

CC	Data	CC	Data	…	Application Module
CC1		CC2		…	M1
CC3				…	M2
CC4		CC1		…	M3
…	…	…	…	…	…

图 5-2 内容码实现方案

内容码的实现方案如图 5-2 所示。

数据域延伸至节点内部的一部分称之为节点数据域(Atom Data Field,简称 ADF),其中流动的是节点应用程序模块所需的数据。每个节点都是独立地从数据域中提取信息并进行内部处理,同时又主动以广播方式向数据域发送处理结果以及其他内部信息。发出的信息在数据域中循环,信息的格式如图 5-3 所示。节点与节点之间没有直接的耦合关系,他们只对数据域中的信息内容感兴趣而不需要知道此信息来自何处,这就有效降低了系统的整体复杂性。在数据域流动的消息中都包含一个内容码 CC 来标志其属性,各个节点通过识别内容码来决定自己是否需要此信息。这种基于内容码的通信方式保证了每个子系统的自律信息发送和自律信息接收。当一个程序所需要的数据到达数据域并由该节点全部接收后,由系统自动启动该程序,这种启动方式称为数据驱动方式。

数据域和广播方式是实现 ADS 系统模型的关键概念。数据域、基于内容码的通信和数据驱动是自律分散系统的三大特征。

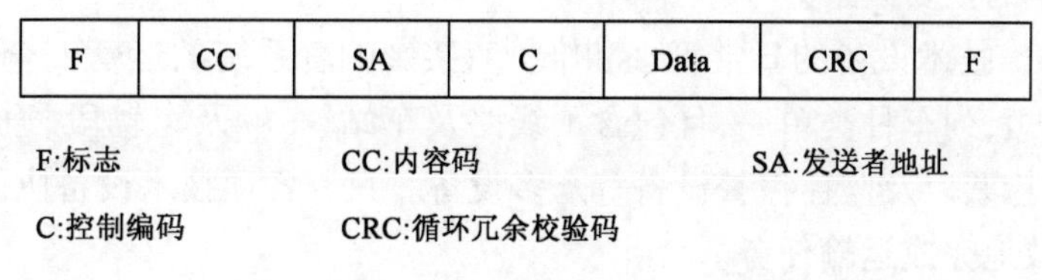

图 5-3　数据格式

ADS 子系统结构如图 5-4 所示。

此外，以下技术也多在网络化、多节点、高密度的 ADS 系统中应用：

(1)实时信号采集与分析处理技术。

(2)多传感器采集技术。

(3)多传感器数据融合技术。

(4)多类型数据传输协议和标准技术。

(5)多类型数据兼容技术。

(6)运行状态和故障状态综合分析技术。

(7)海量数据快速处理技术。

(8)故障快速定位技术。

(9)应急处理流程设计。

(10)应急资料管理技术。

轨道交通与自律分散系统有着密切的关系，我们可以从以下的关系看出，轨道交通是众多系统构成、复杂的巨系统：

(1)网络运营涉及多工种、多技术、多设施。

(2)多系统组合，运营环节复杂。

(3)安全故障成员多，联系协调费时费力。

(4)子系统融合协同困难。

由轨道交通系统复杂性、故障关联性以及数据异构性的特性，我们需要用信息化、自动化以及复杂化的技术来解决问题。

自律分散系统的生物特性与轨道交通特点也有相似特性，如图 5-5 所示。

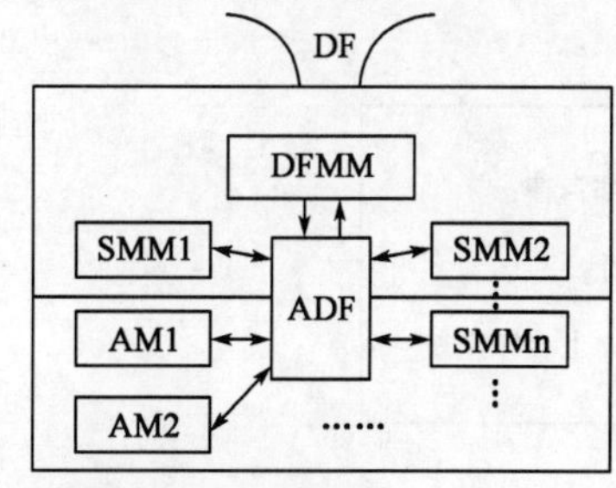

DFMM:数据管理模块
SMM:系统管理模块
AM:应用模块

图 5-4　ADS 子系统结构

ADS生物特征	轨道交通运行特点
运动性	大量静态、动态装备
生长生命周期	运营生命周期； 设施周期； 技术周期
应急状态下的诊断	诊断维护，使用时不断地维护保障

图 5-5　生物特性与轨道交通的相似性

影响运营安全的主要因素：

(1)技术设备。技术设备的日常管理和维护直接影响着系统的运营安全。城市轨道交通的线路长，站间距短，列车种类单一，且包含了线路及车站、车辆及车辆段、通信信号、供电、环控等设施，还有售检票以及监控报警设备等众多设备。只有各项技术设备协调可靠运作，才能保证列车安全高效地完成运输任务。

(2)网络运输能力。城市轨道交通的网络运输能力体现了运输效率。提高网络的运输能力，可以最大程度地满足乘客出行的要求，安全高效地完成输送任务。因为地铁运行延误具有传播性，地铁列车一旦发生延误不仅会影响到自身线路的正常运行，而且会影响到网络中其他列车的正常运行。特别是在客流高峰时段的运行延误，不仅造成轨道交通运营公司很大的经济损失，而且可能产生不良的社会影响，严重影响城市轨道交通系统的运营安全和社会声誉。因此提高网络的运输能力，减少列车的运行延误对提高系统运行的安全是很重要的。

(3)运营组织方案。城市轨道交通应为乘客提供满意的出行服务，良好的运营组织是这种供给的前提和保证。在一定的网络结构和设备条件下，采用的运营方案应针对客流变化的情况，有利于提高网络系统的整体运输能力，适应客流需求，增加运营效益和运营可靠性，满足乘客在出行安全、舒适、准时等方面的要求。

(4)突发事件。自然灾害、恐怖袭击、人为破坏等突发事件也是影响运营安全的关键因素。这些突发事件的发生，将会造成重大的人身伤亡和财产损失，导致运营中断。因此，必须加强对自然灾害、恐怖袭击或认定为破坏事件的预警，完善发生后的应急处理机制，最大限度地降低人员伤亡和财产损失。

提高轨道交通运营安全的策略：

(1)加强人员培训和安全意识的宣传教育。

(2)提高轨道交通系统的技术装备水平，并发挥其最大的效能。

(3)加强对地铁各系统设备的日常保养和维护。

(4)完善城市轨道交通的法规和标准。

(5)健全轨道交通运营公司各项规章制度，落实安全责任制。

(6)制订各类应急预案，并进行组织演练。

层层自律的轨道交通线网结构如图 5-6 所示。

<table>
<tr><td>网络</td><td>设备自身安全；
线路安全</td><td rowspan="2">每个节点都自律；
自环安全性；
一层一层向上自律系统</td></tr>
<tr><td>线路</td><td>线路相对独立；
线与线形成网</td></tr>
</table>

图 5-6　轨道交通线网结构

自律分散系统理论作为轨道交通的基础，为轨道交通安全理论奠定了基础，见图 5-7。在轨道交通领域，车辆走行部在线预警系统、基于光纤光栅传感的隧道结构监测系统，地铁隧道变性自动检测系统等方面已经开展研究并实现相应功能。

5.1.3 自律分散系统的功能特性

ADS 在线功能见图 5-8。

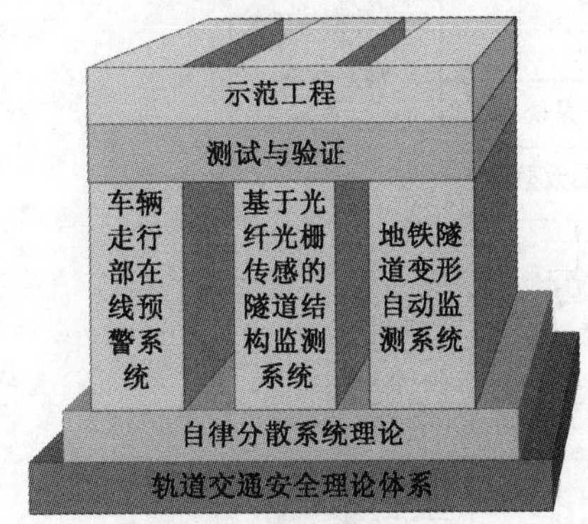

图 5-7 理论地位与作用

自律分散的三个在线	功能
在线容错	状态智能检测； 状态评估； 状态快速自愈
在线维护	主动防御
在线扩展	运行时，设备功能扩展与更新

图 5-8 ADS 在线功能

1)在线扩展

在线扩展包括三个层次,即功能模块、子系统、系统的扩展。

自律分散系统采用自底向上的设计,子系统由功能模块的集合构成,系统由子系统的集合构成,所以系统的扩展有以下三个层次。

(1)功能模块的扩展

系统功能模块的扩展如图 5-9、图 5-10 所示,新功能模块在开始运行之前由 ACP(自律控制处理器)设定对应于新功能模块的 ADF(节点数据域),其他系统不做任何变更依然可以继续运行。若系统中有新节点加入,在数据域中的所有节点都将接收这一信息,同时在控制中心也能看见此新节点的加入。若在线节点(子站)突然因为网络故障退出了网络系统,系统所有节点都会得到这一信息,网络故障排除后,节点重新加入系统会自动向控制中心发送自己最新的接线图文件,并尽力恢复故障前的状态。

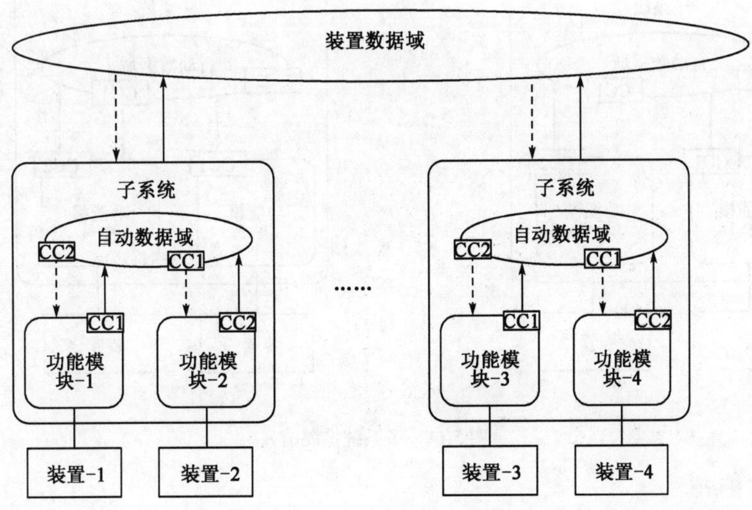

图 5-9 功能模块扩展前

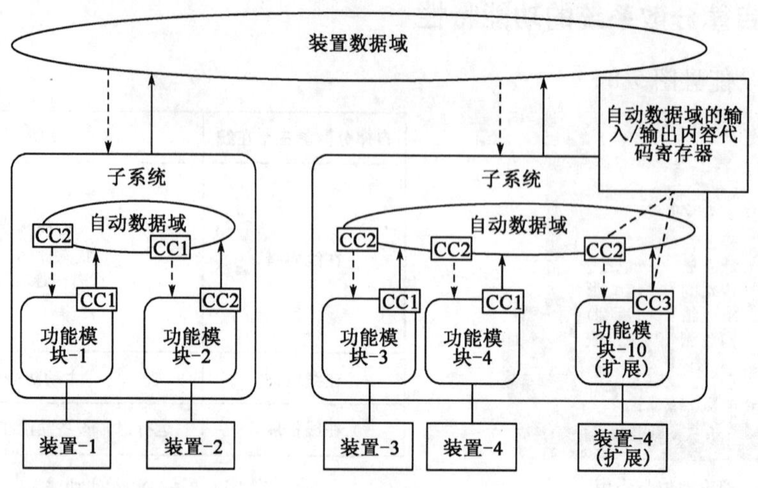

图 5-10　功能模块扩展后

(2)子系统的扩展

各个子系统之间采用松散的耦合方式,子系统通过内容代码的通信方式进行通信,增加一个子系统只需要在自律分散管理系统中注册与所需数据相对应的内容代码,就能接受拥有该内容代码的数据(图 5-11、图 5-12)。因此,不管系统结构如何变化,其他系统可以不受任何影响,继续保持通信。

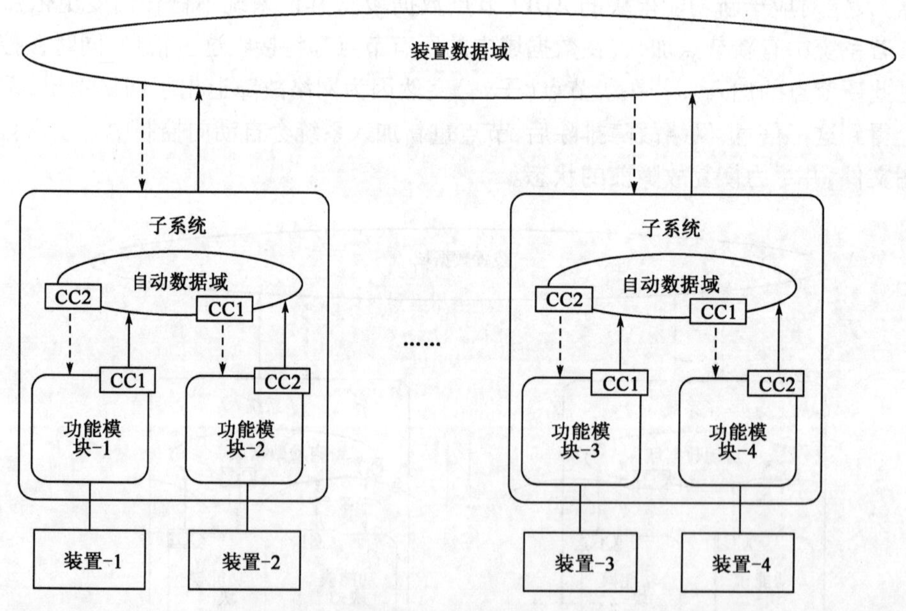

图 5-11　子系统扩展前

(3)系统的扩展

同构的系统扩展只需简单地将其数据域合并,所有数据信息都在合并后的数据域进行广播。而异构系统的扩展则需要网关,如异构系统 A 和系统 B 的连接扩展,可将其中任何一个系统和网关视为一整体看作是另一系统的节点。系统 A 可根据登记在网关中的系统 B 所需的内容码将相应的信息广播到系统 B 的数据域中。反之,系统 B 也可将系统 A 所需的信息传送给系统 A 的数据域。在网关中注册登记内容码不会影响两个系统的正常运行。图 5-13、图 5-14为系统扩展方式。

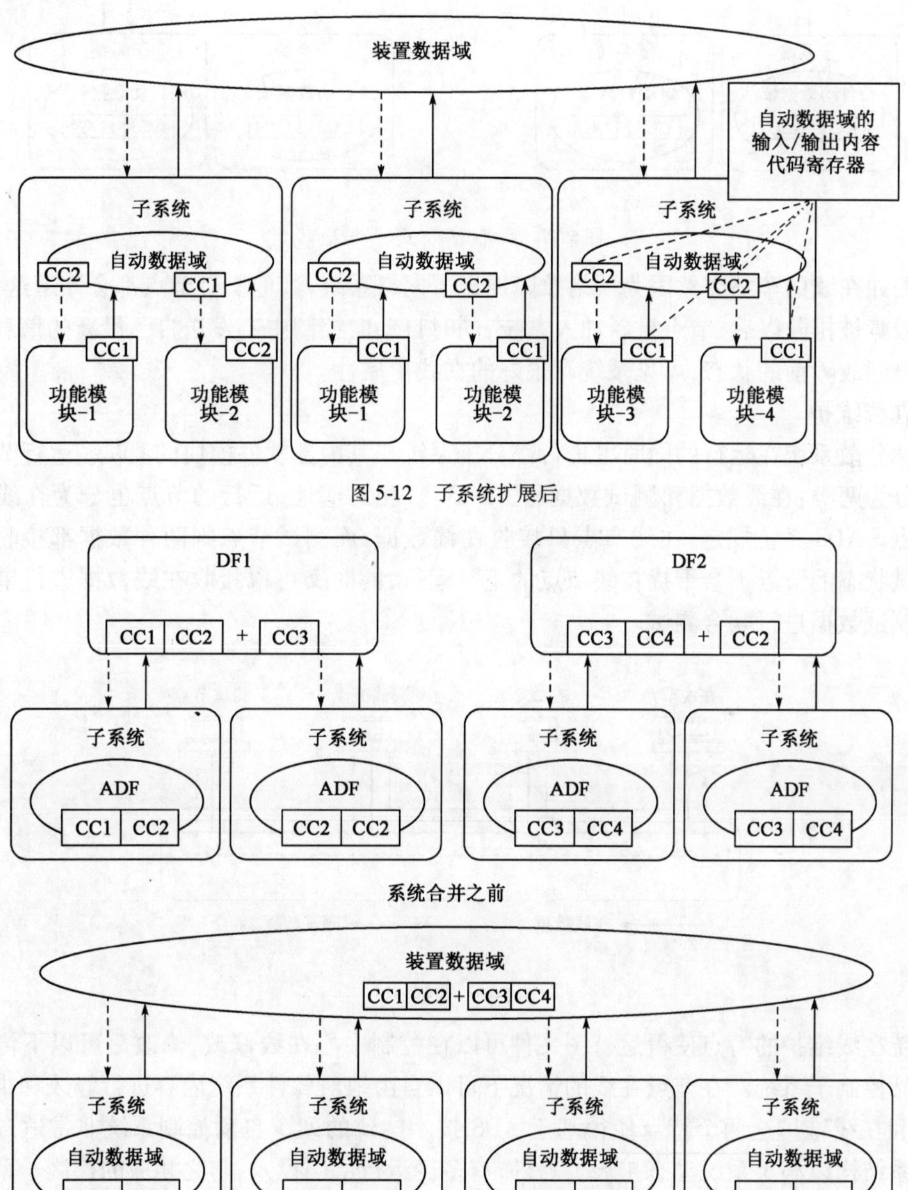

图 5-12　子系统扩展后

图 5-13　系统扩展方式(紧密型)

在列车控制系统中,在线扩展的特点表现为:

①在系统中假如有新节点(车站)加入,在数据域中的所有节点都将接收这一信息,同时可在控制中心看见这个新节点(车站)加入系统中。

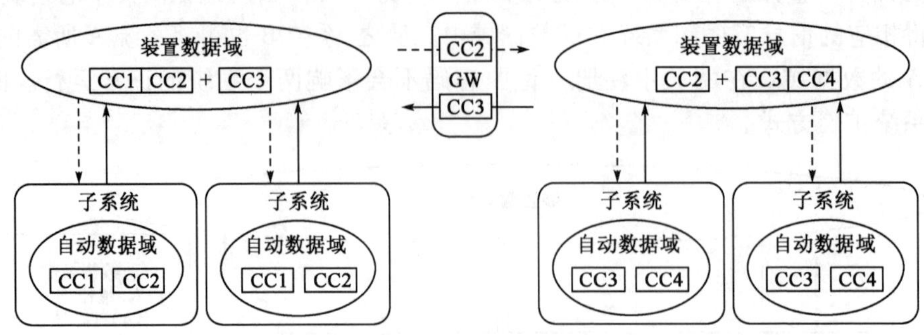

图 5-14 系统扩展方式(平滑型)

②假如在线的车站突然因为网络故障退出了网络系统,其他所有节点都会知道这一状况。当网络故障被排除以后,节点重新加入系统,同时自动向控制中心发送自己最新的信息。同时尽力恢复到故障前的状态,可见系统有很好的在线扩展性。

2)在线维护

自律分散系统在运行的同时可进行部分子系统或其内部软件模块的测试。运行节点发出的数据分为两类:在线数据和测试数据(图 5-15)。相对应地,运行的节点也分为在线节点和测试节点。ADS 系统规定:在线节点只接收在线数据,而测试节点则两种数据都接收。因而处于测试状态的节点不会干扰在线节点的正常运行,同时又可以接收在线数据进行单个测试或接收测试数据进行联合测试。

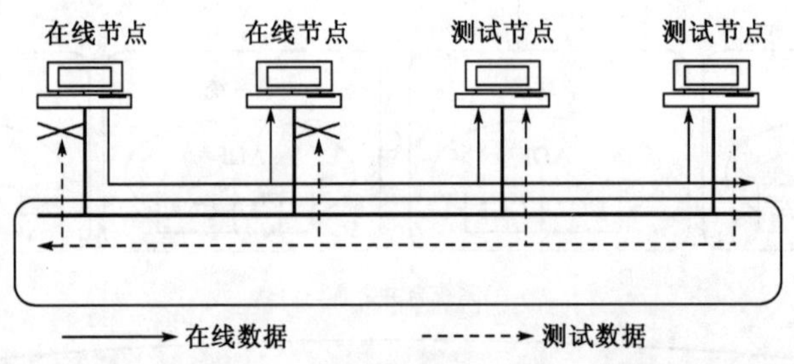

图 5-15 数据测试

系统在线维护的特点使得运行图文件可以在控制中心在线修改,修改后可以下传到各个地区车站控制子系统。在节点在线的情况下可以自由地对软件系统内容进行修改和维护。在线扩展和在线维护这两个特点使得基于 ADS 技术构建的列车自动控制系统非常适合于大规模的体系结构以满足系统动态扩展。另外,有多少运行部门投入,与之相应的控制子系统就可先行自主协调地运行,系统的组建可随着运行部门的建设一步步扩展。随着系统规模的逐渐扩大,可以在线地扩充子系统而不会干扰已经运作的子系统。一旦新加入的控制子系统调试通过,它可以和原有的系统无缝地集成为更大系统,共同实现整个系统的各项任务。

可以看出,用 ADS 技术实现的行车自动化系统是一种动态的系统,与以往集中模式的行车自动化系统相比具有更大的灵活性,解决了传统的集中式系统结构和客户/服务器结构不能处理的由于系统大规模的发展和广域分布所带来的复杂性问题。

3）在线容错

自律分散系统的容错性原理见图5-16。自律分散系统的系统结构及其数据驱动机制使软件模块可以自由地异步执行，并根据每一软件的重要程度来决定其复制数量。图6-6中，将重要的用户程序UP复制了*N*次，并在系统中的不同子系统中安置这些复制的软件模块，所有这些相同的软件模块都在独立运行并独立接收和发送信息。其中某些模块可能处于故障状态，如用户程序1出现故障，其发送的信息可能是错误信息，而另外一些模块仍在正常运行，它们发送的是正确信息。如何使用这些软件模块从所有这些信息中挑选正确的以供自己使用，需要通过两步来完成：一步是选取所有复制模块的"同步数据"（时间上同步）；另一步是从"同步数据"中选取正确的数据。实现的办法是使用"事件序号机制"和"投票机制"。通过以上的处理可以很好地解决以往使用备用容错技术出现的问题，即本身切换装置出现故障，无法使用备用。ADS系统在处理容错问题时，不存在任何中间切换装置，即故障软件可和正常软件同时运行，使用谁的信息的决定权完全取决于接收者。

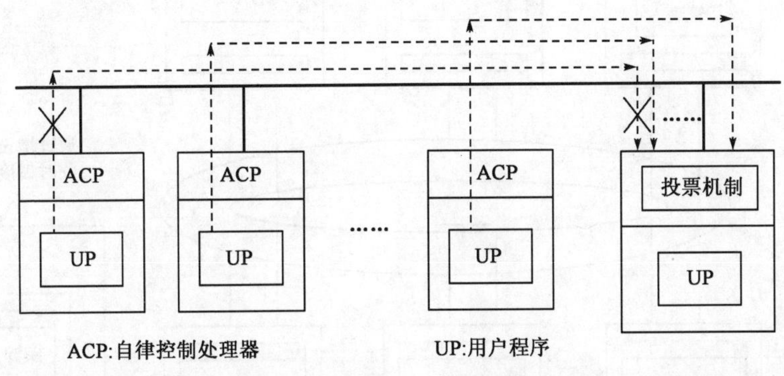

图5-16　自律分散系统的容错性

在ADS系统中，由于各个系统节点是对等的，任何一个节点都具有潜在的同等能力，区别只是应用层的功能不同而已，而且这种区别是为了管理者的方便造成的，而不是在设计阶段决定的，这意味着系统中的任何一个节点随时可以成为控制中心。这种灵活性对保证系统的可用性是非常有效的，特别是在灾害发生的时候。此外，车站节点的本地/远程运行模式能方便地实现调度中心临时管制。

总之，在大规模系统的建造和运行之中要求具有在线扩展、在线维护和容错的性能，然而，传统集中的和分散的系统是从"整个系统必须事先确定"的观点发展而来，这样硬件和软件结构固定，灵活性很少，很难满足这些需求。从以上三方面可以看出，采用ADS技术来构建的列车运行自动控制系统与传统系统相比，在系统结构、设计方法和容错等方面得到了质的改进。

此外，ADS还具有以下实践优势：

（1）ADS是一种开放的技术。

（2）ADS的国际标准化工作的推进。

（3）ADS有成功的应用实践。

5.2 自律分散的列车控制系统

5.2.1 日立列车控制系统

日本日立公司开发的基于自律分散技术的列车控制系统(图 5-17),既能由控制中心集中控制列车运行,也可由联锁车站的控制设备按照时刻表信息自主地进行实时控制。它具有高度的灵活性、高度的可靠性,适用于高效高密度的列车运行。

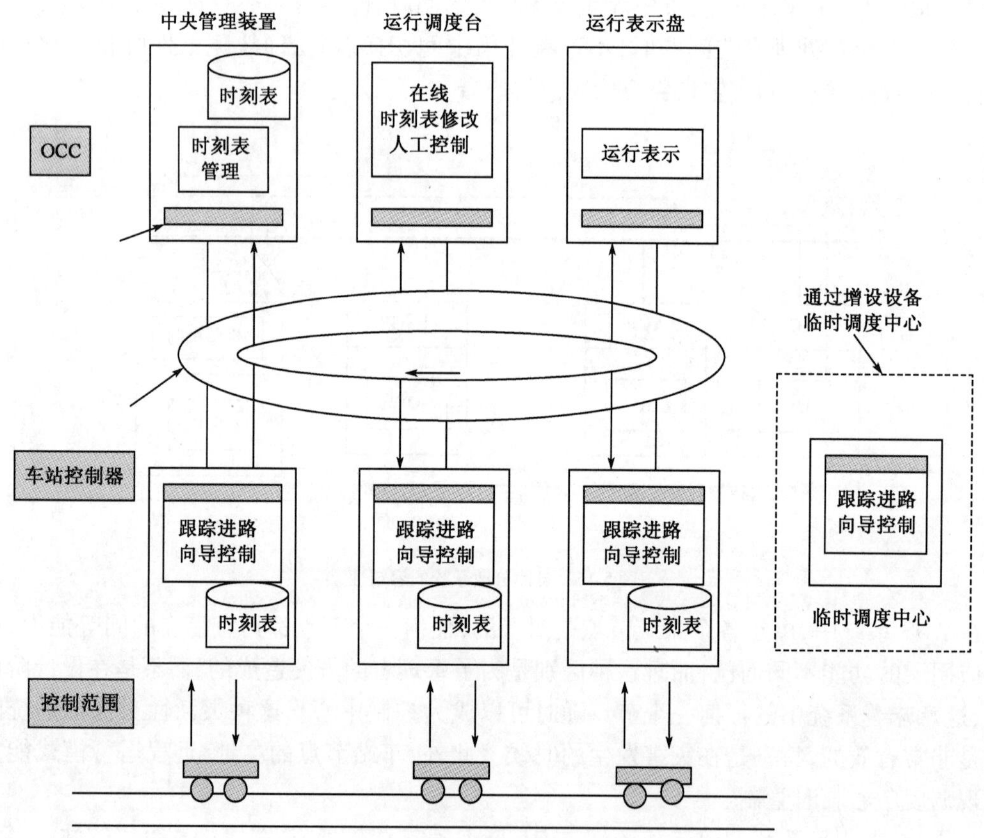

图 5-17　自律分散型 ATS 系统

(1)高质量和高可靠性。该系统目前已经在超过 21 条地铁线上运行。在日本的综合调度中心的 8 条线中有 6 条线使用了日立的设备。各车站控制器的自律控制设备能达到快速响应。

(2)数字 ATP 的维护,设计操作人性化。

(3)发生故障时能够及时应对。

日立公司列车自动控制系统分为 ATS、ATP、ATO、联锁等子系统,总体结构如图 5-18 所示。

根据用户需求,该系统应能提供下列服务:

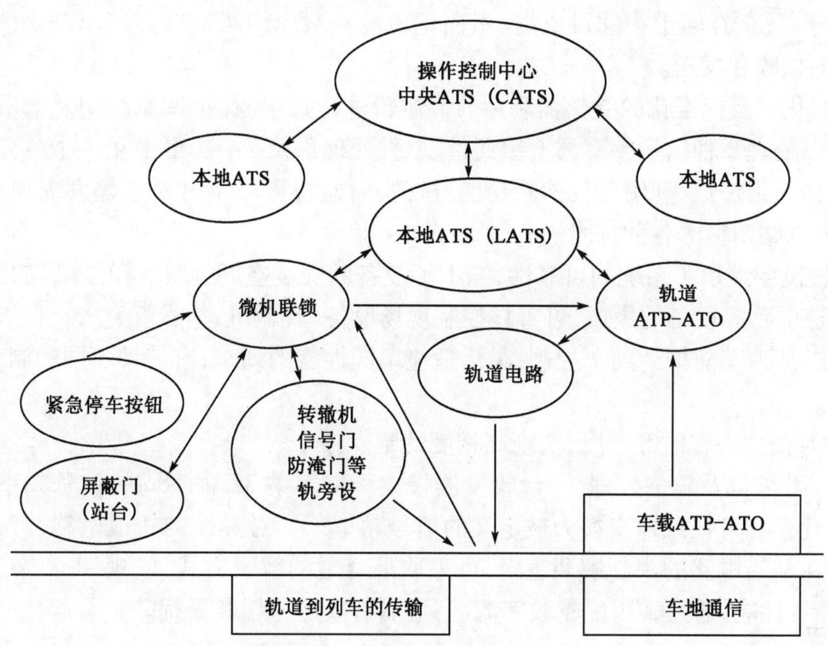

图5-18　列车自动控制系统总体结构

(1)高密度运营。

(2)防止运营紊乱加剧。

(3)未来多条线路综合运营管理。

(4)灵活的备份方式。

该系统能实现的功能如下：

(1)高密度运行下的进路控制。

(2)运营异常情况下(列车故障、运营紊乱、人员伤亡事故等)的实时时刻表的修改，直行通过或是返回的旅客向导。

(3)高可靠性。

实现上列功能的解决方案如下：

(1)实时便捷的时刻表修改。

(2)车站控制器完成列车跟踪、进路控制。

(3)根据时刻表以及实际的列车位置为旅客提供向导。

(4)完善的降级功能。

(5)OCC 备份、设备集中站备份或完全的 OCC 异地备份。

日立公司开发的 ATP、联锁、ATO 子系统有以下主要特点：

(1)优越的列车控制方式：连续地进行运行曲线的跟踪控制，对于不同性能列车的适应性强，可实现最佳的列车控制，有三种不同的制动曲线(紧急制动、常规制动、缓和制动)，以提高乘客的舒适度。

(2)高可靠的数字轨道电路：优越的轨道电路设计技术实现高可靠的列车检测功能，基于相邻轨道电路状况和列车位置等多种因素的电平学习功能，进一步提高列车检测的可靠性。

(3)轨旁设备少：在严谨的轨道电路设计理论下，开发了非谐振式无绝缘轨道电路方式轨旁无需谐振子，无需在轨道中铺设电缆，引向钢轨的一对电缆可同时进行 ATP 信号的发送以及 TD 信号的接收和发送。

(4)小型化以及标准化的受信器利用软件逻辑进行数字滤波、调制解调及电平计算，一个收发信器可以处理 8 种信号频率与上级通信，软件处理部及 PA 部集中在一个单元中，利用维修帮助技术提高维护性，利用自我诊断功能进行实时监视可以及时地远程发现现场的异常区间，支持轨道电路调整的各种技术。

(5)通过设备继承了系统的可靠性，缩小了设备的安装空间，降低了成本，实现了 ATP/连锁/ATO/轨道电路等设备的集成，可直接控制现场设备(转辙机、信号灯)。

(6)ATP：从列车防护到列车控制；灵活适应不同性能的列车；有三种不同的制动曲线的列车控制。

(7)ATO：提高乘客的舒适度；实现高精度的定点停车。

(8)数字滤波以及软件处理：一台收发器最大可以容纳 32 种不同的信号频率，根据来自中断的初始化信息可任意地变换为被定义的信号频率。针对具体的轨道电路，考虑高可靠性的数字滤波 + 轨道电路的调制解调逻辑，可采取最合适的解调方式，实现 MSK 解调理论传输速度以及 BER 性能，通过采用优越数字滤波，可以有效迅速切断干扰。

5.2.2 JR 铁路信号系统中的应用

近年来，日本铁路服务的运营环境变得非常严峻。在中长途运输方面，铁路公司与高速巴士公司和航空公司存在着激烈竞争。另一方面体现在短程运输上，特别是在东京市区，人们强烈要求改善运输服务，如减轻道路拥挤状况，渴望快速服务，开通直达列车运行等。

为了满足客户的需求，日本铁路公司在铁路系统增加投资。但它难以满足当前需要，因为这是一项需要长期改善的工程，特别是有关铁路信号系统的铁路系统。

主要有两个因素造成了信号系统建设的长期性。一个因素是，它的架构。目前的信号系统提供单一的功能，如联锁、ATS 以及平交道口控制等。控制器是分层架构，每个功能都紧密合作。因此，信号系统部分扩展时，整个系统都需要扩展。此外，系统在不断扩展时，都需要离线操作。另一个因素是，目前的信号系统不仅确保列车的运行安全，还需要保证设施维护人员的安全。所以，信号系统会因为设施的维护而停止运行，设施的维护工作会被限制。综上所述，信号系统是接近 24 小时不间断运行，很难获得扩展所需要的时间。因此，信号系统的扩展需要一个相当长的周期。图 5-19 为列车自动控制系统总体结构。图 5-20 为系统结构与信息流。

为了解决这个问题，基于自律分散的铁路信号在线扩展技术被提出。

(1)网络化的信号系统

为了使得铁路信号系统更加适合实时自律结构的应用，网络化的信号系统在此被提出。这个系统从电缆控制设备向通过 DF 进行数据交换转变。图 5-21 显示了系统的配置。这个系统在不同的逻辑控制器之间收发控制数据通过光缆传输。

①A 逻辑控制器(Logical Controller，简称 LC)。LC 由安全计算机组成，在铁路线上替代联锁设备控制信号设备。LC 发出控制数据，并将数据以 200ms 的周期广播到 DF 中。

②B 现场控制器(FC)。FC 是安全电子设备，它安装在信号设备上，如图 5-22 所示。它由几个标准部分组成：供电单元、传输单元、故障安全单元以及输入输出单元。它们被整合到信号设备上。

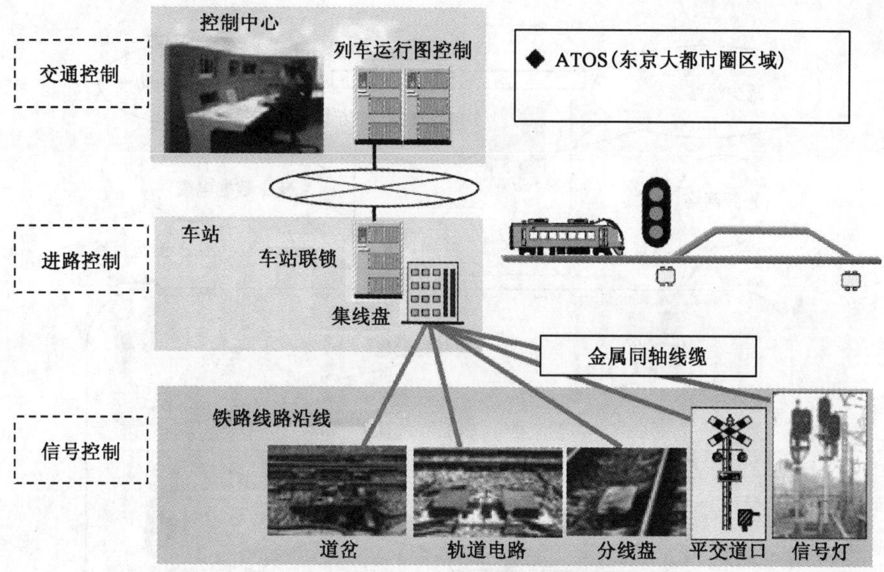

图5-19 列车自动控制系统总体结构

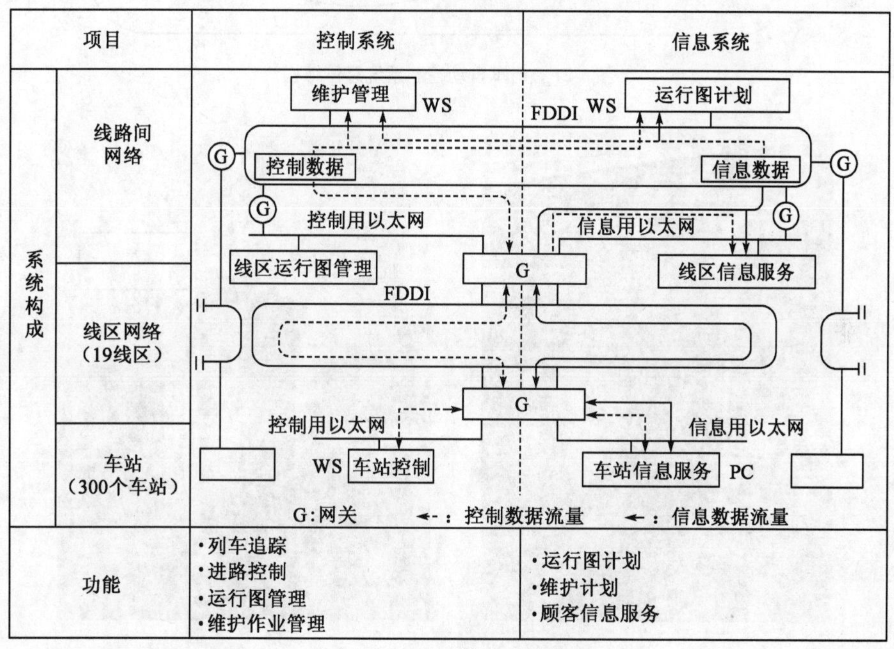

图5-20 系统结构与信息流

FC从DF中获取控制数据并且驱动信号设备动作,比如点亮信号灯,搬动道岔等。最后,FC将反馈数据返回到DF。

(2)在线扩展技术的应用

新的信号控制系统的替代监控测试是系统替代架构的需求之一。在测试中,新旧LC将会得到对比。测试方法的问题如下:大量电缆和设备仅在测试时候临时使用;测试精度不高,因为仿真系统不能完全模拟现场的状况,比如延迟和干扰。

图5-23、图5-24显示了在网络信号系统中的测试方式。

(3)自律分散数据库系统

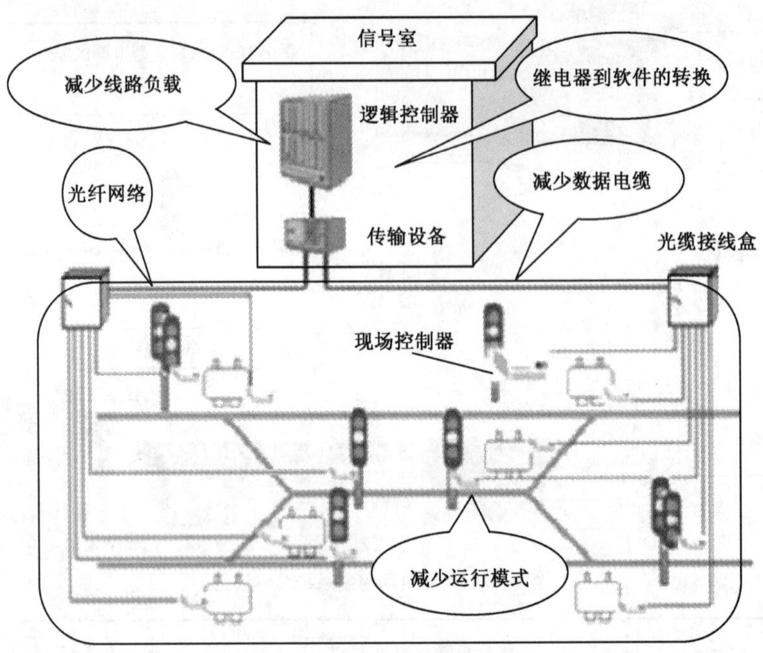

图 5-21　列车自动控制系统总体结构

图 5-22　FC 示意图

自律分散数据库系统(Autonomous Decentralized Database System,简称 ADDS),自律分散数据库系统是基于以下的概念提出来的(图 5-25)。

①自律判断的网站的集合构成一个系统;

②为避免单一个故障点(Spof)的发生,任何网站都不持有系统整体的信息;

③数据库复制在多个网站上加以保持;

④数据库条目可数时,各网站持有的 AV(Allowance Value,简称 AV)管理表,根据自身判断,管理可更新的更新许可量 AV 以及网站工作的加速装置;

⑤系统内的更新许可量的总和不超过其数据条目的数量。

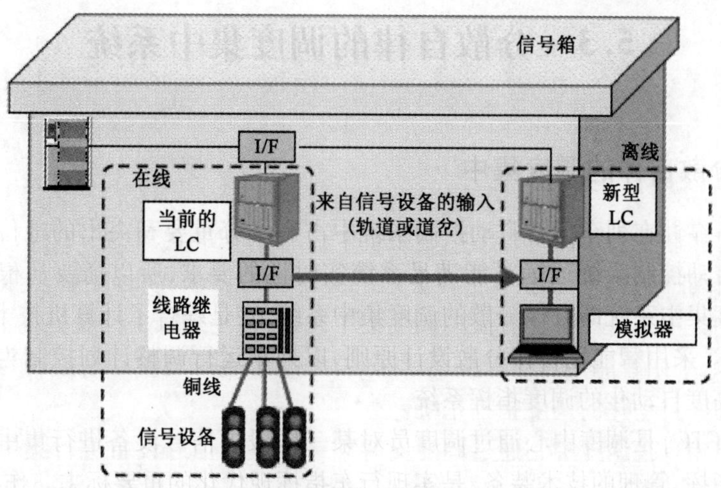

图 5-23　在线扩展模式

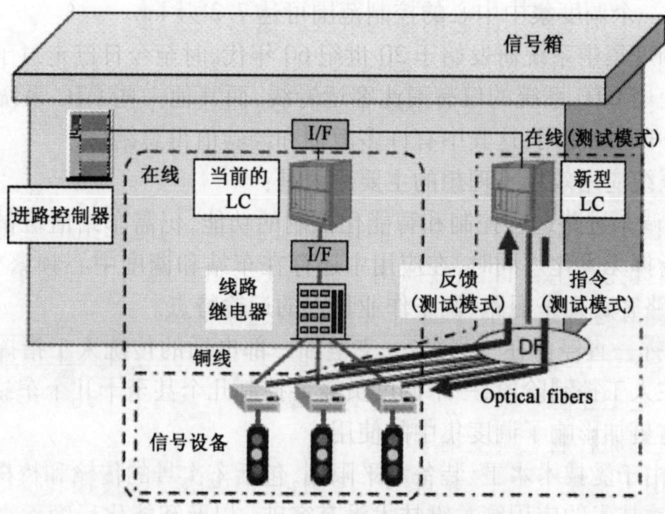

图 5-24　在线扩展模式

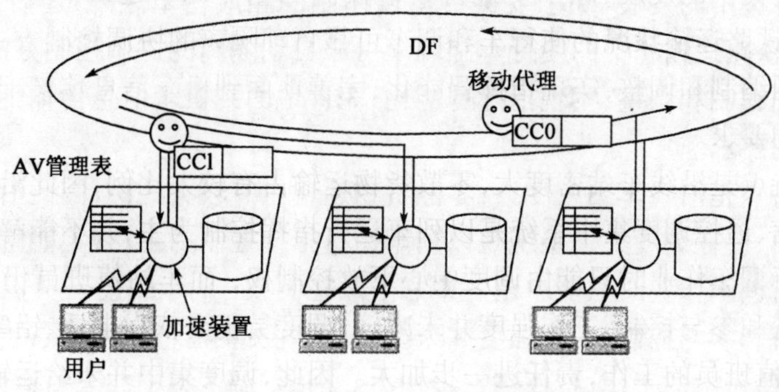

图 5-25　自律分散数据库系统

5.3 分散自律的调度集中系统

5.3.1 分散自律的调度集中

实时性和可靠性在列车运行自动控制系统中占有十分重要和突出的地位,但传统的集中模式列车运行自动控制系统远远不能满足系统实时性的要求,所以需要从根本上作出改进。铁路新一代调度集中系统即自律分散的调度集中系统,它是综合了计算机技术、网络通信技术和现代控制技术,采用智能化自律分散设计原则,以列车运行调整计划控制为中心,兼顾列车与调车作业的高度自动化的调度指挥系统。

调度集中(CTC)是调度中心通过调度员对某一区段内信号设备进行集中控制,并对列车运行进行直接指挥、管理的技术装备,是实现行车指挥现代化的重要标志。作为一种新型的运输组织方式,其在提高运能、保证安全、减员增效方面显示的巨大优越性,自 20 世纪 80 年代开始在发达国家的铁路上得到了迅猛的发展。它在日本的营业里程已达 2.6 万 km,占总营业里程的近 90%;在美国一个调度集中中心的控制范围可达 7.2 万 km。

我国铁路开展调度集中系统研发始于 20 世纪 60 年代,时至今日已走过了 50 多年。目前在全路开通并真正使用 CTC 系统的仅有秦沈客运专线,而其他一些 CTC 系统如广深线、大秦线、郑武线等并没有开通或使用,这其中有许多教训和经验值得总结。

我国调度集中系统应用效果不理想的主要原因是:

(1)由于不具备调车进路远程控制和智能化控制的功能,仍需车站值班员办理调车进路,无法实现车站行车指挥无人化。同时,在应用中还存在车站和调度中心频繁交换控制权的问题,难以适应我国铁路客货列车混跑、调车作业量大的运输特点。

(2)由于行车指挥一直停留在一张纸、一支笔和一部电话的传统人工指挥阶段,使得调度集中的使用只停留在人工控制阶段,一个调度员需要控制几个甚至十几个车站,工作负担和责任都较以往更大。这更加影响了调度集中的使用。

(3)长期以来,由于受技术水平、装备水平限制,包括车次号的传输和校核,运行图的自动生成和调整,无线传输技术的应用等关键技术没有突破,以及智能化程度不高等原因,调度集中在我国的发展一直十分缓慢。

为了促进调度集中的发展,除了要进行运输体制的相应变革之外,还要突破下列技术瓶颈:研究适应我国铁路运输状况的使行车和调车可靠自动隔离的协调控制方法;全面实现利用计算机进行运行图编制和调整,实现指挥智能化;完善地面到机车信息传输配套技术,使其满足调度集中发展的要求。

我国铁路的特点是沿线车站密度大,零散货物运输占有较大比例,因此沿线调车作业多而分散。传统的遥信、遥控调度集中系统是以列车运行指挥控制为主,并不能解决沿线车站的调车作业。车站进行调车作业时只能由调度中心下放控制权,而车站值班员仍要时刻监视列车的运行并随时准备和参与控制,工作强度并未减轻,调度员仍需依靠电话、铅笔、尺子的传统工作方式,承担车站值班员的工作,责任进一步加大。因此,调度集中并未给运输组织带来变革,反而进一步复杂化。

传统的调度集中是利用遥信和远动技术实现行车调度远程集中控制的,是铁路运输生产指挥现代化的重要手段。传统调度集中具有减员增效的显著作用,可以有效提高铁路运输能力。传统的调度集中系统通常为中心系统、通信系统和车站系统三层结构,大多采用集中控制方式。通信系统通常有多种构成形式,如树形、共享总线、环形、点至点互连、星形等,最常用的是环形和星形结构。系统的主要功能是列车运行的监视及列车进路的控制。

随着技术的发展,传统调度集中系统技术不断更新换代,已从最初单纯的人工远程控制逐步发展到集列车运营管理和控制为一体的综合调度系统。技术手段也发生了质的飞跃,实现了管理信息化、指挥智能化及控制自动化。

新一代调度集中可采用自律分散的调度集中系统,它是综合了计算机技术、网络通信技术和现代控制技术,采用智能化自律分散设计原则,以列车运行调整计划控制为中心,兼顾列车与调车作业的高度自动化的调度指挥系统。

自律分散式调度集中系统的基本思路是:调度中心系统负责编制和调整列车运行计划,并将计划及时发送到车站,由车站系统将运行计划变成进路控制命令,进而驱动联锁设备执行,同时把调车作业也纳入自律分散式调度集中系统。调车作业是以列车运行阶段计划为前提,在不影响列车正常运行的情况下,寻找列车间的空档进行调车作业。凡是调车作业与列车阶段调整计划及实际运行存在时间上和空间上的冲突时,调车进路命令就不能执行。当车站与调度中心通信故障时,如果车站系统仍能正常运行,则在一定时间内,车站仍能继续自动控制列车进路。因为车站把列车接发与调车作业控制权集中在车站控制装置(即车站自律机)处,可以不依赖调度中心的指令而独立地处理列车接发与调车作业,因此不再存在接发列车与调车作业之间的矛盾。由于采用了自律分散系统设计思想,沿线各车站的自律分散机都具有智能化的调度集中分中心作用。我们可以将《车站工作细则》《行车组织规则》《铁路技术管理规程》等各种行车办理规定纳入到系统中,与站场股道、区段长度、道岔限速、线间距等数据一并存入自律分散机中,即将车站值班员办理列车、调车作业所需要掌握与记忆的规定与数据全部由系统自动控制,这些智能化的功能集中体现在车站的自律分散机上 。

各个车站分机采用智能车站系统及本地控制台,可以接收车站值班员输入的有关调车作业申请、调车作业计划以及调车按钮命令;与车站联锁设备通过专用结合电路或接口结合。各站智能分机接收总机发送来的人工控制命令,优先对联锁设备实施控制,同时接收邻站的实时信息、车次校核及列车跟踪。各站分机接收总机发送来的列车运行阶段计划,进行存储并通过显示器显示,将列车运行阶段计划做成列车进路办理序列表(包括列车车次、进出站或通过时间以及所利用的股道),根据列车车次、进出站时间适时地检查列车运行位置,及时正确地向联锁设备发送相应的控制命令。

调度集中是调度中心(调度员)对某一区段内的信号设备进行集中控制、对列车进行直接指挥、管理的技术装备。分散自律调度集中系统(CTC)是综合了计算机技术、网络通信技术和现代控制技术,采用智能化分散自律设计原则,以列车运行调整计划控制为中心,兼顾列车与调车作业的高度自动化的调度指挥系统。

分散自律调度集中系统的优越性主要有以下几点:

(1)实时性。

保证调度员在调度所迅速,可靠地控制所管辖区段内的信号和道岔;能及时、准确地了解列车分布情况以及道岔和信号的状态,是系统成为行车指挥的控制系统。

(2)技术先进和经济合理。

(3)安全可靠。

系统工作可靠性高,故障便于发现、便于维修,符合故障导向安全的原则。

(4)通用性和可维护性。

系统设计上考虑通用化、系统化和灵活化。调度集中、调度监督、车站遥控和枢纽中心等设备均属于远动系统。硬件和软件的设计采用模块化和结构化,便于移植、扩展和维修。

分散自律调度集中系统的局限性表现在:在分散自律调度集中系统中,根据不同的运行条件,进路控制的权限需要在调度中心、车站和机车之间动态转移。过去这一转移需要人工确认,加之要求频繁转移,导致效率低下,妨碍了分散自律调度集中系统在中国铁路的应用。

自律分散调度集中系统(CTC)是综合了计算机技术、网络通信技术和现代控制技术,采用智能化自律分散设计原则,以列车运行调整计划控制为中心,兼顾列车与调车作业的高度自动化的调度指挥系统。其系统通信如图 5-26 所示。

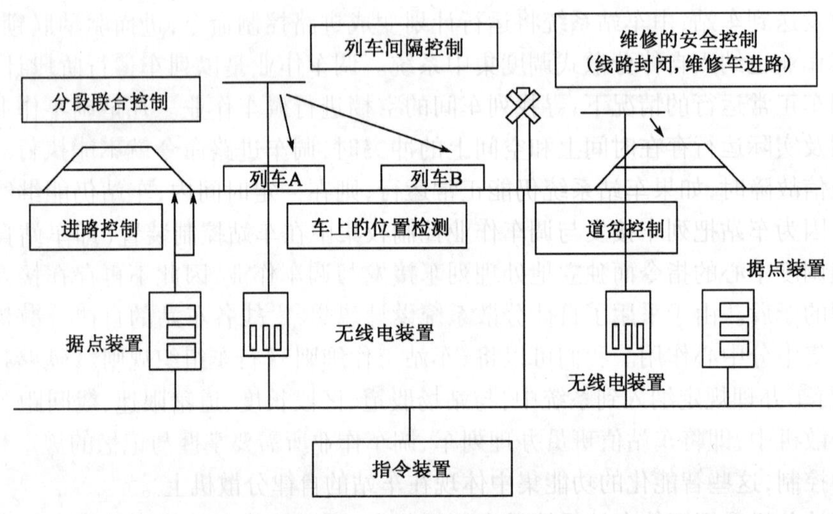

图 5-26 CTC 系统通信示意图

在智能型自律分散调度集中系统中,"分散"的概念比较明确,指的是设备分散、功能分散、危险分散。系统不仅做到总分机之间能互相传送信息,而且邻站间也能互相传送信息。如果车站分机与调度所总机通信中断,车站分机仍能自动进行列车跟踪,并在一定时间内仍可以自动进行列车进路控制。"自律"的概念就是把列车计划与调车计划很好协调,从而圆满地实现系统对联锁设备的控制。

5.3.2 分散自律型调度集中系统的功能

基于"分散自律"的 DMIS 系统实现以日班计划图、列车运行调整计划(阶段计划)为主轴、为框架,将阶段调整计划下传到各个车站的分散自律机中自主执行。调度集中系统将没有中心控制权与车站控制权之分,只有指令不同来源之分,通过列车运行阶段调整计划进行来自多处指令的自律,科学合理地解决中心控制与车站控制(含调车作业)的矛盾。

应用了自律分散技术的调度集中只存在非常规站控模式,正常情况下不存在控制权转换问题。车站参与的控制只能影响过路选择,而不能影响列车运行调整计划的执行,除非是特殊情况。

自律分散调度集中系统应具备以下基本功能：

(1)实时监视站场信号设备和列车运行状态,实现站间和区段透明显示；

(2)追踪列车运行位置和到发时刻,自动描绘列车实迹运行图；

(3)利用计算机辅助编制和调整列车运行计划,实现调度指挥计算机化；

(4)通过系统网络向车站下达计划和调度命令；

(5)通过系统网络和无线通信向机车下达调度命令、调车作业单、行车凭证和进路预报等信息；

(6)动编制车站行车日志,生成统计报表；

(7)追踪列车编组状态；

(8)遥控所有联锁设备按钮,具备列车、调车和非正常作业人工遥控功能；

(9)按照列车运行计划和车站站细，由自律机自动自主控制列车进路；

(10)按照调车作业计划，由自律机根据机车请求和列车运行状况，自动自主控制调车进路并对调车状况进行监控和报警；

(11)实现维修作业的综合管理和远程登、销记；

(12)具有完备的网络安全防护功能；

(13)实现 TMIS 和 DMIS 的结合和信息交换。

自律分散调度集中系统是采用分布式计算机控制技术,它最突出的特点是整个系统的目标和任务事先按一定的方式分配给子系统,然后由子系统间通过数据通信进行信息交换和相互协调,独立完成目标或任务。分布式系统可以有效降低整个系统的风险,在对子系统设备要求不高时可以降低整个系统的造价,但如果对子系统设备性能和可靠性有过高要求,将有可能大大增加系统的造价。分布式系统的子系统容易实现通用化与系列化,系统的扩充也很方便,还可以对系统进行重构,实时地动态分配与管理系统,以适应不同的环境和用户的要求。分布式系统的实时性能很好,响应速度快。这主要得益于子系统只处理本系统的信息,通常不受传输延迟的影响。但是分布式系统中各子系统的硬件和软件方面都有一些特殊问题需要处理,系统总体的调度、协调和优化更是极为复杂,增加了整个系统的复杂程度,处理不好有可能降低整个系统的可靠性。分布式系统数据通信量非常大,对通信设备的可靠性和安全性有很高要求,子系统间通道或子系统本身的故障会严重影响其他子系统的工作,从这一点说也会降低系统的可靠性。

自律分散的调度集中系统涵盖了分局 DMIS 系统的所有功能，在此基础上,还具备调度集中控制功能和自律分散控制特点。

(1)行车调度功能

在 DMIS 的基础上,自律分散调度集中系统还具备列车进路和调车进路的自动/人工控制，从而实现了行车指挥自动化。

自律分散调度集中的车站子系统，能够提供本站以及相邻各两站的车站站场平面显示，可显示包括相邻车站的计划和实际运行图。车站值班员和信号工作人员可以了解到邻站的信号设备状态、进路排列情况、列车运行位置等信息，实现站间透明,提高本站的接发车作业和调车作业的效率。

(2)系统控制模式

自律分散调度集中系统具有两种控制模式：自律分散控制模式和非常站控模式。自律分散控制模式下,从进路控制方式角度出发,定义了两种进路控制方式:计划控制方式和人工按钮控制方式。

5.3.3 分散自律型调度集中系统的结构

1)硬件部分

(1)中心系统的硬件结构

自律分散调度集中系统控制中心一般设在分局调度所,负责控制整个调度区段列车的运行。如图5-27所示,控制中心主要由数据库服务器,CTC服务器(双机热备),通信前置服务器,大屏显示系统,行调工作站,助理调度员工作站,综合维修工作站,CTC维护工作站,网管工作站,打印设备,远程维护接入,TMIS接口计算机以及局域网等设备组成。下面分析它们的具体任务。

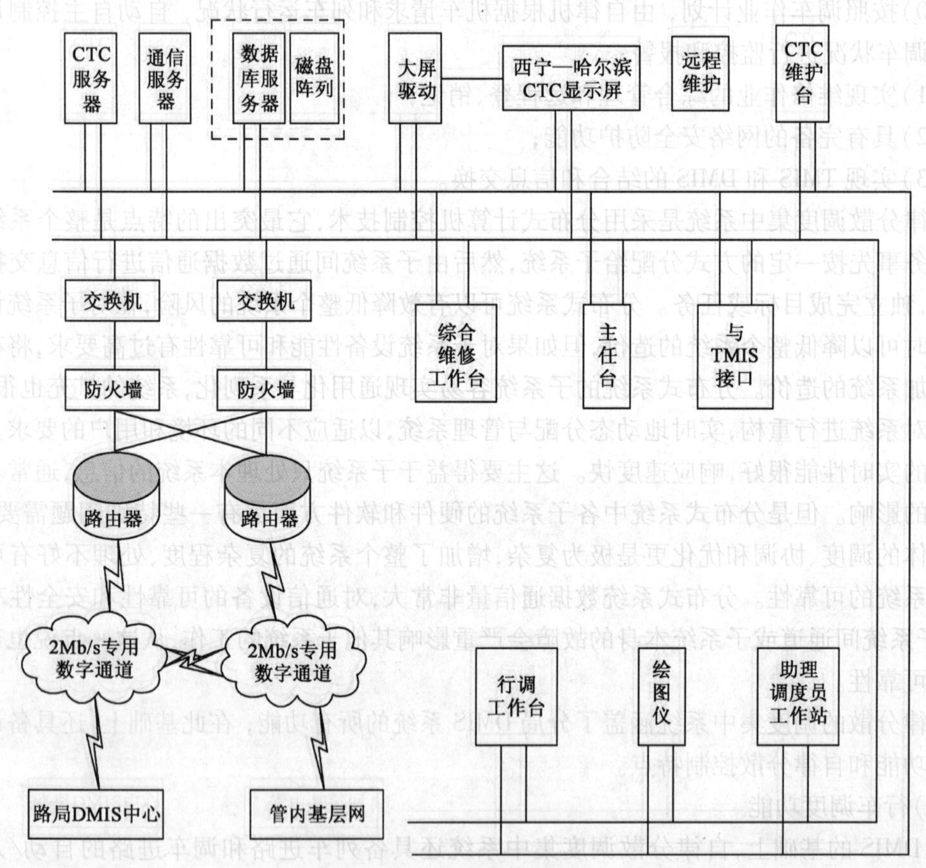

图5-27 中心系统硬件结构图

数据库服务器一般是由两台高性能的64位RISC服务器和磁盘阵列构成,并安装有集群软件和商业数据库。所有数据全部写在共享磁盘阵列中,保证双机切换时的数据完整和一致。

CTC服务器一般是由两台高性能PC服务器构成,两台服务器互为热备,为系统的稳定运行提供保障。CTC服务器是整个自律分散调度集中系统的核心,负责整个系统的数据收发、数据处理以及数据储存等工作。

通信前置服务器一般是由两台高性能 PC 服务器构成,两台服务器互为热备。用于调度中心和车站子系统之间的数据交换。

行调工作站一般是由两台安装了多屏卡的工作站构成。主要完成显现监控管辖区段范围内列车运行位置、指挥列车运行的功能(人工编制和调整列车运行计划、调度命令的下达、与相邻区段行调台交换信息),为 CTC 系统提供详细的列车会让方案,是自律分散调度集中系统完成自动控制功能的主要依据。

助理调度员工作站一般是由高性能 PC 工作站构成,主要实现调度中心人工进路操作控制、闭塞办理、区段解锁、非常处理等功能,同时还可实现无人车站调车作业计划的编制、调整、指挥以及在自律约束条件下的调车进路人工办理等调车相关功能。

CTC 维护台一般是由高性能 PC 工作站构成,主要用于系统设置、调试和技术支持。在授权的情况下,具有远程维护与技术支持功能,同时具有监视系统运行状况的功能,对系统、现场设备运用情况,操作命令,报警信息进行记录、分析、回放、输出和打印。

综合维修工作站是由高性能 PC 工作站构成,主要用于设备日常维护、“天窗”修、施工以及故障处理方面的登、销记手续办理,并具有设置临时限速,区间、股道封锁等功能。

大屏显示系统是由高性能工业控制计算机、多串口卡、驱动卡、驱动分机构成,用于显示车站站场作业情况和区间列车运行情况等信息。通过观察大屏,行车调度指挥人员可以清晰地掌握各自负责的调度区段内列车运行情况。

TMIS 接口计算机是由 PC 工作站构成,通过 USB 接口与机房中的 TMIS 终端交换数据。

网络设备主要包括两台高性能路由器、两台高性能交换机、网络协议转换器和网络防火墙。

电源设备主要包括可以转换两路电源的电源屏和两台构成双机热备的 10kVA 不间断电源。

(2)车站设备的硬件结构

车站系统的主要设备包括车站自律机、车务终端、打印机、综合维修终端、电务维护终端、网络设备、电源设备、防雷设备、联锁系统接口设备和无线系统接口设备等。车站系统硬件结构如图 5-28 所示。

车务终端采用两台双机热备的低功耗工业控制计算机,主要完成运统报表的生成、站间透明的显示、车站调车作业计划的编制、调车进路的办理及其他控制操作。

综合维修终端和电务维护终端(微机监测)采用低功耗工业控制机。

网络设备一般包括两台路由器、两台集线器、两台网络协议(如 G703/V.35,等)转换器。

电源设备一般包括两台在线式不间断电源,为车务终端和车站自律机供电。

车站自律机一般由具有高可靠性能的专用计算机和采控设备组成,并通过串口和无线车次号解码器、无线调度命令转接器进行连接。车站自律机主要完成列车自动进路控制以及按照列车控制执行计划、《车站行车工作细则》《铁路行车组织规则》及《铁路技术管理规程》对列车进路和调车进路进行可靠分离控制。

车站电源系统一般由电源防雷、UPS 不间断电源、各电源模块及汇流排组成。首先从电源屏给出一个独立的电源,送至电源防雷箱,然后根据需要分成几路,其中一路送至 UPS,经过 UPS 的净化后送至机柜,再经过总开关送至各层电源模块进行工作。电源系统如图 5-29 所示。

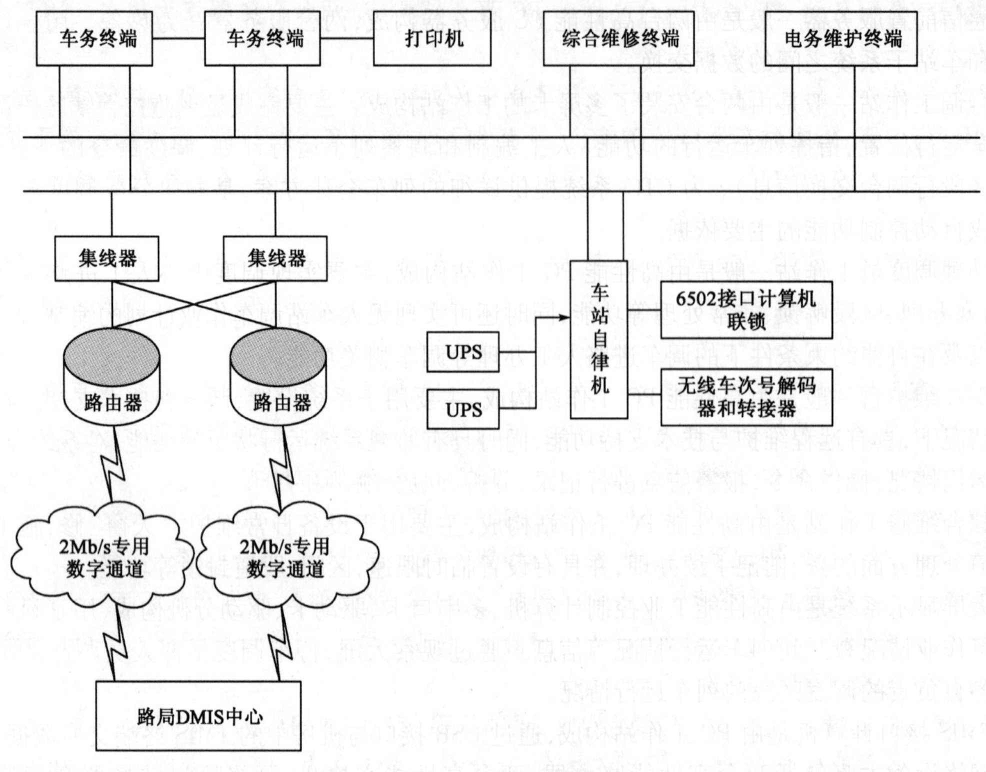

图 5-28　车站硬件系统结构图

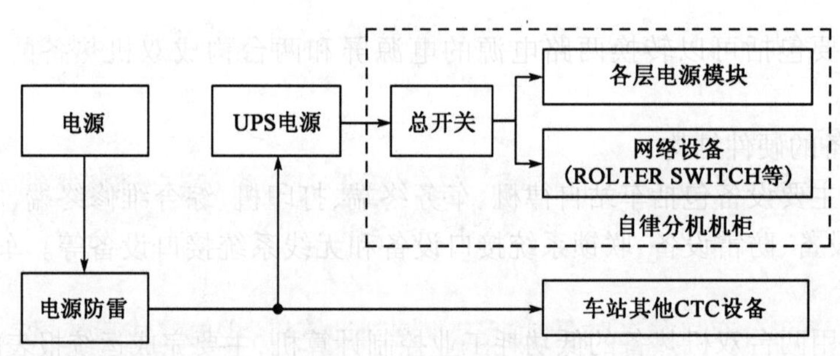

图 5-29　车站电源系统图

(3)车站自律分机的结构

车站自律分机一般要求为双机热备制式(A 机和 B 机互为热备)，各自有一套独立的主机、驱动及采集系统，双套系统对现场的信息处理互不干扰，并且自动切换。A、B 分机通过采集系统及网络连接设备进行联络,以确定对方的工作状态。当只有一套机工作时,该机会自动处于主机工作状态。

分机中的两个自律主机通过双网卡、双集线器、双路由器等与调度中心相连接,成为整个广域网中的两个节点,接收调度中心的控制命令、回送控制命令执行的结果及采集控制台的表示信息送至调度中心。另外,为了实现信息共享，自律分机采集的表示信息可以通过网络或串口传送给其他系统,如微机监测,同时自律分机又与车务终端进行联系,保证车务终端在遥控状态下可进行调车作业。采集系统中的采集板应具有自诊断(回采）功能，在程序运行后能自动识别该板的好坏。驱动系统中的输出板在发出某位命令时,也应具备自诊断(回采)功能,若该位出现故障主机板也同样能识别,从而提高了系统的可靠性、安全性、可维护性及可用性。

自律主机是各分机的核心,一般采用高可靠的专用计算机,如卡斯柯信号有限公司独立研制的 ARC 主机等。自律主机主要完成信息的处理、命令的发送、通信及自律逻辑分析处理等。

(4)通信网络的结构

①中心局域网体系结构。自律分散调度集中的分局局域网一般采用 10 ~ 100Mb/s 自适应以太网,根据规模也可采用千兆以太网。为了保证网络工作的可靠性,通常采用双以太网的冗余结构,当网络出现单点故障时不影响设备的正常运行。分局调度中心的所有服务器和工作站都配有两块网卡,分别连接到两台交换机上,组成两个局域网。

中心局域网体系结构通常采用交叉连接的星形结构,具有很高的可靠性。当网络出现单点故障时,不影响系统的正常运行。

②广域网网络体系。自律分散调度集中系统的广域网结构,通常如图 5-30 所示。控制中心的两台交换机通过网络防火墙,分别连接到两台路由器上,再与到车站的广域网相接。调度所到车站的通道和车站间的通道可采用不同介质,如同轴电缆或光纤,目前一般采用 64kb/s 或 2Mb/s 光通道。每两个车站之间都有两条通道连通,每个车站都有两台路由器,再组成两套由几个环构成的网络,中间没有任何的物理接口,可以说它们是两个完全独立的网络。车站设备与调度所设备通过广域网进行数据交换时,根据两个广域网的通信质量选择路径,保持广域网中的传输负载平衡。

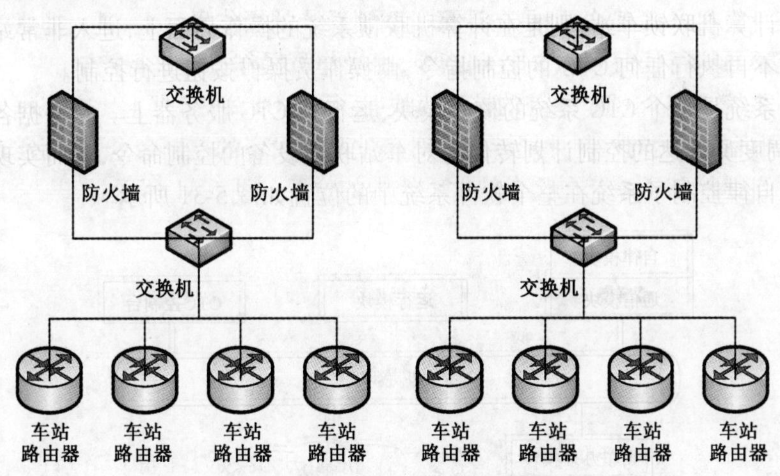

图 5-30 自律分散调度集中系统的广域网络结构图

车站通信网络系统一般由外界光缆、转换器、路由器(Router)、集线器(HUB)或交换机、各分机网卡、网络连接设备等组成。信息通过外界光缆的双通道,经过四个转换器转换后,经两路路由器分别到达两路集线器,形成双套共享式以太网连接的网络结构,两套网络之间为无缝切换方式。各分机与 HUB 之间的网络介质,采用高可靠的 AMP 双绞线机 AMP 连接器,提高了网段的可靠性和抗干扰能力。由于系统采用双网结构,所以任一节点的一个网卡故障时,都不会影响系统的正常工作。采用两台独立的共享式以太网集线器,分别连接各分机各节点的每个网络端口,使得一台集线器或路由器等故障时,不影响网络传输。另外,集线器的每个端口都有网络隔离功能，因此不管接到各节点的网络电缆发生诸如短路、断线、混线、接地、网络干扰等故障时，均不会影响其他端口的网络传输，确保了系统之间、系统信息与调度中心之间数据的可靠、安全传输。

2）软件部分

自律分散调度集中系统的软件主要包括：通信服务子系统、自律控制子系统、控制计划编制子系统、列车进路控制子系统、调车进路控制子系统、综合维修子系统、车务终端子系统以及网络安全防护子系统和车地信息传输系统等。

（1）自律分散控制模式

自律分散控制的基本模式是用列车运行调整计划自动控制列车运行进路。同时在自律分散条件下，调度中心具备人工办理列车、调车进路，车站具备人工办理调车进路的功能。

①计划控制方式。计划控制状态可由人工激活或禁止。它是指自律机是否将收到的列车运行计划作为检查进路合理性的依据，并根据计划产生控制进路。计划控制状态是本系统正常的进路控制状态。

②人工按钮控制方式。由操作员在操作员台或助理调度员台进行控制，或者由车站值班员在车务终端操作按钮进行控制。人工办理进路时，自律机根据这个计划进行进路的办理和列车计划的冲突检测。如果有冲突，系统会弹出对话框告警，询问是否强行办理。

（2）非常站控制模式

当自律分散调度集中系统故障或其他紧急情况时，车站值班员可以按6502控制台上的紧急站控按钮，切断自律分散调度集中系统控制输出继电器的电源，直接通过控制台按钮的方式进行控制。在计算机联锁车站，则是在计算机联锁系统的操作界面上，进入非常站控。此时计算机联锁系统不再执行任何CTC的控制指令，由操作员操作按钮进行控制。

自律控制系统是整个CTC系统的核心模块，运行在CTC服务器上。它根据各列车的实际运行情况，将调度员下达的控制计划转化为对车站联锁设备的控制命令，从而实现运输指挥的高效和自动。自律控制子系统在整个软件系统中的位置如图5-31所示。

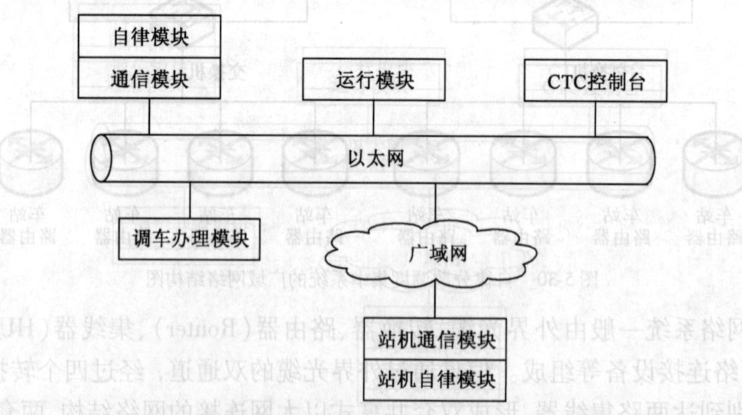

图5-31　自律控制子系统在整个软件系统中的位置图

自律控制系统分布在两个位置：控制中心和车站。控制中心是中央自律控制子系统，车站是车站自律控制子系统。中央自律和车站自律互为备用。正常情况下，系统工作在车站自律状态下，只有在车站自律失效或调试时，中央自律控制才起作用。中央和车站的自律控制同时接受从调度台和调车控制模块发来的阶段计划和调车计划,但只有车站自律控制子系统发出进路办理命令。

自律分散控制的基本模式是自律控制子系统按照列车运行调整计划和站细自动自主控制列车进路。同时在自律分散条件下人工办理的列车、调车进路也必须受自律条件的约束。

自律控制的主要功能有:

①接收并标记所收到的控制计划,根据控制计划、站细、站场实际情况及列车实际位置选择相应的进路。

②判断进路的办理时机及进路联锁条件是否满足,满足时办理列车进路。

③根据调车计划,跟踪调车过程,判断每钩进路是否符合自律条件,符合时办理调车进路。

④对人工列车进路命令进行自律条件判断。

⑤对人工调车进路命令进行自律条件判断。在车站和调度所通信中断时,由车站自律机按原已收到的列车运行调整计划和列车实际运行情况继续自动执行。列车运行调整计划执行完毕后,通信仍未恢复正常时,系统将该站设置为自动通过状态(双线自动闭塞区段)。办理调车进路,自律控制依据列车运行调整计划在时间与空间上(进路预计占用时间、避让车次、相关联锁条件、站细规定等)对列车和调车进路进行检查,无冲突后方可排列。

5.3.4 调车自律控制的过程

为保证整个程序的实时响应时间,自律程序采用循环方式,每 1 ~ 2s 执行一次,每次循环流程如下。

(1)首先检查是否有新下达的控制计划,如接收到新计划,则根据计划进路的联锁表,重新计算每个站对应于此计划的进路占用时间和空间表。

(2)跟踪所有列车车次,记录列车实时位置。

(3)遍历等待执行的进路序列,查看每条进路所对应的列车位置。根据站细,如发车进路条件满足,则发送进路命令,办理进路,并将此进路插入历史进路序列。

(4)遍历历史进路序列,如果进路未办出,报警。检查列车的实际运行情况,如果与进路相关的接车、发车或列车通过执行完毕,刷新历史进路列表。

(5)对于手工办理的列车进路,自律程序在进行相关检查后会将命令直接发送到站机执行。

(6)对于手工办理的调车进路,自律程序会查此进路中所有元素的占用表及车站站细,看此进路是否满足自律条件。如满足,发送命令给站机办理;如不满足,不予办理。

(7)对于调车计划,如果有收到机车回执,将此调车计划进路插入活动调车表。

(8)遍历活动调车表,自律程序会查此调车进路中所有元素的占用表及车站站细,看此进路是否满足自律条件。如满足自律条件,时间到便开始办理。整个自律控制的过程如图 5-32 所示。

调车自律控制允许中心通过助理调度员终端办理无人车站的调车作业;对于有人车站,也允许车站通过车站调车控制终端办理本站调车作业。办理调车作业通常有两种方式:人工手动办理;输入调车作业计划由自律机自动办理。人工办理调车进路要求在按压始终端按钮后,必须输入钩作业时分,在经车站自律计算机允许后方能办理。自动办理需助理调度员通过助理调度员终端输入调车作业计划,在传送到自律计算机后,方能由自律计算机自动办理。

通过助理调度员终端自动办理调车的流程如图 5-33 所示。

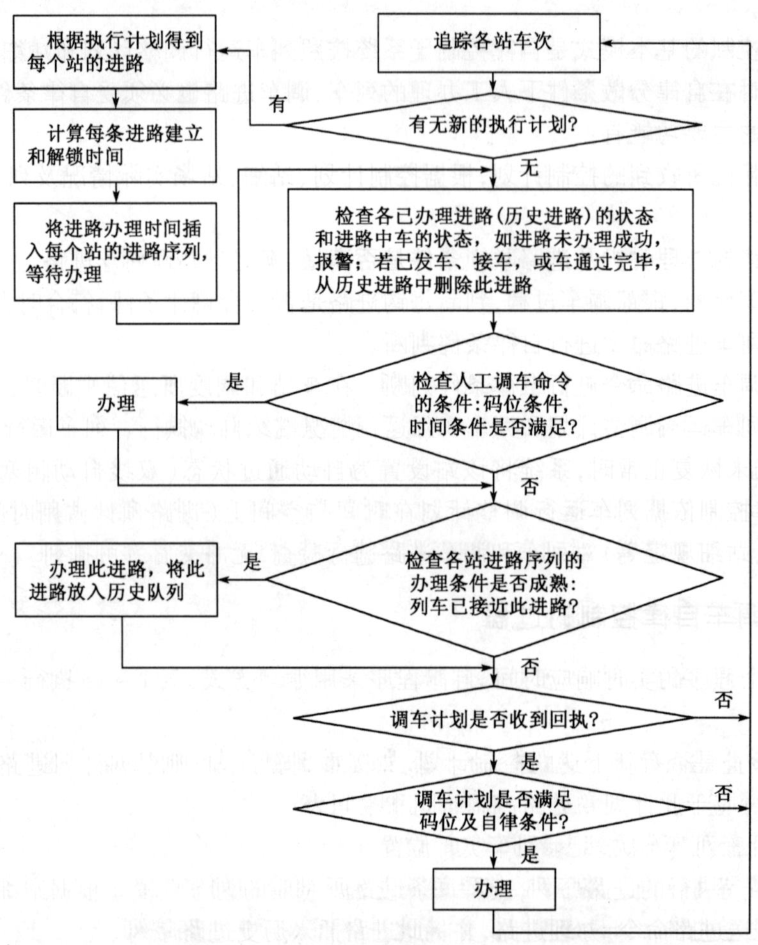

图 5-32　自律控制过程图

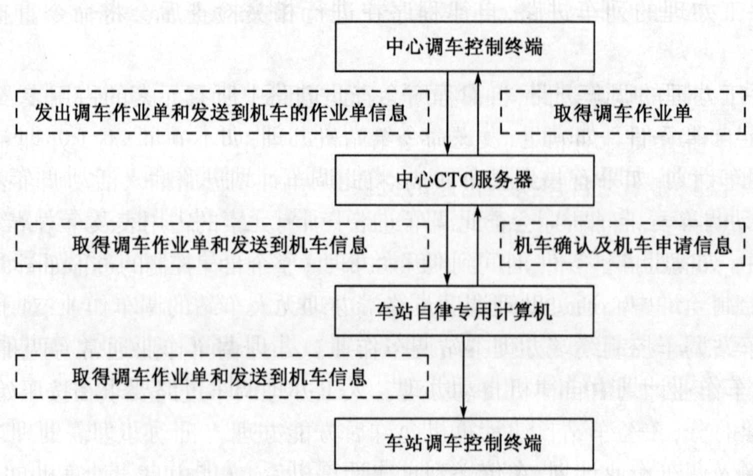

图 5-33　通过助理调度员终端自动办理调车的流程图

首先助理调度员在中心调车控制终端(助理调度员终端)输入调车作业单,确认车次、调车机号及进路正确无误后,发送到中心 CTC 服务器。CTC 服务器收到后,向中心调车控制终端返回调车作业单进行校核。在准备向机车发送调车作业单信息时,由助理调度员启动发送,被发送机车的作业单信息将由 CTC 服务器转发到车站自律计算机,由车站自律计算机发送到机车。这时,车站调车控制终端通过 CTC 服务器取得调车作业单信息和中心保持透明。车站自律计算机在机车确认信息后,通过判断车次和调车机确认返回信息是否有效,如果有效则激活调车作业单并进行监控同时转发回 CTC 服务器。此后,车站自律计算机不断跟踪机车调车进路请求信息,按照自律算法控制调车进路的执行时机,最终实现调车进路的自动办理。

通过车站调车控制终端(车务终端) 自动办理调车的流程如图 5-34 所示。

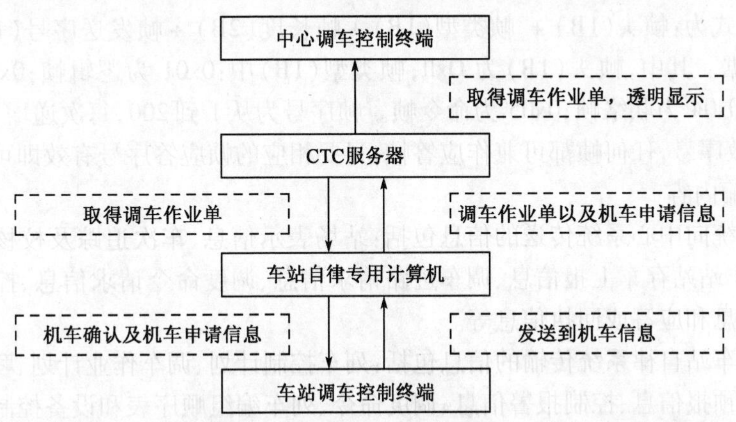

图 5-34 通过车站调车控制终端(车务终端)自动办理调车的流程图

首先车站值班员在车站调车控制终端输入调车作业单,确认车次、调车机号及进路正确无误后,发送到车站自律专用计算机。车站自律专用计算机收到后, 向车站调车控制终端返回调车作业单进行校核并转发到 CTC 服务器。在准备向机车发送调车作业单信息时,由车站值班员启动发送,被发送机车的作业单信息将由车站自律计算机发送到机车。这时,中心调车控制终端通过 CTC 服务器取得调车作业单信息和车站保持透明。车站自律计算机在机车确认信息后,通过判断车次和调车机确认返回信息是否有效。如果有效,则激活调车作业单并进行监控, 同时转发回 CTC 服务器。此后,车站自律计算机不断跟踪机车调车进路请求信息,按照自律算法控制调车进路的执行时机,最终实现调车进路的自动办理。

自律控制信息的交换过程分为中心自律模块和车站自律模块信息的交换、车站自律系统间信息的交换。下面作具体分析。

1)中心自律模块和车站自律模块信息的交换

(1)通信过程

车站自律系统与控制中心系统通过远程网相连,使用 TCP/IP 协议通信。调度中心作为通信的服务端,站机作为通信的客户端,通信具体过程如下。

客户端(车站自律系统):

①连接服务端。

②发送逻辑帧。

③接收应答帧。在规定的时间收到正确的应答帧转④,否则转⑤。

④收到服务端信息,发送应答帧,否则向服务端发送站机信息;若在规定的时间没有要发

送的信息，则发送联络帧，转③。

⑤关闭连接，转①。

服务端（控制中心）：

①侦听并接受客户端连接。

②接收逻辑帧，在规定的时间收到正确的逻辑帧转③，否则转⑥。

③发送应答帧。

④收到客户端信息，发送应答帧，否则向客户端发送命令。

⑤若在规定的时间没有收到客户端信息，转⑥，否则转④。

⑥关闭连接，转①。

通信帧的格式为：帧头（1B）+ 帧类型（1B）+ 帧长度（2B）+ 帧发送序号（1B）+ 帧应答序号（1B）+ 数据。其中，帧头（1B）为 Oxff；帧类型（1B）中：0x01 为逻辑帧；0x02 为应答帧；0x03 为数据帧；Ox04 为联络帧；0x05 为命令帧。帧序号为从 1 到 200，每次递增 1，到 200 后循环到 1。0 为无效序号，任何帧都可兼作应答帧，只要相应的帧应答序号有效即可。

（2）信息传输内容

车站自律系统向中心系统传送的信息包括：站场表示信息、车次追踪及校核信息、上报的列车编组信息、车站站存车上报信息、调车进路请求信息、调度命令请求信息、控制报警信息、设备维护状态信息和应答或回执信息等。

中心系统向车站自律系统传输的信息包括：列车控制计划、调车作业计划、联锁控制命令、行车凭证和进路预报信息、控制报警信息、调度命令、列车编组顺序表和设备控制命令等。

2）车站自律系统间信息的交换

自律分散调度集中车站自律系统间的信息交换十分复杂，通常有点点互通和中心中转两种方式。点点互通的方式是指车站自律系统间直接通过网络链路进行交换。由于自律分散调度集中系统要求每个车站必须要保持和相邻至少两个车站信息的透明，因此系统通信链路呈网状分布，结构十分复杂，通信管理和协调也十分困难。车站自律系统间交换的内容如下。

发送的主要信息：本站车次追踪、本站站场表示、本站发往邻站的进路控制命令、车次变更命令、列车到发修正、联络或回执信息等。

接受的主要信息：发往本站的车次追踪；发往本站的站场表示；发往本站的进路控制命令；发往本站的车次变更命令；联络或回执信息等。

中心中转的方式是通过中心系统的通信服务器向各车站转发相应的信息。由于铁路调度指挥的方式是集中指挥，所以即使是分散的系统也不可避免有一个信息中心，即控制中心必须掌握所有车站自律系统的相关信息，供调度员和维护人员进行宏观决策。因此，如果通过控制中心的通信服务器向各个车站中转信息，将可以大大简化通信的复杂程度，通信的可靠性也将大大改善。

比较点点互通和中心中转两种通信方式，各有千秋。但中心中转更符合调度系统本身的特点并且更便于调试和系统的稳定，因此中心中转方式应该更为合理。

第 6 章　轨道交通运行安全管理

安全是轨道交通运输系统所追求的最为基本和最为重要的目标，如果没有安全保障，即使轨道交通在速度、准时、经济、节能、环保等方面具有明显优势，也不可能被社会所接受。现代轨道交通的发展过程中，许多高新技术逐步被引入到系统中，如计算机技术、通信技术、自动控制技术等。这使得轨道交通系统向高速度、高密度、高精度、自动化等方面发展，同时使得轨道交通的系统复杂性和集成度也达到了空前的水平。在这种情况下，为了保证轨道交通的运输安全，在轨道交通系统的设计、制造、运行、维护过程中，需要建立系统化的轨道交通安全管理过程和体系。

6.1　安全的定义和概念

6.1.1　安全的概念

安全是社会中人们的一个基本需求，轨道交通系统为社会中的人们提供交通运输服务，也必须满足人们的安全需求。安全是一种主观感受，关于什么是安全，不同的社会、不同的人群，对安全有不同的理解。安全对于个人来说，在平常情况下就是安稳健康，在非正常情况下不受到伤害；对于社会来说，安全就是安定和谐。对于轨道交通系统来说，安全就是在正常情况下可以按照要求保证安全，在发生故障的情况下，系统能够进入一个安全状态。在紧急情况下，可以迅速对意外情况进行响应，保证人财物不受到损伤和损坏。

在安全相关的标准中，关于安全的定义还有：免除了不可接受的损害风险的状态。《职业健康安全管理体系》(GB/T　28001—2001)；免于不可接受的风险(Freedom from Unacceptable Risk)(ISO/IEC Guide 51-1999 Safety aspects-Guidelines for their inclusion in Standards)；安全性是指免除不可接受的风险影响的特性《轨道交通可靠性、可用性、可维修性和安全性规范及示例》(GB/T　21562—2008)。

安全可以分为很多类型，如机械安全、电气安全、职业健康安全，在轨道交通运行控制和管理领域，除了其他种类型的安全之外，主要关注的是功能安全。功能安全属于系统安全的一部分，它与受控设备和受控设备的控制系统有关。功能安全主要依赖于电气、电子、可编程电子系统和其他风险消减措施的功能正确实现。可以认为，功能安全就是通过执行一个功能来保障安全。例如，一个过温防护系统，它的实现是通过在电机线圈上安装一个温度传感器，在线圈温度过高的情况下，温度传感器采集到的超过限制的温度会触发电机停机，通过传感器来防护电机温度过高导致火灾就是一个功能安全的示例。但是，如果采用特殊的绝缘耐热材料来实现对高温的防护虽然属于安全的范畴，但却不是功能安全。

如果一个系统的特征或能力可能导致事故的发生或者预防事故的发生，那么这样的系统是一个安全相关的系统。轨道交通系统中的制动系统、列车自动防护系统、列车门控制系统、联锁系统都是安全相关的系统。

由于现在许多人造系统的复杂性已经达到了空前的水平,对于设计、制造、管理、使用这类复杂系统组织提出了很大的挑战,现代轨道交通系统就是属于一类高度集成和复杂的人造系统,为了提高对轨道交通系统的设计、制造、安装、使用、维护等过程中相关组织的交流和沟通,提高工作效率,安全需要在系统的整个生命过程中进行考虑,人们提出了系统生命周期这一概念。系统生命周期是指从系统概念阶段开始到系统不在使用为止这一时间阶段内所发生的所有活动和行为,它为系统的管理提供了一个框架。安全生命周期是指安全相关的系统从概念阶段开始到安全相关系统不再使用为止这一过程中所经历的事情和活动。图 6-1 为 IEC 61508—2010 定义的系统生命周期。

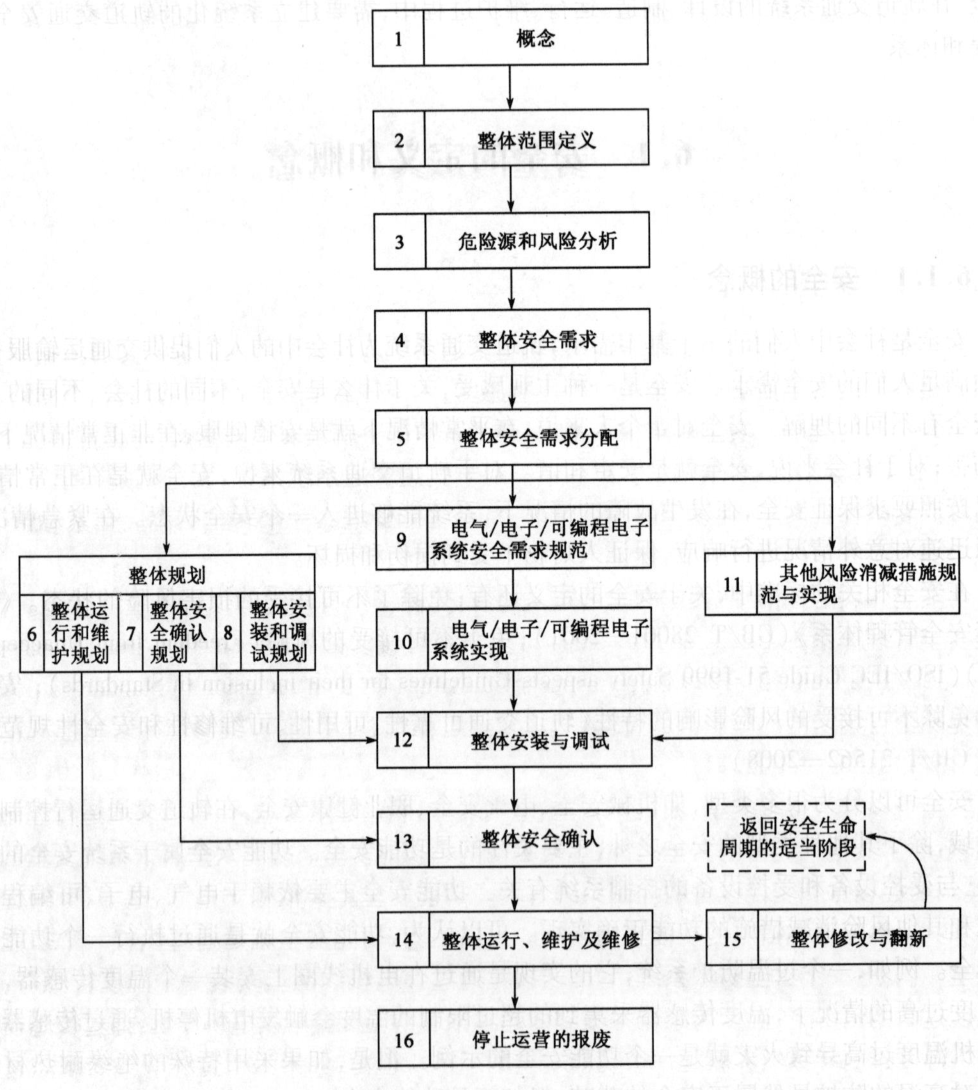

图 6-1 安全生命周期

6.1.2 隐患

隐患(Hazard),又称危害或危险源,是对人造成潜在伤害或对环境和财产造成损害的物理状况。

隐患不等于安全事故或者人身伤害,它是安全事故的一个前提条件,从隐患转变为事故还需要其他一些因素。例如,在轨道车辆中,原来存在两种类型电制动系统,分别为"得电制动"和"失电制动"。从安全的角度来看,"得电制动失去电力"是一种隐患,因为在需要制动的时候,需要维持外部的持续供电制动才得以实施。如果在制动实施过程中,发生电源中断事件,那么便不能成功完成制动。如果车辆中没有安装其他类型的紧急制动,那么有可能造成安全事故的发生。但是如果轨道车辆还有其他的制动方式,如空气制动,那么即便是"得电制动失去供电"导致不能动作,只要其他类型的制动系统能正常工作,事故也就不会发生。图 6-2 为隐患和事故之间的关系图。

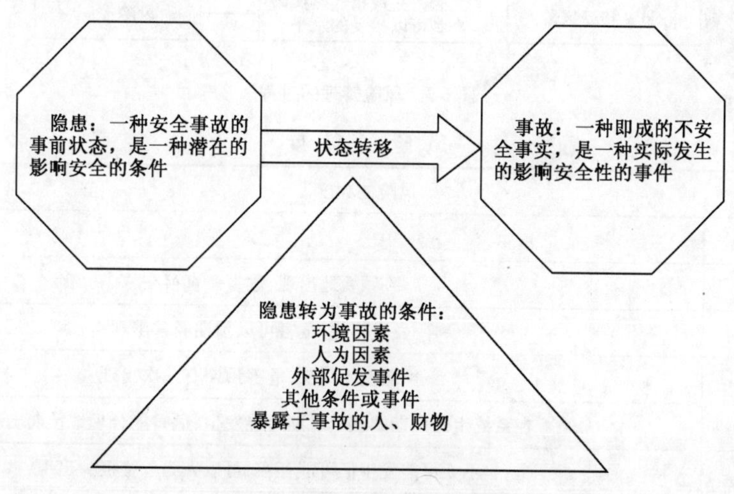

图 6-2 隐患与事故的区别与联系

6.1.3 风险

风险是伤害发生概率和伤害的严重程度的组合(IEC 61508—4:2010)。风险用于判断安全的程度,轨道交通安全主管机关可以接受的最大级别风险称为容许风险。

风险的概念由两部分元素组成:一是导致危害事件或者事件组合发生的概率或发生这些事件的频繁程度;二是危害后果的严重程度。因此,风险可以从这两方面来度量。

风险的管理包括安全隐患的识别、风险的概率分析、风险的严重程度分析、风险的可接受度评估、风险的控制这 5 个过程,如图 6-3 所示。

安全隐患的识别就是在界定分析范围之后,对系统的组成部分,如系统功能、操作维修过程和程序、组织、系统的硬件、软件以及系统内外接口进行分析,识别出可能导致不安全事件发生的部分,也就是识别出系统的隐患。隐患识别需要按照系统处于不同阶段按照可以获得的系统信息分阶段进行,在系统出现变更之后,需要对系统变更相关的所有部分进行隐患识别。

风险发生概率分析,就是对隐患导致事故发生的概率或频度进行定量或定性分析。表 6-1为风险的定性频度划分。

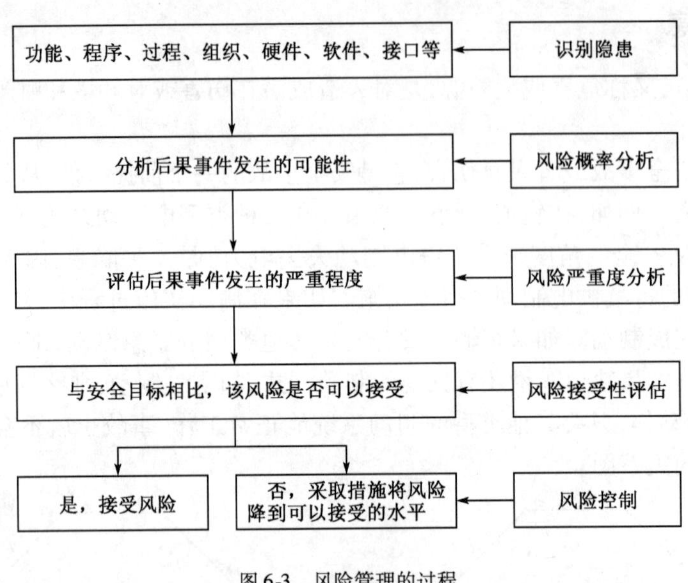

图 6-3 风险管理的过程

风 险 的 频 度 表 6-1

风险的频度	
分类	定义
频繁	频繁地出现,危害一直存在
经常	发生多次,危害可以预期经常出现
有时	可能发生几次,危害预期有几次出现
很少	在系统生命周期的某个时期可能发生,危害能合理地预期出现
极少	不太可能发生但可能存在,可以人为危害极少出现
几乎不可能	几乎不可能发生,可以认为危害不会发生

风险的严重程度分析就是按照隐患导致事故发生产生后果的严重程度度量,风险的严重程度可以从对人、对环境以及对系统运营影响的角度进行分析。表 6-2 为风险的严重程度定义示例。

风险的严重程度 表 6-2

危害后果严酷等级		
严酷等级	对人或环境的影响	给运行带来的影响
特大	多人死亡和/或是多方面的严重伤害和/或对环境的严重损害	运行终止
重大	一人死亡和/或是单个严重伤害和/或对环境产生明显的损害	主系统失效
次要	轻微损伤和/或对环境的明显影响	严重的系统损害
轻微	可能存在较小的伤害	较小的系统损害

风险的可接受度分析,将风险从发生频度或概率以及风险后果的严重程度进行评价,结合一个国家或地区安全主管机关制订的安全风险接受原则,判断一个隐患导致的风险是否可以接受。表 6-3 为定性的风险接受矩阵。

风险接受矩阵　　表 6-3

危害事件发生的频度	风险等级			
频繁	不希望的	不容许的	不容许的	不容许的
经常	容许的	不希望的	不容许的	不容许的
有时	容许的	不希望的	不希望的	不容许的
很少	可忽略的	容许的	不希望的	不希望的
极少	可忽略的	可忽略的	容许的	容许的
几乎不可能	可忽略的	可忽略的	可忽略的	可忽略的
	轻微	次要	重大	特大
	危害后果的严重程度			

风险的控制，根据不同的风险等级并结合风险的接受标准，对不同等级风险需要采取不同的措施。表 6-4 为针对不同风险等级的隐患所需要采取的安全措施的说明。

不同风险的应对措施　　表 6-4

风险等级	对各风险等级所采取的措施
不容许的	应该消除
不希望的	当风险降低不可行时，应该经过轨道交通主管机关或安全主管机关同意后才可以接受
容许的	经充分控制并经轨道交通主管部门同意后可以接受
可忽略的	有或无轨道交通主管部门同意均可接受

6.1.4　失效和故障

可靠性是指产品在规定的条件下和规定的时间内，完成规定功能的能力。系统的可靠性受到系统的失效和故障的影响。

失效，是指产品丧失完成规定功能的能力事件。在实际应用中，特别是对硬件产品而言，故障与失效很难区分，故一般统称为故障《可靠性维修性保障性术语》(GJB 451A—2005)。失效可以分为随机性失效和系统性失效。

随机性失效主要表现为硬件失效，它是指在硬件中由一种或几种退化机制引起的在随机时间发生的失效。在不同的硬件部件中，存在以不同速率发生的退化机制，硬件制造公差可以引起部件运行中由于退化机制引起这些部件在工作不同的时间后出现失效。这一类型的失效有可以预测的速率但有不可预测的发生时间，因此称之为随机性失效。

系统性失效是指失效的原因是可以确定的，但是只有对设计过程、制造过程、安装或者其他相关因素进行修改后，才有可能排除这种失效。对于系统性失效，仅仅做一些纠正性的维护而没有修改系统通常是不能消除失效原因的。系统性失效的原因主要是由人们的能力、科技水平、制造水平等方面引起的。人为错误引起的系统性失效的例子有：安全需求规范的遗漏或不正确，软件设计的逻辑错误、硬件的设计制造和安装过程中的错误等。

故障，是指产品不能执行规定功能的状态。通常指功能故障。因预防性维修或其他计划性活动或缺乏外部资源造成不能执行规定功能的情况除外《可靠性维修性保障性术语》(GJB 451A—2005)。

6.1.5 安全完善度等级

安全是系统的一个质量属性，对于轨道交通系统来说，安全是轨道交通系统提供给社会的运输服务质量中一个重要组成部分。安全作为一个系统性能参数，需要以一定的方式对它进行度量，如系统的可靠性可以采用可靠度来度量，度量的指标有平均无故障时间、失效率等。系统安全性的度量称为安全度，安全度的指标有很多，如表6-5所示。

常见的安全度量指标　　表6-5

安全性指标	量　纲	安全性指标	量　纲
平均无危险性失效时间	时间、距离、周期	安全相关失效率	无量纲
平均无“安全系统失效”时间	时间、距离、周期	安全功能正确率	无量纲
隐患率	失效、时间、距离、周期	系统进入安全态时间	时间

在功能安全领域中，通常采用安全完善度来作为安全的一个度量。安全完善度的定义为：在规定的条件和规定的时间内，安全相关系统成功实现所要求的安全功能的概率。这个概念和可靠度的定义类似，可以将安全完善度理解为系统安全功能的可靠度。对于一个安全相关系统来说，安全完善度等级越高，安全相关系统不能实现所要求的安全功能的概率就越低。在系统中，安全功能是通过硬件、软件和它们的组合来实现的，因此在确定安全完善度的过程中，应该包括导致非安全状态的所有失效、故障、错误和失误。

6.2 运行安全的分析技术

轨道交通的安全工作，不管是对于轨道交通系统的制造商还是对于系统的运营商，最重要的工作就是识别出在轨道交通系统不同生命周期过程中系统安全的影响因素，也就是隐患，并对隐患造成的风险水平进行评估。如果隐患导致的安全风险在不可接受范围，那么就需要安全管理者采取措施，将安全风险降至可以接受的目标范围之内。

系统安全分析，就是要系统地识别并区分所有合理的可以预见的系统隐患，并确定导致危害的事件和危害有关的风险水平。系统的隐患来源必须考虑到以下方面：系统的正常运营、系统的故障环境、系统紧急运营、系统误用、系统接口、系统功能、系统操作维修条件、系统停用时的状况条件、人为因素、职业健康问题、机械环境、电气环境、特殊的自然环境（包括雷电、风暴、雨雪、洪水、泥石流、滑坡等）。为了能够识别以上不同方面、不同类别的隐患，需要采用系统的安全分析技术。

6.2.1 安全分析技术的类别和技术

在系统生命周期过程中，按照系统所处的阶段、安全分析的内容、安全分析工作划分为：概念设计安全分析、系统需求设计安全分析、初步设计安全分析、详细设计安全分析、系统集成安全分析、操作和维护安全分析、职业健康安全分析7种类型。

这7种不同的隐患分析类型中，可以有一种或多种安全分析技术来实现安全分析的目的。如初步隐患清单（PHL）属于概念设计安全分析，初步隐患分析（PHA）属于初步设计安全分析,安全需求与标准分析(SRCA)属于系统需求设计安全分析,故障树分析(FTA)、事件树(ETA)和接口隐患分析(IHA)可以用于不同类型的安全分析当中。目前,在系统安全工程领域,已经有超过100种的安全分析技术。在众多的安全分析技术中,有必要了解和掌握一些常用的安全分析技术,如初步隐患分析(PHA)、故障树分析(FTA)、失效模式影响与危险程度分析(FMECA)、共因失效分析(CCFA)、危害和操作性分析(HAZOP)。

图6-4为安全分析的时间、类型和技术的关系图。在系统所处的特定时间阶段,可以采用多种分析技术进行多个类型的安全分析技术对系统安全进行分析。在轨道交通系统建设项目的不同阶段,需要进行不同的安全分析。表6-6按照轨道交通系统的特点,按照系统生命周期过程,就不同的安全分析技术的适用性进行了说明。

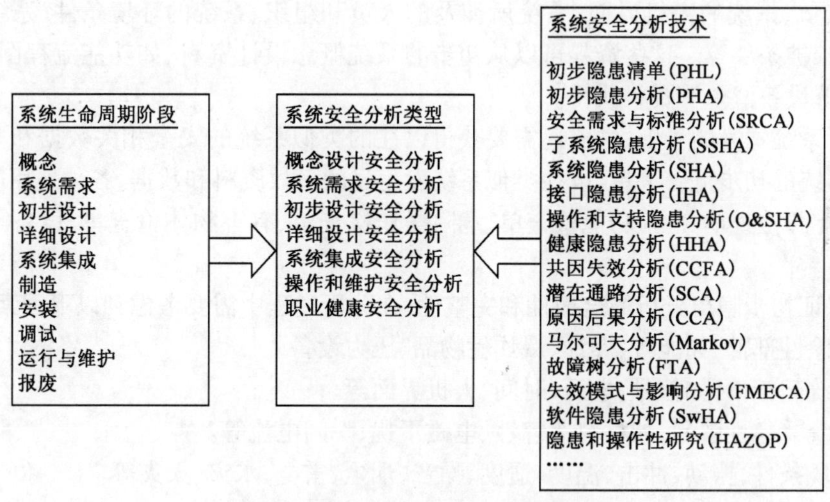

图6-4 系统安全分析的时间、类型与技术

不同安全分析技术在不同阶段的适用性　　表6-6

安全分析技术	轨道交通系统生命周期								
	概念	系统定义	系统需求	需求分配	设计实现	制造安装	确认验收	运行维护	报废
初步隐患清单(PHL)	适用								
历史事件数据分析(HEA)	适用								
初步隐患分析(PHA)		适用	适用						
事件树分析(ETA)		适用	适用						
原因后果分析(CCA)			适用	适用	适用				
失效模式与影响分析(FMEA)			适用	适用	适用	适用	适用	适用	
可靠性框图(RBD)				适用	适用				
故障树分析(FTA)			适用	适用	适用	适用	适用		
接口隐患分析(IHA)		适用	适用	适用	适用	适用	适用		
共因失效分析(CCFA)				适用	适用	适用			
马尔可夫分析(Markov)			适用	适用					
操作支持危害分析(O&SHA)					适用	适用	适用	适用	适用
危害和操作性分析(HAZOP)		适用	适用	适用	适用	适用	适用	适用	适用
软件隐患分析(SWHA)				适用	适用				

6.2.2 初步隐患分析(PHA)

初步隐患分析是在系统生命周期中最早进行的正式的安全分析,在系统设计的早期阶段,也就是系统定义和概念阶段进行以定性分析为主,结合定量分析的系统安全性分析。其主要目的是尽早地识别出系统可能存在的一些隐患并提出相应隐患减轻或消除措施,尽可能早地影响系统设计,将系统安全从设计之初就进行系统地考虑。初步隐患分析一般由系统安全工程师联合系统用户、系统需求负责人员一起协同完成。

在进行初步隐患分析之前首先必须要了解隐患分析所针对的系统,如系统的功能需求、性能需求、系统的运行和维护策略和方法、系统的保障安排、系统与物理环境接口、系统与其他技术系统的接口、系统的人机界面、系统所涉及的人员和组织、系统的环境条件、系统的运行条件、系统的维护条件等。这些资料可以从初步的系统概念设计资料、如功能流程图、可靠性框图、初步系统设备清单等资料获得。

除了对系统本身的了解之外,还需要获得以往的类似系统的安全相关数据和资料。这些包括类似系统的初步危害清单、以往类似系统发生过的事故资料和数据、各种适用的隐患检查单,如危险能源检查单、危险功能检查单、危险操作检查单、有害物体检查单、设备典型的失效模式等。

为了保证初步隐患分析的全面性和完整性,在分析过程中需要考虑到以下因素:

(1)危险性部件,如能源、燃油、爆炸性物品、压力设备。

(2)系统间接口,如信号、电压、时间、人机界面等。

(3)系统兼容性限制,如材料兼容性、电磁干扰、瞬间电流等。

(4)环境条件,振动、冲击、温度、适度、噪音、烟尘、雷电、水灾、火灾等。

(5)不期望的状态,如系统的意外启动、功能的意外触发等。

(6)系统功能的失效。

(7)典型的软件错误,如编程错误、逻辑错误、遗漏等。

(8)操作、测试、维护和应急救援的程序。

(9)应急救援安全,如逃生出口、通道、指示等。

(10)系统支持,如系统包装、运输、储存、报废处理等。

(11)系统的辅助支持设备、人员培训等。

(12)系统的安全设备,如设备之间联锁、冗余、故障—安全设计、监控设备。

(13)系统所处的阶段,如测试、制造、安装、维护、运行、存储等。

(14)和系统相关的一些人的因素,如操作和维护等。

对于以上需要考虑的因素,可以在事先针对系统制作一些检查表,然后对系统进行逐项分析。初步隐患分析的结果一般以隐患分析表格的形式体现出来。初步隐患分析表示见表6-7。

初步隐患分析表格中各栏内容的填写说明如下:

(1)系统:指出初步隐患分析所分析的系统名称。

(2)子系统/功能:指出初步隐患分析所分析的子系统或系统功能名称。

(3)分析员:进行初步分析人员的姓名。

(4)日期:进行分析或者完成初步隐患分析表格的日期。

初步隐患分析表格 表 6-7

<table>
<tr><td colspan="2">1. 系统:</td><td colspan="7" rowspan="2">初步隐患分析(PHA)表格</td><td colspan="5">3. 分析员:</td></tr>
<tr><td colspan="2">2. 子系统/功能:</td><td colspan="5">4. 日期:</td></tr>
<tr><td rowspan="2">5. 编号</td><td rowspan="2">6. 隐患</td><td rowspan="2">7. 原因</td><td rowspan="2">8. 后果</td><td rowspan="2">9. 模式</td><td colspan="3">10. 初始风险水平</td><td rowspan="2">11. 缓解措施</td><td colspan="3">12. 最终风险水平</td><td rowspan="2">13. 状态</td><td rowspan="2">14. 注释</td></tr>
<tr><td>发生频率</td><td>严重程度</td><td>风险等级</td><td>发生频率</td><td>严重程度</td><td>风险等级</td></tr>
<tr><td></td><td></td><td></td><td></td><td></td><td></td><td></td><td></td><td></td><td></td><td></td><td></td><td></td><td></td></tr>
<tr><td></td><td></td><td></td><td></td><td></td><td></td><td></td><td></td><td></td><td></td><td></td><td></td><td></td><td></td></tr>
</table>

(5)编号:所识别出的隐患编号,在整个项目中,应给出一个隐患编号方式。

(6)隐患:对识别出的隐患进行描述。

(7)原因:描述导致隐患存在的条件、事件、故障、错误、失效以及导致隐患转为事故发生的促发事件。

(8)后果:描述从隐患发展称为事故的一系列顺序事件,特别需要描述隐患导致的最严重后果。

(9)模式:描述隐患存在时系统所处于的运行模式或阶段,如正常运行、降级运行、紧急状态、维修阶段等。

(10)初始风险水平:按照项目制订的风险矩阵,从风险频率、后果严重程度、风险等级,对未采取措施时的隐患风险进行分析描述。

(11)缓解措施:描述减轻或消除隐患的措施,如设计方案、加入防护设备、提供报警设备、添加运行和维修程序、加强人员培训等。缓解措施会转变成系统的安全需求。

(12)最终风险水平:按照项目制定的风险矩阵,从风险频率、后果严重程度、风险等级对已经采取措施后的隐患风险进行分析描述。

(13)状态:描述隐患所处的状态,在此处一般填写"开放"和"关闭"两种状态。

(14)注释:填写针对隐患的相关信息,如隐患分析的数据来源、假设条件等。

6.2.3 故障树分析(FTA)

故障树分析(FTA)技术是一种由顶而下的分析方法,它是美国贝尔电报公司的电话实验室于 1962 年开发的。它采用逻辑的方法,形象地进行事故的分析工作,特点是直观明了、思路清晰、逻辑性强,可以做定性分析,也可以做定量分析。定性分析的主要目的是寻找导致与系统有关的不希望事件发生的原因和原因的组合,即寻找导致顶事件发生的所有故障模式。定量分析的主要目的是当给定所有底事件发生的概率时,求出顶事件发生的概率及其他定量指标,体现了以系统工程方法研究安全问题的系统性。准确性和预测性,它是系统安全工程的主要分析方法之一。在系统设计阶段,故障树分析可帮助判明潜在的故障,以便改进设计(包括维修性设计);在系统使用维修阶段,可帮助故障诊断、改进使用维修方案,另外故障树分析也是事故调查的一种有效手段。

故障树是一种特殊的道理树状逻辑因果关系图,它用表 6-8 中所述的事件符号、逻辑符号和转移符号描述事件之间的因果关系。故障树中的基本构成元素为事件和逻辑门。各种故障状态或不正常情况均称为故障事件，各种完好状态或正常情况皆称为成功事件。逻辑门用于描述事件间的因果关系。转移符号用于描述不同树之间的关系。

故障树的基本符号及含义　　表 6-8

名称	符　号	定 义 描 述
基本事件		基本事件是在特定的故障树分析中无需探明发生原因的底事件。 底事件是故障树中仅导致其他事件的原因事件，它位于故障树底端，总是某个逻辑门的输入事件而不是输出事件，底事件分为基本事件和未探明事件
未展开事件		未展开事件是原则上应进一步展开但暂时不必或者不能展开其原因的底事件
结果事件		结果事件是故障树分析中与其他事件或事件组合所导致的事件。它位于某个逻辑门的输出端，结果事件分为顶事件与中间事件。 顶事件是故障树分析中所关心的最后结果事件，它位于故障树的顶端，总是所讨论故障树中逻辑门的输出事件而不是输入事件。 中间事件是位于底事件和顶事件之间的结果事件。它既是某个逻辑门的输出事件，又是别的逻辑门的输入事件
开关事件		已经发生或者必将要发生的特殊事件。特殊事件是指在故障树分析中需要用特殊符号表明其特殊性或引起注意的事件
条件事件		条件事件是描述逻辑门起作用的具体限制的特殊事件
与门		与门表示仅当所有输入事件发生时，输出事件才发生
或门		或门表示至少一个输入事件发生时，输出事件就发生
非门		非门表示输出事件是输入事件的逆事件
表决门	m:0:0	表决门仅当 m 个输入事件中有 r 个或 r 个以上事件发生时，输出事件才发生。与门和或门都是表决门的特例
异或门		异或门表示仅当单个事件发生时，输出事件才发生

续上表

名称	符　号	定 义 描 述
禁止门		禁止门表示仅当金门打开条件事件发生时，输入事件的发生才可以导致输出事件的发生
转移符号		转移符号是为了避免画图时重复和使图形简明而设置的符号，它分为转入和转出符号，如图所示，左边的为"转出符号"，右边的为"转入符号"

按照《故障树分析程序》(GB 7829—87)，故障树分析主要步骤如表6-9所示。

故障树分析的基本步骤　　表6-9

工 作 步 骤	主 要 内 容
1. 确定分析的范围	(1)定义系统，包括系统的设计意图、实际结构、功能、边界(包括接口)、运行模式、环境条件和故障判据。 (2)确定分析的目的和内容。 (3)明确对系统所作的基本假设，包括对系统运行和维修条件的假设，以及在所有可能的使用条件下与性能有关的假设
2. 熟悉系统	对系统应有详细的和透彻的了解。为此，需要系统设计人员、使用维修人员和可靠性或安全性分析人员的合作。对系统进行故障模式和效应分析将会促进对系统故障规律的深入了解，从而有助于正确确定顶事件和建立故障树
3. 确定顶事件	根据分析的目的、系统的故障判据和对系统的了解，确定与系统有关的不希望发生的事件，即顶事件。通常这个事件明显地影响系统的技术性能、经济性、可靠性、安全性或其他所要求的特征。顶事件必须有明确的定义，它是故障树分析的中心。当关心的与系统有关的不希望事件不止一个时，可以将所有这些不希望事件作为同一个假设顶事件的输入事件，从而把问题归结为仅有一个顶事件的情形来进行统一处理
4. 建立故障树	建立故障树的方法有演绎法、判定表法和合成法等。演绎法主要用于人工建树，判定表法和合成法主要用于计算机辅助建树。 演绎法建树应从顶事件开始由上而下，循序渐进逐级进行，步骤如下： (1)分析顶事件，寻找引起顶事件发生的直接的必要和充分的原因。将顶事件作为输出事件，将所有直接原因作为输入事件，并根据这些事件实际的逻辑关系用适当的逻辑门相联系。 (2)分析每一个与顶事件直接相联系的输入事件。如果该事件还能进一步分解，则将其作为下一级的输出事件，如同①中对顶事件那样进行处理。 重复上述步骤，逐级向下分解，直到所有的输入事件不能再分解或不必要再分解为止。这些输入事件即为故障树的底事件。 对每一级结果事件的分解必须严格遵守寻找"直接的必要和充分的原因"，以避免某些故障模式的遗漏
5. 故障树规范化	为了对故障树作统一的描述和分析，必须将建造出来的故障树规范化，成为仅含有底事件、结果事件以及"与""或""非"三种逻辑门的故障树。 故障树规范化的主要内容包括： (1)将未探明事件或当作基本事件或删去； (2)将顺序与门变换为与门； (3)将表决门变换为或门和与门的组合； (4)将异或门变换为或门、与门和非门的组合； (5)将禁门变换为与门

续上表

工作步骤	主要内容
6. 定性分析	用下行法或上行法求故障树的所有最小割集。割集是导致正规故障树顶事件发生的若干底事件的集合。最小割集是导致正规故障树顶事件发生的数目不可再少的底事件的集合。它表示引起故障树顶事件发生的一种故障模式。 下行法的基本原则是:对每一个输出事件,若下面是或门,则将该或门下的每一个输入事件各自排成一行;若下面是与门,则将该与门下的所有输入事件排在同一行。行法的步骤是:从顶事件开始,由上向下逐级进行,对每个结果事件重复上述原则,直到所有结果事件均被处理,所得每一行的底事件的集合均为故障树的一个割集。最后按最小割集的定义,对各行的割集通过两两比较,划去那些非最小割集的行,剩下的即为故障树的所有最小割集。 上行法的基本原则是:对每个结果事件,若下面是或门,则将此结果事件表示为该或门下的各输入事件的布尔和(事件并);若下面是与门,则将此结果事件表示为该与门下的输入事件的布尔积(事件交)。上行法的步骤是:从底事件开始,由下向上逐级进行。对每个结果事件重复上述原则,直到所有结果事件均被处理。将所得的表达式逐次代入,按布尔运算的规则;将顶事件表示成底事件积之和的最简式,其中每一项对应于故障树的一个最小割集,从而得到故障树的所有最小割集
7. 定量分析	如有足够数据,能够估计出故障树中各底事件发生的概率,则在所有底事件相互独立的条件下,可对故障树进行下述定量分析。可以求的顶事件发生的概率和底事件的重要度

在建立故障树时考虑的事件应包括硬件故障,也要包括可能发生的软件故障和人为失误,以及所有与系统运行有关的条件、环境和其他因素。所有故障事件必须有明确的定义,并需指出每个故障事件发生的条件。另外,在建立故障树时,必须考虑到共因事件。共因事件是指出现在故障树不同分支中的同一个原因事件,它影响两个或两个以上不同的结果事件。如果某个故障事件是共因事件,则在故障树不同分支中出现的该事件必须用同一个事件标号。当该共因事件不是底事件时,则应该用相同转移符号简化。目前市场上已经有多种支持故障树建模和故障树分析的软件工具,在分析人员建模完成之后,分析工具可以自动完成定量分析和定性分析,并自动形成报告。图6-5为针对轨道交通列车控制系统隐患"列车超过列控系统既定的安全速度和距离"这一事件的故障树图形。

6.2.4 失效模式影响分析(FMEA)

和故障树分析相比,失效模式影响分析是一种由底而上的分析方法,它对系统进行分析,以识别潜在失效模式、失效原因及其对系统性能(包括组件、系统或过程的性能)影响的系统化分析过程。FMECA(失效模式、影响及危害性分析)是FMEA的扩展,其按失效模式严酷度大小排序,以区分采取对策的优先次序。这可通过危害性这一衡量标准来实现,危害性度综合考虑了严酷度和发生频率。失效模式和影响分析的对象可以是硬件、软件、接口或过程。分析应尽可能在开发周期的早期阶段进行,以获得消除或减少失效模式的效果。

进行FMEA或FMECA的目的是识别对系统工作产生有害影响的失效,如系统运行终止、系统运行显著退化或影响使用者安全,提高系统的可靠性和安全性(如通过设计修正或质量保证行动),提高系统的维修性(通过关注有风险的区域或与可维护性不相符的地方)同时也是为了满足客户对系统的约定需求。

通过FMEA或FMECA工作,可以在系统各功能级别上,全面识别和评估由任何原因引起的产品的失效模式及其对界定的分析系统内部带来的不期望的影响和事件序列,确定与系统

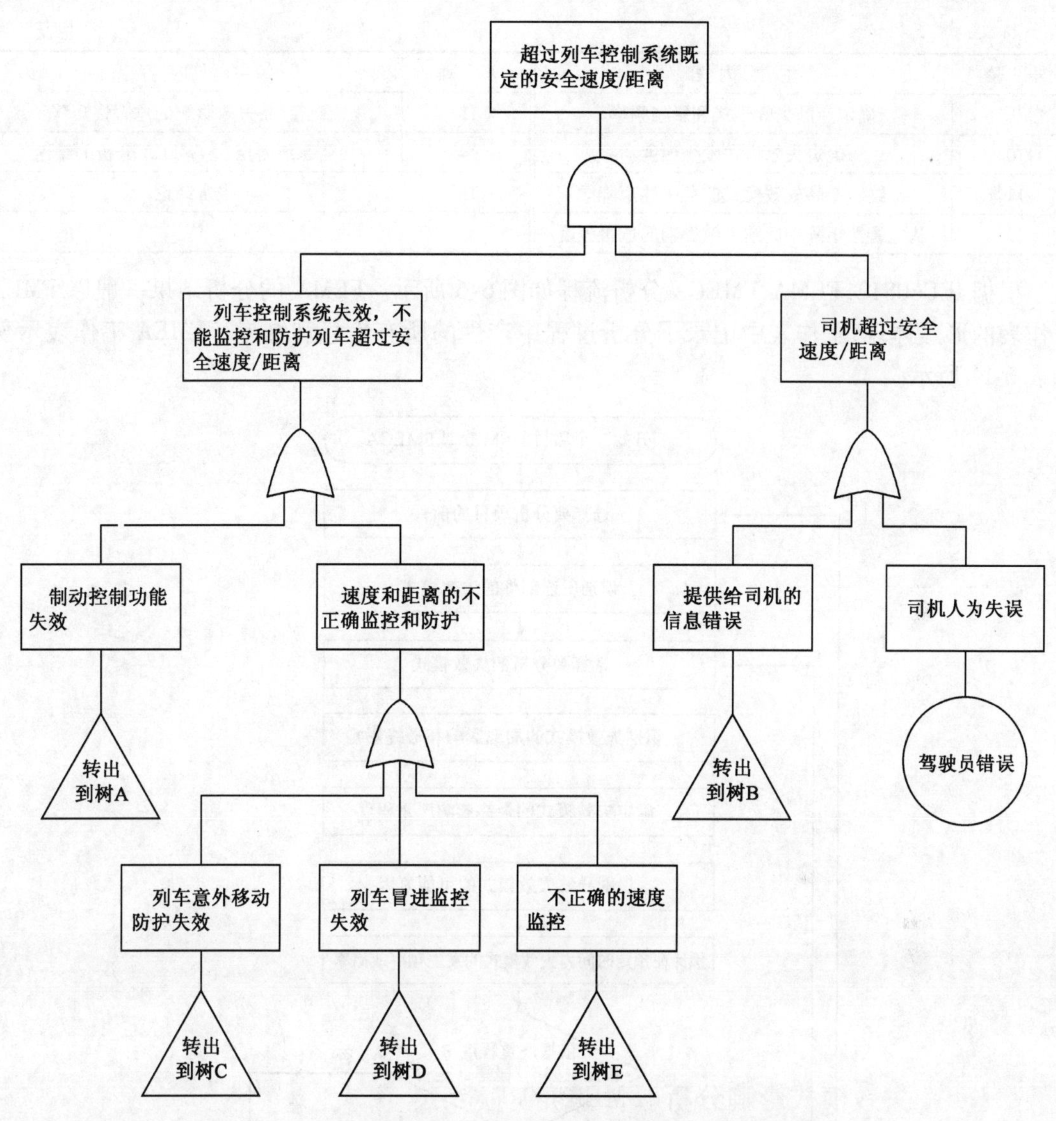

图6-5 列车超过列控系统既定的安全速度和距离故障树分析

正常功能或性能有关的每一失效模式的危害度，定位/减轻每一失效模式的优先顺序及其对相关过程的影响；按探测性、诊断性、测试性、使用和补给提供（修理、维护和后勤等）对失效模式进行分类，识别系统功能失效并估算严重程度和发生概率；为减少失效模式制定设计改进计划，支持制定有效的维护计划，以降低或减轻失效的可能性。

FMECA 分析程序的步骤如表6-10所示，对于 FMEA 来说，可以省略步骤6～步骤14。

FMECA 分析步骤 表6-10

步　骤	主 要 内 容	步　骤	主 要 内 容
1	确定是否要进行 FMEA 或 FMECA	5	定义每个产品的失效模式和失效影响并记录
2	定义分析系统的边界条件	6	归纳每种失效影响
3	明确系统要求和功能	7	定义系统失效的严酷度等级
4	定义失效的判定标准	8	确定产品失效模式严酷度

续上表

步　骤	主 要 内 容	步　骤	主 要 内 容
9	确定产品失效模式和影响频率	13	绘制产品失效影响的危害性矩阵
10	确定失效模式发生频度	14	报告系统各层次 FMECA 分析的结论
11	绘制产品失效模式的危害性矩阵	15	报告结论
12	从危害性矩阵中归纳失效影响的危害程度		

根据 IEC60812,FEMA/FMECA 分析流程如图 6-6 所示。FEMA 的分析结果一般以 FMEA 工作表的形式体现,工作表中记录了分析过程中产生的所有信息和结果。FMEA 工作表示例如表 6-11 所示。

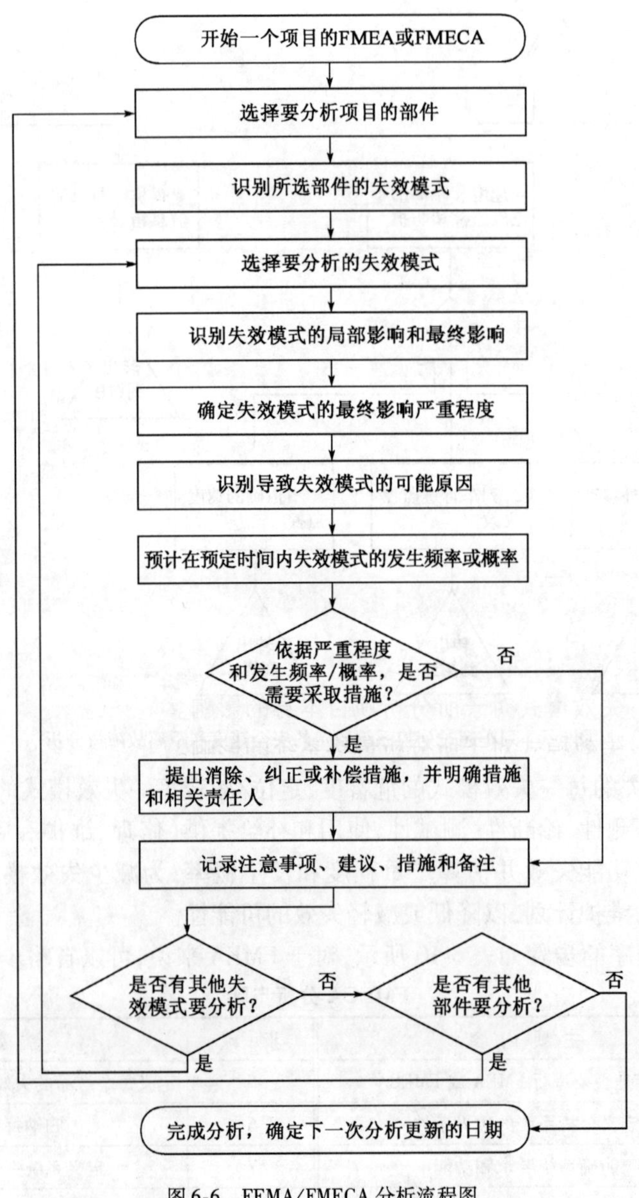

图 6-6　FEMA/FMECA 分析流程图

FMEA 分析表格 表 6-11

1. 最终项目(系统):			3. 项目(模块或部件):			5. 分析人:					
2. 运行模式:			4. 版本:			6. 日期:					
7. 项目编号	8. 项目描述及其功能	9. 失效模式	10. 失效模式代码	11. 可能的失效原因	12. 局部影响	13. 最终影响	14. 检测方法	15. 失效的应对措施	16. 严重程度	16. 发生的频率或概率	18. 注释

表格说明:

(1)最终项目(系统):也就是所分析的系统,在考虑失效最终影响的一层。最终项目的名称应和系统的名称一致。

(2)运行阶段:分析时所考虑的系统模式。

(3)项目(模块或部件):分析所针对的项目,即部件、模块或功能等。

(4)版本:分析文件的版本。

(5)分析人:进行失效模式影响分析的人员姓名。

(6)日期:分析的日期。

(7)项目编号:按照系统框图或系统结构图,或者项目清单,所分析项目的编号。

(8)项目描述及其功能:对所分析项目及其功能进行简要描述。

(9)失效模式:对项目的失效模式进行描述。从以下几个方面准备可预计的失效模式清单,能有效增强失效模式、原因和影响的识别:系统用途;系统包含的特殊单元;工作模式;有关的运行规范;时间约束;环境应力;工作应力。通用的失效模式有:在运行中失效、在规定的时间不能开始运行,在规定的时间不能停止运行、过早地开始运行。

(10)失效模式代码:一个分析项目可能有多种失效模式,需要对不同的失效模式进行编号。

(11)可能的失效原因,针对失效模式,指出最可能导致失效模式的原因。

(12)局部影响:失效模式对于所分析项目本身的影响。

(13)最终影响:失效模式对于所分析最终系统的影响。

(14)检测方法:对于失效模式的检测方法,检测方法可能是系统内置的测试方法(Built-in-test),也可能是通过外部诊断的方法来检测。

(15)失效的应对措施:为了消除或者减轻失效模式的应对措施,如提供冗余部件。

(16)严重程度:失效导致的后果严重程度。

(17)发生的频率或概率:特定失效模式发生的频率或概率。

(18)注释:提供额外必要的信息或者一些补充说明,如冗余单元的失效影响、关键的设计特性识别、后续失效分析所需的其他参考资料、重大的维护要求、主要失效原因、主要失效影响、所采取的决定,如设计评审时的决定。

6.2.5 共因失效分析(CCFA)

轨道交通列车运行控制和管理系统中,多采用冗余和比较结构来提高系统的可靠性和安全性,在这样的结构中,如二取二或三取二结构,通过多个功能部件来完成同样的系统功能,在各个部件或通道对外输出之前进行比较或表决,在比较一致或者多数表决通过的情况下才对外产生输出,用以提高系统的安全性。在这样的系统架构中,它的安全性有一个基本前提,那就是各个部件或通道是相互独立的,也就是它们之间不会存在同样的错误,也就是"共因失效(CCF)"。在系统安全性分析中,仅仅考虑随机独立失效是不够的,还可能发生一些"共因失效"。它是指因某个原因在系统的几个部件上同时产生缺陷导致系统性能退化或失效,如设计失误(不适当的元器件降额)、环境应力(如闪电)或人为错误等。共因失效将引起一个以上的产品同时失效,或者在相当短的时间内发生,具有同时失效的效果。因此,对于安全相关的系统,在系统的架构设计的时候,应当进行共因失效分析,识别出共因对系统安全性的影响并采取措施消除共因的影响。

系统中导致共因失效发生的因素很多,如:冗余设计中的共同弱点;多个系统中用到了同样的部件;共同的软件设计;共同的制造过程错误;共同的需求错误;共同的生产过程错误;共同的安装过程错误;共同的维护过程错误;共同的环境因素影响;共同的工具故障。

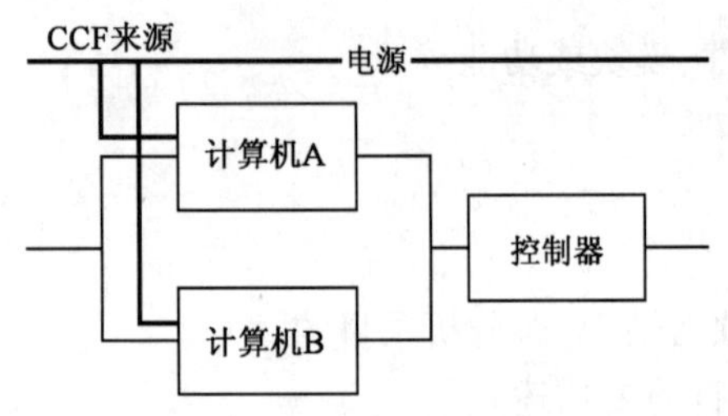

图 6-7　冗余系统的共因失效原因

如图 6-7 所示,在热备冗余系统中,计算机 A 和计算机 B 采用了共同的电源,这两个计算机只要有一个能够正常运行就能保证整个系统的正常工作。在该系统中,由于它们采用了共同的电源系统,尽管有冗余系统,但只要电源发生故障,系统便不能正常运行。因此,这个系统中的电源是导致共因失效的一个原因。

目前,在系统安全分析中,已经有不同的模型用于评价共因失效,主要包括:贝塔系数模型、基本参数模型、MGL 模型、BFR 模型、系统故障树模型。在轨道交通行业,目前最常用的是利用系统故障树模型对共因失效进行分析(图 6-8)。

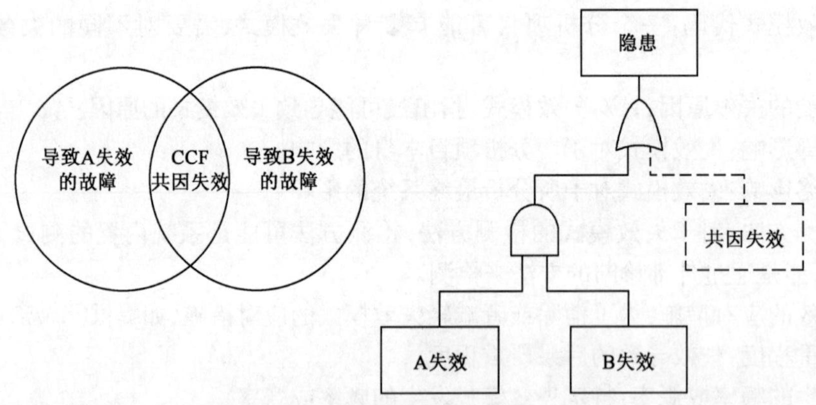

图 6-8　利用系统故障树模型来分析共因失效

共因失效分析模型的步骤如表 6-12 所示,在这些分析步骤中,最重要的是第 3 步审查分析,以识别共因失效弱点和事件。目前最常用的是采用检查表的方法以集体讨论的方式来进行审查分析。因此,共因失效分析中采用的检查表是分析完整性和全面性的保障。另外,在进行共因失效分析时,需要了解首先共因失效的根本原因是导致部件失效的基本原因,纠正了根本原因,就可以预防共因失效的发生。其次共因失效耦合因素是导致多个部件容易受到共同原因机理的失效的特性,这些特性包括部件设计、位置、环境、任务、操作、维护或测试过程中的共同点。因此,在设计共因失效的消除或减轻措施时,就可以从共因失效的根本原因和耦合因素这两个方面进行防护设计。

共因失效分析步骤 表6-12

步骤	任务	描述
1	定义系统	仔细了解系统,定义系统的边界、子系统以及接口,并且明确分析的边界
2	形成系统的逻辑模型	形成一个初步的部件层级的系统逻辑模型,如故障树,以识别系统中主要的部件及其关系
3	审查分析	对系统的设计和数据进行审查分析以识别共因失效的弱点和共因失效事件
4	详细的共因失效分析	在系统逻辑模型,如故障树中加入共因失效事件,进行定性或定量分析,并分析共因失效的风险
5	评估最终风险	评价每一个共因失效事件的最终风险并且判断其是否可以接受
6	提出应对措施	如果共因失效分析不可以接受,那么针对共因失效提出减轻或消除措施,以降低系统的风险
7	隐患记录与形成 CCFA 报告	将识别出的共因市郊记如隐患日志中进行跟踪管理,另外形成共因失效分析报告

共因失效分析中可以通过采用检查表来辅助分析,这些检查表可以从有共因特性、硬件耦合因素、操作耦合因素、环境耦合因素、软件耦合因素等多方面来考虑编写,见表6-13。

共因失效分析检查表 表6-13

特征	描述
相同的设计	多个子系统中采用了同样的设计可能是共因耦合因素的弱点,这一点对于软件来说更为明显
相同的硬件	多个子系统中采用了同样的硬件,可能成为多个子系统共同的弱点
相同的功能	如果系统中多个地方适用了相同的功能,它们有可能需要相同的硬件或软件,因此成为共因失效的弱点
相同的人员	相同的设计、开发、安装、维护、测试人员可能导致相同的错误
相同的程序	相同的设计、开发、安装、维护、测试程序可能导致相同的错误
冗余	当冗余系统是相同的,它们容易受到相同的失效模式、失效率和共因失效耦合因素
同样的位置	部件位于同样的位置,使它们容易受到同样的不利条件影响,如火灾、水和振动、冲击等
同样的环境	部件容易受到同样的环境条件影响,如电磁干扰、适度、温度等
同样的制造商	部件来自于同样的制造商,容易受到同样的失效模式和失效率
同样的需求规格	部件或功能由于相同的需求规格可能包含有同样的错误而产生共因失效
同特的能源	部件由于采用同样的能量来源而可能产生共因失效
同样的数据源	不同的软件中由于使用了同样的数据资料,可能受到共因失效的影响
同样的边界	部件由于共有同样的边界(物理、功能、逻辑等)可能导致共因失效
同样的软件算法	不同软件中由于采用了算法,有可能导致共因失效

6.2.6 危害和操作性分析(HAZOP)

HAZOP分析方法是英国帝国化学工业公司(ICI)为解决除草剂制造过程中的危害,于19世纪60年代发展起来的一套以引导词(Guide Words)为主体的危害分析方法,用来检查设计的安全以及危害的因果来源。其方法是基于这样一个基本概念,即各个专业、具有不同知识背景的人员所组成的分析组一起工作比他们独自一人单独工作更具有创造性与系统性,能识别更多的问题。危害和操作性分析和我们常说的头脑风暴法相类似,都是基于团队来进行讨论和分析问题的,但是危害和操作性分析是一种系统化的分析方法,它有严格的组织、流程和控制程序。

HAZOP是一个基于引导词并由一个多学科小组通过一系列会议进行的定性分析技术,在有经验的领导管理下的一个小组,对一个新开发的或者既有的系统或者系统部件进行正式地、结构化地、系统性地检查,以识别系统的隐患、运行不正常、功能失效,并且识别出他们对人员、系统、运营的影响。

HAZOP作为一种隐患分析的方法,在系统生命周期的不同阶段,都可以进行。一般而言,HAZOP需在设计阶段尽早进行,由此对设计产生实质性的影响。另外,为执行HAZOP,我们需要一个相对完整的设计。所以,一般利用HZAOP来对系统的详细设计进行一个最终的检查。HAZOP研究也可用于对既有系统进行,以识别可以降低系统安全风险的修改措施。

HAZOP分析成员一般有组长、秘书和组员组成。组长的职责是定义分析和研究的范围,选择HAZOP小组成员,做好HAZOP计划和准备,主持HAZOP会议,利用引导词和参数引导讨论,按照计划和时程控制研讨会进展和保证分析讨论的完整性。秘书的职责是准备HAZOP工作表,记录HAZOP会议的讨论,准备HAZOP报告。小组成员由设计工程师、运营工程师、安全工程师组成。可能的情况下,还可邀请运营经理、维护工程师、供应商代表等其他相关人员他方面人员加入HAZOP小组参与分析。

HAZOP会议中参与人员的态度很重要,它要求参与人员做到:主动积极,每一个人的积极参与都是非常重要的;切中要害,避免对细节无休止的讨论;担负责任,一个人知道的信息一定要让其他人知道;正面评论,而不是负面的,但评论必须具有建设性。须把会议讨论集中在潜在的隐患和运营问题上,同时为了保证效率每一次HAZOP会议不要超过2h。表6-14为HAZOP会议过程。图6-9为HAZOP分析流程。

HAZOP会议过程 表6-14

步骤	内容
1	介绍所有的与会人员
2	对所要研讨的系统、运营进行整体介绍。系统介绍中可以用到方块图、流程图、数据流程图、面向对象的设计图、状态转移图、时间图、逻辑流程图、电路图、布局图、操作程序、设备数据表单等资料
3	简要描述HAZOP方法,方法主要要点如下: (1)将系统分为子系统、部件; (2)选择要进行研讨的节点; (3)对设计的目的进行描述; (4)选择一个系统特征值(参数);

续上表

步骤	内　容
3	(5)利用引导词; (6)决定原因; (7)判断发生的后果; (8)提出建议:What? When? Who? (9)对信息进行记录; (10)重复以上过程[从(2)开始]
4	介绍第一个要分析的部件、运营部分
5	利用引导词和特征值来对部件、运营部分进行分析
6	继续介绍和分析(步骤4和步骤5)
7	对会议讨论中的发现物进行概要性总结

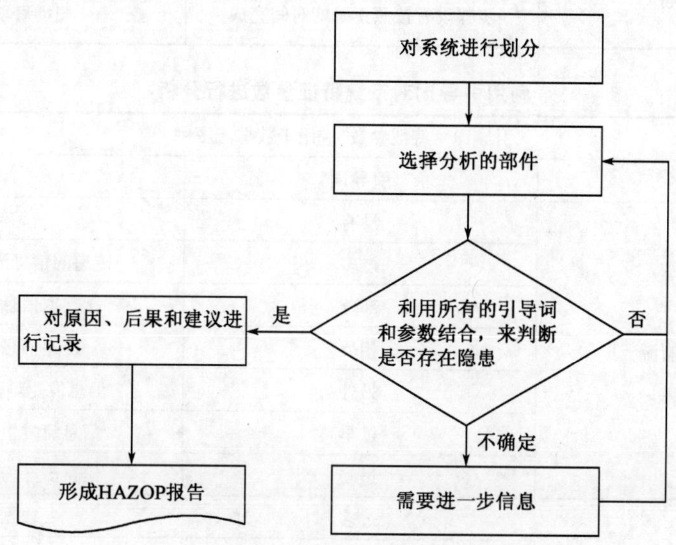

图6-9　HAZOP分析流程

在HAZOP分析过程中,需要用到引导词,它是定义的词语或短语用于表述或定义一个与设计目的的特定偏离。常用的引导词为:没有、过多、过少、又、也、部分、相反、过早、过迟等。引导词用于修饰系统的参数,如压力、电流、电压、速度等。引导词和系统参数一起用来修饰系统偏离,也就是系统的特征参数与设计目的的不一致,如失效、故障等。表6-15常用的引导词。表6-16为引导词和系统特征参数相结合,应用于数据流图分析过程中的范例。表6-17为HAZOP分析用的记录表格。

常用的引导词　　表6-15

引导词(Guide Word)	含　义	范　例
No (Not, None) 无、不、没有	所有的设计目的都没有达到	开关闭合后没有电流输出
More(Higher) 过多、过高	参数值或量的增多	温度比设计要求的高
Less(lower) 过少、过低	参数值或量的减少	压力比正常要求值的少

续上表

引导词(Guide Word)	含　义	范　例
As well as (more than) 也、又	另外一个情况发生	同时其他阀门也处于关闭状态
Part of 部分	仅部分设计目的实现	仅部分系统可以关闭
Reverse 相反	与设计目的逻辑相反的事件发生	当系统关闭时出现倒流现象
Other Than(other) 其他	完全替换,其他事件的发生	液体出现在导气管中
Early/late 早、迟	事件与设计的目的不同	控制不同步
Before/after 前、后	步骤没有按照顺序发生	传输系统中消息发生错序
Faster/Slower 快、慢	步骤没有按照正确的时间完成	制动启动时间过慢

利用引导词对系统特征参数进行分析　　表 6-16

引导词+特征参数,应用于数据流图中		
特征参数	引导词	说明
数据流或控制流	没有	无信息流
	过多	传递的信息流比期望的要多
	部分	数据信息传递不完整
	相反	传递信息的方向错误
	另外	信息发生畸变,但格式正确
	过早	信息流发生得比预期要早
	过晚	信息流在需要之后才发生
数据率	过多	数据率过高
	过少	数据率过低
数据值	过多	数据值过高
	过少	数据值过低

AZOP　表　格　　表 6-17

系统:						表号:			
图纸号:		版本:				日期:			
分析小组成员						会议日期			
考虑的部件									
设计意图:									
序号	引导词	部件	偏差	可能的原因	后果	已有防护措施	注释	所需要措施	措施负责人

6.2.7 软件安全性分析

软件安全性不像可靠性那样适合于定量处理，因为意外事故通常可由多种因素引起，概率小，评估极为困难。尽管如此，对软件安全性的度量研究仍在进行。

美国军标 MIL－STD－882B 将软件系统的安全性工作归结如下：

(1)确定系统及系统中软件的安全性要求。

(2)将系统安全性说明中的要求准确地转化为系统或分系统说明的要求、转化为软件需说明的要求，并将这些要求在软件设计及编码中实现。

(3)在系统、分系统说明及软件需求说明中确定当可能发生安全事故时的系统对策。这些对策包括故障—安全、故障降级使用、故障容错使用等内容。

(4)确定软件系统中安全关键单元，安全关键单元是指那些对系统安全性有关键影响的程序、分程序和模块。

(5)对软件的安全关键单元进行分析。

(6)通过分析、验证，确保软件系统安全性要求的实现，验证不存在有损于安全性的单个或多个失效事件，保证系统的安全性要求不致引起新的危险。

(7)确保编制出的程序不会因为触发危险功能，或阻碍正常功能的执行而使系统处于危险状态。

(8)保证系统中的软件能有效地减少硬件的安全风险。

(9)保证对系统进行充分的安全性测试，包括失效事件发生的测试。

为了进行软件安全性分析，必须掌握下列各种资料和信息：

(1)系统或分系统说明、软件需求说明、各种接口说明等有关资料。

(2)系统生存周期中软件及其组成单元的工作情况、功能、工作时序等有关资料。

(3)程序各种功能的流程图、编程语言、储存和时序等相关资料。

(4)系统及软件在测试、生产、运输、装卸、储存、维修等各个环节与安全有关的经验、教训。

(5)已知的危险事件源，包括能源及有毒物源，特别是可由软件控制的危险事件源。

(6)软件开发计划、软件质量评估计划、软件配置管理计划和其他系统、分系统开发计划的文档。

(7)系统测试计划、软件测试计划和其他测试文档。

软件系统的安全性分析是整个系统安全性分析的一个重要组成部分。软件安全性分析必须利用整个系统安全性分析的结果，并安排在系统安全性分析之后进行。软件安全性分析包括以下 7 个工作项目：

(1)软件需求隐患分析。利用系统初步隐患分析的结果，初步确定软件的安全关键单元。

(2)概要设计隐患分析。在软件需求说明评审后开始，是软件需求隐患分析的深入和继续。分析的结果提交初步设计评审，作为初步设计评审的内容。

(3)详细设计隐患分析。安排在初步设计评审之后进行，它是概要设计隐患分析的深入和继续。详细设计隐患分析应在软件编码之前进行，分析的结果提交给关键设计评审，作为关键设计评审的内容。

(4)软件编程隐患分析。这项分析是用来考察软件的安全关键单元，以及其他单元的源程序和目标程序是否实现了安全性设计的要求。此工作应与编程同时进行，应该按照安全性的要求不断地修改程序，一直到测试完成。分析中需要确定危险事件发生的可能性所降低的程度。分析人员还应参加程序的专查和评审。

(5)软件安全性分析。这个项目的工作要点是：

①对安全关键单元进行安全性测试，保证使危险事件发生的可能性降低到可以接受的水平。

②向测试人员提供软件安全关键单元的安全性测试案例。

③确保所有的软件安全关键单元按预定的测试方案进行安全性测试，准确地记录测试记录。

④除了在正常状态下进行的测试外，还要在异常的环境和异常的输入状态下测试软件确保软件在这些状态下仍能安全运行。

⑤进行软件强度测试，确保软件的安全运行。

⑥确保外购软件的安全运行。

⑦订购方所提供的软件，不管是否进行了修改，都需要进行测试，以保证这些软件在系统中安全运行。

⑧确保系统综合测试和系统验收测试中所发现的危险事件已经得到了纠正，确保对这些事件进行了重新测试，没有遗留问题。

(6)软件与用户接口隐患分析。

(7)软件更改隐患分析。

软件更改危险分析是用来考察和分析规格书、软件设计、源程序和目标程序的更改对安全性的影响。

6.3 安全风险的接受原则

风险接受原则是确定系统安全目标的依据，在不同的社会，由于科技发展水平、人们的价值观念、社会的法律制度存在差异，安全风险接受准则在世界各国也存在明显的差异。另外，目前还有很多国家和地区没有制订明确安全风险接受准则，这导致系统安全目标的制订无据可依。本节中介绍目前在世界上使用较为广泛的轨道交通行业安全风险接受准则。

6.3.1 德国——MEM 原则

德国采用的安全风险接受原则是最少内生死亡率准则（Minimum Endogenous Mortality, MEM），该原则的主要原理是新系统的应用不应该明显高于人的最小内源性死亡率。

人的死亡可能是由不同的原因导致的，有人本身自然的原因，如疾病、先天性畸形，也有可能是由人造技术系统的技术原因导致的死亡，如加工机械、运输工具、家用电器等。从统计学上来说，人由于自身原因导致的死亡率随着人所处年龄段的不同人的死亡概率也不同，把由于人的自然属性导致的死亡率称为“内源性死亡率 R”，在发达国家，R 在 5 ~ 15 岁年龄段之间的值最少，内源性死亡率的最低等级称为“最小内源性死亡率”，用 R_M 表示，它由式(6-1)来表示：

$$R_M = 2 \times 10^{-4}\text{死亡数/人年} \tag{6-1}$$

根据以上数据,德国制订了以下原则:“新型运输系统导致的危害不应该显著增加最小内源性死亡率 R_M 的数值。”在实际过程中,可以采用以下数值:

$R_1 \leqslant 2 \times 10^{-5}$死亡数/人年;

$R_2 \leqslant 2 \times 10^{-4}$重伤数/人年;

$R_3 \leqslant 2 \times 10^{-3}$轻伤数/人年。

以上数值的制定是基于以下等价关系,100 轻伤 = 10 重伤 = 1 死亡。

以上观点是仅从个人的风险角度来考虑的,一个人中在事故中丧生,他的家庭不会因为他是丧生于一个大灾难中或是一个小事故而获得任何的慰藉。但从社会的角度来看,导致多人死亡的重大灾难对社会造成的影响会更大,这对于交通运输系统来说也是如此。因此,针对可能造成大量人员伤亡的系统,引入了“风险厌恶差分函数”(Differential risk aversion, DRA),对于可能造成人员伤亡数目越大的系统风险可接受的个人风险水平越低,如图 6-10 所示。

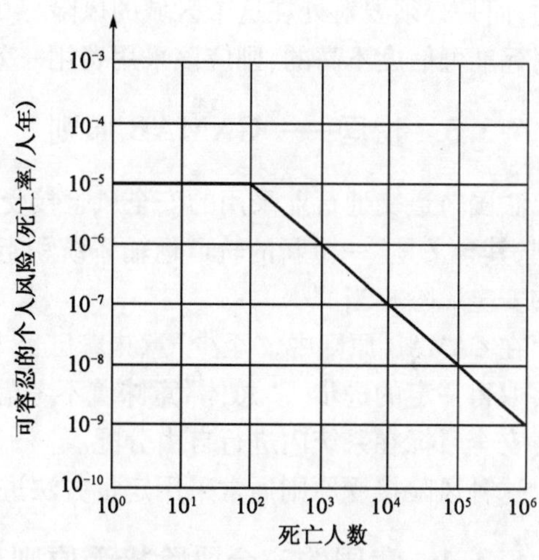

图 6-10 德国风险接受原则,最小内源性死亡率

6.3.2 英国——ALARP 原则

英国实行的安全风险接受原则是最低合理可行原则(As Low As Reasonably Practicable, ALARP)。它是指在合理可行的情况下,尽可能把风险降到最低。ALARP 原则如图 6-11 所示。

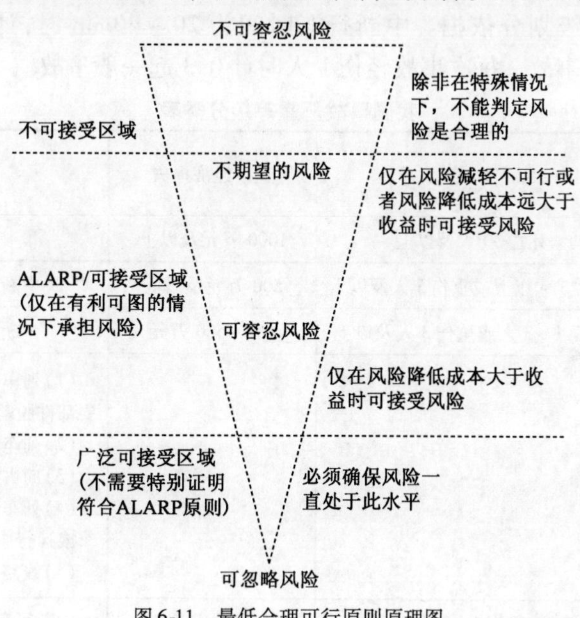

图 6-11 最低合理可行原则原理图

ALARP 原则用一个三角形框架表示,该框架将风险分为三个区域:有些风险是太大和有些后果太不可接受,以致在任何场合都不能证明它们是可以接受的。上面的线规定了不能接受区域的风险等级。如果风险等级不能减小到这条线以下运营,就不能进行。框图的下面的线规定为广泛可接受区,这一区域的风险都可认为很小不需要通过任何 ALARP 规则的证明。上面的线和下面的线之间的区域叫做 ALARP 区。如果可以证明风险已经降低到 ALARP 区,那么该风险就是可以容忍的。必须强调的是并不是只要说明风险在这个区域内就是充分可接受的,而是必须要对处在这个区域的风险尽可能合理地降低。对新型的系统来说,如果现有的证明标准可信度不高的,则应该采用费用—效益分析和生命周期成本进行权衡分析。

6.3.3 法国——GAMAB 原则

法国轨道交通行业采用的安全风险接受准则是 GAMAB(Globalement Au Moins Aussi Bon)原则,其含义是“一个新的轨道运输系统引起的总体安全风险至少应该和既有的类似系统导致的安全风险相当。”

在 GAMAB 原则中,“至少”意味着已经考虑到既有系统的风险水平,新系统和既有系统相比要取得一定的进步。“总体”意味着不考虑特定的风险,系统供应商可以自由采用不同的方法对安全目标在系统内进行自由分配。

这种风险接受原则通常采用定量方法进行评估。

6.3.4 我国的安全风险接受原则现状

1)城市轨道交通安全风险接受原则现状

根据我国国家建设部制定的《地铁运营安全评价标准》(GB/T 50438—2000),我国城市轨道交通将安全事故的风险划分为不可接受、可接受及可忽略这三个等级。

在安全事故严重等级划分(表 6-18)中,危害程度同时满足两项或两项以上条件者取最严重的条件作为事故等级划分依据。中断行车时间为 20 ~ 40min 时,计一起一般事故;40 ~ 60min 时,计两起一般事故。每次事故轻伤 1 人时计 0.3 起一般事故。

我国事故严重等级分类表 表 6-18

危害程度 / 严重等级	人身伤亡	直接经济损失	行车事故
特别重大事故	死亡 30 人及以上	1000 万元及以上	—
重大事故	死亡 3 人以上或重伤 5 人及以上	500 万元及以上	中断行车时间大于 180min
大事故	死亡 1 ~ 3 人或重伤 3 人及以上	100 ~ 500 万元	中断行车时间 60 ~ 180min
险性事故	—	—	(1)列车冲突、脱轨、分离或运行中重要部件脱落; (2)列车冒进信号、擅自退行或溜车; (3)向占用闭塞区段发车; (4)列车错开车门、夹人走车、开门走车或运行中开启车门; (5)线路或车辆超限界
一般事故	重伤 1 ~ 2 人	1 万元及以上	中断行车时间 20 ~ 60min

事故统计与计算应符合以下规定：

年度百万车公里等效事故率应按式(6-2)计算：

$$年度百万车公里等效事故率=\frac{\sum(事故个数\times事故这算因子)}{百万车公里} \tag{6-2}$$

事故折算因子见表6-19。

事故折算因子 表6-19

事故等级	责任事故折算因子	事故等级	责任事故折算因子
特别重大事故	100	险性事故	3.5
重大事故	22	一般事故	1
大事故	11		

事故风险水平可接受程度的确定见表6-20。

事故可接受程度表 表6-20

事故水平	不可接受	可接受	可忽略
年度百万公里等效事故率	大于0.65	0.65~0.2	小于0.2

2)铁路交通安全风险接受原则现状

我国目前对铁路交通没有制定明确的安全风险接受准则，但对铁路安全事故的等级定义了特别重大事故、重大事故、较大事故和一般事故四个等级。从风险可接受度的角度来看，没有对风险接受水平进行规定。

6.4 运行安全的管理体系

管理体系就是建立方针和目标并实现这些目标的体系，对安全管理体系而言，就是制订安全方针和目标并确保这些目标实现，在安全方面指挥和控制组织的管理体系。安全管理体系的组成因素(图6-12)有：安全方针、安全组织中的人员以及他们的能力和职责、安全目标、风险管理、安全方法和技术、安全管理程序、安全工程辅助工具等。

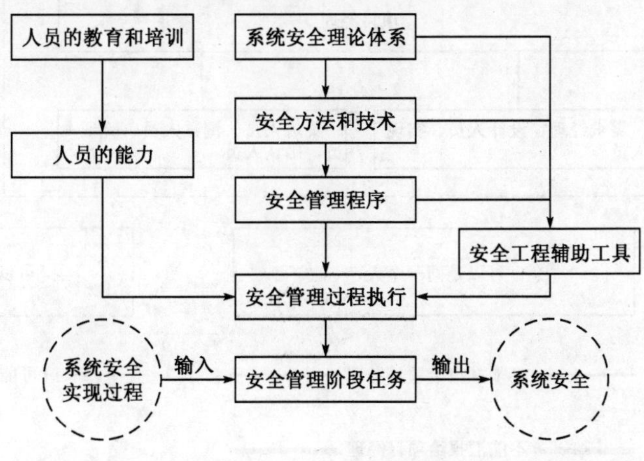

图6-12 安全管理体系的组成

6.4.1 安全组织

由于轨道交通运行控制系统和设备属于影响轨道交通安全的关键设备,在系统研发开始之前,要求建立专门的安全组织,以对系统的安全保证工作进行管理。一般而言,安全组织须具有一定的独立性,有的还要求安全组织要明确独立于设计组织且对安全活动的完整性和正确性负责。在安全关键设备投入使用之前,需要安全组织批准之后才可放行。

按照目前同行轨道交通行业安全标准,如 IEC62279 和 IEC62425,在安全相关系统开发中,安全组织中涉及的人员有项目经理、需求经理、设计人员、实现人员、集成人员、测试人员、验证人员、确认人员,还有安全评估人员。安全组织中的人员按照系统的安全完善度等级不同有不同的独立性要求,特别是对于验证人员和确认人员。一般而言,验证人员在项目组织中定义之后在整个项目开发过程中不宜再做改变。

安全相关产品开发组织以及人员的独立性要求如图 6-13 所示。

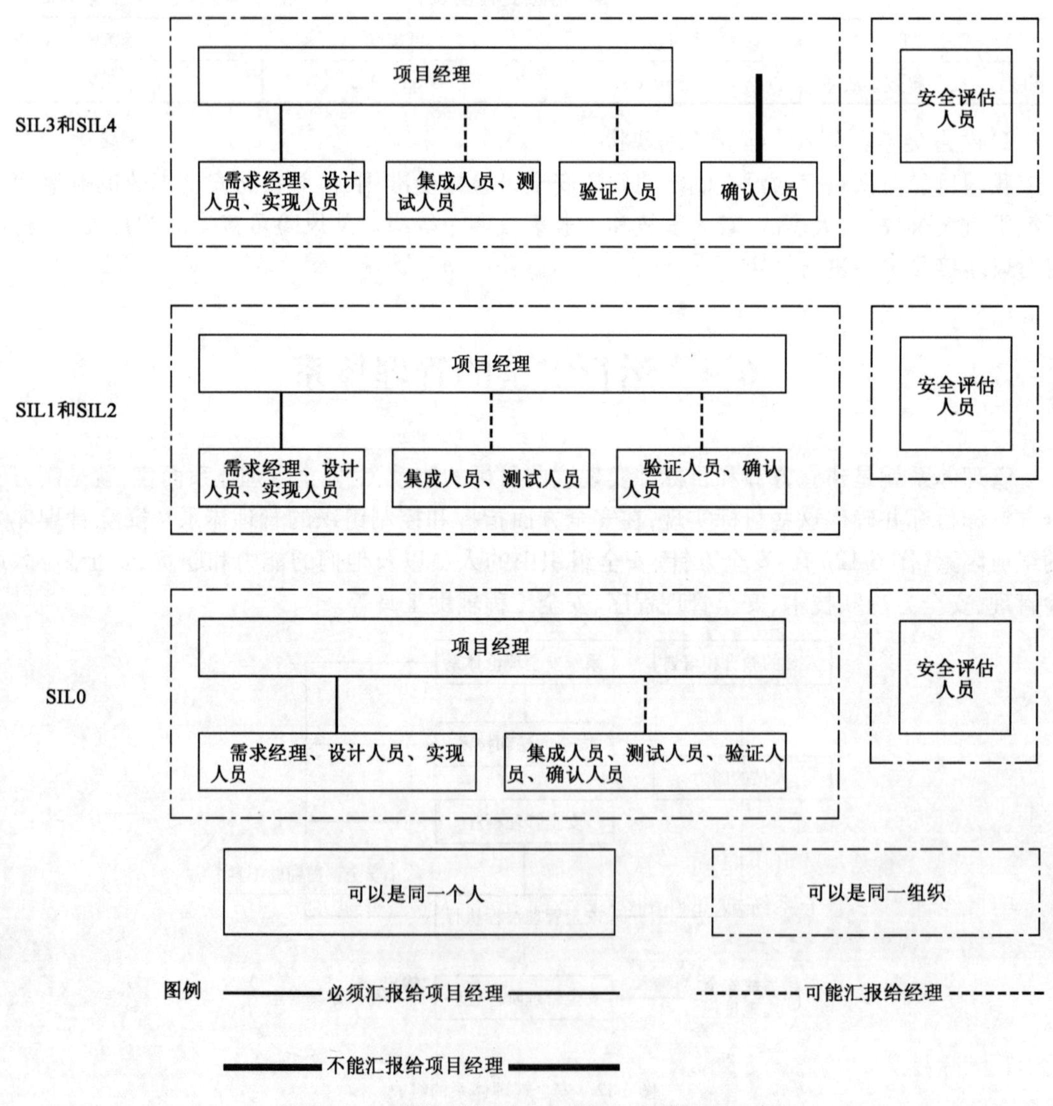

图 6-13 安全相关产品开发组织以及人员的独立性要求

对于 SIL3 和 SIL4 级的安全关键系统开发来说,一个子系统或部件的需求经理、设计人员和实现人员可以是同一个人,但必须汇报给项目经理。一个子系统或部件的集成人员和测试人员可以是同一个人,可以汇报给项目经理或者汇报给确认人员。验证人员可以汇报给项目经理或者是确认人员,但确认人员不得汇报给项目经理,也就是项目经理不可以对确认人员的决定产生影响,确认人员仅将其决定告知项目经理。一个子系统或部件的需求经理、设计人员或实现人员不可以是同样子系统或部件的测试人员或集成人员。验证人员不可以同时是需求经理、设计人员、实现人员、集成人员、测试人员和确认人员。在确认人员对集成和测试结果依据验证目标进行检查的情况下,验证人员可以承担集成人员和测试人员的角色,因此可以保证在项目组织内可以保证两重的检查。确认人员不可以同时是需求经理、设计人员、实现人员、集成人员、测试人员和验证人员。但是,在与项目经理保持独立时,确认人员可以担任验证人员的角色,在这种情况下,验证人员的工作输出应该被一个与确认人员具有相同独立性的并且具有相当能力人员的检查。这一例外情况需要获得安全评估人员的批准同意。在需求经理、设计人员、实现人员、集成人员、测试人员、验证人员这些人员之间的独立性要求得到满足的情况下,项目经理可以同时担任需求经理、设计人员、实现人员、集成人员、测试人员、验证人员。项目经理、需求经理、设计人员、实现人员、集成人员、测试人员、验证人员、确认人员可以属于同一个组织,但评估人员应当独立,并且在组织上要独立于项目经理、需求经理、设计人员、实现人员、集成人员、测试人员、验证人员、确认人员。

对于一个系统安全完善度等级为 SIL1 或 SIL2 的系统来说,一个子系统或部件的需求经理、设计人员、实现人员可以是同一个人并且汇报给项目经理。一个子系统或部件的集成人员和测试人员可以是同一个人,可以汇报给项目经理也可以汇报给确认人员,验证人员和确认人员可以是同一个人。一个子系统或部件的需求经理、设计人员、实现人员不应当是同一子系统或模块的测试人员或集成人员。一个验证人员或确认人员不应该同时是需求经理、设计人员、实现人员、集成人员和测试人员。在人员之间的独立性得到满足的情况下,项目经理可以执行需求经理、设计人员、实现人员、集成人员、测试人员、验证人员和确认人员的角色。项目经理、需求经理、设计人员、实现人员、集成人员、测试人员、验证人员和确认人员可以属于同一个组织。评估人员应当独立,并且在组织上要独立于项目经理、需求经理、设计人员、实现人员、集成人员、测试人员、验证人员、确认人员。在确认人员对验证人员的输出进行检查的情况下,验证人员可以作为集成和测试人员,由此可以保持组织内的两重检查。在验证人员的输出可以被另一个与确认人员具有相同独立性且具有相当能力的人员检查的情况下,确认人员可以作为验证人员、集成人员、测试人员。但这种组织形式需要获得安全评估机构的批准。

对于一个系统安全完善度等级为 SIL0 的系统来说,一个子系统或部件的需求经理、设计人员、实现人员可以属于同一个人并报告给项目经理。一个子系统或部件的集成人员、测试人员、验证人员、确认人员可以是同一个人,集成人员、测试人员、验证人员、确认人员可以同时报告给项目经理。一个子系统或部件的需求经理、设计人员、实现人员不应该是同一子系统或模块的测试人员或集成人员,验证人员、确认人员不应当同时是需求经理、设计人员、实现人员。在人员之间的独立性得到满足的情况下,项目经理可以执行需求经理、设计人员、实现人员、集成人员、测试人员、验证人员和确认人员的角色。项目经理、需求经理、设计人员、实现人员、集成人员、测试人员、验证人员和确认人员可以属于同一个组织。评估人员应当独立,并且在组织上要独立于项目经理、需求经理、设计人员、实现人员、集成人员、测试人员、验证人员、确认人员。需求经理、设计人员、实现人员、集成人员、测试人员可以是同一个人,验证人员和确认人员可以是同一个人,验证人员和确认人员不应该同时是需求经理、设计人员、实现人员。

除了以上要求之外,安全组织还要求对组织中的安全相关岗位的职责、人员能力要求进行明确规定,对选用人员的能力进行评估,并进行定期考核,识别人员能力是否可以持续满足岗位要求。同时,需要针对不同人员,按照岗位要求和个人实际能力,制定培训计划。

6.4.2 安全管理程序

管理体系中,程序的定义为“为执行活动或过程所定义的方法”。类似于质量管理体系有质量管理程序,在安全管理体系中也需要建立安全管理程序。建立安全管理程序的目的是为了保证安全管理体系在整个组织内可以得到一致地执行,各项安全活动有据可依,最终确保组织的安全目标得到实现。在安全管理体系中,一般要求建立以下安全管理程序。

(1)人员能力管理程序,安全组织中设计不同的岗位,每个岗位对人员有不同的要求。人员能力管理程序应该说明如何评价安全相关人员的能力和岗位要求的差距,如何保持和提高人员的能力。

(2)组织内安全信息交流程序,在该程序中对组织中应该就哪些安全信息进行交流,和什么单位或个人进行交流,以及交流的形式。

(3)安全相关问题的跟踪和解决程序,安全相关问题可能来自于隐患和风险分析过程、功能安全评估过程、验证活动、确认活动、配置管理、事件报告和分析等过程。

(4)隐患识别和风险分析程序,规定在系统生命周期过程中应进行哪些类型的隐患分析,对于识别的隐患,如何进行风险分析,判断风险是否可以接受。

(5)安全变更程序,程序中应当规定变更的提出、分析、评审、批准、执行、检查和关闭过程。

(6)隐患日志管理程序,说明如何保证安全相关信息、特别是隐患及其隐患事件、安全功能等信息如何在系统的生命周期过程中进行维护,并保证信息的正确性、完整性、全面性和及时性。

(7)配置管理程序,对于安全相关系统和组织来说,配置管理尤为重要。应当制订应用全生命周期于针对系统、硬件、软件配置管理程序。在程序中,应当规定在系统生命周期中每一个阶段应该执行哪些配置管理活动,如何保证系统的部件可以被唯一地识别,如何预防没有被批准的产品投入使用。

(8)运行和维护性能分析程序,系统投入运行之后,需要对运行和维护过程中的系统性能进行分析。程序中应规定如何分析对系统安全有影响的系统性故障,以及在日常维护过程中如何检测重复发生的故障。通过运行和维护数据,分析运行和维护过程中的失效率是否与设计一致。

(9)安全验证程序,验证是在生命周期的每一阶段,通过分析和测试活动来判定,目前所在阶段的需求满足前一阶段输出,并且当前阶段的输出满足它的需求。组织中应对需要进行的安全验证活动在程序中进行规定,指出需要采用的验证方法、策略、工具和人员以及验证目标要求。

(10)安全确认程序,确认指通过测试和分析证明该产品各个方面均符合特定的要求的活动,安全确认程序中需要对确认的范围、方法、策略、工具、目标、人员进行规定。

(11)安全评审程序,指出在系统生命周期过程中应进行的评审时间、内容、范围、参与人员进行规定和说明。

(12)安全审核程序,对安全审核的计划、审核团队的组成、审核时间、范围、目标进行规定和说明。

6.4.3 安全信息的管理系统

安全信息包括从系统概念、定义、需求、设计、制造、调试、安装、运行、维护、报废等系统生命周期过程中系统相关的安全数据、资料、文件、记录等,作为一组织的安全管理体系,安全信息是安全管理的财富,建立安全信息管理系统。安全信息管理系统应该是一个闭环系统,并有相应的管理要求和程序,除此之外,还要注意尽可能全面地记录安全信息,以作为历史资料或修改有关设计手册和规范的参考资料。安全信息系统的信息来源除应覆盖整个系统的生命周期,还应覆盖系统所有的相关人员和组织,如系统设计单位、系统制造单位、系统使用单位、系统维护单位,确保安全系统在不同组织之间可以进行信息收集、传递、分析、处理、反馈、汇总、归档。隐患日志(Hazard Log)和失效报告和纠正措施系统(FRACAS)是安全信息管理系统中两种最常见的类型。

(1)隐患日志

隐患日志一般在系统研发开始时就建立,一直贯穿整个系统生命周期(图6-14)。隐患日志也可以称为安全日志,它是记录或参考到所有安全管理活动、隐患识别、安全决策、隐患解决方案的文档。隐患日志具有的功能:详细记录隐患和潜在的安全事故,按照时间顺序记录所有的安全记录,提供对所有安全记录的追溯性,汇集安全的证据并为安全证明文件提供支持。

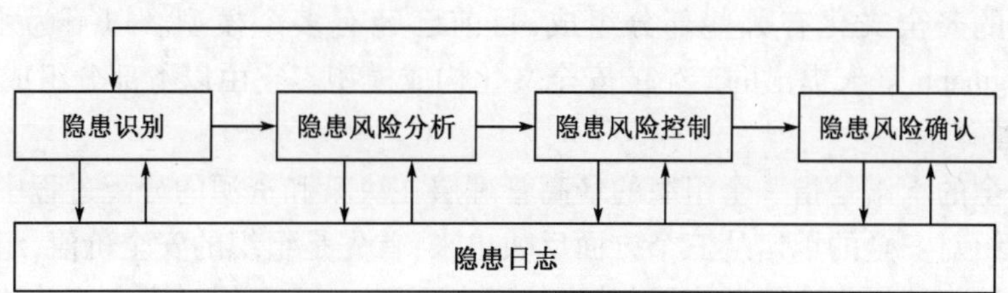

图6-14 隐患日志与隐患的闭环控制

隐患日志要求在确定系统定义,执行初步隐患分析的时候建立,并且要求随着系统的变化和阶段的改变随时更新。按照IEC62278的要求,隐患日志应包含:隐患日志的目的;每一个危险事件及其发起因素;每一个隐患的引起事件发生的频率和后果;每一个隐患的风险;针对应用的风险接受标准;对于每一个隐患事件,将风险降低到可接受水平或者消除风险的措施;评审风险接受性的过程;评审风险控制措施有效性的过程;持续的风险和事故报告过程;隐患日志的管理过程;所进行分析的局限性;所有分析过程中做的假设;分析过程中所用数据可信度;隐患管理过程所采用的方法、工具和技术;隐患管理过程中涉及的人员及其能力情况。

(2)数据报告分析和纠正措施系统

数据报告分析和纠正措施系统(Data Reporting Analysis and Corrective Action System,简称DRACAS),源自于可靠性工程中的故障报告分析和纠正措施系统。它的目的也是收集系统各个阶段所发生的安全相关事件,及时报告系统安全相关的事件,分析事件原因,制订和实施有效的纠正措施,以防止安全相关事件的再次发生,切实提高系统的安全性。

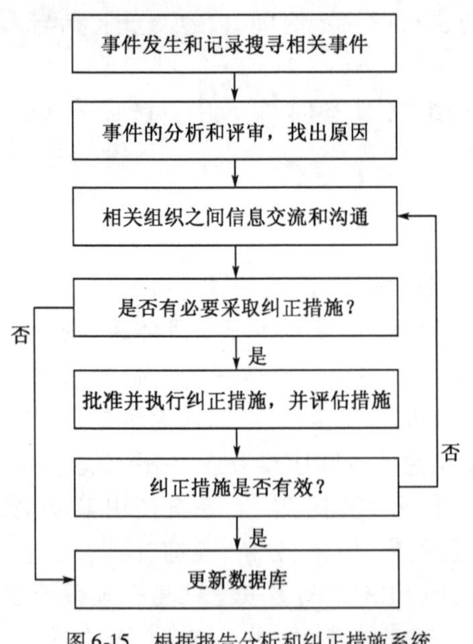

图6-15　根据报告分析和纠正措施系统

数据报告分析和纠正措施系统是一个闭环控制系统,它需要记录安全事件发生后的所有相关信息。如图6-15所示,数据报告分析和纠正措施系统涉及7个步骤,每一个步骤中的相关信息都应当记入系统中。数据报告分析和纠正措施系统应该尽早建立和运用,因为在设计阶段纠正措施的选择余地较大,所受限制小。根据分析得知的安全事件或隐患原因,可以对系统进行灵活更改,如果仅在系统生产或运行阶段采取纠正措施,灵活度小而且成本也低。

数据报告分析和纠正措施系统(图6-15)的执行需要系统的设计单元、使用单位、维修单位等多方参与。为了提高易用性,应当设计一些方便填写的表格或者借助一些与办公系统结合的数据库管理系统。常用的表格有《安全事件报告表》《事件分析报告表》《纠正措施报告表》等。

6.4.4　安全文化的建立

组织的安全文化就是一种安全氛围,安全文化就是使所有组织中的员工了解其所从事工作和活动相关的安全风险以及其职责,并促进或鼓励他与组织内或组织外的人员一起进行风险控制。

一个组织的安全文化有哪些部分组成,目前已经有多个模型。以下为由 Gibbons、Von Thaden 和 Wiegmann 等人提出的产生的安全文化构成模型。它由以下部分组成:

(1)组织承诺

组织对安全的承诺是指一个组织的最高管理层在决策和资源的分配过程中给安全的优先等级。一个组织对安全的承诺从三个方面反映出来:首先是组织的安全价值,组织高层对安全的态度和安全价值的语言或行动表述;其次是安全原则,一个组织对安全相关法律法规的遵从程度,如培训要求、手册和程序、设备维护等;再次是组织关于超越符合性要求,一个组织在没有法律法规要求的条件下,在组织资源分配过程中给安全的优先等级。

(2)管理人员安全意识

运行管理人员是指直接参与对员工的安全行为进行管理的人员,他们是否确实执行上层管理承诺的安全和实现安全价值。它包括:

①监管人员。他们作为组织中监管和中层管理人员参与和关注安全的程度。

②维修监管人员。他们负责给予安全优先等级,有效地管理、维护和检查设备和工具的安全完善度。

③培训师。提供安全培训的人员和实际风险接触程度和执行特定工作关联程度。

(3)正式的安全系统

正式的安全系统指报告和关注安全隐患的过程。正式安全系统包括:

①报告系统。组织的正式安全报告系统的易接近性、熟练性和实际使用情况。

②反馈和响应。管理层对报告的安全信息响应,以及将安全信息发布给各相关人员的及

时性和适宜性。

③安全人员。对正式安全人员的尊重和安全人员的效力,如安全官。

(4)非正式的安全系统

和正式的安全系统相比,非正式的安全系统是指没有书面化的针对安全行为的规则,包括对安全和非安全行为的奖励和惩罚,以及这些奖励和惩罚是否公平合理。非正式安全系统包括:

①安全责任性,对非安全行为负责人员的一致性和适宜性。

②员工权利。在安全决策过程中的权利和员工参与。

③员工职业水准。员工之间安全和非安全行为相互监督的规范,存在标准的操作程序和检查表。

从安全文化因素模型中看出(图6-16),安全文化的形成是一个需要组织中各个层次人员参与的活动,管理层需要提出组织的安全方针和政策,确定基本的安全原则,明确组织的安全方向,中层管理人员要对基层人员的活动进行安全监督,确保组织制订的安全目标和安全价值得以实现,还要提高自身的安全意识。组织中的安全机构要确保安全管理体系有效执行、安全信息得到及时收集、分析、发布和交流。对于所有组织成员来说,都要鼓励积极参与组织和安全相关的决策,明确对安全的职责,关注自身和他人的安全相关行。

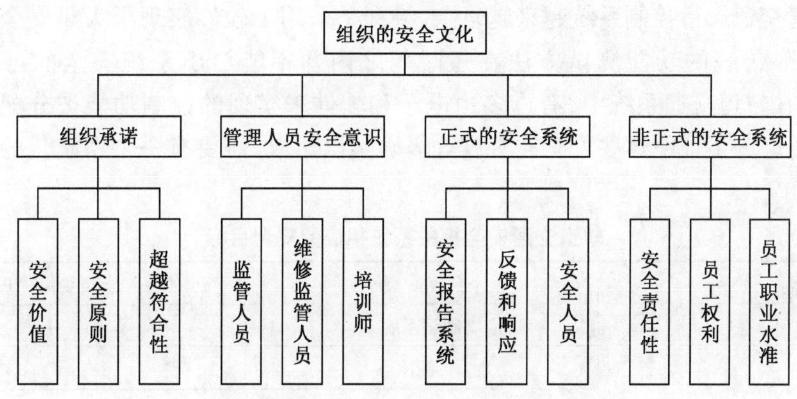

图6-16 组织的安全文化的因素

为了建立安全文化,组织高层管理应建立关于安全的方针和政策,引导安全氛围的产生;员工应了解风险并且了解持续哪些因素影响安全;员工应当自觉自愿地报告安全事件或者事故征候,尽管有时员工在报告的同时会暴露它们自己的失误或者不便,管理层应当对员工的报告作出有效回应;员工知道什么是可以接受的行为,什么是应当那个申斥的不计后果或者恶意的行为,且鼓励员工从错误中吸取教训;组织应当能够有效适应各种非正常情况,并且应鼓励员工从过去的经验中学习并且通过经验来改进安全。

安全文化会给一个组织带来多种好处,在一个具有良好安全文化的组织中,每一个员工都意识到安全的重要性,并且每一个员工都了解和它们相关的法律和规则。在所有的组织活动中,安全总是处于最高的优先等级,组织总是会努力去提高和改进安全。另外,具有安全文化的组织,安全会成为组织提供的产品和服务的一部分,隐患和失效总是能在较早的事件内被检测到并被消除或控制。组织的产品是安全的,组织可以实现提高效率和降低成本。组织提供的产品与法律法规不符合的风险会被大大减少。对于一个组织来说,一个具有良好安全文化的组织可以获得较好的信誉度。

6.5 安全评估

评估,就是通过分析、会谈、调查、评审、仿真、模拟、测试等手段对设计单位完成的产品进行评价,对产品是否满足设计目标和适合预订用途进行判断并形成一个结论的过程。安全评估,就是对产品或系统的安全性进行评估的过程,并给出产品是否达到了规定的安全需求和是否能够适合既定应用的结论。

在我国安全标准《安全评价通则》(AQ8001—2007)中,对安全评价,也就是安全评估的定义为:以实现安全为目的,应用安全系统工程原理和方法,辨识与分析工程、系统、生产经营活动中的危险、有害因素,预测发生事故或造成职业危害的可能性及其严重程度,提出科学、合理、可行的安全对策措施建议,作出评价结论的活动。安全评价可针对一个特定的对象,也可针对一定区域范围。

6.5.1 安全评估的必要性

由于轨道交通运行控制系统越来越复杂,特别是采用了软件实现了大量安全关键的控制功能,仅仅依靠传统的功能测试方法在短时间之内并不能给出系统安全的可信证据。如表6-21所示,在轨道交通系统中,有许多由电子和软件来实现的控制功能被分配了一定的安全完善度等级。为了证明这些安全完善度等级确实以达成,需要有一个系统化的安全评估来证明。

轨道交通安全相关系统相应的安全目标　　表6-21

系　统	子　系　统	安全等级(SIL)
车辆	制动系统	4
	牵引	2
	门系统(门控单元)	2
	空调系统	0
	列车综合管理系统(TIMS)	2
	烟雾监测系统(FSD)	0
信号	车载ATP	4
	车载ATO	2
	数据管理系统	2
	轨旁ATP	4
	计算机联锁系统(CBI)	4
	自动列车监控系统(ATS)	2
屏蔽门	门控单元	2
综合监控系统	综合监控ISCS(软件)	2
供电系统	安全PLC	3
	输入输出模块	3

续上表

系　　统	子 系 统	安全等级(SIL)
通信系统（COM）	广播系统	0
	无线电系统	1
	CCTV 系统	0
	传输网络 SDH	1
	时钟系统	0
隧道通风和环境控制系统	TVS & ECS	2

另外,由于安全相关系统中人为因素对系统的安全性影响越来越大,这些人为因素导致的失效主要在系统设计、开发、实现、测试过程中引入。单纯依靠开发机构自身的验证、确认、检查、评审不能有效地防止人为因素对系统安全性的影响。独立于开发组织的安全评估机构由于没有参与系统的开发和设计,并且具有安全相关系统的专业知识,所以通过独立于系统设计单位的安全评估组织对系统进行评估,可以明显提高系统的安全性。

其次,为了达到产品快速投入市场进行使用,为了避免重复性地为系统安全性进行论证和证明,需要一个依据广泛认可的安全标准并且由一个公认组织执行的安全评估活动,为系统的安全性提供证明。

6.5.2　安全评估的基本要求

轨道交通安全评估为了达到安全评估的目的,切实通过安全年评估提高轨道交通系统的安全性,安全评估过程中要遵守以下的原则。

独立性原则。独立性是安全评估的公正性和结论的客观性、权威性的基础,评估员和评估组织相对独立于系统的生产和设计单位,并且不带偏见,没有利益上的冲突。评估员在审核过程中保持客观的心态,以保证评估发现和结论仅建立在客观证据的基础上。

系统性原则。安全评估应覆盖整个系统的生命周期,从系统定义、系统需求、初步设计、详细设计、生产制造、安装调试和试运行这整个过程,确保安全隐患在系统的整个生命周期过程中得到识别、控制和管理。

全面性原则。全面性原则是指安全评估需要关注到系统的各个方面,如系统的环境、系统外部接口、内部接口、硬件、软件、系统的设计实现过程中的质量管理和安全管理程序、系统的安装手册、维护手册、操作手册等。

基于证据的原则。在一个系统的安全评估过程中,得出可信的和可重现的系统安全结论的合理方法是基于证据的方法进行评估。评估的证据应该是可证实的。由于安全评估是在有限的时间内并在有限的资源条件下进行的,因此评估证据是建立在可获得的信息样本的基础上。抽样的合理性与安全评估结论的可信性密切相关。

互认性原则。如果一个系统或产品已经通过安全评估获得安全证书,当该产品或者系统需要新的应用时,在尽可能的情况下,安全评估机构或者人员应该接受或认可以前的安全结论。但是,相互认可基于原有的产品或系统已经建立一个可信的安全证据包和产品基线,并且对产品的功能、性能、使用环境和限制条件有明确地定义。

6.5.3 安全评估的依据

轨道交通列车运行控制系统的安全评估需要有标准或规范作为评估的依据,目前应用于轨道交通领域的安全标准由国际电工委员会(IEC)发布,国际电工委员会的成员国家将相关IEC标准等同采用或者修改转化为国家标准。安全评估的主要依据为IEC62278、IEC62279、IEC62425和IEC62280 4个标准(图6-17)。这些标准最早都是由欧洲电工委员会(CENELEC)制定,因此在国际上这些安全评估的标准又被称为CENELEC铁路标准。

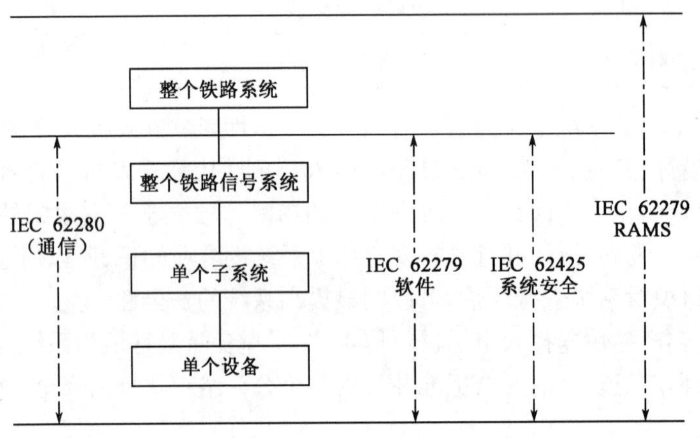

图6-17 轨道交通安全评估主要的依据标准

IEC62278是关于铁路行业的可靠性、可用性、维修性和安全性(英文缩写为RAMS)的标准。它定义了铁路系统或产品的整个生命周期模型,并对每个系统生命周期的阶段应该进行的任务和任务要求进行了说明,确保铁路系统或产品满足可靠性、可用性、维修性和安全性要求。

IEC62279是关于应用于铁路控制和保护系统中软件的标准。该标准将软件按照其对安全的影响程度分为不同的软件安全完善度等级,其中安全完善度等级为0的是非安全相关软件,安全完善度等级为4级的是安全关键软件,对系统的安全性影响最大,要求也最严格。另外,标准的主要内容是按照软件的安全完善度等级不同,对于软件开发过程、软件质量保证、配置管理、软件需求、架构设计、详细设计、实现、测试、集成、验证、确认、评估过程、开发过程中使用的工具等应该采用的技术、方法和要求进行了规定。

IEC62425是关于系统安全、硬件安全以及如何证明一个系统或产品安全性的标准。标准中,对于系统的安全性分析、特别是硬件的安全性分析和要求做了说明。此外,针对轨道交通行业的系统安全批准过程,提出了证明系统安全性的过程和要求,包括如何编写和组织安全的证明资料(Safety Case)也就是安全证明文件进行了规定。

IEC62280是安全相关通信的标准。它将安全相关通信分为封闭式传输系统和开放式传输系统两种类型,指出在安全相关系统中传输系统可能引起的安全危害形式,针对各种危害形式,如消息重复、丢失、插入、乱序、损坏、延迟等,提出各种保证消息安全的措施和要求。

轨道交通安全评估还涉及其他的规范和标准依据,如产品本身的技术规范、环境要求、电磁兼容要求、质量管理系统标准等。它们和主要的安全标准一起,构成完整的安全评估依据体系。表6-22为安全评估的标准依据。

安全评估的标准 表 6-22

IEC 62278	铁路应用 可靠性、可用性、维修性和安全性(RAMS)的规范与证明
IEC 62279	铁路应用 通信、信号和处理系统 铁路控制和保护系统软件
IEC 62425	铁路应用 通信、信号和处理系统 信号用安全相关电子系统
IEC 62280-1	铁路应用 通信、信号和处理系统 第 1 部分:封闭传输系统中安全相关的通信
IEC 62280-2	铁路应用 通信、信号和处理系统 第 2 部分:开放传输系统中安全相关的通信
IEC 62236	铁路应用 电磁兼容
IEC 60571	铁路应用 列车车辆上用的电子设备
IEC 62498	铁路应用 设备环境条件
IEC 62479	铁路应用 绝缘协调
ISO 9001	质量体系

6.5.4 轨道交通安全评估的类型

目前的轨道交通行业国际标准为了提高安全评估的相互认可,减少安全评估的重复性工作,将安全评估划分为三种不同的类型,分别是通用产品安全评估、通用应用安全评估和具体应用安全评估。这三种评估类型之间的关系是前者是后者的基础,后者可以继承前者的安全评估结论。这样减少了重复性的评估工作,加速了产品进入市场投入使用的速度。

图 6-18 为轨道交通行业中将产品从安全评估的角度划分为几种不同类型的示意图。操作系统、硬件、书数据传输软件可以作为通用产品进行评估;人机界面和计算机联锁安全平台可以作为通用应用进行安全评估;城市轨道交通 L 号线的某个车站可以作为一个具体应用进行安全评估。

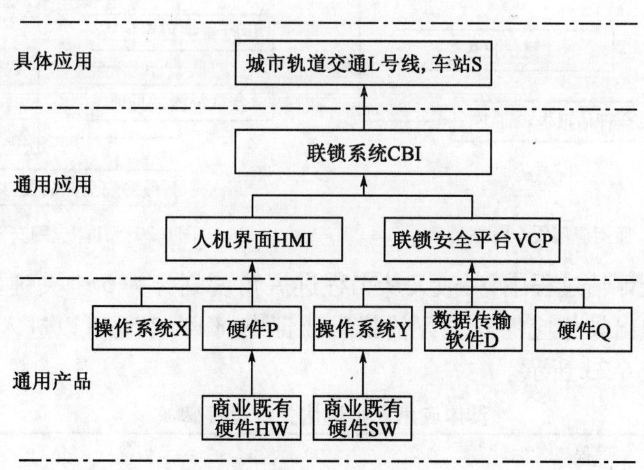

图 6-18 轨道交通系统安全评估的类型

通用产品是用于通用应用中的核心产品,如操作系统、安全计算机等,通用产品可能包含多个支持硬件和商业既有的软件。通用产品可以用到多个应用领域中如安全计算机可以用到银行系统、列车控制系统、飞机控制系统等多个领域。

通用应用系统,是指可以应用到多个项目的系统。典型的通用应用包括联锁系统、列车控制系统,如联锁系统作为通用应用,可以用到不同种规模的车站中。

具体应用系统,是指针对具体的位置并且为系统配置具体的应用数据的系统,如某城市轨道交通线中的一个具体的车站联锁系统,该联锁系统针对该站的平面图,信号、道岔、进路之间的关系进行了数据配置,只能用在该车站,因此称为具体应用系统。

从评估的角度来看,最低层次的评估为通用产品安全评估,其次为通用应用安全评估(图6-19),最高层为具体应用安全评估(图6-20)。通用产品和通用应用系统的安全评估可以单独独立进行,通用应用安全评估也可以通用产品作为基础,但具体应用评估一般以通用产品和通用应用作为评估的基础。

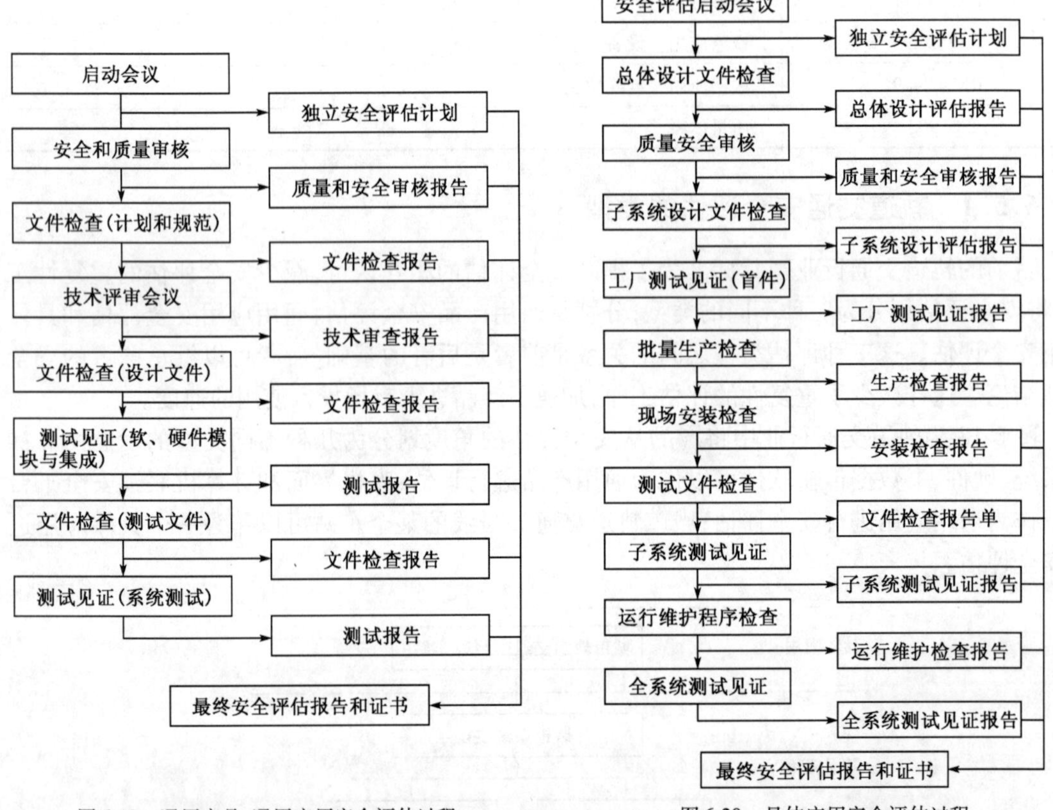

图6-19 通用产品、通用应用安全评估过程

图6-20 具体应用安全评估过程

在具体应用安全评估过程中,一般又从工程进展角度划分为5个关键里程碑。安全评估机构会在关键里程碑出具相应的安全评估报告或证书,作为工程可以进入下一阶段的证据。安全关键里程碑如表6-23所示。

具体应用安全评估关键里程碑 表6-23

序号	里程碑名称	简介
1	单车动车调试阶段	当联锁测试完成后,并能够保证单车运行的安全,允许单车在实际线路上可以进行单车的功能、接口调试
2	多车动车调试阶段	允许多辆车在实际线路上进行功能、接口调试
3	空载试运行阶段	允许按照实际运营条件,进行不载客空车运行测试,主要目的是各子系统之间进行磨合,并检验系统的稳定性
4	载客试运营阶段	允许载客商业运营,但允许系统工作在降级模式
5	全系统开通阶段	信号系统功能规格书中的所有功能均可以使用,需要在载客试运营结束之前完成全系统开通

6.5.5 安全评估主要活动

目前国内和国外没有一个统一的安全评估过程,因此不同组织执行的安全评估活动也就不同。图 6-21 和图 6-22 分别为我国铁路总公司对列车控制系统和国家安全生产监督总局对地铁系统的安全评估过程。

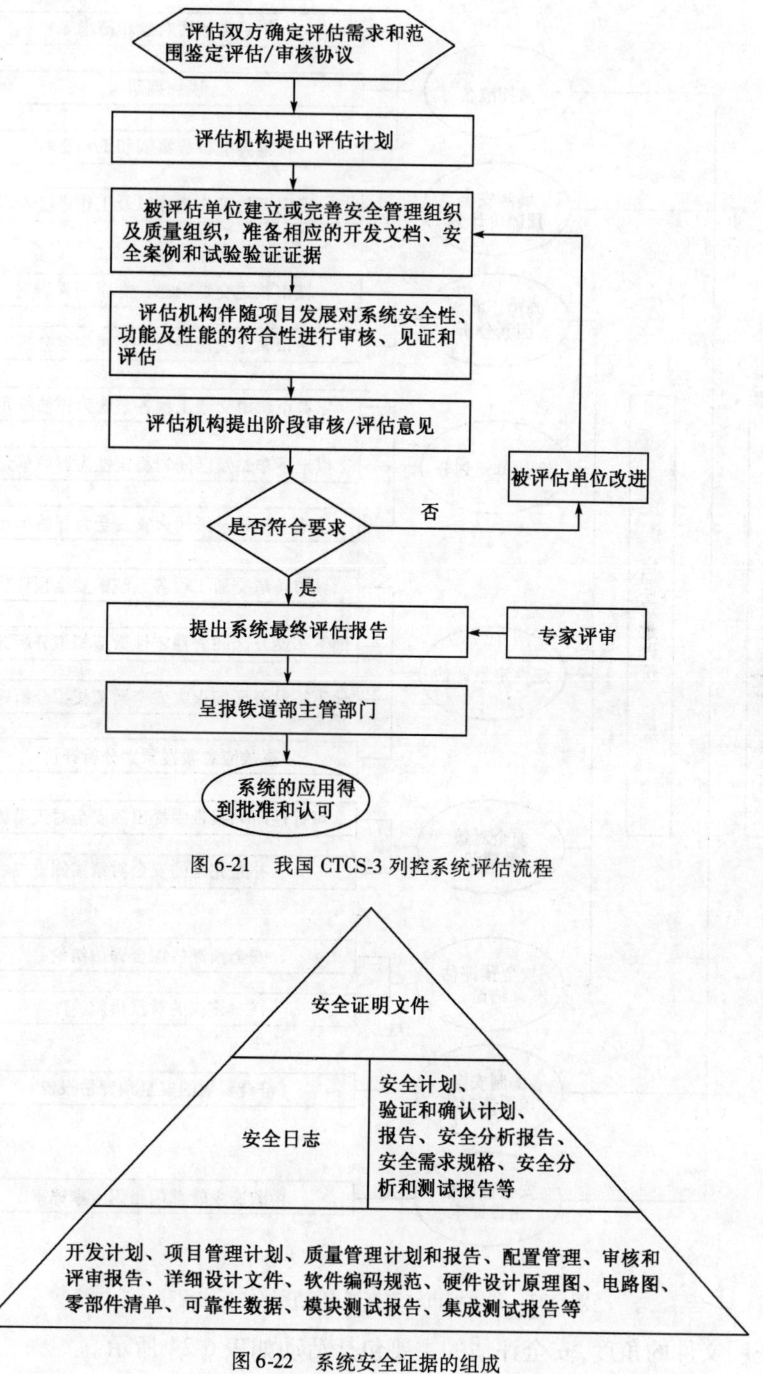

图 6-21 我国 CTCS-3 列控系统评估流程

图 6-22 系统安全证据的组成

安全评估活动主要是针对获取系统安全证据进行的,轨道交通行业要求系统的安全证明证据应当来自于系统生命周期全过程。安全证据的组成如图6-23所示。最底层为系统开发、设计实现过程的一些安全支撑文档和资料,如项目管理计划、质量管理计划等;中间层为安全关键证据,如安全日志、安全计划、安全需求等;最高层为安全证明文件,它是针对系统所有安全相关的证据进行汇总和总结的文件。

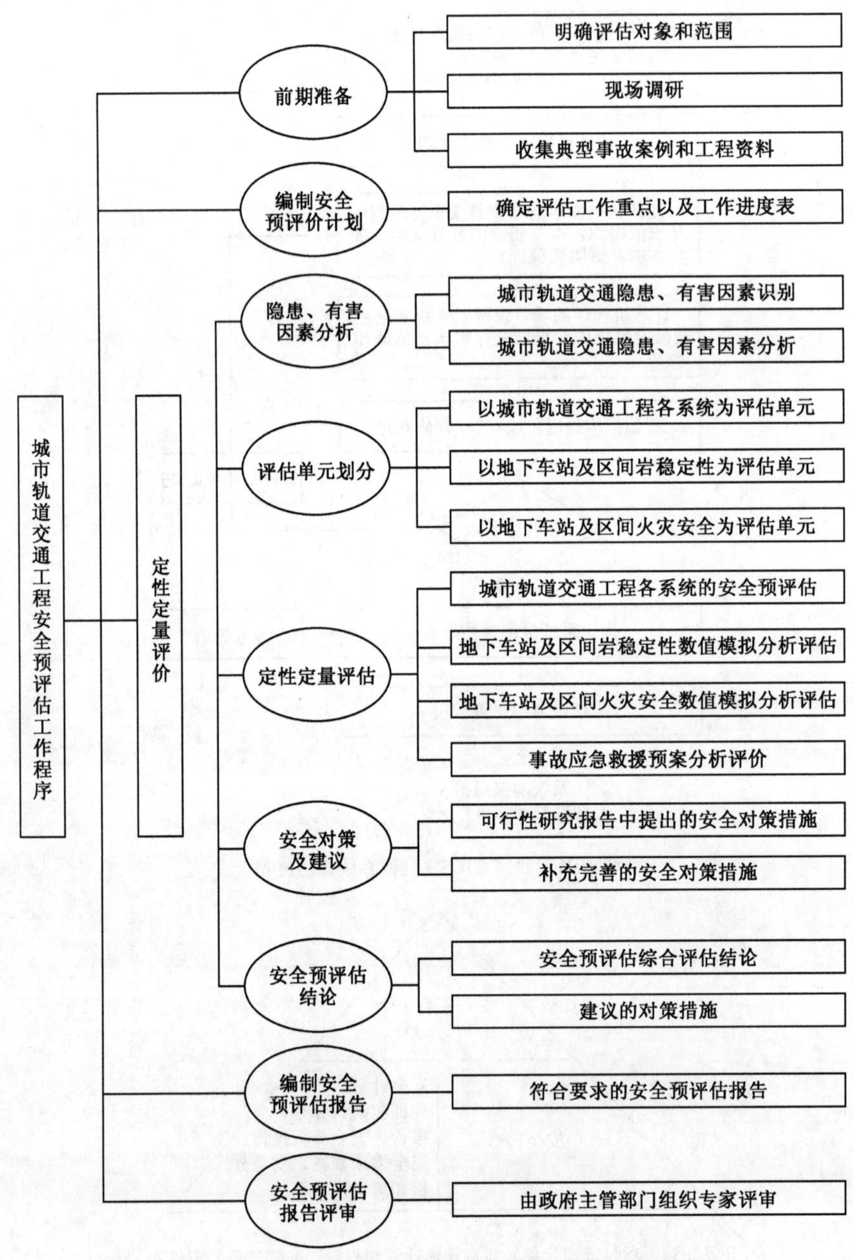

图6-23　我国城市轨道交通安全预评估工作程序

从安全证明文件的角度,安全评估的主要包括活动如表6-24所示。

安全评估的主要活动和内容 表6-24

评估活动	具体评估内容
确定被评估的系统	在这一过程中,安全评估组织对通过现场审核、文件检查和评审会议明确系统的边界和定义,并确定系统的需求、设计和应用文件的版本号和修改状态
系统质量管理的评估	质量管理体系的目的是将生命周期中每一阶段的人为错误减小到最低水平,从而降低系统、子系统或设备的系统性故障的风险。安全评估方应对质量管理体系在系统开发项目中的实际采用情况针对以下方面进行评估和审核: (1)组织结构; (2)质量计划和程序; (3)需求规范; (4)设计控制; (5)设计验证和评审; (6)应用工程; (7)采购和制造; (8)产品识别和可追溯性; (9)处理和储存; (10)检查和测试; (11)不符项和纠正行动; (12)包装和交付; (13)安装和试运行; (14)运行和维护; (15)质量监控和反馈; (16)文档和记录
系统安全管理评估	系统、子系统或设备的安全性已经而且持续通过一个有效的安全管理过程来管理,这个过程的目的是进一步减少在整个生命周期中的与安全相关的人为错误,从而使安全相关系统故障残留风险最小化。对于安全管理,安全评估组织应对以下方面进行评估。 (1)安全生命周期; (2)安全组织; (3)安全计划; (4)隐患日志; (5)安全需求规范; (6)系统/子系统/设备的设计; (7)安全评审; (8)安全验证和确认; (9)安全判断; (10)系统/子系统/设备的交付; (11)运行和维护; (12)退役和处理
系统的功能和技术安全评估	对于安全完善度等级为 SIL_1 到 SIL_4 级的系统来说,系统设计单位必须提供技术安全的证明。但是,信息的深度和支持文件的广度随安全完善度等级的不同而不同。功能和技术安全应针对以下方面进行。 (1)功能和技术安全基本原理和依据。 (2)正确功能运行的保证。包括:系统结构描述、接口定义、人机界面、系统内部和外部接口、系统需求规范的实现、安全需求规范的实现、正确的硬件功能的保证、正确的软件功能的保证

续上表

评估活动	具体评估内容
系统的功能和技术安全评估	(3)故障的影响。在发生随机的硬件故障时,系统/子系统/设备持续满足指定的安全需求,包括量化的安全目标。任何拥有低于整个系统的安全完整性水平(包括级别0)的系统/子系统/设备中的故障不能降低整个系统的安全性。主要从以下几个方面考虑:单个故障的影响、各个项目的独立性、单个故障的检测、检测后的行动(包括安全状态的保持)、多个故障的影响、对系统性故障的防护。 (4)在外部影响下的运行。主要评估系统在以下条件下的安全状况:气候条件、机械条件、海拔高度、电气条件、防范未经授权的访问(使用)以及系统用户定义的更严格的条件。 (5)安全相关的应用条件。评估以下方面在系统开发和应用中的遵守情况,可编程系统的配置,以适合特定的应用;生产、安装、测试和调试中的预防措施;用于维护和故障检测的规则与方法;系统运行指令;安全警告和防范措施;电磁兼容性(EMC)防范措施;与修改和最终退出使用相关的信息;辅助设备和工具的安全性的证实,例如测试设备,维护设备和配置工具;子系统/设备的配置和系统构建;运行和维护;运行安全监控;退出使用和处理。 (6)安全鉴定测试。安全鉴定测试的目的主要是来证实在正常运行情况下如何顺利完成质量安全测试。这些测试的目的为:提高对系统/子系统/设备完成指定运行要求的信心,提高完成指定的可靠性和安全目标的信心,允许系统/子系统/设备在获得最终安全批准前,在有适当的防范措施和监控之下投入运行服务
其他安全相关证据的评估和认可	这里主要对系统安全证据所依赖的任何子系统或设备的安全证明文件的评估,针对相关的子系统/设备的安全证明文件或其他证据中所指定的所有安全相关的应用条件要么在本主要安全证明文件中得到满足,要么将其纳入本主要安全证明文件的与安全相关的应用条件

安全评估活动依据系统的安全完善度等级高低、系统的新颖程度、系统的复杂程度以及开发单位在安全相关系统开发的经验等方面的不同,对采取的评估活动会有所不同。但安全评估机构的最终目的是要通过适当的安全评估活动获取足以证明系统达到特定安全完善度等级的证明,并提供可信的最终安全评估报告和证书。

第7章　总结与展望

7.1 总　结

城市轨道交通、大铁路作为节能、环保、可持续发展的交通运输方式，在全球范围内正处于前所未有的高速发展时期。在大铁路方面，欧洲正在新建横跨欧洲实现互连互通的泛欧高速铁路和传统铁路网络，分别针对旅客运输和货物运输。日本在已有成熟运营经验的既有新干线基础上，对技术进行提升。美国作为全球铁路运营网络最长的国家，正考虑新建大城市之间的高速城际铁路。我国正按照我国铁路中长期规划建设中国高速铁路网，计划到2020年底实现“四纵四横”以及城际客运系统的高速铁路网络。由于城市轨道交通能够明显改善城市的交通环境，显著提高公共交通体系的服务水平，城市轨道交通建设在国内外的大中城市正在兴起，并且城市轨道交通从以往的单线运营改变为现在的轨道交通网络运行，提高了轨道交通的服务水平，但也提高了轨道交通运行控制与管理的难度。

在技术上，轨道交通运行控制正向自动化、智能化，控制设备标准化、模块化方向发展。在管理上，由于新技术的采用，社会对安全要求的提高，轨道交通的安全管理工作更为重要，系统安全工程思想将在轨道交通安全管理中广泛采用。

本书针对城市轨道交通和大铁路，从管理和运行控制两个方面进行了详细的分析，全书的知识结构如图7-1所示。第1、5、6章针对轨道交通运行管理，包括城市轨道、调度集中系统、轨道交通安全三个方面。第2～4章针对轨道交通运行控制，包括轨道交通控制理论、城市轨道交通和铁路控制系统。

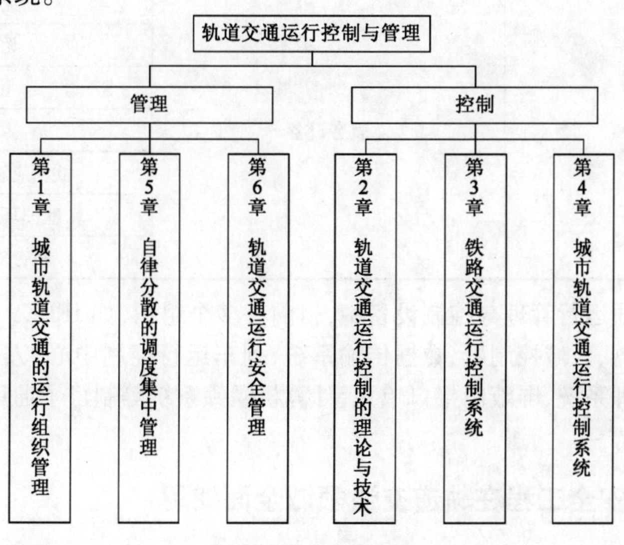

图7-1　全书知识结构

7.2 展　　望

7.2.1 轨道交通运行控制设备的模块化和标准化

在大铁路方面,为了实现轨道交通车辆在整个铁路网络上顺畅运行,世界上许多国家制订了相应的措施,如在欧洲铁路网络中,一国的列车可以不做任何修改直接运行到另一国的铁路网络中,在城市轨道交通中,一条线的车辆可以在另一条线上运行。

从轨道交通市场来说,为了提高轨道交通工业的市场竞争力,需要不同轨道交通设备制造商提供同样功能的设备,同时也需要不同设备供应商提供的不同设备能够集成为一个完整的轨道交通系统。这就需要轨道交通设备的模块化和标准化,将整个轨道交通系统按照功能划分为多个功能单元。这些功能的实现可以采用不同的技术,但是这些功能模块的对外接口必须标准化,目的是使不同设备的供应商按照统一的功能规范和接口规范制订的模块可以顺利集成在一起,构成一个完整的轨道交通系统。

目前欧盟政府交通部铁路办事处倡导的铁路互连互通技术规范是轨道交通设备模块化和标准化的具体实践(表 7-1)。

欧洲高速铁路控制指挥信号系统互连互通最小模块　　表 7-1

高速铁路信号控制系统	车载设备	互连互通模块
		欧洲列控系统车载设备
		车载安全计算机平台
		安全信息记录器
		里程计
		外部特殊传输模块(STM)
		车载 GSM - R
	轨旁设备	无线闭塞中心
		无线辅助单元
		欧洲应答器
		欧洲环路
		欧洲应答器轨旁电子单元
		欧洲环路轨旁电子单元
		轨旁安全计算机平台

在城市轨道交通运行管理与控制设备中,目前有多个组织,如 IEEE、IEC、CENELEC 等多个组织将车载控制器、区域控制器、数据传输系统、列车运行控制中心、人机界面、点式传输系统、应答器、维修管理系统、屏蔽门接口单元、计算机联锁系统等制订了通用的功能需求规范和接口需求规范的趋势。

7.2.2 系统安全工程在轨道交通领域全面使用

传统的轨道交通运行控制和管理实现主要依赖于电气和机械手段,其系统复杂性相对较低,安全保证主要依据故障安全原则,安全管理主要依靠经验积累和经验的适用。系统的安全性证明一般是待系统制造完成之后进行测试验证,在轨道交通运行过程中,一般是出了事故或者事故征候之后再进行分析和寻找原因和解决方案。

现在由于许多新技术在轨道交通运控制和管理领域的使用,系统复杂性呈几何级数增长,因而不可能对系统中的每一个部件进行故障分析,即故障—安全的理念具有一定的局限性。系统安全工程是以安全为研究对象的一门科学,其主要思想是在系统的整个生命周期过程中对安全的影响因素进行分析、识别、控制和管理,使系统的安全水平达到人们可以接受的水平。

系统安全工程在轨道交通行业的使用将是一个行业的强制行为,目前已经有关于系统安全的行业标准如 IEC62278/GB/T21562 被我国采用并颁布执行。系统安全工程思想对轨道交通安全工作的主要影响首先是建立与系统安全等级相匹配的安全管理组织,安全管理组织需具备一定的能力相一定的独立性。其次是需要在整个系统生命周期进行系统安全性分析,识别隐患、评估风险、制定相应的控制措施,并对控制措施进行跟踪确认。最后,轨道交通设备供应商和使用者需要对产品的安全性进行证明,并提交认可的第三方安全评估机构进行评估认证,涉及安全的轨道交通产品需要获得安全管理机构的认可之后才可以投入运行。

7.2.3 自律分散系统理论的全面应用

(1)管理宏观信息化

随着社会的发展,基于传统的自上而下的垂直管理方式已经不能完全适应社会和经济的发展,而随着社会节奏的不断加快和资源、信息的交互越来越频繁,其缺点将日益显露。例如,垂直管理方式下各个部门都只对中央负责,这样就不可避免地造成了各个部门之间交流上的困难,更别说部门之间能配合得很默契,而现代社会一件事情的完成往往要涉及很多部门,从而造成了办事效率的低下。

轨道交通运行管理中的自律分散系统理论应用是在计算机及控制系统越来越容易使用且越来越容易构建的前提下提出的。该系统的最大优点是克服传统系统至上而下垂直的管理方式,能实现系统中各节点之间水平的合作和联系,从而创造更多的合作机会,提高系统的工作效率和竞争力。该系统能够实现和谐开放、容错、在线扩展及在线维护等功能,建立这样一种结构能使自律子系统自由地在数据库中选择其所需要的数据,当子系统得到这些数据后就可以启动工作了。各子系统之间是平行的、没有指导与被指导关系,它们可以自由的交流及合作,为双方创造更多的机会。此外,自律分散的系统能够满足未来商业的创新要求,适应未来发展趋势。

综上所述,实现自律分散控制能够提高工作效率、优化资源配置。同样,如何实现自律分散特性,从而让系统不断自我完善、不断发展壮大,成为本领域技术人员的研究目标。

(2)指挥中观智能化

自律分散系统理论已在日本东京圈城市铁路控制系统成功应用。它打破了传统的集中式或分布式系统的 C/S 体系模型,提出了一种新型的系统框架。分散自律系统有自律可控和自律可协调两大特性。自律性是自我控制或调节能力大小,主要包括系统的自律性,设计、通信、管理、执行的自律性等。利用这种系统概念组建的系统较好地实现了在线扩展、在线维护及容错等功能,与不断发展变化的监控系统的要求非常吻合。

铁路是一个联系全国各地的网络系统,也是我国最主要的运输形式,列车南通北达全凭调度指挥。目前,在我国主要铁路干线,每个车站都可以提供2Mb/s速率以上的接入条件,干线长途通信的能力也大大增强。在此基础上,铁路各信息系统的建设得到了长足发展,比如TDCS(列车调度指挥系统)、TMIS(运输管理信息系统)、PMIS(客票发售与预订系统)、ATIS(车号自动识别系统)信息系统,以及在TDCS基础上大力发展的调度集中(CTC)系统,为提高铁路运输效率、行车安全和深化铁路的改革发挥了重要作用。

传统调度集中在我国铁路运用中大多效果不佳,主要存在以下若干问题:智能化程度不高;交放权频度过多;车次号技术存在一定的问题;可靠性水平低;无线通信手段不能满足要求等。传统调度集中不但没有给各级运输管理部门带来了明显的好处,反而带来了诸多麻烦,使得现场未能积极采用调度集中进行列车集中指挥和调度管理。

列车调度指挥系统(TDCS)是铁路运输调度指挥现代化的集中体现,它克服了传统调度集中的缺点,改变了人工绘制运行图、报点报车次和手工填写行车日志的传统方式,实现了自动采集列车运行时刻、自动绘制列车实际运行图、列车车次号自动采集和跟踪、调度命令网络下达等功能,其应用的实现大大减轻了工作人员的劳动强度。系统结构如图7-2所示。

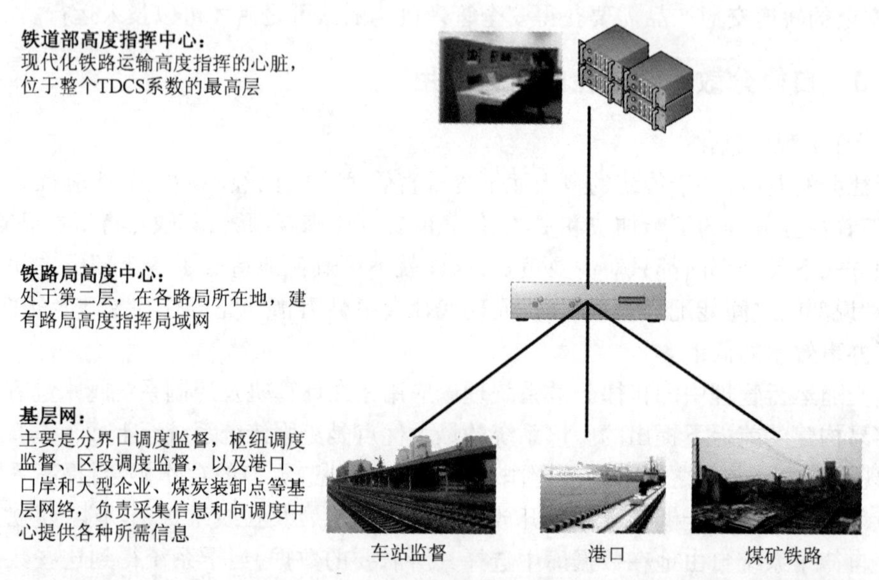

图7-2 TDCS的结构

列车调度指挥系统(TDCS)设计为三级网络结构,其最高管理层铁道部调度指挥中心由高性能的服务器、工作站、计算机、网络设备及相应的软件构成,并通过专线与各铁路局、铁路分局相连,接收全国铁路系统的各种实时信息与运输数据和资料,监视各铁路局、铁路分局、主要干线、路局交接口、大型客站、编组站、枢纽、车站、区间的列车宏观运行状态、运行统计数据、重点列车的实际运行位置和车站的状态显示,并建有全国铁路调度指挥系统数据库。

调度指挥智能化就是通过计算机软硬件技术,通过对实际运输生产中的调度指挥工作流程进行优化处理,并转化为计算机控制程序,使运输组织指挥达到智能化、自动化,最大限度地减轻调度员烦琐的工作。新一代调度集中将在目前TDCS的基础上,实现列车运行计划自动调整,实际运行图自动描绘。调度命令多媒体下达(可根据列车运行计划执行情况自动向有关列车发送信息),事件自动记录,为统计分析提供原始数据,将使行车调度员彻底摆脱老三件,使得调度员的主要精力主要工作专用于行车计划管理、调整,集中精力确保列车按图运行,安全正点高效运行,提高运输效益。

自律分散技术在 TDCS 系统中的表现就是现代计算机技术、网络技术、信息处理技术和智能化软件,实现以日班计划图、列车运行调整计划(阶段计划)为主轴、为框架,将阶段调整计划下传到各个车站的自律分散机中并自主执行。新一代调度集中系统将没有中心控制权与车站控制权之分,只有指令不同来源之分,通过列车运行阶段调整计划进行来自多处指令的自律,从而科学合理地解决中心控制与车站控制(含调车作业)的矛盾。

(3)控制微观自动化

自律分散系统提出之后取得很大的成功,该系统的各子系统能自律控制,子系统之间没有联系。自律分散系统理论在轨道交通运行控制系统的中应用将开创历史的先河,而且其不但能够实现水平控制,更为可贵的是其具有和谐开放这一显著特性。

自 2002 年世界上第一条真正意义上的无人驾驶地铁在丹麦哥本哈根投入使用以来,轨道交通发展趋势的列车自动运行和控制技术进入了一个新的阶段。由于大量采用了通信技术、计算机技术、控制技术,列车控制系统将列车安全防护、列车自动驾驶、列车运行调度工作按层次开发实现,传统中的列车驾驶、列车调度、列车时刻表制定等多种需要人工进行的工作都可以由列车自动控制系统来实现。

按照国际标准 IEC62290 的定义,将轨道交通的运行的自动化等级从完全的人工运行(自动化等级 0)到完全的系统运行(自动化等级 4 级)共 5 个等级(表 7-2)。目前新加坡地铁的东北线已经有实现了无人列车运行(自动化等级 4 级)。我国目前也有多条线具备了无司机列车运行的条件。

轨道交通自动化等级 表 7-2

列车运行基本功能		目视列车运行	非自动列车运行	半自动列车运行	无司机列车运行	无人列车运行
		自动化等级 0	自动化等级 1	自动化等级 2	自动化等级 3	自动化等级 4
保证列车安全移动	保证进路安全	人工	系统	系统	系统	系统
	保证列车安全间隔	人工	系统	系统	系统	系统
	保证列车安全速度	人工	人工和系统	系统	系统	系统
列车驾驶	加速度和制动控制	人工	人工	系统	系统	系统
轨道监督	预防与障碍物相撞	人工	人工	人工	系统	系统
	预防与轨道上的人员相撞	人工	人工	人工	系统	系统
旅客监督	列车门控制	人工	人工	人工	人工	系统
	预防旅客在车间或者在列车和站台之间受伤	人工	人工	人工	人工	系统
	保证列车安全启动发车	人工	人工	人工	人工	系统
列车操作	列车进入、退出运行	人工	人工	人工	人工	系统
	列车状态监督	人工	人工	人工	人工	系统
紧急状态的检测和管理保证	进行列车诊断,火灾、烟雾和列车出轨检测,列车完整性检查、紧急处理(呼叫、疏散和监督)	人工	人工	人工	人工	系统和控制中心人员

注:人工,指由相关人员完成相应任务;系统,指由系统完成相应任务。

为适应随着城市化进程的不断推进,交通运输业在现今以及将来都必然会有很好的发展。轨道交通作为现代交通运输业的重要组成部分,因而轨道交通的发展也就显得尤为重要。科技日新月异的当代,新的传感技术、通信技术等新型技术的发展为轨道交通自动化的实现提供了有利的环境,为轨道交通的长足发展提供了必要的条件。为了实现更好的安全性与可靠性以及轨道交通及时有效的供应,轨道交通将向高度自动化的方向发展。

参 考 文 献

[1] 吴汶麒.轨道交通运行控制与管理[M].上海:同济大学出版社,2004.

[2] 曾小清,王长林,张树京.基于通信的轨道交通运行控制[M].上海:同济大学出版社,2007.

[3] 郎宗棪,曾小清,姜季生.轨道交通信号控制基础[M].上海:同济大学出版社,2007.

[4] 吴汶麒.城市轨道交通信号与通信系统[M].北京:中国铁道出版社.1998.

[5] 张树京,董德存.信息传输原理[M].上海:同济大学出版社.2004.

[6] 季令,等.城市轨道交通运营组织[M].北京:中国铁道出版社,1998.

[7] 黄克毅,等.铁道概论(第二版)[M].北京:中国铁道出版社,1990.

[8] 孙懋珩,曾小清,万国春.交通电子技术[M].上海:同济大学出版社,2007.

[9] (日)森欣司.自律分散系统入门——从系统概念到应用技术[M].徐政,谭东泽,译.北京:科学出版社 2008.

[10] 刘朝英,林瑜筠.铁路信号概论[M].北京:中国铁道出版社,2011.

[11] 刘朝英.京津城际高速铁路信号系统集成[M].北京:中国铁道出版社,2010.

[12] 刘朝英.中国铁路分散自律调度集中[M].北京:中国铁道出版社,2009.

[13] 林瑜筠.城市轨道交通信号[M].北京:中国铁道出版社,2008.

[14] 林瑜筠.6502 电气集中电路图册[M].北京:中国铁道出版社,2008.

[15] 林瑜筠.铁路信号新技术概论[M].北京:中国铁道出版社,2005.

[16] 林瑜筠.城市轨道交通运输设备[M].北京:中国铁道出版社,2008.

[17] 林瑜筠.城市轨道交通信号设备[M].北京:中国铁道出版社,2006.

[18] 涂序跃,林瑜筠.铁路信号业务管理[M].北京:中国铁道出版社,2008.

[19] 王瑞峰.铁路信号运营基础[M].北京:中国铁道出版社,2008.

[20] 李映红.高速铁路信号系统[M].成都:西南交通大学出版社,2009.

[21] 杨世武.铁路信号电磁兼容技术[M].北京:中国铁道出版社,2010.

[22] 李开成.现代铁路信号中的通信技术[M].北京:中国铁道出版社,2010.

[23] 程荫杭.铁路信号可靠性与安全性[M].北京:中国铁道出版社,2010.

[24] 郭进.铁路信号基础[M].北京:中国铁道出版社,2010.

[25] 张曙光.CTCS-3 级列控系统总体技术方案[R].

[26] 徐彩霞.区间信号图册[M].北京:中国铁道出版社 2009.

[27] 中华人民共和国国家标准.GB 50382—2006 城市轨道交通通信工程质量验收规范[S].北京:中国计划出版社,2006.

[28] XiaoqingZeng, On-line Test for Train Communication Based System[J], 计算机科学, Vol. 29, No. 9, 2002. 10, P185-187.

[29] XiaoqingZeng, Rui Chen, Lun Zhang, Decun Dong, Train Control System with High Autonomous Property. the IASTED[J], International Conference on Intelligent Systems and Control (ISC 2005), Cambridge, MA, USA, 2005, OCT. 31-NOV 2.

[30] CHEN Rui. ZENGXiaoqing. DONGDecun. Algorithm for UWB pulse design and its performance analysis[J],2007.

[31] ZENG Xiaoqing, RUIChen, DONGDecun, MORIKinji, Assurance of Test for Communication Based Train Control System. [C],第一届中国智能交通年会,2005.

[32] Xiao-qingZeng. RuiChen. LunZhang. De-eun Dong ,Train Control System with High Autonomous Property[J],2005.

[33] XiaoqingZeng, TianshengXiong Assurance Evaluation for Test of Communication-Based Train Control System[J]. 2007 International Conference on Wireless Communications Networking and Mobile Computing, Vol1, P3135-3138.

[34] XiaoqingZeng, Shimin Zhao, Masayuki Matsumoto, ZhenyuNiu, Technology Features Research of Japanese Railway Signal System[J], International Conference on Transportation Engineering, 2007, Vol.3, P2554-2559.

[35] Takashi KUNIFUJI, Hiroshi Ito, Yoshinori SAIKI, Kinji MORI. A proposal of autonomous online expansion technology for real-time system and its application to railway signalling system[J],2011 Tenth International Symposium on Autonomous Decentralized Systems (ISADS 2011), p73-78, 2011.

[36] 森欣司. 自律分散系统入门[M]. 徐政,谭永东,译. 北京:科学出版社,2008.

[37] 桂勋,谭永东,钱清泉. 自律分散式动态控制系统的关键技术[J]. 中国铁道科学,2008.

[38] 谭永东,钱清泉. 角色自律分散系统的 RN-C 形式化描述方法[J]. 铁道学报,2008 .

[39] 谭永东,钱清泉. 角色自律分散系统概念及体系结构[J]. 中国铁道科学,2007,28(1).

[40] 刘志刚,张友刚,钱清泉. 自律分散系统在电气化铁路监控系统中应用研究[J]. 电力自动化设备,2011(10).

[41] 刘澜,甘灵. 铁路运输自动化理论与技术[M]. 成都:西南交通大学出版社,2006.

[42] 钟声,张百海. 基于自律分散系统方法的一种 WSNs 路由学习算法[J]. 计算机工程与科学,2010(9).

[43] 中华人民共和国行业标准. CJJ/T 114—2007 城市公共交通分类标准[S]. 北京:中国建筑工业出版社,2007.

[44] ISO/IEC Guide 51-1999 Safety aspects-Guidelines for their inclusion in Standards[S], ISO.

[45] ISO/IEC25051, Software engineering-software product quality requirements and evaluation (SQuaRE)-Requirements for quality pf commercial off-the-shelf(COTS) software product and instructions for testing[S].

[46] Hazard Analysis Techniques for System Safety[J], Clifton A. Ericson, Ⅱ Fredericksburg, Virginia, John Wiley & Sons, Inc., Hoboken, New Jersey. 2005.

[47] IEC 61882:2001 Hazard and Operability Studies (Hazop studies)-Application Guoide[J].

[48] Improving Traffic Safety Culture in the United States[J]. The Journey Forward.

[49] PD CLC/TR 50506-2: 2009 Railway Applications-Comunication, signaling and processing systems-application guide for EN 50129[J].

[50] IEC 61882: 2001 Hazard and operability studies (HAZOP studies)-Application guide [S], IEC.

[51] IEC 62425-2007 Railway applications-Communication, signalling and processing systems - Safety related electronic systems for signaling[S].

[52] IEC 61508-2010, Functional safety of electrical/electronic/ programmable electronic safety-related systems[S].

[53] IEC 62278, Railway applications-The specification and demonstration of reliability, availability, maintainability and safety (RAMS)[S].

[54] IEC 62279, Railway applications-Communications, signalling and processing systems - Software for railway control and protection systems[S].

[55] IEC 62280-1, Railway applications-Communication, signalling and processing systems - Part 1: Safety-related communication in closed transmission systems[S].

[56] IEC 62280-2, Railway applications-Communication, signalling and processing systems - Part 2: Safety-related communication in open transmission systems[S].

[57] IEC 60812-2006 Analysis techniques for system reliability -Procedure for failure mode and effects analysis (FMEA)[S].

[58] IEC 61025-2006 Fault tree analysis (FTA)[S],IEC.

[59] MIL-STD-882B-1984System safety program requirements[S].

[60] IEEE Std 1474.1,IEEE Standard for Communications-Based Train Control (CBTC) Performanceand Functional Requirements[S].

[61] IEEE Std 1474.2,IEEE Standard for User Interface Requirements in Communications Based TrainControl (CBTC) Systems[S].

[62] IEEE STD 1474.3,IEEE Recommended Practice for Communications-Based Train Control (CBTC)System Design and Functional Allocations[S].